NCS
NH농협
중앙회 6급
필기전형

PREFACE

NH농협은 은행업, 보험업, 무역업, 농산물 유통, 가공업, 교육지도사업, 영농자재 사업 등 다양한 사업을 전개하므로 본인의 적성에 맞는 분야를 선택하여 능력을 발휘할 수 있는 점이 매력적이며 본인의 연고지 및 희망지에서 지역사회발전을 위해 일할 수 있고, 공익 지향적 사업을 추구하므로 일에 대한 가치와 보람도 느낄 수 있다는 장점이 있습니다. 또한 비교적 안정적인 직장이라는 인식에 농협은 취업준비생들에게 큰 매력을 느끼게 해줍니다.

NH농협은 지원자의 유연한 대처능력을 평가하고, 유능한 자질을 갖춘 인재를 선발하고자 1차 서류전형 이후에 2차 필기전형, 3차 면접전형으로 채용을 실시합니다. 특히 농협중앙회 및 농협은행 채용에 있어서는 학력, 연령, 전공, 학점, 어학점수의 제한이 없으며, 특별한 자격을 요구하지 않기 때문에 2차 필기전형에서 높은 성적을 거두어야 합니다.

NH농협중앙회 6급의 경우 서류전형과 필기전형(인·적성평가, 직무능력평가, 직무상식평가, 면접) 등을 통해 신규직원을 채용합니다.

본서는 NH농협중앙회 전산직 6급을 대비하기 위한 필독서로 필기전형의 유형을 분석하여 핵심적인 내용을 체계적으로 구성하였습니다.

신념을 가지고 도전하는 사람은 반드시 그 꿈을 이룰 수 있습니다.
도서출판 서원각은 농협인을 꿈꾸는 수험생 여러분을 항상 응원합니다.

STRUCTURE

CHAPTER 01 의사소통능력

출제예상문제

1 밑줄 친 부분의 표기가 바르지 않은 것은?
 ① 민정이는 살이 쪄서 얼굴이 두루뭉술하다.
 ② 그는 자신에게 불이익이 있음까 싶어 몸을 사리는 중이었다.
 ③ 가을이 시나브로 사라지고 어느덧 겨울이 왔다.
 ④ 엄마는 아이의 등을 조심스레 쓰다듬었다.
 ⑤ 어서어서 움직여, 늦장 부릴 시간이 없어.

   Tip 사르는→사리는
    • 사르다 : 불에 태워 없애다, 어떤 것을 남김없이 없애 버리다.
    • 사리다 : 어떤 일에 적극적으로 나서지 않고 살살 피하며 몸을 아끼다.

CHAPTER 01

농업 · 농촌

1 농어촌의 성장·발전 지원, 기업의 사회공헌 활동 도약, 농어업·농어촌과 기업간의 공유가치 창출을 목적으로 설립된 기금은 무엇인가?
 ① 농어촌상생협력기금
 ② 대·중소기업 상생협력기금
 ③ 농어촌구조개선기금
 ④ 농작물재해보험
 ⑤ 고향세

   Tip 농어촌상생협력기금은 상생협력을 통해 농어업·농어촌, 기업의 상생에 사용된다. 농어촌의 성장·발전 지원, 기업의 사회공헌 활동 도약, 농어업·농어촌과 기업간의 공유가치 창출을 목적으로 하며, 자유무역협정 체결에 따른 농어업인 등의 국내적 지원에 관한 특별법 제20조, 조세특례제한법 제8조의3에, 이 기금의 법률에 근거를 두고 운영하고 있다.

2 보건·의료 비용 지원으로 여성농업인의 건강증진 및 생산성 향상, 영화관람 등 제공으로 여성농업인의 삶의 질 향상, 여성농업인의 사기진작 및 직업적 자긍 로 하는 사업은 무엇인가?
 ① 데이터무료복지사업
 ② 식재료꾸러미사업
 ③ 자산형성지원사업
 ④ 여성농업인행복바우처지원사업
 ⑤ 논바라끌재배지원사업

   Tip 여성농업인행복바우처지원사업
    ※ 사업의 목적
    • 보건·의료 비용 지원으로 여성농업인의 건강증진 및 생산성 향상
    • 영화관람 등 문화활동 기회 제공으로 여성농업인의 삶의 질 향상
    • 여성농업인의 사기진작 및 직업적 자긍심 고려
    ⊙ 지원대상 : 만 65세 미만 전업 여성농업인
    ⊙ 지원내용 : 보건·복지·문화 분야에 이용하는 행복바우처 카드 지원(1인당 연간 200,000원)

출 친 부분의 표기가 바르지 않은 것은?

① 민정이는 살이 쪄서 얼굴이 두루뭉술하
② 그는 자신에게 불이익이 있음까 싶어 몸을
③ 가을이 시나브로 사라지고 어느덧 겨울이
④ 엄마는 아이의 등을 조심스레 쓰다듬었다.
⑤ 어서어서 움직여, 늦장 부릴 시간이 없어

   Tip 사르는→사리는
    • 사르다 : 불에 태워 없애다, 어떤 것
    • 사리다 : 어떤 일에 적극적으로 나

농어촌의 성장·발전 지원, 기업의 사
창출을 목적으로 설립된 기금은 무엇인가

① 농어촌상생협력기금
② 대·중소기업 상생협력기금
③ 농어촌구조개선기금
④ 농작물재해보험
⑤ 고향세

   Tip 농어촌상생협력기금은 상생협
        성장·발전 지원, 기업의
        목적으로 하며, 자유무

직무능력평가

최근 기출유형을 분석하여 자주 출제되는 내용을 중심으로 영역별 핵심이론을 정리하였다. 기출유형분석을 통해 출제예상문제를 구성하고 상세한 해설을 덧붙임으로써 출제된 문제의 핵심개념을 파악할 수 있도록 구성하였다.

직무상식평가

공통 및 분야별 직무상식을 수록하여 필기전형에 완벽히 대비하도록 하였다.

인·적성평가 및 면접

인·적성평가의 개요와 실전 인·적성평가를 수록하여 실제 시험에 앞서 인·적성평가 유형을 파악할 수 있도록 구성하였다. 면접의 기본적인 사항 및 주요 면접 실례와 농협 면접기출을 수록하여 면접을 효과적으로 대비할 수 있게 하였다.

CONTENTS

PART

I

NH농협 소개 및 채용안내

CHAPTER 01

농협 소개

1 농협 심볼마크

　　[V]꼴은 [농]자의 [ㄴ]을 변형한 것으로 싹과 벼를 의미하여 농협의 무한한 발전을, [V]꼴을 제외한 아랫부분은 [업]자의 [ㅇ]을 변형한 것으로 원만과 돈을 의미하며 협동 단결을 상징합니다. 또한 마크 전체는 [협]자의 [ㅎ]을 변형한 것으로 [ㄴ+ㅎ]은 농협을 나타내고 항아리에 쌀이 가득 담겨 있는 형상을 표시하여 농가 경제의 융성한 발전을 상징합니다.

2 농협이 하는 일

(1) 교육지원 부문 - [같이] 나눕니다.

　농업인의 권익을 대변하고 농업 발전과 농가 소득 증대를 통해 농업인 삶의 질 향상에 도움을 주고 있습니다. 또한 또하나의 마을 만들기 운동 등을 통해 농업ㆍ농촌에 활력을 불어넣고 농업인과 도시민이 동반자 관계로 함께 성장ㆍ발전 하는데 기여하고 있습니다.

① 미래 농업ㆍ농촌을 이끌 영농인력 육성 … 농협은 미래 농업ㆍ농촌의 발전을 이끌어갈 영농인력 조직과 양성을 위한 다양한 지도사업을 실시합니다. 농촌지역 일손부족 해소를 위한 영농인력 공급과 취약농가 인력 지원사업도 지속적으로 추진하고 있습니다.

② 농촌지역 삶의 질을 높이는 문화ㆍ복지사업 실시 … 농협은 전국 농촌지역에 다양한 의료ㆍ교육ㆍ문화서비스를 제공하고 있습니다. 또한 읍ㆍ면 단위 지역문화복지센터를 운영하여 농촌지역 삶의 질 향상에 최선을 다하고 있습니다.

③ 농촌에 활력을 불어넣는 다양한 교류사업 추진 … 농협은 우리 농업ㆍ농촌에 대한 범국민적 공감대를 형성하고 이를 통해 농촌마을에 활력을 불어넣고자 '또 하나의 마을 만들기' 등 다양한 도농협동운동을 펼치고 있습니다.

④ 농업·농촌의 가치를 알리는 농정홍보활동 … 농협은 농업현장의 어려움과 개선사항을 정책에 적극 반영하기 위한 농정활동, 농업·농촌의 가치를 전국민에게 알리기 위한 홍보활동을 다방면으로 펼치고 있습니다.

⑤ 지역사회 중심체인 농·축협을 체계적으로 지원 … 농협은 농·축협 균형발전을 위한 종합컨설팅, 안정적 농업기반 구축을 위한 자금제공 등 체계적인 지도와 지원을 통해 농·축협이 지역사회 중심체로서의 역할을 다하고 행복하고 풍요로운 농업·농촌을 조성하는데 기여하도록 하고 있습니다.

⑥ 사회공헌 및 국제교류 … 농협은 농업인의 복지증진과 지역사회 발전을 위해 지속적으로 사회공헌활동을 실천해오고 있습니다. 또한 활발한 국제교류활동을 통해 세계 속의 한국 협동조합을 알리고 있습니다.

(2) 경제 부문 - [같이] 꿈꿉니다.

농업인의 권익을 대변하고 농업 발전과 농가 소득 증대를 통해 농업인 삶의 질 향상에 도움을 주고 있습니다. 농협은 농업인이 영농활동에 안정적으로 전념할 수 있도록 농산물 생산·유통·가공·소비에 이르는 다양한 경제사업을 지원하고 있습니다. 우리 국민의 건강과 행복을 위해 안전한 축산식품을 저렴한 값으로 공급하고자 축산물 유통혁신을 주도하고 있습니다.

① 농업경제사업

   ㉠ 규모화·전문화를 통한 농산물 산지유통 혁신 : 농협은 생산자조직 구축과 연합사업 활성화를 통해 산지유통을 혁신하고 있습니다. 또한 미곡종합처리장과 농산물 산지유통센터의 규모화·전문화로 상품성 제고에 기여하고 있습니다.

   ㉡ 영농에 필요한 자재를 저렴하고 안정적으로 공급 : 농협은 대량구매를 통해 비료·농약·농기계·유류 등 영농에 필요한 농자재를 저렴하고 안정적으로 공급하고 있습니다. 이를 통해 농업경영비를 절감함으로써 농업인 소득증대 및 생활안정에 기여하고자 최선을 다하고 있습니다.

   ㉢ 혁신적 물류체계 구축으로 농산물 도매유통 선도 : 농협은 안성농식품물류센터와 전국단위 복합물류센터 구축 등 혁신적인 농산물 도매유통 시스템을 갖춤으로써 물류비 절감의 혜택을 농업인과 소비자 모두에게 제공합니다.

   ㉣ 소비지 유통망 활성화로 농산물 판매기반 강화 : 농협은 하나로클럽·마트 등의 농협 직영매장, 인터넷쇼핑몰과 홈쇼핑 등 도시민을 대상으로 한 소비지 유통망을 확충함으로써 우리 농산물의 안정적인 판매기반을 구축하고 있습니다.

ⓜ 다양한 유통채널을 통해 우수 국산 농산물 판매 : 농협은 홈쇼핑사업 · 학교급식사업 · 군납사업 등 다양한 유통경로를 통해 우수하고 안전한 국산 농산물을 소비자에게 공급하고 있습니다. 또 최근의 온라인 소비시장 확대 추세에 맞춰 다양한 홈쇼핑 전용 상품을 개발하고 있습니다.

ⓗ 안전 농식품 공급으로 국민 건강에 기여 : 농협은 '산지에서 소비지까지(Farm to Table)' 체계적인 농식품 관리와 교육을 통해 안전하고 우수한 국산 농식품을 공급하고 있습니다.

② 축산경제사업

ⓐ 축산물 생산비 절감으로 가격안정에 기여 : 복잡한 축산물 유통구조를 축소하여 '축산농가는 더 받고 소비자는 덜 내는' 유통구조를 만들어가고 있습니다. 또한 축산물 공판장과 가공공장, 국내 사료업계 1위인 농협사료를 운영함으로써 축산 농가의 생산비 절감을 실현하고 있습니다.

ⓑ 위생안전체계 구축으로 소비자 신뢰에 보답 : 해썹(HACCP) 인증 도축장과 한우 DNA 검사 및 항생제 잔류검사를 통해 소비자가 안심하고 우리 축산물을 드실 수 있는 위생안전체계를 구축하고 있습니다.

ⓒ 가축분뇨 자원화로 친환경 축산 실천 : 농협은 가축분뇨를 유기물이 풍부한 비료로 자원화함으로써 지속가능한 친환경 축산농업 기반을 구축하고 있습니다.

ⓓ 우수 브랜드 육성으로 우리 축산물 홍보 : 농협안심 · 목우촌 · 또래오래 등 생산부터 판매까지 농협이 책임지는 축산물 전문 브랜드 육성으로 우리 축산물의 우수성과 안전성을 널리 알리고 있습니다. 또한 온오프라인 채널을 활용해 축산물 판매 확대와 직거래 활성화에도 힘을 쏟고 있습니다.

ⓔ 가축질병 예방으로 축산농가의 성장 지원 : 농협은 AI · 구제역 등 가축질병 예방을 위한 방역서비스와 농가지도를 상시적으로 펼침으로써 축산농가의 지속적인 성장을 지원하고 있습니다.

ⓕ 종축개량을 통해 안정적인 생산기반 구축 : 농협은 한우 · 젖소 · 돼지 개량사업소를 통해 국제 경쟁력을 갖춘 유전자원을 개발하고 있으며, 이를 통해 안정적인 축산 생산 기반을 구축하고 있습니다.

(3) 금융 부문 - [같이] 걷습니다.

농협의 금융사업은 농협 본연의 활동에 필요한 자금과 수익을 확보 하고, 차별화된 농업금융 서비스 제공을 목적으로 하고 있습니다. 은행 · 보험 · 증권 · 자산운용 · 선물 · 캐피탈 등 종합금융체제 구축으로 최상의 금융서비스를 제공하며, 국내 최고 수준의 신용등급과 사회공헌 활동으로 가정경제 · 농업경제 · 국가경제를 위한 사회적 책임을 다하고 있습니다.

① 상호금융사업

　　㉠ 농촌경제 활성화를 위한 다양한 금융서비스 제공 : 농협은 전국 1,118개 농 · 축협, 3,556개 지점(2019년 6월 기준)을 보유하여 농어촌과 산간 · 도서 등 금융 소외지역에도 양질의 금융서비스를 지속적으로 제공하고 있습니다.

　　㉡ 안정적인 농업경영을 위한 영농 · 가계자금 지원 : 농협은 영농자금 금리인하 제도개선, 영농우대 특별저리 대출지원, 태양광 발전시설 대출지원 등 농업인 조합원에 대한 차별화된 금융서비스를 통해 영농자금과 가계자금을 제공함으로써 농업인이 안정적인 농업활동을 할 수 있도록 지원합니다.

　　㉢ 농촌농협-도시농협 상생의 가교 역할 수행 : 도시농협은 농산물 출하선급금을 무이자로 지원하고 농촌농협은 이를 경제사업 활성화에 투자함으로써 농업인의 소득향상을 도모함은 물론, 도시 농협에 우수한 농축산물을 공급합니다.

　　㉣ 맞춤형 금융상품을 통해 서민금융 활성화에 기여 : 농협은 농업인과 서민 등 국민을 위한 금융기관으로서 사회적 책임을 다 하고자 근로자생계자금 · 햇살론 등 다양한 상품 출시를 통해 서민금융을 확대 · 지원하고 있습니다.

　　㉤ 조합원 · 고객의 실익증진을 위한 각종 사업 추진 : 농협은 농업인 조합원과 고객에게 더 많은 이익을 돌려드리기 위해 상호금융특별회계 사업 활성화, 행복이음패키지 상품 개발, 농업인 무료법률구조기금 출연, 휴면예금 찾아주기 운동 등 다양한 사업을 추진하고 있습니다.

　　㉥ 소외계층 지원을 위한 사회공헌기금 조성 : 전국 농 · 축협에서 지역문화복지센터를 운영하여 농촌지역 삶의 질을 높이고 있습니다. 또 사회공헌상품을 통해 조성된 기금으로 소년소녀가장과 다문화가정 등 소외계층을 지원합니다.

② 농협금융지주

ⓐ **고객 만족을 위한 최고의 종합 금융서비스 제공** : 농협은 세계적 신용평가기관으로부터 국내 은행 최고 수준의 신용등급을 획득하고 있는 초우량 금융기관으로, 국제 금융시장에서도 높은 위상을 인정받고 있습니다.

ⓑ **순수 민간자본으로 구성된 국내 유일의 금융기관** : NH농협금융은 순수 민간자본으로 구성된 국내 유일의 금융기관으로, 대한민국 금융의 자존심이자 아시아를 대표하는 글로벌 협동조합 금융그룹으로 발돋움하고 있습니다. 또한 그 운영이익은 국내에 환원되어 농업·농촌의 성장과 도시의 서민지원에 쓰이고 있습니다.

ⓒ **농업인과 국민의 생명·건강·안전·재산 지킴이** : 농업인과 국민의 건강하고 행복한 삶, 안전하고 풍요로운 미래를 위해 건전한 경영을 기반으로 고객에게 도움이 되는 금융상품을 제공하고 있습니다.

ⓓ **협동조합 이념에 기반한 다양한 사회공헌활동 실천** : 농협은 금융수익을 재원으로 농업·농촌과 지역사회 발전을 위한 다양한 사회공헌활동을 펼치고 있습니다. 이를 통해 협동조합 이념에 기반한 '상생과 동행의 금융'을 실현하고 있습니다.

ⓔ **종합금융체계 구축으로 국내 금융업계 선도** : NH농협금융은 급변하는 금융환경에서 보다 뛰어난 금융서비스를 제공하기 위해 은행·보험·증권·자산운용·선물·캐피탈 등 명실상부한 종합금융체계를 구축하고 있습니다. 이를 통해 금융권 최고의 안정적인 종합서비스를 제공하고 있습니다.

ⓕ **따뜻한 서민금융, 든든한 나라살림 지원** : 농협은 서민과 중소상공인을 위한 최고의 금융서비스를 제공하고 있습니다. 또한 정부 사와 시군금고, 교육금고의 대부분을 전담하고 있는 나라살림 전문은행입니다.

3   농협비전

(1) 미션 - 농협법 제1조

농업인의 경제적·사회적·문화적 지위를 향상시키고, 농업의 경쟁력 강화를 통하여 농업인의 삶의 질을 높이며, 국민경제의 균형 있는 발전에 이바지함

(2) 비전 2025

농업이 대우받고 농촌이 희망이며 농업인이 존경받는 함께하는 100년 농협

- 농업인과 국민, 농촌과 도시, 농축협과 중앙회, 그리고 임직원 모두 협력하여 농토피아를 구현하겠다는 의지
- 60년을 넘어 새로운 100년을 향한 위대한 농협으로 도약하겠다는 의지

(3) 농협 5대 핵심가치

농업인과 소비자가 함께 웃는 유통 대변화	소비자에게 합리적인 가격으로 더 안전한 먹거리를, 농업인에게 더 많은 소득을 제공하는 유통개혁 실현
미래 성장동력을 창출하는 디지털 혁신	4차 산업혁명 시대에 부응하는 디지털 혁신으로 농업·농촌·농협의 미래 성장동력 창출
경쟁력 있는 농업, 잘사는 농업인	농업인 영농지원 강화 등을 통한 농업경쟁력 제고로 농업인 소득 증대 및 삶의 질 향상
지역과 함께 만드는 살고 싶은 농촌	지역 사회의 구심체로서 지역사회와 협력하여 살고 싶은 농촌 구현 및 지역경제 활성화에 기여
정체성이 살아 있는 든든한 농협	농협의 정체성 확립과 농업인 실익 지원 역량 확충을 통해 농업인과 국민에게 신뢰받는 농협 구현

4 조직현황

(1) 전국 농협의 계통조직 체계

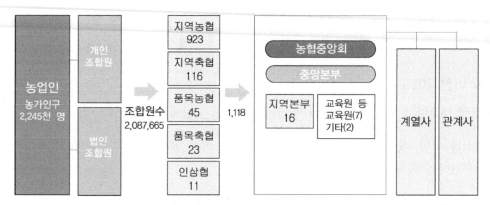

* 2021. 1. 31. 기준

(2) 농협중앙회 조직도

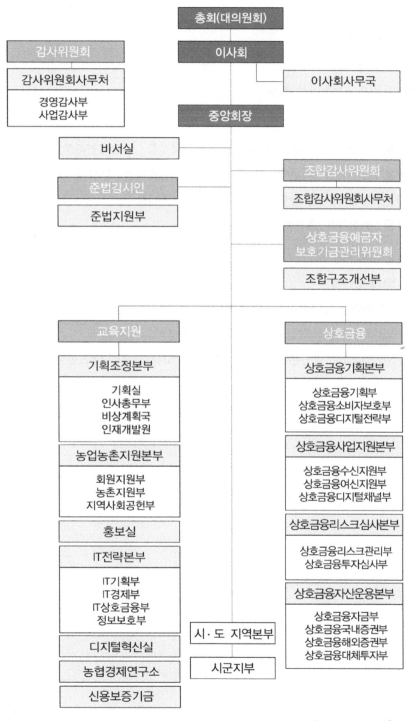

총회(대의원회)

감사위원회
- 감사위원회사무처
  - 경영감사부
  - 사업감사부

이사회
- 이사회사무국

중앙회장

비서실

준법감시인
- 준법지원부

조합감사위원회
- 조합감사위원회사무처

상호금융예금자
보호기금관리위원회
- 조합구조개선부

교육지원
- 기획조정본부
  - 기획실
  - 인사총무부
  - 비상계획국
  - 인재개발원
- 농업농촌지원본부
  - 회원지원부
  - 농촌지원부
  - 지역사회공헌부
- 홍보실
- IT전략본부
  - IT기획부
  - IT경제부
  - IT상호금융부
  - 정보보호부
- 디지털혁신실
- 농협경제연구소
- 신용보증기금

상호금융
- 상호금융기획본부
  - 상호금융기획부
  - 상호금융소비자보호부
  - 상호금융디지털전략부
- 상호금융사업지원본부
  - 상호금융수신지원부
  - 상호금융여신지원부
  - 상호금융디지털채널부
- 상호금융리스크심사본부
  - 상호금융리스크관리부
  - 상호금융투자심사부
- 상호금융자산운용본부
  - 상호금융자금부
  - 상호금융국내증권부
  - 상호금융해외증권부
  - 상호금융대체투자부

시 · 도 지역본부
- 시군지부

* 2021. 1. 1. 기준

(3) 계열사 현황

① 중앙회(3개사)

    ㉠ 농협정보시스템

    ㉡ 농협자산관리

    ㉢ 농협네트웍스(-농협파트너스)

② 농협 경제지주(17개사)

    ㉠ 유통부문 : 농협하나로유통, 농협유통, 농협충북유통, 농협대전유통, 농협부산경남유통

    ㉡ 제조부문 : 농우바이오, 남해화학, 농협사료, 농협케미컬, 농협아그로, 농협흙사랑

    ㉢ 식품부문 : 농협목우촌, 농협홍삼, 농협양곡, 농협식품

    ㉣ 기타부문 : 농협물류, NH농협무역

③ 농협 금융지주(8개사)

    ㉠ 은행 : NH농협은행

    ㉡ 보험 : NH농협생명, NH농협손해보험

    ㉢ 증권 : NH투자증권(-NH선물)(-NH헤지자산운용)

    ㉣ 기타 : NH-Amundi자산운용, NH농협캐피탈, NH저축은행, NH농협리츠운용, NH벤처투자

5 윤리경영

(1) 기업윤리

기업 경영 및 활동 시 '윤리'를 최우선 가치로 생각하며 모든 업무활동의 기준을 '윤리규범'에 두고 투명하고 공정하며 합리적으로 업무를 수행합니다. 기업 윤리를 지키는 것은 기업의 의사결정이 경제원칙에만 기초로 하는 것이 아니라 투명한 회계, 공정한 약관, 성실 납세, 환경 보호 등의 윤리적 판단을 전제 조건으로 의사결정을 하여 법이나 정부 규제 준수 이상으로 공정하고 정당하게 지키는 것을 의미합니다. 그러므로 기업 윤리란 일반적으로 CEO나 임직원이 기업 활동에서 갖추어야 할 윤리를 의미합니다.

(2) 농협 윤리경영

농협은 경제적, 법적, 윤리적 책임 등을 다함으로써 농협의 모든 이해 관계자인 고객, 농민조합원, 협력업체, 지역 농·축협, 직원 등 모두가 함께 성장 발전하여 청렴한 농협, 투명한 농협, 깨끗한 농협을 구현하여 함께 성장하는 글로벌 협동조합을 만듭니다.

(3) 필요성

① 윤리경영의 궁극적인 목표 … 부정을 저지르지 말자는 소극적 의미를 넘어 글로벌 스탠다드에 맞게 경영을 투명하게 하는 것이며 고객의 신뢰를 바탕으로 기업 가치를 향상시켜 궁극적으로 지속가능한 기업경영을 영위하기 위함입니다.

② 윤리경영의 필요이유 … 사회적 책임 수행요구, 가치를 추구하는 주주 고객등장, 국제적인 윤리경영 노력 강화, 기업신뢰도 및 국가신인도 향상 등을 이유로 들 수 있으나 궁극적으로 기업 가치를 향상시켜 지속적으로 기업경영을 영위하기 위함입니다.

③ 기업 생존의 필수 조건 … 고객들은 기업을 선택할 때 품질, 서비스, 가격뿐만 아니라 그 기업의 윤리적인 측면까지도 함께 평가합니다. 따라서 지속 가능한 경영 및 이윤추구를 하고자 하는 기업은 윤리경영을 통해 고객의 신뢰를 얻어야 합니다.

④ 업무 효율성 경쟁 … 윤리경영은 업무 효율성과 경쟁력 제고에 기여합니다. 업무나 사업의 결정 과정이 부당한 기업에서는 종업원들의 무단 결근율과 이직률이 대체로 높습니다. 비윤리적인 기업일수록 종업원의 사기가 떨어지고, 생산성이 낮아집니다. 또한 윤리의식이 자리 잡지 못한 조직 구성원 개개인의 비윤리적 행위는 기업의 비용부담으로 전가되고, 이는 기업 경쟁력 악화로 이어지기 마련입니다. 반면 기업에 대한 신뢰가 향상되면 일이 정확하고 빨라질 뿐 아니라 각종 경비가 경감되고 생산성이 크게 높아집니다.

CHAPTER 02 채용안내

1 농협의 인재상

(1) 시너지 창출가

항상 열린 마음으로 계통 간, 구성원 간에 상호존경과 협력을 다하여 조직 전체의 성과가 극대화될 수 있도록 시너지 제고를 위해 노력하는 인재

(2) 행복의 파트너

프로다운 서비스 정신을 바탕으로 농업인과 고객을 가족처럼 여기고 최상의 행복 가치를 위해 최선을 다하는 인재

(3) 최고의 전문가

꾸준한 자기계발을 통해 자아를 성장시키고, 유통·금융 등 맡은 분야에서 최고의 전문가가 되기 위해 지속적으로 노력하는 인재

(4) 정직과 도덕성을 갖춘 인재

매사에 혁신적인 자세로 모든 업무를 투명하고 정직하게 처리하여 농업인과 고객, 임직원 등 모든 이해관계자로부터 믿음과 신뢰를 받는 인재

(5) 진취적 도전가

미래지향적 도전의식과 창의성을 바탕으로 새로운 사업과 성장 동력을 찾기 위해 끊임없이 변화와 혁신을 추구하는 역동적이고 열정적인 인재

2 채용절차

(1) 정기채용

인력 수급 계획에 의거 필요 시 채용공고를 통해 진행

(2) 수시채용

농협중앙회, 지역 농·축협, 계열사 등의 수시 채용 정보를 수시채용 사이트를 통해 제공

(3) 채용절차

① 지원서 작성

    ㉠ 채용 공고문을 확인하고 접수기간에 본인의 지원서 및 자기소개서 작성

    ㉡ 지원서 및 자기소개서 허위 작성 시 합격이 취소되니, 지원서 및 자기소개서를 성실하게 작성

② 서류 전형

    ㉠ 지원사가 필요로 하는 지원자의 기본 자질 심사

    ㉡ 서류심사 항목에는 전공, 학점, 어학능력, 자격증, 봉사활동, 자기소개서 등 포함

    ㉢ 채용 예정인원의 일정 배수를 서류전형 합격자로 선정

③ 필기 전형

    ㉠ 인·적성 및 직무능력검사를 중심으로 실시하고 있으며, 회사의 특성이나 채용 수준에 따라 별도의 필기시험을 실시하거나 생략 가능

    ㉡ 인·적성검사 : 업무태도 / 대인관계 / 문제해결능력 등 성격특성 요인을 측정하여 채용에 적정성 여부를 판단

    ㉢ 직무능력검사 : 농협의 업무능력, 채용수준 등을 감안하여 언어능력, 계산능력, 추리력, 판단력, 창의력 등 직무에 필요한 능력을 측정

④ **면접 전형** … 적합한 인재선발을 위한 최종단계로 서류전형과 필기시험을 보완하여, 농협이 추구하는 인재상 부합여부, 잠재적 역량과 열정 등을 평가하기 위한 단계

⑤ **채용 신체검사** … 채용 신체검사는 농협에서 지정한 의료기관에서 실시

⑥ **최종 합격** … 합격자 중 결격사유가 없는 자를 최종 합격자로 선정

⑦ 배치 … 최종합격자는 근로계약서 작성 후 배치된 사무소에서 근무, 근무지가 채용공고문에 명시된 경우는 해당 부서나 지역에, 명시되지 않은 경우는 회사의 인력수급을 고려하여 근무지 배정

3 농협중앙회 채용안내(2021년도 상반기 6급 신규직원 채용 기준)

(1) 채용분야 및 인원

채용분야	직급	인원	직무내용
일반	6급 초급	채용지역별 ○명	• 농업 · 농촌 관련 경영지원, 기획, 농정지원 등 • 신용보증 심사 및 관리, 기금관리 및 운용 등
IT	6급 중견 (전산직)	○○명	• IT개발 및 기획(상호금융, 경제유통, 공통관리 등) • 정보보안(보안 침해사고 분석 및 대응) • ICT신기술(빅데이터, 인공지능 등)

※ (일반)채용지역 : 경기, 강원, 전남

(2) 지원자격

구분		내용
기본자격		• 연령, 학력, 전공, 학점, 어학점수 제한없음 – IT : 정보처리(전산) 관련 산업기사 이상 자격증 소지자
분야	일반	• 지역단위 채용 (채용지역의 농협중앙회 지사무소 또는 지역보증센터 근무 예정) ※ 채용지역 : 경기, 강원, 전남
	IT	• 전국단위 채용 (NH통합IT센터〈의왕시 소재〉 또는 중앙본부 근무 예정)
우대사항	공통	• 『NH 영 서포터즈』 우수활동자 • 『NH농협 New Hope 아이디어 공모전』 수상자 • 농협장학생 봉사단 우수활동자
	일반	• 전문자격증 : 변호사, 회계사, 감정평가사, 세무사, 경영지도사 • 금융전문자격증 : 국제재무분석사(CFA), 국제재무위험관리사(FRM)
	IT	• 해당없음
기타		• 남자는 병역필 또는 면제자에 한함('21. 2. 28.까지 병역필 가능한 자 포함) • '21. 2. 8.자 공고 NH농협은행/NH농협손해보험 중복지원 불가, 분야 · 지역 간 중복지원 불가

(3) 채용절차 및 전형별 내용

① 채용절차

1차 전형(서류)		2차 전형(필기)		3차 전형(면접)
• 온라인 인·적성(Lv1) 평가 • 자기소개서 평가	▶	• 인·적성(Lv2)평가 • 직무능력·직무상식평가	▶	• 온라인 AI역량검사 • 집단면접 • PT면접

② 전형별 내용

ㄱ 1차 전형(서류)

- 입사지원서 및 자기소개서 작성 : 자기소개서 평가 시 블라인드 원칙 위반, 불성실 기재(표절, 분량부족, 반복작성, 타사명 기재 등), 허위 기재 시 불이익
- 온라인 인·적성평가(Level 1)
- 온라인 인·적성평가(Level 1) 결과는 추후 오프라인에서 실시되는 인·적성평가(Level 2)를 통해 검증되니 반드시 솔직하게 응시
- 대리응시 및 솔직하지 않은 답변의 경우 불합격 처리 등의 불이익
- 평가 마감시간에 응시가 집중되어 접속이 어려울 수 있으니 미리 접속하여 평가를 완료
- 마감시간 이후에는 어떠한 경우에도 접속 및 응시가 불가

ㄴ 2차 전형(필기)

교시	구분	문항수	시간	출제범위
1	인·적성평가 (Level 2)	325문항 (객관식)	45분	조직적합성, 성취잠재력
2	직무능력평가	50문항 (객관식)	70분	• 농업·농촌 관련 이해도, 농협 추진사업 • 의사소통능력, 수리능력, 문제해결능력, 정보능력, 자원관리능력
	직무상식평가	30문항 (객관식)	25분	• 공통 : 농업·농촌관련 시사상식, 디지털 상식 • 분야별 : 직무별 관련 용어 및 기초지식 **〈분야별 세부내용〉** 일반 : 금융·경제 시사 IT : 데이터베이스, 전자계산기구조, 운영체제, 소프트웨어공학, 데이터통신

ㄷ 3차 전형(면접)

- 온라인 AI역량검사 : AI역량검사 및 2~3개 맞춤형 질문에 대한 영상답변
- 집단면접 : 피면접자 4~6명 1개조를 대상으로 多대多 면접
- PT면접 : 주어진 주제에 대하여 개별 프레젠테이션 실시

(4) 제출서류

구분	제출서류
2차 전형 (필기) 합격자	공통 : 주민등록 초본 1부〈필수〉 – 병적사항 기재분(미기재분 제출 시 병적증명서 추가 제출) – 군복무 중인 자의 경우 복무만료예정 확인서류 추가제출(전역예정증명서 등) ・해당자 – 자격증 사본 및 자격취득확인서(원본 지참) – 경력증명서 – 취업지원대상자증명서 – 장애인증명서 ※ 2차 전형(필기) 합격자에 한하여 면접 시 제출
최종합격자	・최종학교 졸업(예정)증명서(석사이상은 학부 졸업증명서 포함)

(5) 참고사항 및 유의사항

① 참고사항

　㉠ 취업지원대상자는 관계 법령에 의거 우대

　㉡ 장애인고용촉진 및 직업재활법에 의한 장애인 우대

　㉢ 농협중앙회 일반직 채용수준 : 7급, 6급초급, 6급중견, 5급

　㉣ **채용수준별 초임호봉** : 7급(5호봉), 6급초급(7호봉), 6급중견(9호봉), 5급(11호봉)

　㉤ 채용직급은 합격자의 최종 학력・경력 등에 상관없이 채용수준에 따라 결정

　㉥ **문의처** : 농협중앙회 인사총무부(02-2080-5906~8)

　㉦ 기타 자세한 사항은 지원서 접수 홈페이지 참고

② 유의사항

　㉠ 지원서 기재사항이 사실과 다를 경우(증빙서 미제출 포함) 합격취소 또는 면직처리

　㉡ 최종 합격자가 지정일에 입사하지 않을 경우 합격취소

　㉢ 본회 인사 관련 규정상 신규채용 결격사유 해당자는 합격취소 또는 면직처리

　㉣ 최종합격 후 교육연수 및 수습기간에 평가결과가 불량하거나 업무능력이 현저히 부족하다고 판단될 경우 면직될 수 있음

　㉤ 정해진 기간 내 건강검진 미수검(재검진 미수검 포함) 시 불합격 처리

ⓗ 부정한 채용청탁 사실이 확인된 경우
- 지원자의 불이익 조치
- 채용 전형 중 : 해당 단계 합격 취소
- 최종합격 후 입사 전 : 최종 합격 취소
- 입사 후 : 면직
- 응시제한 : 해당 채용의 최종합격자 발표일로부터 7년간 채용전형 응시 불가
- 채용청탁 관련 내용 및 관련자는 농협홈페이지 등에 공개할 예정임
- 피해자 구제 조치 : 피해단계 다음 전형에 대한 응시기회 부여

ⓢ 입사지원서 작성 시 직·간접적으로 성명, 학교명, 학점, 가족관계 등이 드러나지 않
도록 유의(작성 시 채용전형에서 불이익을 받을 수 있음)
- 학교명 : 직접적인 학교명은 물론, 이니셜, 동아리명, 학교 소재지, 상징물, 교수 성명
등을 통해 학교가 드러나지 않도록 작성
- 가족관계 : 일반적인 가족구성은 기재가 가능하나, 가족구성원의 이름, 소속 단체, 직
장, 직위 등이 드러나지 않도록 작성

PART II

인 · 적성평가(Level 2)

CHAPTER

01 인 · 적성평가의 개요

☑ 보충설명

본인의 성향을 물어보는 질문이 주어지고 그 중 자신에게 해당되는 경우 Yes 그렇지 않을 경우 No를 고르는 유형이나 그 정도에 따라 부합도를 선택하는 유형 등으로 구성된다. 인 · 적성평가 시 가장 유의해야 할 부분은 '솔직함'이다. 기업이 원하는 인재상에 맞추고자 자신의 성격과는 상관없이 좋은 인상만을 남기기 위해 허위로 선택하는 것보다는 최대한 솔직하게, 그리고 일관적으로 응답하는 것이 관건이라고 할 수 있다.

1　허구성 척도의 질문을 파악한다.

　인 · 적성평가의 질문에는 허구성 척도를 측정하기 위한 질문이 숨어있음을 유념해야 한다. 예를 들어 '나는 지금까지 거짓말을 한 적이 없다.', '나는 한 번도 화를 낸 적이 없다.', '나는 남을 헐뜯거나 비난한 적이 한 번도 없다.' 이러한 질문이 있다고 가정해보자. 상식적으로 보통 누구나 태어나서 한번은 거짓말을 한 경험은 있을 것이며 화를 낸 경우도 있을 것이다. 또한 대부분의 구직자가 자신을 좋은 인상으로 포장하는 것도 자연스러운 일이다. 따라서 허구성을 측정하는 질문에 다소 거짓으로 '그렇다'라고 답하는 것은 전혀 문제가 되지 않는다. 하지만 지나치게 좋은 성격을 염두에 두고 허구성을 측정하는 질문에 전부 '그렇다'고 대답을 한다면 허구성 척도의 득점이 극단적으로 높아지며 이는 검사항목전체에서 구직자의 성격이나 특성이 반영되지 않았음을 나타내 불성실한 답변으로 신뢰성이 의심받게 되는 것이다. 다시 한 번 인 · 적성평가의 문항은 각 개인의 특성을 알아보고자 하는 것으로 절대적으로 옳거나 틀린 답이 없으므로 결과를 지나치게 의식하여 솔직하게 응답하지 않으면 과장 반응으로 분류될 수 있음을 기억하자!

2　'대체로', '가끔' 등의 수식어를 확인한다.

　'대체로', '종종', '가끔', '항상', '대개' 등의 수식어는 대부분의 인 · 적성평가에서 자주 등장한다. 이러한 수식어가 붙은 질문을 접했을 때 구직자들은 조금 고민하게 된다. 하지만 아직 답해야 할 질문들이 많음을 기억해야 한다. 다만, 앞에서 '가끔', '때때로'라는 수식어가 붙은 질문이 나온다면 뒤에는 '항상', '대체로'의 수식어가 붙은 내용은 똑같은 질문이 이어지는 경우가 많다. 따라서 자주 사용되는 수식어를 적절히 구분할 줄 알아야 한다.

3 솔직하게 있는 그대로 표현한다.

인·적성평가는 평범한 일상생활 내용들을 다룬 짧은 문장과 어떤 대상이나 일에 대한 선호를 선택하는 문장으로 구성되었으므로 평소에 자신이 생각한 바를 너무 골똘히 생각하지 말고 문제를 보는 순간 떠오른 것을 표현한다. 또한 간혹 반복되는 문제들이 출제되기 때문에 일관성 있게 답하지 않으면 감점될 수 있으므로 유의한다.

4 모든 문제를 신속하게 대답한다.

인·적성평가는 일반적으로 시간제한이 많은 것이 원칙이지만 농협에서는 일정한 시간제한 (50분)을 두고 있다. 인·적성평가는 개인의 성격과 자질을 알아보기 위한 검사이기 때문에 정답이 없다. 다만, 기업체에서 바람직하게 생각하거나 기대되는 결과가 있을 뿐이다. 따라서 시간에 쫓겨서 대충 대답을 하는 것은 바람직하지 못하다.

5 자신의 성향과 사고방식을 미리 정리한다.

기업의 인재상을 기초로 하여 일관성, 신뢰성, 진실성 있는 답변을 염두에 두고 꼼꼼히 풀다보면 분명 시간의 촉박함을 느낄 것이다. 따라서 각각의 질문을 너무 골똘히 생각하거나 고민하지 말자. 대신 시험 전에 여유 있게 자신의 성향이나 사고방식에 대해 정리해보는 것이 필요하다.

6 마지막까지 집중해서 검사에 임한다.

장시간 진행되는 검사에 지칠 수 있으므로 마지막까지 집중해서 정확히 답할 수 있도록 해야 한다.

CHAPTER

02 실전 인 · 적성평가

1. Y or N 유형

▌1~325▌ 다음 (   ) 안에 진술이 자신에게 적합하면 YES, 그렇지 않다면 NO를 선택하시오.

(인성검사는 응시자의 인성을 파악하기 위한 시험이므로 정답이 존재하지 않습니다)

	YES	NO
1. 조금이라도 나쁜 소식은 절망의 시작이라고 생각해버린다.	( )	( )
2. 언제나 실패가 걱정이 되어 어쩔 줄 모른다.	( )	( )
3. 다수결의 의견에 따르는 편이다.	( )	( )
4. 혼자서 커피숍에 들어가는 것은 전혀 두려운 일이 아니다.	( )	( )
5. 승부근성이 강하다.	( )	( )
6. 자주 흥분해서 침착하지 못하다.	( )	( )
7. 지금까지 살면서 타인에게 폐를 끼친 적이 없다.	( )	( )
8. 소곤소곤 이야기하는 것을 보면 자기에 대해 험담하고 있는 것으로 생각된다.	( )	( )
9. 무엇이든지 자기가 나쁘다고 생각하는 편이다.	( )	( )
10. 자신을 변덕스러운 사람이라고 생각한다.	( )	( )
11. 고독을 즐기는 편이다.	( )	( )
12. 자존심이 강하다고 생각한다.	( )	( )
13. 금방 흥분하는 성격이다.	( )	( )
14. 거짓말을 한 적이 없다.	( )	( )
15. 신경질적인 편이다.	( )	( )
16. 끙끙대며 고민하는 타입이다.	( )	( )
17. 감정적인 사람이라고 생각한다.	( )	( )
18. 자신만의 신념을 가지고 있다.	( )	( )
19. 다른 사람을 바보 같다고 생각한 적이 있다.	( )	( )
20. 금방 말해버리는 편이다.	( )	( )
21. 싫어하는 사람이 없다.	( )	( )
22. 대재앙이 오지 않을까 항상 걱정을 한다.	( )	( )

23. 쓸데없는 고생을 하는 일이 많다. ································ (   )(   )

24. 자주 생각이 바뀌는 편이다. ································ (   )(   )

25. 문제점을 해결하기 위해 여러 사람과 상의한다. ················ (   )(   )

26. 내 방식대로 일을 한다. ································ (   )(   )

27. 영화를 보고 운 적이 많다. ································ (   )(   )

28. 어떤 것에 대해서도 화낸 적이 없다. ······················· (   )(   )

29. 사소한 충고에도 걱정을 한다. ···························· (   )(   )

30. 자신은 도움이 안 되는 사람이라고 생각한다. ················ (   )(   )

31. 금방 싫증을 내는 편이다. ································ (   )(   )

32. 개성적인 사람이라고 생각한다. ·························· (   )(   )

33. 자기주장이 강한 편이다. ································ (   )(   )

34. 뒤숭숭하다는 말을 들은 적이 있다. ······················· (   )(   )

35. 학교를 쉬고 싶다고 생각한 적이 한 번도 없다. ·············· (   )(   )

36. 사람들과 관계 맺는 것을 잘하지 못한다. ··················· (   )(   )

37. 사려 깊은 편이다. ································ (   )(   )

38. 몸을 움직이는 것을 좋아한다. ···························· (   )(   )

39. 끈기가 있는 편이다. ································ (   )(   )

40. 신중한 편이라고 생각한다. ······························· (   )(   )

41. 인생의 목표는 큰 것이 좋다. ···························· (   )(   )

42. 어떤 일이라도 바로 시작하는 타입이다. ··················· (   )(   )

43. 낯가림을 하는 편이다. ································ (   )(   )

44. 생각하고 나서 행동하는 편이다. ·························· (   )(   )

45. 쉬는 날은 밖으로 나가는 경우가 많다. ···················· (   )(   )

46. 시작한 일은 반드시 완성시킨다. ·························· (   )(   )

47. 면밀한 계획을 세운 여행을 좋아한다. ····················· (   )(   )

48. 야망이 있는 편이라고 생각한다. ·························· (   )(   )

49. 활동력이 있는 편이다. ································ (   )(   )

50. 많은 사람들과 왁자지껄하게 식사하는 것을 좋아하지 않는다. ··· (   )(   )

51. 돈을 허비한 적이 없다. ································ (   )(   )

52. 어릴적에 운동회를 아주 좋아하고 기대했다. ················ (   )(   )

53. 하나의 취미에 열중하는 타입이다. ……………………………………… (　)(　)

54. 모임에서 리더에 어울린다고 생각한다. ……………………………… (　)(　)

55. 입신출세의 성공이야기를 좋아한다. ………………………………… (　)(　)

56. 어떠한 일도 의욕을 가지고 임하는 편이다. ……………………… (　)(　)

57. 학급에서는 존재가 희미했다. ………………………………………… (　)(　)

58. 항상 무언가를 생각하고 있다. ……………………………………… (　)(　)

59. 스포츠는 보는 것보다 하는 게 좋다. ……………………………… (　)(　)

60. '참 잘했네요.'라는 말을 자주 듣는다. …………………………… (　)(　)

61. 흐린 날은 반드시 우산을 가지고 간다. …………………………… (　)(　)

62. 주연상을 받을 수 있는 배우를 좋아한다. ………………………… (　)(　)

63. 공격하는 타입이라고 생각한다. ……………………………………… (　)(　)

64. 리드를 받는 편이다. …………………………………………………… (　)(　)

65. 너무 신중해서 기회를 놓친 적이 있다. …………………………… (　)(　)

66. 시원시원하게 움직이는 타입이다. …………………………………… (　)(　)

67. 야근을 해서라도 업무를 끝낸다. …………………………………… (　)(　)

68. 누군가를 방문할 때는 반드시 사전에 확인한다. ………………… (　)(　)

69. 노력해도 결과가 따르지 않으면 의미가 없다. …………………… (　)(　)

70. 무조건 행동해야 한다. ………………………………………………… (　)(　)

71. 유행에 둔감하다고 생각한다. ………………………………………… (　)(　)

72. 정해진 대로 움직이는 것은 시시하다. …………………………… (　)(　)

73. 꿈을 계속 가지고 있고 싶다. ……………………………………… (　)(　)

74. 질서보다 자유를 중요시하는 편이다. ……………………………… (　)(　)

75. 혼자서 취미에 몰두하는 것을 좋아한다. ………………………… (　)(　)

76. 직관적으로 판단하는 편이다. ………………………………………… (　)(　)

77. 영화나 드라마를 보면 등장인물의 감정에 이입된다. …………… (　)(　)

78. 시대의 흐름에 역행해서라도 자신을 관철하고 싶다. ………… (　)(　)

79. 다른 사람의 소문에 관심이 없다. …………………………………… (　)(　)

80. 창조적인 편이다. ……………………………………………………… (　)(　)

81. 비교적 눈물이 많은 편이다. ………………………………………… (　)(　)

82. 융통성이 있다고 생각한다. …………………………………………… (　)(　)

83. 친구의 휴대전화 번호를 잘 모른다. ……………………………………… ( )( )

84. 스스로 고안하는 것을 좋아한다. …………………………………………… ( )( )

85. 정이 두터운 사람으로 남고 싶다. ………………………………………… ( )( )

86. 조직의 일원으로 별로 안 어울린다. ……………………………………… ( )( )

87. 세상의 일에 별로 관심이 없다. …………………………………………… ( )( )

88. 변화를 추구하는 편이다. …………………………………………………… ( )( )

89. 업무는 인간관계로 선택한다. ……………………………………………… ( )( )

90. 환경이 변하는 것에 구애되지 않는다. …………………………………… ( )( )

91. 불안감이 강한 편이다. ……………………………………………………… ( )( )

92. 인생은 살 가치가 없다고 생각한다. ……………………………………… ( )( )

93. 의지가 약한 편이다. ………………………………………………………… ( )( )

94. 다른 사람이 하는 일에 별로 관심이 없다. ……………………………… ( )( )

95. 사람을 설득시키는 것은 어렵지 않다. …………………………………… ( )( )

96. 심심한 것을 못 참는다. ……………………………………………………… ( )( )

97. 다른 사람을 욕한 적이 한 번도 없다. …………………………………… ( )( )

98. 다른 사람에게 어떻게 보일지 신경을 쓴다. …………………………… ( )( )

99. 금방 낙심하는 편이다. ……………………………………………………… ( )( )

100. 다른 사람에게 의존하는 경향이 있다. …………………………………… ( )( )

101. 그다지 융통성이 있는 편이 아니다. ……………………………………… ( )( )

102. 다른 사람이 내 의견에 간섭하는 것이 싫다. …………………………… ( )( )

103. 낙천적인 편이다. ……………………………………………………………… ( )( )

104. 숙제를 잊어버린 적이 한 번도 없다. ……………………………………… ( )( )

105. 밤길에는 발소리가 들리기만 해도 불안하다. …………………………… ( )( )

106. 상냥하다는 말을 들은 적이 있다. ………………………………………… ( )( )

107. 자신은 유치한 사람이다. …………………………………………………… ( )( )

108. 잡담을 하는 것보다 책을 읽는 것이 낫다. ……………………………… ( )( )

109. 나는 영업에 적합한 타입이라고 생각한다. ……………………………… ( )( )

110. 술자리에서 술을 마시지 않아도 흥을 돋울 수 있다. …………………… ( )( )

111. 한 번도 병원에 간 적이 없다. ……………………………………………… ( )( )

112. 나쁜 일은 걱정이 되어서 어쩔 줄을 모른다. …………………………… ( )( )

113. 금세 무기력해지는 편이다. ································ ( )( )

114. 비교적 고분고분한 편이라고 생각한다. ···················· ( )( )

115. 독자적으로 행동하는 편이다. ·························· ( )( )

116. 적극적으로 행동하는 편이다. ·························· ( )( )

117. 금방 감격하는 편이다. ······························ ( )( )

118. 어떤 것에 대해서는 불만을 가진 적이 없다. ·················· ( )( )

119. 밤에 못 잘 때가 많다. ······························ ( )( )

120. 자주 후회하는 편이다. ······························ ( )( )

121. 뜨거워지기 쉽고 식기 쉽다. ·························· ( )( )

122. 자신만의 세계를 가지고 있다. ························· ( )( )

123. 많은 사람 앞에서도 긴장하는 일은 없다. ·················· ( )( )

124. 말하는 것을 아주 좋아한다. ·························· ( )( )

125. 인생을 포기하는 마음을 가진 적이 한 번도 없다. ·············· ( )( )

126. 어두운 성격이다. ································· ( )( )

127. 금방 반성한다. ·································· ( )( )

128. 활동범위가 넓은 편이다. ···························· ( )( )

129. 자신을 끈기 있는 사람이라고 생각한다. ·················· ( )( )

130. 좋다고 생각하더라도 좀 더 검토하고 나서 실행한다. ············ ( )( )

131. 위대한 인물이 되고 싶다. ··························· ( )( )

132. 한 번에 많은 일을 떠맡아도 힘들지 않다. ················· ( )( )

133. 사람과 만날 약속은 부담스럽다. ······················ ( )( )

134. 질문을 받으면 충분히 생각하고 나서 대답하는 편이다. ··········· ( )( )

135. 머리를 쓰는 것보다 땀을 흘리는 일이 좋다. ················ ( )( )

136. 결정한 것에는 철저히 구속받는다. ····················· ( )( )

137. 외출 시 문을 잠갔는지 몇 번을 확인한다. ················· ( )( )

138. 이왕 할 거라면 일등이 되고 싶다. ····················· ( )( )

139. 과감하게 도전하는 타입이다. ························· ( )( )

140. 자신은 사교적이 아니라고 생각한다. ···················· ( )( )

141. 무심코 도리에 대해서 말하고 싶어진다. ·················· ( )( )

142. '항상 건강하네요.'라는 말을 듣는다. ···················· ( )( )

143. 단념하면 끝이라고 생각한다. ··· (　)(　)

144. 예상하지 못한 일은 하고 싶지 않다. ·· (　)(　)

145. 파란만장하더라도 성공하는 인생을 걷고 싶다. ···················· (　)(　)

146. 활기찬 편이라고 생각한다. ··· (　)(　)

147. 소극적인 편이라고 생각한다. ··· (　)(　)

148. 무심코 평론가가 되어 버린다. ··· (　)(　)

149. 자신은 성급하다고 생각한다. ··· (　)(　)

150. 꾸준히 노력하는 타입이라고 생각한다. ································· (　)(　)

151. 내일의 계획이라도 메모한다. ··· (　)(　)

152. 리더십이 있는 사람이 되고 싶다. ··· (　)(　)

153. 열정적인 사람이라고 생각한다. ··· (　)(　)

154. 다른 사람 앞에서 이야기를 잘 하지 못한다. ······················ (　)(　)

155. 통찰력이 있는 편이다. ··· (　)(　)

156. 엉덩이가 가벼운 편이다. ··· (　)(　)

157. 여러 가지로 구애됨이 있다. ··· (　)(　)

158. 돌다리도 두들겨 보고 건너는 쪽이 좋다. ···························· (　)(　)

159. 자신에게는 권력욕이 있다. ··· (　)(　)

160. 업무를 할당받으면 기쁘다. ··· (　)(　)

161. 사색적인 사람이라고 생각한다. ··· (　)(　)

162. 비교적 개혁적이다. ··· (　)(　)

163. 좋고 싫음으로 정할 때가 많다. ··· (　)(　)

164. 전통에 구애되는 것은 버리는 것이 적절하다. ···················· (　)(　)

165. 교제 범위가 좁은 편이다. ··· (　)(　)

166. 발상의 전환을 할 수 있는 타입이라고 생각한다. ················ (　)(　)

167. 너무 주관적이어서 실패한다. ··· (　)(　)

168. 현실적이고 실용적인 면을 추구한다. ···································· (　)(　)

169. 내가 어떤 배우의 팬인지 아무도 모른다. ···························· (　)(　)

170. 현실보다 가능성이다. ··· (　)(　)

171. 마음이 담겨 있으면 선물은 아무 것이나 좋다. ··················· (　)(　)

172. 여행은 마음대로 하는 것이 좋다. ··· (　)(　)

173. 추상적인 일에 관심이 있는 편이다. ································· ( )( )

174. 일은 대담히 하는 편이다. ··· ( )( )

175. 괴로워하는 사람을 보면 우선 동정한다. ····················· ( )( )

176. 가치기준은 자신의 안에 있다고 생각한다. ················· ( )( )

177. 조용하고 조심스러운 편이다. ······································· ( )( )

178. 상상력이 풍부한 편이라고 생각한다. ·························· ( )( )

179. 의리, 인정이 두터운 상사를 만나고 싶다. ················· ( )( )

180. 인생의 앞날을 알 수 없어 재미있다. ·························· ( )( )

181. 밝은 성격이다. ·· ( )( )

182. 별로 반성하지 않는다. ··· ( )( )

183. 활동범위가 좁은 편이다. ·· ( )( )

184. 자신을 시원시원한 사람이라고 생각한다. ················· ( )( )

185. 좋다고 생각하면 바로 행동한다. ································· ( )( )

186. 좋은 사람이 되고 싶다. ·· ( )( )

187. 한 번에 많은 일을 떠맡는 것은 골칫거리라고 생각한다. ······ ( )( )

188. 사람과 만날 약속은 즐겁다. ······································· ( )( )

189. 질문을 받으면 그때의 느낌으로 대답하는 편이다. ········ ( )( )

190. 땀을 흘리는 것보다 머리를 쓰는 일이 좋다. ··············· ( )( )

191. 결정한 것이라도 그다지 구속받지 않는다. ················· ( )( )

192. 외출 시 문을 잠갔는지 별로 확인하지 않는다. ············ ( )( )

193. 지위에 어울리면 된다. ··· ( )( )

194. 안전책을 고르는 타입이다. ··· ( )( )

195. 자신은 사교적이라고 생각한다. ·································· ( )( )

196. 도리는 상관없다. ·· ( )( )

197. '침착하시네요.'라는 말을 자주 듣는다. ······················ ( )( )

198. 단념이 중요하다고 생각한다. ····································· ( )( )

199. 예상하지 못한 일도 해보고 싶다. ······························· ( )( )

200. 평범하고 평온하게 행복한 인생을 살고 싶다. ············· ( )( )

201. 모임에서 늘 리더의 역할만을 해왔다. ······················· ( )( )

202. 착실한 노력으로 성공한 이야기를 좋아한다. ·············· ( )( )

203. 어떠한 일에도 의욕적으로 임하는 편이다. ·························· (   )(   )

204. 학급에서는 존재가 두드러졌다. ····································· (   )(   )

205. 피곤한 날에는 무엇이든지 귀찮아 하는 편이다. ··················· (   )(   )

206. 나는 소극적인 사람이 아니다. ···································· (   )(   )

207. 이것저것 남들의 이야기를 평가하는 것이 싫다. ·················· (   )(   )

208. 나는 성급한 편이다. ··· (   )(   )

209. 꾸준히 노력하는 스타일이다. ······································ (   )(   )

210. 내일의 계획은 늘 머릿속에 존재한다. ··························· (   )(   )

211. 협동심이 강한 사람이 되고 싶다. ································· (   )(   )

212. 나는 열정적인 사람이 아니다. ···································· (   )(   )

213. 다른 사람들 앞에서 이야기를 잘한다. ··························· (   )(   )

214. 말보다 행동력이 강한 타입이다. ·································· (   )(   )

215. 엉덩이가 무겁다는 소릴 자주 듣는다. ··························· (   )(   )

216. 특별히 가리는 음식이 없다. ······································ (   )(   )

217. 돌다리도 두들겨 보고 건너는 타입이 아니다. ··················· (   )(   )

218. 나에게는 권력에 대한 욕구는 없는 것 같다. ···················· (   )(   )

219. 업무를 할당받으면 늘 먼저 불안감이 앞선다. ··················· (   )(   )

220. 나는 진보보다는 보수이다. ······································· (   )(   )

221. 나는 매우 활동적인 사람이다. ···································· (   )(   )

222. 무슨 일이든 손해인지 이득인지를 먼저 생각하고 결정한다. ······· (   )(   )

223. 전통을 고수하는 것은 어리석은 짓이다. ························· (   )(   )

224. 나는 교제의 범위가 넓은 편이다. ································· (   )(   )

225. 나는 상식적인 판단을 할 수 있는 사람이다. ···················· (   )(   )

226. 객관적인 판단을 거부하는 편이다. ······························ (   )(   )

227. 나는 연예인을 매우 좋아한다. ···································· (   )(   )

228. 가능성보는 현실을 직시하는 편이다. ···························· (   )(   )

229. 나는 상대방에게 무엇이 필요한지 알 수 있다. ·················· (   )(   )

230. 여행을 할 때는 마음이 가는 대로 행동한다. ···················· (   )(   )

231. 구체적인 일에 관심이 없다. ······································ (   )(   )

232. 모든 일을 착실하게 하는 편이다. ································· (   )(   )

233. 괴로워하는 사람을 보면 그냥 모른 척 한다. ……………………………… (　)(　)

234. 매사 나를 기준으로 일을 처리한다. ……………………………………… (　)(　)

235. 나의 성격을 밝고 개방적이다. ………………………………………………… (　)(　)

236. 나는 이성적으로 판단을 잘한다. …………………………………………… (　)(　)

237. 공평하고 정직한 상사를 만나고 싶다. ……………………………………… (　)(　)

238. 일 잘하고 능력이 강한 상사를 만나고 싶다. ………………………… (　)(　)

239. 사람들과 적극적으로 유대관계를 유지한다. ……………………………… (　)(　)

240. 몸을 움직이는 일을 별로 즐기지 않는다. ………………………………… (　)(　)

241. 모든 일에 쉽게 질리는 편이다. ……………………………………………… (　)(　)

242. 경솔하게 판단하여 후회를 하는 경우가 많다. ………………………… (　)(　)

243. 인생의 목표를 크게 잡는 편이다. …………………………………………… (　)(　)

244. 무슨 일도 좀처럼 시작하지 못한다. ………………………………………… (　)(　)

245. 초면인 사람과도 바로 친해질 수 있다. …………………………………… (　)(　)

246. 행동을 하고 나서 생각을 하는 편이다. …………………………………… (　)(　)

247. 쉬는 날에는 늘 집에 있는 편이다. ………………………………………… (　)(　)

248. 일을 마무리 짓기 전에 포기하는 경우가 많다. ……………………… (　)(　)

249. 나는 욕심이 없다. ……………………………………………………………………… (　)(　)

250. 많은 사람들과 왁자지껄하게 있는 것이 싫다. ………………………… (　)(　)

251. 아무 이유 없이 불안할 때가 많다. ………………………………………… (　)(　)

252. 주변 사람들의 의견을 무시하는 경우가 많다. ………………………… (　)(　)

253. 자존심이 매우 강하다. ……………………………………………………………… (　)(　)

254. 내가 지금 잘하고 있는지 생각할 때가 많다. ………………………… (　)(　)

255. 생각없이 함부로 말하는 경우가 많다. …………………………………… (　)(　)

256. 정리가 되지 않은 방 안에 있어도 불안하지 않다. ………………… (　)(　)

257. 태어나서 지금까지 거짓말을 한 적이 없다. …………………………… (　)(　)

258. 슬픈 영화나 드라마를 보면서 눈물을 흘린 적이 있다. …………… (　)(　)

259. 나는 나 자신을 충분히 신뢰할 수 있다고 생각한다. ……………… (　)(　)

260. 노래를 흥얼거리는 것을 좋아한다. ………………………………………… (　)(　)

261. 나만이 할 수 있는 일을 찾고 싶다. ……………………………………… (　)(　)

262. 나는 내 자신을 과소평가하는 버릇이 있다. …………………………… (　)(　)

263. 나의 책상이나 서랍은 늘 잘 정리가 되어 있다. ──────────────── ( )( )

264. 건성으로 대답을 할 때가 많다. ──────────────── ( )( )

265. 남의 험담을 해 본적이 없다. ──────────────── ( )( )

266. 쉽게 화를 내는 편이다. ──────────────── ( )( )

267. 초조하면 손을 떨고 심장박동이 빨라지는 편이다. ──────────────── ( )( )

268. 다른 사람과 말싸움으로 져 본 적이 없다. ──────────────── ( )( )

269. 다른 사람의 아부에 쉽게 넘어가는 편이다. ──────────────── ( )( )

270. 주변 사람이 나의 험담을 하고 다닌다고 생각이 든다. ──────────────── ( )( )

271. 남들보다 못하다는 생각이 자주 든다. ──────────────── ( )( )

272. 이론만 내세우는 사람을 보면 짜증이 난다. ──────────────── ( )( )

273. 다른 사람과 대화를 하다가도 금방 싸움이 되는 경우가 많다. ──────────────── ( )( )

274. 내 맘대로 안 되면 소리를 지르는 경우가 많다. ──────────────── ( )( )

275. 상처를 주는 일도 받는 일도 싫다. ──────────────── ( )( )

276. 매일 매일 하루를 반성하는 편이다. ──────────────── ( )( )

277. 매사 메모를 잘 하는 편이다. ──────────────── ( )( )

278. 사람들이 나 때문에 즐거워하는 것을 즐긴다. ──────────────── ( )( )

279. 아무것도 하지 않고 하루 종일을 보낼 수 있다. ──────────────── ( )( )

280. 지각을 하느니 차라리 결석을 하는 것이 낫다고 생각한다. ──────────────── ( )( )

281. 이 세상에 보이지 않는 세계가 존재한다고 믿는다. ──────────────── ( )( )

282. 하기 싫은 일은 죽어도 하기 싫다. ──────────────── ( )( )

283. 남에게 안좋게 보일까봐 일부러 열심히 하는 척 행동한 적이 있다. ──────────────── ( )( )

284. 쉽게 뜨거워지고 쉽게 식는 편이다. ──────────────── ( )( )

285. 세상에는 못 해낼 일이 없다고 생각한다. ──────────────── ( )( )

286. 착한 사람이라는 소릴 자주 듣는다. ──────────────── ( )( )

287. 나는 다른 사람들보다 뛰어난 사람이다. ──────────────── ( )( )

288. 나는 개성적인 스타일을 추구한다. ──────────────── ( )( )

289. 동호회 활동을 한다. ──────────────── ( )( )

290. 나는 갖고 싶은 물건이 생기면 반드시 손에 넣어야 한다. ──────────────── ( )( )

291. 세상의 모든 사람들이 다 나를 좋아한다. ──────────────── ( )( )

292. 스트레스를 해소하는 나만의 방법을 가지고 있다. ──────────────── ( )( )

293. 모든 일에 계획을 세워 생활한다. ·· (   )(   )

294. 나의 계획에 맞게 진행되지 않으면 화가 난다. ································ (   )(   )

295. 남의 일에 잘 나서는 편이다. ··· (   )(   )

296. 이성적인 사람이 되고 싶다. ·· (   )(   )

297. 생각했던 일이 뜻대로 되지 않으면 불안해진다. ······························ (   )(   )

298. 생각한 일을 반드시 행동으로 옮기지는 않는다. ······························ (   )(   )

299. 친구가 적으나 깊게 사귀는 편이다. ··· (   )(   )

300. 남과의 경쟁에서는 절대 지는 꼴을 못 본다. ··································· (   )(   )

301. 내일해도 되는 일도 오늘 끝내는 편이다. ·· (   )(   )

302. 머릿속의 모든 생각을 글로 표현할 수 있다. ··································· (   )(   )

303. 말보다는 글로 나의 의견을 전달하는 것이 편하다. ························· (   )(   )

304. 배려가 깊다는 소릴 자주 듣는다. ··· (   )(   )

305. 게으른 사람이라는 소릴 들어본 적이 있다. ····································· (   )(   )

306. 나에게 주어진 기회는 반드시 얻는다. ··· (   )(   )

307. 외출을 할 때 옷차림에 신경을 쓰는 편이다. ··································· (   )(   )

308. 약속시간이 다가와도 머리나 옷이 맘에 안 들면 늦더라도 반드시 고쳐야 한다. ··· (   )(   )

309. 모임이나 동호회에서 바로 친구를 사귈 수 있다. ···························· (   )(   )

310. 쉽게 단념을 하는 편이다. ··· (   )(   )

311. 위험을 무릅쓰고 성공을 해야 한다고 생각한다. ······························ (   )(   )

312. 학창시절 체육시간이 가장 즐거웠다. ··· (   )(   )

313. 휴일에는 어디든 나가야 직성이 풀린다. ·· (   )(   )

314. 작은 일에도 쉽게 몸이 지친다. ·· (   )(   )

315. 매사 유연하게 대처하는 편이다. ··· (   )(   )

316. 나의 능력이 어느 정도인지 확인해 보고 싶을 때가 많다. ··············· (   )(   )

317. 나는 나의 능력이 어느 정도 인지 확실하게 알고 있다. ·················· (   )(   )

318. 새로운 사람을 만날 때는 늘 가슴이 두근거린다. ···························· (   )(   )

319. 어려운 상황에 처하면 늘 누군가가 도와 줄거란 희망을 가지고 있다. ··· (   )(   )

320. 내가 저지른 일을 나 혼자 해결하지 못한 경우가 많다. ·················· (   )(   )

321. 친구가 거의 없다. ·· (   )(   )

322. 건강하고 활발한 사람을 보면 부럽다. ··· (   )(   )

		YES	NO
323. 세상의 모든 일을 경험해 보고 싶다.	…………	( )	( )
324. 스트레스를 해소하기 위해 운동을 하는 편이다.	…………	( )	( )
325. 기한이 정해진 일은 반드시 기한 내에 끝낸다.	…………	( )	( )
326. 결론이 나더라도 계속을 생각을 하는 편이다.	…………	( )	( )
327. 내가 하고 싶은 대로 이루어지지 않으면 화가 난다.	…………	( )	( )
328. 말과 행동이 일치하지 않을 때가 많다.	…………	( )	( )
329. 항상 내 기분대로 행동을 한다.	…………	( )	( )
330. 무슨 일이든 도전하는 것을 좋아한다.	…………	( )	( )
321. 쉬는 날은 어디에도 나가고 싶지 않다.	…………	( )	( )
322. 남의 앞에 나서서 무언가를 하는 것이 쑥스럽다.	…………	( )	( )
323. 모르는 것은 모른다고 말한다.	…………	( )	( )
324. 나 스스로 이해가 되지 않는 일을 하지 않는다.	…………	( )	( )
325. 이상적이지 못하고 현실적이다.	…………	( )	( )

2. 부합도 평가 유형

|1~325| 다음 상황을 읽고 각각의 문항에 대해 자신이 동의하는 정도를 고르시오. (인성검사는 응시자의 인성을 파악하기 위한 자료이므로 정답이 존재하지 않습니다.)

① 전혀 그렇지 않다   ② 그렇지 않다   ③ 그렇다   ④ 매우 그렇다

1. 움직이는 것을 몹시 귀찮아하는 편이라고 생각한다. ···································· ① ② ③ ④
2. 특별히 소극적이라고 생각하지 않는다. ···································· ① ② ③ ④
3. 이것저것 평하는 것이 싫다. ···································· ① ② ③ ④
4. 자신은 성급하지 않다고 생각한다. ···································· ① ② ③ ④
5. 꾸준히 노력하는 것을 잘 하지 못한다. ···································· ① ② ③ ④
6. 내일의 계획은 머릿속에 기억한다. ···································· ① ② ③ ④
7. 협동성이 있는 사람이 되고 싶다. ···································· ① ② ③ ④
8. 열정적인 사람이라고 생각하지 않는다. ···································· ① ② ③ ④
9. 다른 사람 앞에서 이야기를 잘한다. ···································· ① ② ③ ④
10. 행동력이 있는 편이다. ···································· ① ② ③ ④
11. 엉덩이가 무거운 편이다. ···································· ① ② ③ ④
12. 특별히 구애받는 것이 없다. ···································· ① ② ③ ④
13. 돌다리는 두들겨 보지 않고 건너도 된다. ···································· ① ② ③ ④
14. 자신에게는 권력욕이 없다. ···································· ① ② ③ ④
15. 업무를 할당받으면 부담스럽다. ···································· ① ② ③ ④
16. 활동적인 사람이라고 생각한다. ···································· ① ② ③ ④
17. 비교적 보수적이다. ···································· ① ② ③ ④
18. 어떤 일을 결정할 때 나에게 손해인지 이익인지로 정할 때가 많다. ·············· ① ② ③ ④
19. 전통을 견실히 지키는 것이 적절하다. ···································· ① ② ③ ④
20. 교제 범위가 넓은 편이다. ···································· ① ② ③ ④
21. 상식적인 판단을 할 수 있는 타입이라고 생각한다. ···································· ① ② ③ ④
22. 너무 객관적이어서 실패한다. ···································· ① ② ③ ④
23. 보수적인 면을 추구한다. ···································· ① ② ③ ④
24. 내가 누구의 팬인지 주변의 사람들이 안다. ···································· ① ② ③ ④
25. 가능성보다 현실이다. ···································· ① ② ③ ④
26. 그 사람이 필요한 것을 선물하고 싶다. ···································· ① ② ③ ④

27. 여행은 계획적으로 하는 것이 좋다. ··· ① ② ③ ④

28. 구체적인 일에 관심이 있는 편이다. ··· ① ② ③ ④

29. 일은 착실히 하는 편이다. ··· ① ② ③ ④

30. 괴로워하는 사람을 보면 우선 이유를 생각한다. ··· ① ② ③ ④

31. 가치기준은 자신의 밖에 있다고 생각한다. ·· ① ② ③ ④

32. 밝고 개방적인 편이다. ··· ① ② ③ ④

33. 현실 인식을 잘하는 편이라고 생각한다. ·· ① ② ③ ④

34. 공평하고 공적인 상사를 만나고 싶다. ··· ① ② ③ ④

35. 시시해도 계획적인 인생이 좋다. ··· ① ② ③ ④

36. 적극적으로 사람들과 관계를 맺는 편이다. ·· ① ② ③ ④

37. 활동적인 편이다. ··· ① ② ③ ④

38. 몸을 움직이는 것을 좋아하지 않는다. ··· ① ② ③ ④

39. 쉽게 질리는 편이다. ·· ① ② ③ ④

40. 경솔한 편이라고 생각한다. ·· ① ② ③ ④

41. 인생의 목표는 손이 닿을 정도면 된다. ··· ① ② ③ ④

42. 무슨 일도 좀처럼 바로 시작하지 못한다. ·· ① ② ③ ④

43. 초면인 사람과도 바로 친해질 수 있다. ··· ① ② ③ ④

44. 행동하고 나서 생각하는 편이다. ··· ① ② ③ ④

45. 쉬는 날은 집에 있는 경우가 많다. ··· ① ② ③ ④

46. 완성되기 전에 포기하는 경우가 많다. ··· ① ② ③ ④

47. 계획 없는 여행을 좋아한다. ·· ① ② ③ ④

48. 욕심이 없는 편이라고 생각한다. ··· ① ② ③ ④

49. 활동력이 별로 없다. ·· ① ② ③ ④

50. 많은 사람들과 어울릴 수 있는 모임에 가는 것을 좋아한다. ····························· ① ② ③ ④

51. 많은 친구랑 사귀는 편이다. ·· ① ② ③ ④

52. 목표 달성에 별로 구애받지 않는다. ··· ① ② ③ ④

53. 평소에 걱정이 많은 편이다. ·· ① ② ③ ④

54. 체험을 중요하게 여기는 편이다. ··· ① ② ③ ④

55. 정이 두터운 사람을 좋아한다. ··· ① ② ③ ④

56. 도덕적인 사람을 좋아한다. ·· ① ② ③ ④

57. 성격이 규칙적이고 꼼꼼한 편이다. ·· ① ② ③ ④

58. 결과보다 과정이 중요하다. ································· ① ② ③ ④

59. 쉬는 날은 집에서 보내고 싶다. ························· ① ② ③ ④

60. 무리한 도전을 할 필요는 없다고 생각한다. ··········· ① ② ③ ④

61. 공상적인 편이다. ····································· ① ② ③ ④

62. 계획을 정확하게 세워서 행동하는 것을 못한다. ······· ① ② ③ ④

63. 감성이 풍부한 사람이 되고 싶다고 생각한다. ········· ① ② ③ ④

64. 주변의 일을 여유 있게 해결한다. ····················· ① ② ③ ④

65. 물건은 계획적으로 산다. ······························· ① ② ③ ④

66. 돈이 없으면 걱정이 된다. ····························· ① ② ③ ④

67. 하루 종일 책상 앞에 앉아 있는 일은 잘 하지 못한다. ··· ① ② ③ ④

68. 너무 진중해서 자주 기회를 놓치는 편이다. ··········· ① ② ③ ④

69. 실용적인 것을 추구하는 경향이 있다. ················· ① ② ③ ④

70. 거래처 접대에 자신 있다. ····························· ① ② ③ ④

71. 어려움에 처해 있는 사람을 보면 동정한다. ··········· ① ② ③ ④

72. 같은 일을 계속해서 잘 하지 못한다. ················· ① ② ③ ④

73. 돈이 없어도 어떻게든 되겠지 생각한다. ··············· ① ② ③ ④

74. 생각날 때 물건을 산다. ······························· ① ② ③ ④

75. 신문사설을 주의 깊게 읽는다. ························· ① ② ③ ④

76. 한 가지 일에 매달리는 편이다. ······················· ① ② ③ ④

77. 연구는 실용적인 결실을 만들어 내는데 의미가 있다. ··· ① ② ③ ④

78. 남의 주목을 받고 싶어 하는 편이다. ················· ① ② ③ ④

79. 사람을 돕는 일이라면 규칙을 벗어나도 어쩔 수 없다. ··· ① ② ③ ④

80. 연극 같은 문화생활을 즐기는 것을 좋아한다. ········· ① ② ③ ④

81. 모험이야말로 인생이라고 생각한다. ··················· ① ② ③ ④

82. 일부러 위험에 접근하는 것은 어리석다고 생각한다. ··· ① ② ③ ④

83. 남의 눈에 잘 띄지 않은 편이다. ····················· ① ② ③ ④

84. 연구는 이론체계를 만들어 내는데 의의가 있다. ······· ① ② ③ ④

85. 결과가 과정보다 중요하다. ····························· ① ② ③ ④

86. 이론만 내세우는 일을 싫어한다. ····················· ① ② ③ ④

87. 타인의 감정을 존중한다. ····························· ① ② ③ ④

88. 사람 사귀는 일에 자신 있다. ························· ① ② ③ ④

89. 식사시간이 정해져 있지 않다. ·· ① ② ③ ④

90. 좋아하는 문학 작가가 많다. ··· ① ② ③ ④

91. 평소 자연과학에 관심 있다. ··· ① ② ③ ④

92. 인라인 스케이트 타는 것을 좋아한다. ··· ① ② ③ ④

93. 재미있는 것을 추구하는 경향이 있다. ··· ① ② ③ ④

94. 잘 웃는 편이다. ·· ① ② ③ ④

95. 소외된 이웃들에 항상 관심을 갖고 있다. ·· ① ② ③ ④

96. 자동차 구조에 흥미를 갖고 있다. ··· ① ② ③ ④

97. 좋아하는 스포츠팀을 응원하는 것을 즐긴다. ·· ① ② ③ ④

98. 줄기배아세포 연구에 관심 있다. ··· ① ② ③ ④

99. 일을 처리함에 있어 계획표를 작성하는 것을 좋아한다. ··························· ① ② ③ ④

100. 고장 난 라디오를 수리한 적이 있다. ··· ① ② ③ ④

101. 유행에 둔감하다고 생각한다. ·· ① ② ③ ④

102. 정해진 대로 움직이는 것은 시시하다. ·· ① ② ③ ④

103. 꿈을 계속 가지고 있고 싶다. ·· ① ② ③ ④

104. 질서보다 자유를 중요시하는 편이다. ··· ① ② ③ ④

105. 협동성이 있다. ·· ① ② ③ ④

106. 잠자리에 들기 전 내일 할일을 확인한다. ·· ① ② ③ ④

107. 꾸준히 노력한다. ··· ① ② ③ ④

108. 성급하지 않다. ·· ① ② ③ ④

109. 평가하는 것을 좋아한다. ··· ① ② ③ ④

110. 소극적이다. ·· ① ② ③ ④

111. 귀찮아할 때가 많다. ··· ① ② ③ ④

112. 평범한 인생을 살고 싶다. ·· ① ② ③ ④

113. 예상하지 못한 일이 벌어져도 당황하지 않는다. ····································· ① ② ③ ④

114. 포기도 필요하고 생각한다. ·· ① ② ③ ④

115. 침착하다는 말을 자주 듣는다. ··· ① ② ③ ④

116. 이윤이 윤리보다 중요하다고 생각한다. ·· ① ② ③ ④

117. 사교적이다. ·· ① ② ③ ④

118. 모험보다는 안전한 길을 선택한다. ·· ① ② ③ ④

119. 지위에 맞는 행동이 있다고 생각한다. ·· ① ② ③ ④

120. 외출 시 문을 잠갔는지 재차 확인한다. ··· ① ② ③ ④

121. 결정한 일에 구속받지 않는다. ·· ① ② ③ ④

122. 땀을 흘리는 것보다 머리를 쓰는 일이 좋다. ·· ① ② ③ ④

123. 질문을 받으면 바로바로 대답한다. ·· ① ② ③ ④

124. 사람과 만날 약속이 즐겁다. ··· ① ② ③ ④

125. 한꺼번에 많은 일을 떠맡으면 부담스럽다. ·· ① ② ③ ④

126. 좋은 사람이 되고 싶다. ·· ① ② ③ ④

127. 좋다고 생각하면 바로 행동한다. ·· ① ② ③ ④

128. 성격이 시원시원하다. ·· ① ② ③ ④

129. 나쁜 소식을 들으면 절망한다. ·· ① ② ③ ④

130. 실패가 걱정되어 전전긍긍하는 편이다. ··· ① ② ③ ④

131. 다수결에 따르는 것을 좋아한다. ·· ① ② ③ ④

132. 혼밥을 즐긴다. ·· ① ② ③ ④

133. 승부근성이 강하다. ··· ① ② ③ ④

134. 자주 흥분하는 편이다. ·· ① ② ③ ④

135. 타인에게 폐를 끼치는 것이 싫다. ··· ① ② ③ ④

136. 자신에 대해 안 좋은 소문이 돌까 걱정스럽다. ··· ① ② ③ ④

137. 자존감이 낮다. ·· ① ② ③ ④

138. 변덕스러운 편이다. ··· ① ② ③ ④

139. 사람은 누구나 고독하다고 생각한다. ·· ① ② ③ ④

140. 거짓말을 한 적이 없다. ·· ① ② ③ ④

141. 문제가 생기면 해결될 때까지 고민한다. ·· ① ② ③ ④

142. 감성적이다. ·· ① ② ③ ④

143. 자신만의 신념이 있다. ·· ① ② ③ ④

144. 다른 사람을 바보 같다고 생각한 적이 있다. ··· ① ② ③ ④

145. 생각한 것을 금방 말해버린다. ·· ① ② ③ ④

146. 싫어하는 사람이 없다. ·· ① ② ③ ④

147. 지구 종말을 걱정한 적이 있다. ··· ① ② ③ ④

148. 고생을 사서 하는 편이다. ·· ① ② ③ ④

149. 항상 무언가를 생각한다. ·· ① ② ③ ④

150. 문제를 해결하기 위해 여러 사람과 상의한다. ·· ① ② ③ ④

151. 내 방식대로 일을 한다. ································· ① ② ③ ④

152. 영화를 보고 우는 일이 많다. ······················· ① ② ③ ④

153. 화를 잘 내지 않는다. ······························· ① ② ③ ④

154. 사소한 충고에도 걱정을 한다. ····················· ① ② ③ ④

155. 자신은 도움이 안 되는 사람이라고 생각한다. ······· ① ② ③ ④

156. 금방 싫증을 내는 편이다. ························· ① ② ③ ④

157. 나만의 개성이 있다. ······························· ① ② ③ ④

158. 자기주장이 강하다. ······························· ① ② ③ ④

159. 산만하다는 말을 들은 적이 있다. ················· ① ② ③ ④

160. 학교에 가기 싫은 날이 한 번도 없었다. ··········· ① ② ③ ④

161. 대인관계가 어렵다. ······························· ① ② ③ ④

162. 사려 깊다. ······································· ① ② ③ ④

163. 몸을 움직이는 것을 좋아한다. ····················· ① ② ③ ④

164. 끈기가 있다. ····································· ① ② ③ ④

165. 신중하다. ······································· ① ② ③ ④

166. 인생의 목표는 클수록 좋다. ······················· ① ② ③ ④

167. 어떤 일이라도 바로 시작하는 편이다. ············· ① ② ③ ④

168. 낯을 가린다. ····································· ① ② ③ ④

169. 생각한 뒤 행동한다. ······························· ① ② ③ ④

170. 쉬는 날엔 밖에 나가지 않는다. ··················· ① ② ③ ④

171. 시작한 일은 반드시 끝을 본다. ··················· ① ② ③ ④

172. 면밀하게 계획을 세운 여행을 좋아한다. ··········· ① ② ③ ④

173. 야망이 있는 사람이다. ··························· ① ② ③ ④

174. 활동력이 있다. ··································· ① ② ③ ④

175. 왁자지껄한 자리를 좋아하지 않는다. ··············· ① ② ③ ④

176. 돈을 허비한 적이 있다. ··························· ① ② ③ ④

177. 소풍 전날 기대로 잠을 이루지 못했다. ············· ① ② ③ ④

178. 하나의 취미에 열중한다. ························· ① ② ③ ④

179. 모임에서 회장을 한 적이 있다. ··················· ① ② ③ ④

180. 성공신화에 대한 이야기를 좋아한다. ··············· ① ② ③ ④

181. 어떤 일에도 의욕적으로 임한다. ··················· ① ② ③ ④

182. 학급에서 존재가 희미했다. ································· ① ② ③ ④

183. 무언가에 깊이 몰두하는 편이다. ····················· ① ② ③ ④

184. 칭찬을 듣는 것을 좋아한다. ························· ① ② ③ ④

185. 흐린 날은 외출 시 우산을 반드시 챙긴다. ··········· ① ② ③ ④

186. 조연배우보다는 주연배우를 좋아한다. ··············· ① ② ③ ④

187. 공격적인 성향이 있다. ···························· ① ② ③ ④

188. 리드를 받는 편이다. ······························ ① ② ③ ④

189. 너무 신중해서 기회를 놓친 적이 있다. ·············· ① ② ③ ④

190. 굼뜨다는 말을 들어 본 적이 있다. ················· ① ② ③ ④

191. 야근을 해서라도 할당된 일을 끝내야 맘이 편하다. ··· ① ② ③ ④

192. 누군가를 방문할 때는 반드시 사전에 약속을 잡는다. ··· ① ② ③ ④

193. 노력해도 결과가 따르지 않으면 의미가 없다. ········ ① ② ③ ④

194. 무조건 행동해야 한다. ···························· ① ② ③ ④

195. 유행에 둔감하다고 생각한다. ····················· ① ② ③ ④

196. 정해진 대로 움직이는 것은 시시하 ················· ① ② ③ ④

197. 이루고 싶은 꿈이 있다. ·························· ① ② ③ ④

198. 질서보다는 자유가 중요하다. ····················· ① ② ③ ④

199. 같이 하는 취미보다 혼자서 하는 취미를 즐긴다. ····· ① ② ③ ④

200. 직관적으로 판단하는 편이다. ····················· ① ② ③ ④

201. 드라마 속 등장인물의 감정에 쉽게 이입된다. ········ ① ② ③ ④

202. 시대의 흐름에 역행해서라도 자신의 주장을 관철하고 싶다. ··· ① ② ③ ④

203. 다른 사람의 소문에 관심이 많다. ················· ① ② ③ ④

204. 창조적인 일을 좋아한다. ·························· ① ② ③ ④

205. 눈물이 많은 편이다. ······························ ① ② ③ ④

206. 융통성이 있다. ·································· ① ② ③ ④

207. 친구의 휴대전화 번호를 외우고 있다. ·············· ① ② ③ ④

208. 스스로 고안하는 것을 좋아한다. ·················· ① ② ③ ④

209. 정이 두터운 사람으로 남고 싶다. ················· ① ② ③ ④

210. 조직의 일원으로 잘 어울린다. ···················· ① ② ③ ④

211. 세상사에 관심이 별로 없다. ······················ ① ② ③ ④

212. 항상 변화를 추구한다. ···························· ① ② ③ ④

213. 업무는 인간관계로 선택한다. ··① ② ③ ④

214. 환경이 변하는 것에 구애되지 않는다. ··① ② ③ ④

215. 불안감이 강한 편이다. ··① ② ③ ④

216. 인생은 살 가치가 있다고 생각한다. ··① ② ③ ④

217. 의지가 약한 편이다. ··① ② ③ ④

218. 다른 사람이 하는 일에 별로 관심이 없다. ··································① ② ③ ④

219. 사람을 설득하는 일에 능하다. ··① ② ③ ④

220. 심심한 것을 못 참는다. ··① ② ③ ④

221. 다른 사람 욕을 한 적이 한 번도 없다. ··① ② ③ ④

222. 타인의 시선을 중요하게 생각한다. ··① ② ③ ④

223. 금방 낙심하는 편이다. ··① ② ③ ④

224. 다른 사람에게 의존적이다. ··① ② ③ ④

225. 그다지 융통성이 있는 편이 아니다. ··① ② ③ ④

226. 다른 사람이 내 일에 간섭하는 것이 싫다. ··································① ② ③ ④

227. 낙천적이다. ··① ② ③ ④

228. 과제를 잊어버린 적이 한 번도 없다. ··① ② ③ ④

229. 밤길에 혼자 다니는 것이 불안하다. ··① ② ③ ④

230. 상냥하다는 말을 들은 적이 있다. ··① ② ③ ④

231. 자신은 유치한 사람이다. ··① ② ③ ④

232. 잡담을 하는 것보다 책을 읽는 게 낫다. ······································① ② ③ ④

233. 나는 영업에 적합한 타입이다. ··① ② ③ ④

234. 술자리에서 술을 마시지 않아도 흥을 돋울 수 있다. ················① ② ③ ④

235. 병원에 가는 것을 싫어한다. ··① ② ③ ④

236. 나쁜 일이 생기면 걱정이 돼 어쩔 줄 모른다. ····························① ② ③ ④

237. 쉽게 무기력해지는 편이다. ··① ② ③ ④

238. 비교적 고분고분한 편이다. ··① ② ③ ④

239. 독자적으로 행동한 적이 있다. ··① ② ③ ④

240. 나만의 독립된 공간이 필요하다. ··① ② ③ ④

241. 쉽게 감동한다. ··① ② ③ ④

242. 어떤 것에 대해 불만을 가진 적이 없다. ······································① ② ③ ④

243. 밤에 잠들지 못 할 때가 많다. ··① ② ③ ④

244. 자주 후회한다. ·· ① ② ③ ④

245. 쉽게 뜨거워졌다 쉽게 식는다. ··· ① ② ③ ④

246. 자시만의 세계를 가지고 있다. ·· ① ② ③ ④

247. 많은 사람 앞에서도 긴장하는 일이 없다. ···························· ① ② ③ ④

248. 말하는 것을 아주 좋아한다. ·· ① ② ③ ④

249. 될 대로 되라고 생각한 적이 한 번도 없다. ························· ① ② ③ ④

250. 어두운 성격이다. ··· ① ② ③ ④

251. 활동범위가 넓은 편이다. ·· ① ② ③ ④

252. 넓고 얕은 관계보다 좁고 깊은 관계를 추구한다. ·················· ① ② ③ ④

253. 돌다리도 두드려보고 건너는 편이다. ·································· ① ② ③ ④

254. 역사에 이름을 남기고 싶다. ·· ① ② ③ ④

255. 여러 가지 일을 함께 처리하는 데 능숙하다. ························ ① ② ③ ④

256. 약속을 미룬 적이 많다. ··· ① ② ③ ④

257. 한 번 결정한 것에 철저히 구속받는다. ······························ ① ② ③ ④

258. 이왕 할 거라면 일등이 되고 싶다. ····································· ① ② ③ ④

259. 과감하게 도전하는 타입이다. ·· ① ② ③ ④

260. 사교적인 모임에 나가는 것은 부담스럽다. ··························· ① ② ③ ④

261. 무심코 예의에 대해서 말하고 싶어진다. ····························· ① ② ③ ④

262. 건강관리에 신경을 쓰는 편이다. ·· ① ② ③ ④

263. 단념하면 끝이라고 생각한다. ·· ① ② ③ ④

264. 무언가를 평가하고 있는 자신을 발견할 때가 있다. ··············· ① ② ③ ④

265. 조금 뒤의 일이라도 메모해 둔다. ······································ ① ② ③ ④

266. 리더십이 있는 사람이 되고 싶다. ······································ ① ② ③ ④

267. 통찰력이 있는 편이다. ··· ① ② ③ ④

268. 엉덩이가 가벼운 편이다. ·· ① ② ③ ④

269. 여러 가지로 구애되는 것이 많다. ······································ ① ② ③ ④

270. 권력욕이 있다. ·· ① ② ③ ④

271. 업무를 할당받으면 기쁘다. ·· ① ② ③ ④

272. 사색적인 사람이라고 생각한다. ··· ① ② ③ ④

273. 비교적 개혁적이다. ··· ① ② ③ ④

274. 좋고 싫음이 뚜렷하다. ··· ① ② ③ ④

275. 전통은 소중한 것이다. ·· ① ② ③ ④

276. 교제 범위가 좁은 편이다. ··· ① ② ③ ④

277. 발상의 전환은 필요하다. ··· ① ② ③ ④

278. 고정관념이 없는 편이다. ··· ① ② ③ ④

279. 너무 주관적이어서 실패한다. ·························· ① ② ③ ④

280. 현실적이고 실용적인 것을 추구한다. ·············· ① ② ③ ④

281. 롤 모델이 있다. ·· ① ② ③ ④

282. 적은 가능성이라도 있다면 도전할 만하다. ····· ① ② ③ ④

283. 선물은 마음이 중요하다. ··· ① ② ③ ④

284. 여행은 계획 없이 편하게 하는 것이 좋다. ····· ① ② ③ ④

285. 추상적인 일에 관심이 있다. ·························· ① ② ③ ④

286. 일은 대담하게 하는 편이다. ·························· ① ② ③ ④

287. 조용하고 조심스러운 성격이다. ······················· ① ② ③ ④

288. 괴로워하는 사람을 보면 우선 동정한다. ········· ① ② ③ ④

289. 가치 기준은 자기 내면에 있다고 생각한다. ··· ① ② ③ ④

290. 상상력이 풍부하다. ·· ① ② ③ ④

291. 자신을 인정해 주는 상사를 만나고 싶다. ······· ① ② ③ ④

292. 인생은 앞날을 알 수 없어 재미있다. ·············· ① ② ③ ④

293. 밝은 성격이다. ·· ① ② ③ ④

294. 별로 반성하지 않는다. ··· ① ② ③ ④

295. 언쟁에서 진 적이 없다. ··· ① ② ③ ④

296. 예술 분야에 관심이 많다. ··· ① ② ③ ④

297. 말하는 것보다 듣는 것이 편하다. ······················· ① ② ③ ④

298. 남을 먼저 배려하는 편이다. ·························· ① ② ③ ④

299. 나만의 스트레스 해소법을 가지고 있다. ········· ① ② ③ ④

300. 주변 사람들의 말에 절대 흔들리지 않는다. ··· ① ② ③ ④

301. 사후세계가 존재한다고 믿는다. ······················· ① ② ③ ④

302. 종교는 가질 만한 것이다. ··· ① ② ③ ④

303. 책상 정리가 되어 있지 않으면 불안하다. ······· ① ② ③ ④

304. 신뢰할 수 있는 사람이다. ··· ① ② ③ ④

305. 모든 일에 일등이 되고 싶다. ·························· ① ② ③ ④

306. 큰 목표를 이루기 위해서라면 작은 부정을 저지를 수 있다. ·············· ① ② ③ ④

307. 파란만장한 삶을 살아왔다고 생각한다. ·············· ① ② ③ ④

308. 관찰력이 뛰어나다. ·············· ① ② ③ ④

309. 주도면밀하다는 말을 들은 적이 있다. ·············· ① ② ③ ④

310. 높은 이상을 추가한다. ·············· ① ② ③ ④

311. 무언가에 얽매이는 것을 싫어한다. ·············· ① ② ③ ④

312. 직장생활에서는 인간관계가 가장 중요하다고 생각한다. ·············· ① ② ③ ④

313. 날씨가 기분에 영향을 미친다. ·············· ① ② ③ ④

314. 월요일은 유난히 피곤하다. ·············· ① ② ③ ④

315. 감정을 솔직하게 표현하는 편이다. ·············· ① ② ③ ④

316. 자신에 대해서 얘기하기를 좋아한다. ·············· ① ② ③ ④

317. 평생직장은 이제 있을 수 없다고 생각한다. ·············· ① ② ③ ④

318. 돈이 많다면 일은 하고 싶지 않다고 생각해 본 적이 있다. ·············· ① ② ③ ④

319. 스마트폰 중독이 아닐까 생각해 본 적이 있다. ·············· ① ② ③ ④

320. 경제관념이 뚜렷한 편이다. ·············· ① ② ③ ④

321. 아는 척을 할 때가 많다. ·············· ① ② ③ ④

322. 좋고 싫음이 얼굴에 드러나는 편이다. ·············· ① ② ③ ④

323. 사람의 성향은 절대 바뀌지 않는다고 생각한다. ·············· ① ② ③ ④

324. 건강에 신경을 많이 쓰는 편이다. ·············· ① ② ③ ④

325. 다른 사람을 무시한 적이 한 번도 없다. ·············· ① ② ③ ④

3. 복합 유형

|1~50| 다음 질문에 대해서 평소 자신이 생각하고 있는 것이나 행동하고 있는 것에 대해 박스에 주어진 응답요령에 따라 답하시오.

응답요령

- 응답 Ⅰ : 제시된 문항들을 읽은 다음 각각의 문항에 대해 자신이 동의하는 정도를 ①(전혀 그렇지 않다)~⑤(매우 그렇다)으로 표시하면 된다.
- 응답 Ⅱ : 제시된 문항들을 비교하여 상대적으로 자신의 성격과 가장 가까운 문항(Most) 하나와 가장 거리가 먼 문항(Least) 하나를 선택하여야 한다(응답 Ⅱ의 응답은 Most 1개, Least 1개, 무응답 2개이어야 한다).

1

문항예시	응답 Ⅰ					응답 Ⅱ	
	①	②	③	④	⑤	Most	Least
A. 모임에서 리더에 어울리지 않는다고 생각한다.							
B. 착실한 노력으로 성공한 이야기를 좋아한다.							
C. 어떠한 일에도 의욕적으로 임하는 편이다.							
D. 학급에서는 존재가 두드러졌다.							

2

문항예시	응답 Ⅰ					응답 Ⅱ	
	①	②	③	④	⑤	Most	Least
A. 아무것도 생각하지 않을 때가 많다.							
B. 스포츠는 하는 것보다는 보는 것이 좋다.							
C. 게으른 편이라고 생각한다.							
D. 비가 오지 않으면 우산을 가지고 가지 않는다.							

3

문항예시	응답 I					응답 II	
	①	②	③	④	⑤	Most	Least
A. 1인자보다는 조력자의 역할을 좋아한다.							
B. 의리를 지키는 타입이다.							
C. 리드를 하는 편이다.							
D. 신중함이 부족해서 후회한 적이 많다.							

4

문항예시	응답 I					응답 II	
	①	②	③	④	⑤	Most	Least
A. 모든 일을 여유 있게 대비하는 타입이다.							
B. 업무가 진행 중이라도 야근은 하지 않는다.							
C. 타인에게 방문하는 경우 상대방이 부재중인 때가 많다.							
D. 노력하는 과정이 중요하고 결과는 중요하지 않다.							

5

문항예시	응답 I					응답 II	
	①	②	③	④	⑤	Most	Least
A. 무리해서 행동하지 않는다.							
B. 유행에 민감한 편이다.							
C. 정해진 대로 움직이는 것이 안심이 된다.							
D. 현실을 직시하는 편이다.							

6

문항예시	응답 I					응답 II	
	①	②	③	④	⑤	Most	Least
A. 자유보다는 질서를 중요시 한다.							
B. 잡담하는 것을 좋아한다.							
C. 경험에 비추어 판단하는 편이다.							
D. 영화나 드라마는 각본의 완성도나 화면구성에 주목한다.							

7

문항예시	응답 I					응답 II	
	①	②	③	④	⑤	Most	Least
A. 타인의 일에는 별로 관심이 없다.							
B. 다른 사람의 소문에 관심이 많다.							
C. 실용적인 일을 할 때가 많다.							
D. 정이 많은 편이다.							

8

문항예시	응답 I					응답 II	
	①	②	③	④	⑤	Most	Least
A. 협동은 중요하다고 생각한다.							
B. 친구의 휴대폰 번호는 모두 외운다.							
C. 정해진 틀은 깨라고 있는 것이다.							
D. 이성적인 사람이고 싶다.							

9

문항예시	응답 I					응답 II	
	①	②	③	④	⑤	Most	Least
A. 환경은 변하지 않는 것이 좋다고 생각한다.							
B. 성격이 밝다.							
C. 반성하는 편이 아니다.							
D. 활동범위가 좁은 편이다.							

10

문항예시	응답 I					응답 II	
	①	②	③	④	⑤	Most	Least
A. 시원시원한 성격을 가진 사람이다.							
B. 좋다고 생각하면 바로 행동한다.							
C. 좋은 사람으로 기억되고 싶다.							
D. 한 번에 많은 일을 떠맡는 것은 골칫거리이다.							

11

문항예시	응답 I					응답 II	
	①	②	③	④	⑤	Most	Least
A. 사람과 만날 약속은 늘 즐겁다.							
B. 질문을 받으면 그때의 느낌으로 대답한다.							
C. 땀을 흘리는 것보다 머리를 쓰는 일이 좋다.							
D. 이미 결정된 것이라면 다시 생각하지 않는다.							

12

문항예시	응답 I					응답 II	
	①	②	③	④	⑤	Most	Least
A. 외출 시 문을 잠갔는지 몇 번씩 확인한다.							
B. 지위가 사람을 만든다고 생각한다.							
C. 안전책을 고르는 타입이다.							
D. 사교적인 사람이다.							

13

문항예시	응답 I					응답 II	
	①	②	③	④	⑤	Most	Least
A. 사람은 도리를 지키는 것이 당연하다고 생각한다.							
B. 착하다는 소릴 자주 듣는다.							
C. 단념을 하는 것도 중요하다고 생각한다.							
D. 누구도 예상치 못한 일을 하고 싶다.							

14

문항예시	응답 I					응답 II	
	①	②	③	④	⑤	Most	Least
A. 평범하고 평온하게 행복한 인생을 살고 싶다.							
B. 움직이는 일을 좋아하지 않는다.							
C. 소극적인 사람이라고 생각한다.							
D. 이것저것 평가하는 것이 싫다.							

15

문항예시	응답 I					응답 II	
	①	②	③	④	⑤	Most	Least
A. 성격이 급하다.							
B. 꾸준히 노력하는 것을 잘 못한다.							
C. 내일의 계획은 미리 세운다.							
D. 혼자 일을 하는 것이 편하다.							

16

문항예시	응답 I					응답 II	
	①	②	③	④	⑤	Most	Least
A. 열정적인 사람이라고 생각하지 않는다.							
B. 다른 사람 앞에서 이야기를 잘한다.							
C. 행동력이 강한 사람이다.							
D. 엉덩이가 무거운 편이다.							

17

문항예시	응답 I					응답 II	
	①	②	③	④	⑤	Most	Least
A. 특별히 구애받는 것이 없다.							
B. 돌다리는 두들겨 보고 건너는 편이다.							
C. 나에게는 권력욕이 없는 것 같다.							
D. 업무를 할당받으면 부담스럽다.							

18

문항예시	응답 I					응답 II	
	①	②	③	④	⑤	Most	Least
A. 보수적인 편이다.							
B. 계산적인 사람이다.							
C. 규칙을 잘 지키는 타입이다.							
D. 무기력함을 많이 느낀다.							

19

문항예시	응답 I					응답 II	
	①	②	③	④	⑤	Most	Least
A. 사람을 사귀는 범위가 넓다.							
B. 상식적인 판단을 할 수 있는 편이라고 생각한다.							
C. 너무 객관적이어서 실패한 적이 많다.							
D. 보수보다는 진보라고 생각한다.							

20

문항예시	응답 I					응답 II	
	①	②	③	④	⑤	Most	Least
A. 내가 좋아하는 사람은 주변사람들이 모두 안다.							
B. 가능성보다 현실을 중요시한다.							
C. 상대에게 꼭 필요한 선물을 잘 알고 있다.							
D. 여행은 계획을 세워서 추진하는 편이다.							

21

문항예시	응답 I					응답 II	
	①	②	③	④	⑤	Most	Least
A. 무슨 일이든 구체적으로 파고드는 편이다.							
B. 일을 할 때는 착실한 편이다.							
C. 괴로워하는 사람을 보면 우선 이유부터 묻는다.							
D. 가치 기준이 확고하다.							

22

문항예시	응답 I					응답 II	
	①	②	③	④	⑤	Most	Least
A. 밝고 개방적인 편이다.							
B. 현실직시를 잘 하는 편이다.							
C. 공평하고 공정한 상사를 만나고 싶다.							
D. 시시해도 계획적인 인생이 좋다.							

23

문항예시	응답 I					응답 II	
	①	②	③	④	⑤	Most	Least
A. 분석력이 뛰어나다.							
B. 논리적인 편이다.							
C. 사물에 대해 가볍게 생각하는 경향이 강하다.							
D. 계획을 세워도 지키지 못한 경우가 많다.							

24

문항예시	응답 I					응답 II	
	①	②	③	④	⑤	Most	Least
A. 생각했다고 해서 반드시 행동으로 옮기지 않는다.							
B. 목표 달성에 별로 구애받지 않는다.							
C. 경쟁하는 것을 즐기는 편이다.							
D. 정해진 친구만 만나는 편이다.							

25

문항예시	응답 I					응답 II	
	①	②	③	④	⑤	Most	Least
A. 활발한 성격이라는 소릴 자주 듣는다.							
B. 기회를 놓치는 경우가 많다.							
C. 학창시절 체육수업을 싫어했다.							
D. 과정보다 결과를 중요시한다.							

26

문항예시	응답 I					응답 II	
	①	②	③	④	⑤	Most	Least
A. 내 능력 밖의 일은 하고 싶지 않다.							
B. 새로운 사람을 만나는 것은 두렵다.							
C. 차분하고 사려가 깊은 편이다.							
D. 주변의 일에 나서는 편이다.							

27

문항예시	응답 I					응답 II	
	①	②	③	④	⑤	Most	Least
A. 글을 쓸 때에는 미리 구상을 하고 나서 쓴다.							
B. 여러 가지 일을 경험하고 싶다.							
C. 스트레스를 해소하기 위해 집에서 조용히 지낸다.							
D. 기한 내에 일을 마무리 짓지 못한 적이 많다.							

28

문항예시	응답 I					응답 II	
	①	②	③	④	⑤	Most	Least
A. 무리한 도전은 할 필요가 없다고 생각한다.							
B. 남의 앞에 나서는 것을 좋아하지 않는다.							
C. 납득이 안 되면 행동이 안 된다.							
D. 약속시간에 여유 있게 도착하는 편이다.							

29

문항예시	응답 I					응답 II	
	①	②	③	④	⑤	Most	Least
A. 매사 유연하게 대처하는 편이다.							
B. 휴일에는 집에 있는 것이 좋다.							
C. 위험을 무릅쓰고 까지 성공하고 싶지는 않다.							
D. 누군가가 도와주기를 하며 기다린 적이 많다.							

30

문항예시	응답 Ⅰ					응답 Ⅱ	
	①	②	③	④	⑤	Most	Least
A. 친구가 적은 편이다.							
B. 결론이 나도 여러 번 다시 생각하는 편이다.							
C. 미래가 걱정이 되어 잠을 설친 적이 있다.							
D. 같은 일을 반복하는 것은 지겹다.							

31

문항예시	응답 Ⅰ					응답 Ⅱ	
	①	②	③	④	⑤	Most	Least
A. 움직이지 않고 생각만 하는 것이 좋다.							
B. 하루종일 잠만 잘 수 있다.							
C. 오늘 하지 않아도 되는 일은 하지 않는다.							
D. 목숨을 걸 수 있는 친구가 있다.							

32

문항예시	응답 Ⅰ					응답 Ⅱ	
	①	②	③	④	⑤	Most	Least
A. 체험을 중요하게 생각한다.							
B. 도리를 지키는 사람이 좋다.							
C. 갑작스런 상황에 부딪혀도 유연하게 대처한다.							
D. 쉬는 날은 반드시 외출해야 한다.							

33

문항예시	응답 I					응답 II	
	①	②	③	④	⑤	Most	Least
A. 쇼핑을 좋아하는 편이다.							
B. 불필요한 물건을 마구 사드리는 편이다.							
C. 이성적인 사람을 보면 동경의 대상이 된다.							
D. 초면인 사람과는 대화를 잘 하지 못한다.							

34

문항예시	응답 I					응답 II	
	①	②	③	④	⑤	Most	Least
A. 재미있는 일을 추구하는 편이다.							
B. 어려움에 처한 사람을 보면 도와주어야 한다.							
C. 돈이 없으면 외출을 하지 않는다.							
D. 한 가지 일에 몰두하는 타입이다.							

35

문항예시	응답 I					응답 II	
	①	②	③	④	⑤	Most	Least
A. 손재주가 뛰어난 편이다.							
B. 규칙을 벗어나는 일은 하고 싶지 않다.							
C. 위험을 무릅쓰고 도전하고 싶은 일이 있다.							
D. 남의 주목을 받는 것을 즐긴다.							

36

문항예시	응답 I					응답 II	
	①	②	③	④	⑤	Most	Least
A. 조금이라도 나쁜 소식을 들으면 절망에 빠진다.							
B. 다수결의 의견에 따르는 편이다.							
C. 혼자 식당에서 밥을 먹는 일은 어렵지 않다.							
D. 하루하루 걱정이 늘어가는 타입이다.							

37

문항예시	응답 I					응답 II	
	①	②	③	④	⑤	Most	Least
A. 승부근성이 매우 강하다.							
B. 흥분을 자주하며 흥분하면 목소리가 커진다.							
C. 지금까지 한 번도 타인에게 폐를 끼친 적이 없다.							
D. 남의 험담을 해 본 적이 없다.							

38

문항예시	응답 I					응답 II	
	①	②	③	④	⑤	Most	Least
A. 남들이 내 험담을 할까봐 걱정된다.							
B. 내 자신을 책망하는 경우가 많다.							
C. 변덕스런 사람이라는 소릴 자주 듣는다.							
D. 자존심이 강한 편이다.							

39

문항예시	응답 I					응답 II	
	①	②	③	④	⑤	Most	Least
A. 고독을 즐기는 편이다.							
B. 착한 거짓말은 필요하다고 생각한다.							
C. 신경질적인 날이 많다.							
D. 고민이 생기면 혼자서 끙끙 앓는 편이다.							

40

문항예시	응답 I					응답 II	
	①	②	③	④	⑤	Most	Least
A. 나를 싫어하는 사람은 없다.							
B. 과감하게 행동하는 편이다.							
C. 쓸데없이 고생을 사서 할 필요는 없다.							
D. 기계를 잘 다루는 편이다.							

41

문항예시	응답 I					응답 II	
	①	②	③	④	⑤	Most	Least
A. 문제점을 해결하기 위해 많은 사람과 상의하는 편이다.							
B. 내 방식대로 일을 처리하는 편이다.							
C. 영화를 보면서 눈물을 흘린 적이 많다.							
D. 타인에게 화를 낸 적이 없다.							

42

문항예시	응답 I					응답 II	
	①	②	③	④	⑤	Most	Least
A. 타인의 사소한 충고에도 걱정을 많이 한다.							
B. 타인에게 도움이 안 되는 사람이라고 생각한다.							
C. 싫증을 잘 내는 편이다.							
D. 개성이 강하는 소릴 자주 듣는다.							

43

문항예시	응답 I					응답 II	
	①	②	③	④	⑤	Most	Least
A. 주장이 강한 편이다.							
B. 고집이 센 사람을 보면 짜증이 난다.							
C. 예의 없는 사람하고는 말을 섞지 않는다.							
D. 학창시절 결석을 한 적이 한 번도 없다.							

44

문항예시	응답 I					응답 II	
	①	②	③	④	⑤	Most	Least
A. 잘 안 되는 일도 될 때까지 계속 추진하는 편이다.							
B. 남에 대한 배려심이 강하다.							
C. 끈기가 약하다.							
D. 인생의 목표는 클수록 좋다고 생각한다.							

45

문항예시	응답 I					응답 II	
	①	②	③	④	⑤	Most	Least
A. 무슨 일이든 바로 시작하는 타입이다.							
B. 복잡한 문제가 발생하면 포기하는 편이다.							
C. 생각하고 행동하는 편이다.							
D. 야망이 있는 사람이라고 생각한다.							

46

문항예시	응답 I					응답 II	
	①	②	③	④	⑤	Most	Least
A. 비판적인 성향이 강하다.							
B. 감수성이 풍부한 편이다.							
C. 남을 비판할 때는 무섭게 비판한다.							
D. 하나의 취미에 열중하는 편이다.							

47

문항예시	응답 I					응답 II	
	①	②	③	④	⑤	Most	Least
A. 성격이 매우 급하다.							
B. 입신출세의 이야기를 좋아한다.							
C. 잘하는 스포츠가 하나 이상은 있다.							
D. 다룰 수 있는 악기가 하나 이상은 있다.							

48

문항예시	응답 I					응답 II	
	①	②	③	④	⑤	Most	Least
A. 흐린 날은 반드시 우산을 챙긴다.							
B. 즉흥적으로 결정하는 경우가 많다.							
C. 공격적인 타입이다.							
D. 남에게 리드를 받으면 기분이 상한다.							

49

문항예시	응답 I					응답 II	
	①	②	③	④	⑤	Most	Least
A. 누군가를 방문할 때는 사전에 반드시 확인을 한다.							
B. 노력해도 결과가 따르지 않으면 의미가 없다.							
C. 유행에 크게 신경을 쓰지 않는다.							
D. 질서보다는 자유를 중요시 한다.							

50

문항예시	응답 I					응답 II	
	①	②	③	④	⑤	Most	Least
A. 영화나 드라마를 보면 주인공의 감정에 이입된다.							
B. 가십거리를 좋아한다.							
C. 창조적인 일을 하고 싶다.							
D. 눈물이 많은 편이다.							

PART

III

직무능력평가

CHAPTER

01 의사소통능력

1 의사소통과 의사소통능력

(1) 의사소통

① 개념 … 사람들 간에 생각이나 감정, 정보, 의견 등을 교환하는 총체적인 행위로, 직장생활에서의 의사소통은 조직과 팀의 효율성과 효과성을 성취할 목적으로 이루어지는 구성원 간의 정보와 지식 전달 과정이라고 할 수 있다.

② 기능 … 공동의 목표를 추구해 나가는 집단 내의 기본적 존재 기반이며 성과를 결정하는 핵심 기능이다.

③ 의사소통의 종류
　　㉠ 언어적인 것 : 대화, 전화통화, 토론 등
　　㉡ 문서적인 것 : 메모, 편지, 기획안 등
　　㉢ 비언어적인 것 : 몸짓, 표정 등

④ 의사소통을 저해하는 요인 … 정보의 과다, 메시지의 복잡성 및 메시지 간의 경쟁, 상이한 직위와 과업지향형, 신뢰의 부족, 의사소통을 위한 구조상의 권한, 잘못된 매체의 선택, 폐쇄적인 의사소통 분위기 등

(2) 의사소통능력

① 개념 … 의사소통능력은 직장생활에서 문서나 상대방이 하는 말의 의미를 파악하는 능력, 자신의 의사를 정확하게 표현하는 능력, 간단한 외국어 자료를 읽거나 외국인의 의사표시를 이해하는 능력을 포함한다.

② 의사소통능력 개발을 위한 방법
　　㉠ 사후검토와 피드백을 활용한다.
　　㉡ 명확한 의미를 가진 이해하기 쉬운 단어를 선택하여 이해도를 높인다.
　　㉢ 적극적으로 경청한다.
　　㉣ 메시지를 감정적으로 곡해하지 않는다.

2 의사소통능력을 구성하는 하위능력

(1) 문서이해능력

① 문서와 문서이해능력

ㄱ. 문서 : 제안서, 보고서, 기획서, 이메일, 팩스 등 문자로 구성된 것으로 상대방에게 의사를 전달하여 설득하는 것을 목적으로 한다.

ㄴ. 문서이해능력 : 직업현장에서 자신의 업무와 관련된 문서를 읽고, 내용을 이해하고 요점을 파악할 수 있는 능력을 말한다.

┃ 예제 1

다음은 신용카드 약관의 주요내용이다. 규정 약관을 제대로 이해하지 못한 사람은?

> [부가서비스]
> 카드사는 법령에서 정한 경우를 제외하고 상품을 새로 출시한 후 1년 이내에 부가서비스를 줄이거나 없앨 수가 없다. 또한 부가서비스를 줄이거나 없앨 경우에는 그 세부내용을 변경일 6개월 이전에 회원에게 알려주어야 한다.
> [중도 해지 시 연회비 반환]
> 연회비 부과기간이 끝나기 이전에 카드를 중도해지하는 경우 남은 기간에 해당하는 연회비를 계산하여 10 영업일 이내에 돌려줘야 한다. 다만, 카드 발급 및 부가서비스 제공에 이미 지출된 비용은 제외된다.
> [카드 이용한도]
> 카드 이용한도는 카드 발급을 신청할 때에 회원이 신청한 금액과 카드사의 심사 기준을 종합적으로 반영하여 회원이 신청한 금액 범위 이내에서 책정되며 회원의 신용도가 변동되었을 때에는 카드사는 회원의 이용한도를 조정할 수 있다.
> [부정사용 책임]
> 카드 위조 및 변조로 인하여 발생된 부정사용 금액에 대해서는 카드사가 책임을 진다. 다만, 회원이 비밀번호를 다른 사람에게 알려주거나 카드를 다른 사람에게 빌려주는 등의 중대한 과실로 인해 부정사용이 발생하는 경우에는 회원이 그 책임의 전부 또는 일부를 부담할 수 있다.

① 혜수 : 카드사는 법령에서 정한 경우를 제외하고는 1년 이내에 부가서비스를 줄일 수 없어.

② 진성 : 카드 위조 및 변조로 인하여 발생된 부정사용 금액은 일괄 카드사가 책임을 지게 돼.

③ 영훈 : 회원의 신용도가 변경되었을 때 카드사가 이용한도를 조정할 수 있어.

④ 영호 : 연회비 부과기간이 끝나기 이전에 카드를 중도해지하는 경우에는 남은 기간에 해당하는 연회비를 카드사는 돌려줘야 해.

달 ②

② 문서의 종류
　　㉠ **공문서** : 정부기관에서 공무를 집행하기 위해 작성하는 문서로, 단체 또는 일반회사에서 정부기관을 상대로 사업을 진행할 때 작성하는 문서도 포함된다. 엄격한 규격과 양식이 특징이다.
　　㉡ **기획서** : 아이디어를 바탕으로 기획한 프로젝트에 대해 상대방에게 전달하여 시행하도록 설득하는 문서이다.
　　㉢ **기안서** : 업무에 대한 협조를 구하거나 의견을 전달할 때 작성하는 사내 공문서이다.
　　㉣ **보고서** : 특정한 업무에 관한 현황이나 진행 상황, 연구·검토 결과 등을 보고하고자 할 때 작성하는 문서이다.
　　㉤ **설명서** : 상품의 특성이나 작동 방법 등을 소비자에게 설명하기 위해 작성하는 문서이다.
　　㉥ **보도자료** : 정부기관이나 기업체 등이 언론을 상대로 자신들의 정보를 기사화 되도록 하기 위해 보내는 자료이다.
　　㉦ **자기소개서** : 개인이 자신의 성장과정이나, 입사 동기, 포부 등에 대해 구체적으로 기술하여 자신을 소개하는 문서이다.
　　㉧ **비즈니스 레터(E-mail)** : 사업상의 이유로 고객에게 보내는 편지다.
　　㉨ **비즈니스 메모** : 업무상 확인해야 할 일을 메모형식으로 작성하여 전달하는 글이다.
③ **문서이해의 절차** … 문서의 목적 이해 → 문서 작성 배경·주제 파악 → 정보 확인 및 현안 문제 파악 → 문서 작성자의 의도 파악 및 자신에게 요구되는 행동 분석 → 목적 달성을 위해 취해야 할 행동 고려 → 문서 작성자의 의도를 도표나 그림 등으로 요약·정리

(2) 문서작성능력
① 작성되는 문서에는 대상과 목적, 시기, 기대효과 등이 포함되어야 한다.
② **문서작성의 구성요소**
　　㉠ 짜임새 있는 골격, 이해하기 쉬운 구조
　　㉡ 객관적이고 논리적인 내용
　　㉢ 명료하고 설득력 있는 문장
　　㉣ 세련되고 인상적인 레이아웃

예제 2

다음은 들은 내용을 구조적으로 정리하는 방법이다. 순서에 맞게 배열하면?

> ㉠ 관련 있는 내용끼리 묶는다.
> ㉡ 묶은 내용에 적절한 이름을 붙인다.
> ㉢ 전체 내용을 이해하기 쉽게 구조화한다.
> ㉣ 중복된 내용이나 덜 중요한 내용을 삭제한다.

① ㉠㉡㉢㉣　　　　　　　　② ㉠㉡㉣㉢
③ ㉡㉠㉢㉣　　　　　　　　④ ㉡㉠㉣㉢

③ 문서의 종류에 따른 작성방법

　㉠ 공문서
　　• 육하원칙이 드러나도록 써야 한다.
　　• 날짜는 반드시 연도와 월, 일을 함께 언급하며, 날짜 다음에 괄호를 사용할 때는 마침표를 찍지 않는다.
　　• 대외문서이며, 장기간 보관되기 때문에 정확하게 기술해야 한다.
　　• 내용이 복잡할 경우 '-다음-', '-아래-'와 같은 항목을 만들어 구분한다.
　　• 한 장에 담아내는 것을 원칙으로 하며, 마지막엔 반드시 '끝'자로 마무리 한다.

　㉡ 설명서
　　• 정확하고 간결하게 작성한다.
　　• 이해하기 어려운 전문용어의 사용은 삼가고, 복잡한 내용은 도표화 한다.
　　• 명령문보다는 평서문을 사용하고, 동어 반복보다는 다양한 표현을 구사하는 것이 바람직하다.

　㉢ 기획서
　　• 상대를 설득하여 기획서가 채택되는 것이 목적이므로 상대가 요구하는 것이 무엇인지 고려하여 작성하며, 기획의 핵심을 잘 전달하였는지 확인한다.
　　• 분량이 많을 경우 전체 내용을 한눈에 파악할 수 있도록 목차구성을 신중히 한다.
　　• 효과적인 내용 전달을 위한 표나 그래프를 적절히 활용하고 산뜻한 느낌을 줄 수 있도록 한다.
　　• 인용한 자료의 출처 및 내용이 정확해야 하며 제출 전 충분히 검토한다.

ⓔ 보고서
• 도출하고자 한 핵심내용을 구체적이고 간결하게 작성한다.
• 내용이 복잡할 경우 도표나 그림을 활용하고, 참고자료는 정확하게 제시한다.
• 제출하기 전에 최종점검을 하며 질의를 받을 것에 대비한다.

예제 3

다음 중 공문서 작성에 대한 설명으로 가장 적절하지 못한 것은?

① 공문서나 유가증권 등에 금액을 표시할 때에는 한글로 기재하고 그 옆에 괄호를 넣어 숫자로 표기한다.
② 날짜는 숫자로 표기하되 년, 월, 일의 글자는 생략하고 그 자리에 온점(.)을 찍어 표시한다.
③ 첨부물이 있는 경우에는 붙임 표시문 끝에 1자 띄우고 "끝."이라고 표시한다.
④ 공문서의 본문이 끝났을 경우에는 1자를 띄우고 "끝."이라고 표시한다.

[출제의도]
업무를 할 때 필요한 공문서 작성법을 잘 알고 있는지를 측정하는 문항이다.
[해설]
공문서 금액 표시
아라비아 숫자로 쓰고, 숫자 다음에 괄호를 하여 한글로 기재한다.
예) 123,456원의 표시 : 금 123,456(금 일십이만삼천사백오십육원)

답 ①

---

④ 문서작성의 원칙
  ㉠ 문장은 짧고 간결하게 작성한다. → 간결체 사용
  ㉡ 상대방이 이해하기 쉽게 쓴다.
  ㉢ 불필요한 한자의 사용을 자제한다.
  ㉣ 문장은 긍정문의 형식을 사용한다.
  ㉤ 간단한 표제를 붙인다.
  ㉥ 문서의 핵심내용을 먼저 쓰도록 한다. → 두괄식 구성

⑤ 문서작성 시 주의사항
  ㉠ 육하원칙에 의해 작성한다.
  ㉡ 문서 작성시기가 중요하다.
  ㉢ 한 사안은 한 장의 용지에 작성한다.
  ㉣ 반드시 필요한 자료만 첨부한다.
  ㉤ 금액, 수량, 일자 등은 기재에 정확성을 기한다.
  ㉥ 경어나 단어사용 등 표현에 신경 쓴다.
  ㉦ 문서작성 후 반드시 최종적으로 검토한다.

⑥ 효과적인 문서작성 요령

    ㉠ **내용이해** : 전달하고자 하는 내용과 핵심을 정확하게 이해해야 한다.

    ㉡ **목표설정** : 전달하고자 하는 목표를 분명하게 설정한다.

    ㉢ **구성** : 내용 전달 및 설득에 효과적인 구성과 형식을 고려한다.

    ㉣ **자료수집** : 목표를 뒷받침할 자료를 수집한다.

    ㉤ **핵심전달** : 단락별 핵심을 하위목차로 요약한다.

    ㉥ **대상파악** : 대상에 대한 이해와 분석을 통해 철저히 파악한다.

    ㉦ **보충설명** : 예상되는 질문을 정리하여 구체적인 답변을 준비한다.

    ㉧ **문서표현의 시각화** : 그래프, 그림, 사진 등을 적절히 사용하여 이해를 돕는다.

(3) 경청능력

① **경청의 중요성** … 경청은 다른 사람의 말을 주의 깊게 들으며 공감하는 능력으로 경청을 통해 상대방을 한 개인으로 존중하고 성실한 마음으로 대하게 되며, 상대방의 입장에 공감하고 이해하게 된다.

② **경청을 방해하는 습관** … 짐작하기, 대답할 말 준비하기, 걸러내기, 판단하기, 다른 생각하기, 조언하기, 언쟁하기, 옳아야만 하기, 슬쩍 넘어가기, 비위 맞추기 등

③ **효과적인 경청방법**

    ㉠ **준비하기** : 강연이나 프레젠테이션 이전에 나누어주는 자료를 읽어 미리 주제를 파악하고 등장하는 용어를 익혀둔다.

    ㉡ **주의 집중** : 말하는 사람의 모든 것에 집중해서 적극적으로 듣는다.

    ㉢ **예측하기** : 다음에 무엇을 말할 것인가를 추측하려고 노력한다.

    ㉣ **나와 관련짓기** : 상대방이 전달하고자 하는 메시지를 나의 경험과 관련지어 생각해 본다.

    ㉤ **질문하기** : 질문은 듣는 행위를 적극적으로 하게 만들고 집중력을 높인다.

    ㉥ **요약하기** : 주기적으로 상대방이 전달하려는 내용을 요약한다.

    ㉦ **반응하기** : 피드백을 통해 의사소통을 점검한다.

예제 4

다음은 면접스터디 중 일어난 대화이다. 민아의 고민을 해소하기 위한 조언으로 가장 적절한 것은?

> 지섭 : 민아씨, 어디 아파요? 표정이 안 좋아 보여요.
> 민아 : 제가 원서 넣은 공단이 내일 면접이어서요. 그동안 스터디를 통해서 면접 연습을 많이 했는데도 벌써부터 긴장이 되네요.
> 지섭 : 민아씨는 자기 의견도 명확히 피력할 줄 알고 조리 있게 설명을 잘 하시니 걱정 안하셔도 될 것 같아요. 아, 손에 꽉 쥐고 계신 건 뭔가요?
> 민아 : 아, 제가 예상 답변을 정리해서 모아둔거에요. 내용은 거의 외웠는데 이렇게 쥐고 있지 않으면 불안해서..
> 지섭 : 그 정도로 준비를 철저히 하셨으면 걱정할 이유 없을 것 같아요.
> 민아 : 그래도 압박면접이거나 예상치 못한 질문이 들어오면 어떻게 하죠?
> 지섭 : _____

① 시선을 적절히 처리하면서 부드러운 어투로 말하는 연습을 해보는 건 어때요?
② 공식적인 자리인 만큼 옷차림을 신경 쓰는 게 좋을 것 같아요.
③ 당황하지 말고 질문자의 의도를 잘 파악해서 침착하게 대답하면 되지 않을까요?
④ 예상 질문에 대한 답변을 좀 더 정확하게 외워보는 건 어떨까요?

[출제의도]
상대방이 하는 말을 듣고 질문 의도에 따라 올바르게 답하는 능력을 측정하는 문항이다.
[해설]
민아는 압박질문이나 예상치 못한 질문에 대해 걱정을 하고 있으므로 침착하게 대응하라고 조언을 해주는 것이 좋다.

답 ③

(4) 의사표현능력

① **의사표현의 개념과 종류**

　㉠ **개념** : 화자가 자신의 생각과 감정을 청자에게 음성언어나 신체언어로 표현하는 행위이다.

　㉡ **종류**

　　• 공식적 말하기 : 사전에 준비된 내용을 대중을 대상으로 말하는 것으로 연설, 토의, 토론 등이 있다.

　　• 의례적 말하기 : 사회·문화적 행사에서와 같이 절차에 따라 하는 말하기로 식사, 주례, 회의 등이 있다.

　　• 친교적 말하기 : 친근한 사람들 사이에서 자연스럽게 주고받는 대화 등을 말한다.

② **의사표현의 방해요인**

　㉠ **연단공포증** : 연단에 섰을 때 가슴이 두근거리거나 땀이 나고 얼굴이 달아오르는 등의 현상으로 충분한 분석과 준비, 더 많은 말하기 기회 등을 통해 극복할 수 있다.

　㉡ **말** : 말의 장단, 고저, 발음, 속도, 쉼 등을 포함한다.

　㉢ **음성** : 목소리와 관련된 것으로 음색, 고저, 명료도, 완급 등을 의미한다.

　㉣ **몸짓** : 비언어적 요소로 화자의 외모, 표정, 동작 등이다.

ⓜ 유머 : 말하기 상황에 따른 적절한 유머를 구사할 수 있어야 한다.

③ 상황과 대상에 따른 의사표현법

    ⊙ 잘못을 지적할 때 : 모호한 표현을 삼가고 확실하게 지적하며, 당장 꾸짖고 있는 내용에만 한정한다.

    ⓛ 칭찬할 때 : 자칫 아부로 여겨질 수 있으므로 센스 있는 칭찬이 필요하다.

    ⓒ 부탁할 때 : 먼저 상대방의 사정을 듣고 응하기 쉽게 구체적으로 부탁하며 거절을 당해도 싫은 내색을 하지 않는다.

    ⓔ 요구를 거절할 때 : 먼저 사과하고 응해줄 수 없는 이유를 설명한다.

    ⓜ 명령할 때 : 강압적인 말투보다는 '○○을 이렇게 해주는 것이 어떻겠습니까?'와 같은 식으로 부드럽게 표현하는 것이 효과적이다.

    ⓗ 설득할 때 : 일방적으로 강요하기보다는 먼저 양보해서 이익을 공유하겠다는 의지를 보여주는 것이 좋다.

    ⓢ 충고할 때 : 충고는 가장 최후의 방법이다. 반드시 충고가 필요한 상황이라면 예화를 들어 비유적으로 깨우쳐주는 것이 바람직하다.

    ⓞ 질책할 때 : 샌드위치 화법(칭찬의 말 + 질책의 말 + 격려의 말)을 사용하여 청자의 반발을 최소화 한다.

예제 5

당신은 팀장님께 업무 지시내용을 수행하고 결과물을 보고 드렸다. 하지만 팀장님께서는 "최대리 업무를 이렇게 처리하면 어떡하나? 누락된 부분이 있지 않은가."라고 말하였다. 이에 대해 당신이 행할 수 있는 가장 부적절한 대처자세는?

① "죄송합니다. 제가 잘 모르는 부분이라 이수혁 과장님께 부탁을 했는데 과장님께서 실수를 하신 것 같습니다."
② "주의를 기울이지 못해 죄송합니다. 어느 부분을 수정보완하면 될까요?"
③ "지시하신 내용을 제가 충분히 이해하지 못하였습니다. 내용을 다시 한 번 여쭤보아도 되겠습니까?"
④ "부족한 내용을 보완하는 자료를 취합하기 위해서 하루정도가 더 소요될 것 같습니다. 언제까지 재작성하여 드리면 될까요?"

[출제의도]
상사가 잘못을 지적하는 상황에서 어떻게 대처해야 하는지를 묻는 문항이다.
[해설]
상사가 부탁한 지시사항을 다른 사람에게 부탁하는 것은 옳지 못하며 설사 그렇다고 해도 그 일의 과오에 대해 책임을 전가하는 것은 지양해야 할 자세이다.

답 ①

④ 원활한 의사표현을 위한 지침

　　㉠ 올바른 화법을 위해 독서를 하라.

　　㉡ 좋은 청중이 되라.

　　㉢ 칭찬을 아끼지 마라.

　　㉣ 공감하고, 긍정적으로 보이게 하라.

　　㉤ 겸손은 최고의 미덕임을 잊지 마라.

　　㉥ 과감하게 공개하라.

　　㉦ 뒷말을 숨기지 마라.

　　㉧ 첫마디 말을 준비하라.

　　㉨ 이성과 감성의 조화를 꾀하라.

　　㉩ 대화의 룰을 지켜라.

　　㉪ 문장을 완전하게 말하라.

⑤ 설득력 있는 의사표현을 위한 지침

　　㉠ 'Yes'를 유도하여 미리 설득 분위기를 조성하라.

　　㉡ 대비 효과로 분발심을 불러 일으켜라.

　　㉢ 침묵을 지키는 사람의 참여도를 높여라.

　　㉣ 여운을 남기는 말로 상대방의 감정을 누그러뜨려라.

　　㉤ 하던 말을 갑자기 멈춤으로써 상대방의 주의를 끌어라.

　　㉥ 호칭을 바꿔서 심리적 간격을 좁혀라.

　　㉦ 끄집어 말하여 자존심을 건드려라.

　　㉧ 정보전달 공식을 이용하여 설득하라.

　　㉨ 상대방의 불평이 가져올 결과를 강조하라.

　　㉩ 권위 있는 사람의 말이나 작품을 인용하라.

　　㉪ 약점을 보여 주어 심리적 거리를 좁혀라.

　　㉫ 이상과 현실의 구체적 차이를 확인시켜라.

　　㉬ 자신의 잘못도 솔직하게 인정하라.

　　㉭ 집단의 요구를 거절하려면 개개인의 의견을 물어라.

　　ⓐ 동조 심리를 이용하여 설득하라.

　　ⓑ 지금까지의 노고를 치하한 뒤 새로운 요구를 하라.

　　ⓒ 담당자가 대변자 역할을 하도록 하여 윗사람을 설득하게 하라.

　　ⓓ 겉치레 양보로 기선을 제압하라.

　　ⓔ 변명의 여지를 만들어 주고 설득하라.

　　ⓕ 혼자 말하는 척하면서 상대의 잘못을 지적하라.

(5) 기초외국어능력

① 기초외국어능력의 개념과 필요성

  ㉠ 개념 : 기초외국어능력은 외국어로 된 간단한 자료를 이해하거나, 외국인과의 전화응대와 간단한 대화 등 외국인의 의사표현을 이해하고, 자신의 의사를 기초외국어로 표현할 수 있는 능력이다.

  ㉡ 필요성 : 국제화·세계화 시대에 다른 나라와의 무역을 위해 우리의 언어가 아닌 국제적인 통용어를 사용하거나 그들의 언어로 의사소통을 해야 하는 경우가 생길 수 있다.

② 외국인과의 의사소통에서 피해야 할 행동

  ㉠ 상대를 볼 때 흘겨보거나, 노려보거나, 아예 보지 않는 행동

  ㉡ 팔이나 다리를 꼬는 행동

  ㉢ 표정이 없는 것

  ㉣ 다리를 흔들거나 펜을 돌리는 행동

  ㉤ 맞장구를 치지 않거나 고개를 끄덕이지 않는 행동

  ㉥ 생각 없이 메모하는 행동

  ㉦ 자료만 들여다보는 행동

  ㉧ 바르지 못한 자세로 앉는 행동

  ㉨ 한숨, 하품, 신음소리를 내는 행동

  ㉩ 다른 일을 하며 듣는 행동

  ㉪ 상대방에게 이름이나 호칭을 어떻게 부를지 묻지 않고 마음대로 부르는 행동

③ 기초외국어능력 향상을 위한 공부법

  ㉠ 외국어공부의 목적부터 정하라.

  ㉡ 매일 30분씩 눈과 손과 입에 밸 정도로 반복하라.

  ㉢ 실수를 두려워하지 말고 기회가 있을 때마다 외국어로 말하라.

  ㉣ 외국어 잡지나 원서와 친해져라.

  ㉤ 소홀해지지 않도록 라이벌을 정하고 공부하라.

  ㉥ 업무와 관련된 주요 용어의 외국어는 꼭 알아두자.

  ㉦ 출퇴근 시간에 외국어 방송을 보거나, 듣는 것만으로도 귀가 트인다.

  ㉧ 어린이가 단어를 배우듯 외국어 단어를 암기할 때 그림카드를 사용해 보라.

  ㉨ 가능하면 외국인 친구를 사귀고 대화를 자주 나눠 보라.

출제예상문제

1 밑줄 친 부분의 표기가 바르지 않은 것은?

① 민정이는 살이 쪄서 얼굴이 <u>두루뭉술하다</u>.

② 그는 자신에게 불이익이 있을까 싶어 몸을 <u>사르는</u> 중이었다.

③ 가을이 <u>시나브로</u> 사라지고 어느덧 겨울이 왔다.

④ 엄마는 아이의 등을 조심스레 <u>쓰다듬었다</u>.

⑤ 어서어서 움직여, <u>늑장</u> 부릴 시간이 없어.

> 사르는→사리는
> • 사르다 : 불에 태워 없애다, 어떤 것을 남김없이 없애 버리다.
> • 사리다 : 어떤 일에 적극적으로 나서지 않고 살살 피하며 몸을 아끼다.

※ 다음 밑줄 친 부분과 같은 의미로 사용된 것을 고르시오. 【2 ~ 3】

2

> 한 학생이 수능을 <u>치르다</u> 부정행위가 적발돼 바로 시험장에서 쫓겨났다.

① 카페에서 커피 값을 <u>치르고</u> 서둘러 가게를 나왔다.

② 어제 철수가 술값도 제대로 <u>치르지</u> 않고 가버려서 얼마나 곤란했다고.

③ 내일까지 집주인에게 빌라 잔금을 <u>치러야</u> 한다.

④ 영미는 집안의 큰 잔치를 <u>치르고</u> 난 뒤 몸살에 걸렸다.

⑤ 경수는 대충 아침을 <u>치르고</u> 집을 나섰다.

> 치르다 … 무슨 일을 겪어 내다.
> ①②③ 주어야 할 돈을 내주다.
> ⑤ 아침, 점심 따위를 먹다.

3

> 지석이는 A지역에서 열리는 음식축제에 가게 되었다. 그곳에서 지석이는 난생처음 <u>보는</u> 음식들을 발견하였다.

① 진수는 친구네 동생을 잠깐 <u>보다가</u> 학원을 가야한다는 사실을 잊어버렸다.

② 횡단보도를 건널 때는 신호등을 잘 <u>보고</u> 건너야 해.

③ 민지는 내일 맞선을 <u>볼</u> 예정이다.

④ 내가 기회를 <u>봐서</u> 지민이한테 이야기 할게.

⑤ 어제 영화관에서 오랜만에 영화를 <u>봤는데</u> 너무 재밌더라.

 보다 … 눈으로 대상의 존재나 형태적 특징을 알다.
　① 맡아서 보살피거나 지키다.
　③ 일정한 목적 아래 만나다.
　④ 기회, 때, 시기 따위를 살피다.
　⑤ 눈으로 대상을 즐기거나 감상하다.

4 다음 중 (　) 안에 공통으로 들어갈 단어는?

> • 그녀는 (　　)있는 말솜씨로 주변 사람들에게 인정을 받고 있다.
> • 김 작가의 작품은 (　　)가 높다.

① 관조　　　　　　　　　　② 고조

③ 격조　　　　　　　　　　④ 보조

⑤ 협조

 격조 … 문예 작품 따위에서 격식과 운치에 어울리는 가락, 사람의 품격과 취향
　① 고요한 마음으로 사물이나 현상을 관찰하거나 비추어 봄
　② 사상이나 감정, 세력 따위가 한창 무르익거나 높아짐. 또는 그런 상태
　④ 여럿이 함께 일을 할 때의 진행 속도나 조화(調和)
　⑤ 힘을 보태어 도움

Answer╺→ 1.② 2.④ 3.② 4.③

5 다음 문장의 문맥상 (   ) 안에 들어갈 단어로 가장 적절한 것은?

　　중앙은행이 정책 금리를 결정할 때 우선적으로 고려하는 것은 물가 상승률과 경제 성장률이다. 물가 상승률이 높다 판단되면 금리를 올리고, 경기가 부진하다 싶으면 금리를 내리는데, 결정된 금리는 다시 시장에 영향을 미친다. 금리를 올려서 물가 안정을 도모한다든지, 금리를 내려서 경기 활성화를 (   )하는 것은 모두 정책 금리를 통해서 경제 전반에 영향을 미치고자 하는 중앙은행의 의도를 보여 주는 것이다.

---

① 외면 　　　　　　　　　　② 억압

③ 유도 　　　　　　　　　　④ 침범

⑤ 처단

 ① 어떤 사상이나 이론, 현실, 사실, 진리 따위를 인정하지 않고 도외시함
　② 자기의 뜻대로 자유로이 행동하지 못하도록 억지로 억누름
　③ 사람이나 물건을 목적한 장소나 방향으로 이끎
　④ 남의 영토나 권리, 재산, 신분 따위를 침노하여 범하거나 해를 끼침
　⑤ 결단을 내려 처치하거나 처분함

6 다음에 제시된 문장의 밑줄 친 부분의 의미가 나머지와 가장 다른 것은?

① 기저귀를 처음 <u>찬</u> 아이는 불편한지 몸을 자꾸만 뒤척거렸다.

② 우리 학교의 선도부는 항상 노란색 완장을 <u>차고</u> 있다.

③ 그는 항상 열쇠고리를 바지에 <u>차고</u> 다녔다.

④ 민수가 <u>찬</u> 손목시계 어디서 산 줄 아니?

⑤ 철수는 축구공을 발로 <u>찼다</u>.

 ⑤ 발로 내어 지르거나 받아 올리다.
　①②③④ 물건을 몸의 한 부분에 달아매거나 끼워서 지니다.

7 아래의 (   ) 안에 들어갈 이음말을 바르게 배열한 것은?

> 우리는 TV나 신문 등을 통해 인간의 공격행동과 관련된 사건들을 흔히 접한다. 공격행동이란 타인에게 손상이나 고통을 주려는 의도와 목적을 가진 모든 행동을 의미하는데, 인간의 공격행동에 대해 심리학자들은 여러 가지 견해를 제시하였다. 프로이드(Freud)는 인간은 생존 본능을 지니고 있어서 자신의 생명을 위협 받으면 본능적으로 공격행동을 드러낸다고 설명했다. (   ) 달라드(Dollard)는 인간은 자신이 추구하는 목표를 획득하는 데에 간섭이나 방해를 받을 때, 욕구좌절을 느끼게 되고 그로 인해 공격행동을 드러낸다고 보았다. (   ) 그의 주장은 욕구좌절을 경험한 사람이라고 해서 모두 공격행동을 보이는 것은 아니며, 욕구좌절을 경험하지 않더라도 공격행동을 드러내는 경우가 있다는 점에서 한계가 있다.

① 그리고 – 그러나
② 또는 – 그래서
③ 그러면 – 또는
④ 왜냐하면 – 게다가
⑤ 그러므로 – 그리고

 인간의 공격행동에 대해 심리학자들의 여러 가지 견해가 있다고 제시되어 있으므로 프로이드의 견해 뒤에 달라드의 견해가 나오므로 첫 번째 빈칸에는 단어, 구, 절, 문장 따위를 병렬적으로 연결할 때 쓰는 접속 부사인 '그리고'를 쓰는 것이 적절하다. 두 번째 빈칸에는 달라드의 견해 뒤에 그의 견해에 대한 한계점이 나와 있으므로 앞의 내용과 뒤의 내용이 상반될 때 쓰는 접속 부사인 '그러나'를 쓰는 것이 옳다.

8 다음 중 밑줄 친 단어의 맞춤법이 옳은 것은?

① 그의 무례한 행동은 저절로 <u>눈쌀</u>을 찌푸리게 했다.
② 손님은 종업원에게 당장 주인을 불러오라고 <u>닥달하였다</u>.
③ 멸치와 고추를 간장에 <u>졸였다</u>.
④ 찌개가 잠깐 사이에 바짝 <u>조랐다</u>.
⑤ 걱정으로 밤새 마음을 <u>졸였다</u>.

 ① 눈쌀→눈살
② 닥달하였다→닦달하였다
③ 졸였다→조렸다
④ 조랐다→졸았다
※ '졸이다'와 '조리다'
  ㉠ 졸이다 : 찌개, 국, 한약 따위의 물이 증발하여 분량이 적어지다. 또는 속을 태우다시피 초조해하다.
  ㉡ 조리다 : 양념을 한 고기나 생선, 채소 따위를 국물에 넣고 바짝 끓여서 양념이 배어들게 하다.

Answer ⟶ 5.③ 6.⑤ 7.① 8.⑤

※ 다음은 NH농협은행의 '신나는 직장인 대출' 상품의 안내문이다. 이를 보고 이어지는 물음에 답하시오. 【9 ~ 10】

〈신나는 직장인 대출〉

1. 상품특징 : 공무원, 사립학교 교직원, 당행 선정 우량기업 임직원 대상 신용대출상품
2. 대출대상
   - 공무원, 사립학교 교직원, 당행 선정 우량기업에 3개월 이상 정규직으로 재직 중인 급여소득자
   - 단, 인터넷 또는 모바일을 통한 영업점 무방문대출은 재직기간 1년 이상이고, 소득금액증명원 상 최근 귀속년도 소득금액으로 소득확인이 가능한 고객(대출신청일 현재 동일사업장 국민건강보험 가입이력이 1년 이상이어야 하며, 자격유지 기준 변동사항인 휴직, 이직, 합병 등이 있는 경우에는 신청이 불가)
3. 대출기간 : 일시상환대출 1년 이내(1년 단위로 연장 가능), 할부상환대출 5년 이내
4. 대출한도 : 최대 2억 5천만 원 이내(단, 인터넷 또는 모바일을 통한 영업점 무방문대출은 최대 1억 원 이내
5. 대출금리

기준금리	우대금리	최종금리
연리 2.00%	연리 0.40%(최대)	연리 1.60 ~ 2.00%

   * 당행 기준금리 1년 고정
   * 하나로고객(골드 이상) 0.20%p, 급여이체 0.10%p, 신용카드 이용(3개월)100만 원 이상 0.10%p 등
   * 연체이자율은 연체기간에 관계없이 연체일수×(채무자 대출금리+3%)÷365
6. 고객부담수수료

5천만 원 이하	5천만 원 초과 ~ 1억 원 이하	1억 원 초과 ~ 2억 원 이하	2억 원 초과
없음	7만 원	15만 원	20만 원

7. 필요서류
   - 실명확인증표
   - 재직증명서 또는 전자공무원증
   - 고용보험 가입확인서(필요 시)
   - 소득확인서류
   - 기타 필요 시 요청 서류

9   다음 중 위 대출 상품의 대출금리에 대하여 올바르게 판단한 설명이 아닌 것은 어느 것인가?

① 1억 원 대출 시 최소 적용 가능한 연 이자액은 160만 원이다.

② 1개월 연체한 경우와 6개월 연체한 경우의 연체이자율은 동일하다.

③ 3개월 신용카드 월 평균 사용금액이 30만 원인 경우, 적어도 1.90%까지의 금리 적용이 가능하다.

④ 골드레벨 하나로고객이 급여이체도 NH농협은행을 통하여 하고 있을 경우, 적어도 1.70%까지의 금리 적용이 가능하다.

⑤ 연체이자율은 골드레벨 하나로고객 혜택만 있는 고객과 급여이체 혜택만 있는 고객이 서로 동일하지 않다.

> **Tip** 3개월 신용카드 월 평균 사용금액이 30만 원인 경우 총 사용금액이 100만 원 이하이므로 우대금리가 적용되지 않아 다른 혜택 사항이 없을 경우 적어도 1.90%의 금리가 적용되지 않게 된다.
>
> ① 모든 우대금리 혜택 사항에 적용될 경우, 1.60%의 금리가 적용되므로 이자액은 160만 원이 된다.
> ② 연체이자율은 연체기간에 관계없이 적용된다.
> ④ 골드레벨 하나로고객이 급여이체도 NH은행은행을 통하여 하고 있을 경우, 0.20%p와 0.10%p가 우대되므로 1.70%까지 금리 적용이 가능하다.
> ⑤ 연체이자율은 원래의 '채무자 대출금리'를 기준으로 하므로 다른 조건에 변동이 없을 경우, 골드레벨 하나로고객 혜택만 있는 고객과 급여이체 혜택만 있는 고객이 서로 동일하지 않다.

Answer↱ 9.③

10 다음은 NH농협은행의 '신나는 직장인 대출' 상품을 알아보기 위한 고객과 은행 직원과의 질의응답 내용이다. 응답 내용이 상품 안내문의 내용과 부합되지 않는 것은 어느 것인가?

Q. 석달 전에 우리 아들이 공무원이 되었는데요, 인터넷으로 신청을 하면 영업점 무방문대출이 될 테니 8천만 원 정도 대출은 가능하겠네요?

A. ① 네 고객님, 영업점 무방문대출의 경우는 최대 1억 원 한도입니다. 8천만 원 대출은 가능하시겠어요.

Q. 저는 사립학교 행정실에 5년 째 근무하는 직원입니다. 2억 원 정도 대출을 받고 싶은데 급여이체 계좌를 N은행으로 옮기면 금리가 2% 이하로 적용될 수 있지요?

A. ② 네 가능합니다. 그런 경우 1.90%의 금리를 적용받으시겠네요.

Q. 안내문을 보니 저는 우대금리 혜택 사항에 모두 해당이 되는데요, 연체이자율은 3.60%가 되는 게 맞겠네요?

A. ③ 아닙니다. 우대금리가 최대 적용되신다면 최종 1.60%의 금리이신데요, 여기에 3%가 추가되어 연체이자율은 4.60%가 적용됩니다.

Q. 서류를 준비해서 은행을 방문하려 하는데요, 재직증명서만 있으면 4대 보험 가입 확인과 소득 확인이 될 테니 재직증명서만 떼 가면 되겠지요?

A. ④ 고용보험 가입확인서는 필요한 경우에만 요청 드리고 있는데요, 소득확인서류는 별도로 준비해 오셔야 합니다.

Q. 3년차 공무원입니다. 스마트 폰으로 대출 신청을 하려고 하는데요, 이 경우에는 대출 수수료가 10만 원을 넘진 않는 거죠?

A. ⑤ 맞습니다. 고객님과 같은 경우에는 대출 금액에 따라 수수료가 다른데요, 없을 수도 있고, 있더라도 최대 7만 원입니다.

(Tip) 인터넷, 모바일 등 영업점 무방문대출의 경우 대출금액은 최대 1억 원 한도로 규정되어 있으나, '재직기간 1년 이상'이라는 대출대상 조건이 명시되어 있으므로 적절한 응답 내용이 아니다.
② 사립학교 교직원에 해당되며, 한도 금액 2억 5천만 원 이내이며, 급여이체 시 0.1%p의 우대금리 적용으로 최종 1.90%의 금리를 적용받게 된다.
③ 연체이자율은 '채무자 대출금리＋3%'이므로 1.60%＋3%＝4.60%가 된다.
④ 소득확인서류는 별도로 요청되는 서류이다.
⑤ 영업점 무방문대출이므로 최대 1억 원까지 대출이 가능한 경우이다. 따라서 대출 수수료는 없거나(5천만 원 이하), 7만 원(1억 원 이하)이 된다.

11 다음 글을 읽고 이 글에서 설명하고 있는 '사전조치'의 개념과 다른 내용은?

> 개인이나 사회는 장기적으로 최선인 일을 의지박약, 감정, 충동, 고질적 습관, 중독 그리고 단기적 이익추구 등의 이유로 인해 수행하지 못하는 경우가 많다. 예컨대 많은 사람들이 지금 담배를 끊는 것이 자신의 건강을 위해서 장기적으로 최선이라고 판단함에도 불구하고 막상 담배를 피울 수 있는 기회에 접하게 되면 의지박약으로 인해 담배를 피우는 경우가 많다. 이런 경우 개인이나 사회는 더 합리적으로 행동하기 위해서 행위자가 가질 수 있는 객관적인 기회를 제한하거나 선택지를 줄임으로써 의지박약이나 충동 또는 단기적 이익 등에 따라 행동하는 것을 방지할 수 있다. 이런 조치를 '사전조치'라 한다.

① 알코올 중독자가 금주를 목적으로 인근 수십 킬로미터 안에 술을 파는 곳이 없는 깊은 산속으로 이사를 하였다.

② 술에 취할 때마다 헤어진 애인에게 전화를 하는 남학생이 더 이상 그녀에게 전화를 하지 않기 위해 자신의 핸드폰 번호를 변경하였다.

③ 가정 내에서 TV를 통한 미성년자의 등급 외 상영물 시청을 제한하기 위해 TV에 성인물 시청 시 비밀번호를 입력하도록 하는 장치를 설치하였다.

④ 군것질 버릇이 있는 영화배우가 최근 캐스팅된 영화 촬영을 앞두고 몸 관리를 위해 매니저에게 자신의 숙소에 있는 모든 군것질 거리를 치우도록 하였다.

⑤ 국회는 향후 집권당과 정부가 선거에서 유권자의 표를 구할 목적으로 단기적으로만 효과를 발휘하는 통화금융정책을 시행할 위험을 막기 위해서 이자율과 통화량에 대한 결정권을 독립된 중앙은행에 이양하는 법률을 제정하였다.

(Tip) 자신의 핸드폰 번호를 바꾸더라도 헤어진 애인에게 자신이 전화를 할 수 없게 된 것은 아니므로 사전조치에 해당하지 않는다.

Answer┌→ 10.① 11.②

12 다음 글에 대한 내용으로 가장 적절하지 않은 것은?

> 지속되는 불황 속에서도 남 몰래 웃음 짓는 주식들이 있다. 판매단가는 저렴하지만 시장점유율을 늘려 돈을 버는 이른바 '박리다매', '저가 실속형' 전략을 구사하는 종목들이다. 대표적인 종목은 중저가 스마트폰 제조업체에 부품을 납품하는 업체이다. A증권에 따르면 전 세계적으로 200달러 이하 중저가 스마트폰이 전체 스마트폰 시장에서 차지하는 비중은 2015년 11월 35%에서 지난 달 46%로 급증했다. 세계 스마트폰 시장 1등인 B전자도 최근 스마트폰 판매량 가운데 40% 가량이 중저가 폰으로 분류된다. 중저가용에 집중한 중국 C사와 D사의 2분기 세계 스마트폰 시장점유율은 전 분기 대비 각각 43%, 23%나 증가해 B전자나 E전자 10%대 초반 증가율보다 월등히 앞섰다. 이에 따라 국내외 스마트폰 업체에 중저가용 부품을 많이 납품하는 F사, G사, H사, I사 등이 조명 받고 있다.
>
> 주가가 바닥을 모르고 내려간 대형 항공주와는 대조적으로 저가항공주 주가는 최근 가파른 상승세를 보였다. J항공을 보유한 K사는 최근 두 달 새 56% 상승세를 보였다. 같은 기간 L항공을 소유한 M사 주가도 25% 가량 올랐다. 저가항공사 점유율 상승이 주가 상승으로 이어지는 것으로 보인다. 국내선에서 저가항공사 점유율은 2012년 23.5%에서 지난 달 31.4%까지 계속 상승해왔다. 홍길동 ○○증권 리서치센터 장은 "글로벌 복합위기로 주요국에서 저성장·저투자 기조가 계속되는데다 개인들은 부채 축소와 고령화에 대비해야 하기 때문에 소비를 늘릴 여력이 줄었다."며 "값싸면서도 멋지고 질도 좋은 제품이 계속 주목받을 것"이라고 말했다.

① '박리다매' 주식은 F사, G사, H사, I사의 주식이다.

② 저가항공사 점유율은 계속 상승세를 보이고 있는 반면 대형 항공주는 주가 하락세를 보였다.

③ 글로벌 복합위기와 개인들의 부채 축소, 고령화 대비에 따라 값싸고 질 좋은 제품이 주목받을 것이다.

④ B전자가 주력으로 판매하는 스마트폰이 중저가 폰에 해당한다.

⑤ 저가항공사의 주가 상승은 국내선에서 저가항공사의 점유율 증가와 관련이 있다.

> (Tip) B전자는 세계 스마트폰 시장 1등이며, 최근 중저가 폰의 판매량이 40% 나타났지만 B전자가 주력으로 판매하는 폰이 중저가 폰인지는 알 수 없다.

13 귀하는 정기간행물을 발간하는 중소기업에서 편집디자이너로 일하고 있다. 걸핏하면 "이건 당신의 책임 아니냐."고 질책하는 팀장으로 인해 스트레스가 쌓인 귀하는 어느 날 편집디자이너의 작업명세서라는 것을 뒤져보았다. 다음과 같은 책임이 있는 것으로 나왔다. 용기를 얻은 귀하는 자료를 근거로 팀장에게 소명하려고 하는데, 다음 중 귀하가 할 주장으로 가장 적절한 것은?

직무 수행에 있어서의 책임과 한계

1. 컴퓨터 및 주변기기를 항상 최적의 상태로 유지관리하고, 소프트웨어의 오류에 의한 간단한 기기 고장은 보수하여야 한다.
2. 자재 및 소모품에 관한 관리를 철저히 하여 원가절감을 기하고, 제품의 불량이 발생할 경우 불량 원인을 분석하여 재발방지를 위한 대책을 세워야 한다.
3. 인쇄 공정 별 책임자의 작업 지시에 따라 수행하는 작업내용과 진행상황을 서류나 구두로 보고하고, 인쇄원고의 보관관리는 물론 기밀유지의 책임이 있다.
4. 컴퓨터, 주변기기, 각종 공구 등을 사용할 때 부주의로 인한 안전사고가 일어나지 않도록 각자가 조심하여야 하고, 공정 진행상의 주의 소홀로 야기되는 공정 지연 등이 되지 않도록 노력하여야 한다.
5. 오탈자에 대한 최종 교정책임을 진다.
6. 사진이 잘못 게재된 것에 대한 책임을 진다.

---

① 보세요. 초상권을 침해한 것은 사진사 잘못이지, 그게 왜 내 책임입니까?
② 보세요. 글 쓴 사람이 오탈자를 잡아야지, 제가 그런 것까지 할 여유가 어디 있습니까?
③ 보세요. 인쇄소로 넘겼으면 끝난 거지. 왜 제가 작업 진행까지 파악해야 합니까?
④ 보세요. 컴퓨터가 고장 났다고 저한테 말씀하시면 너무 한 것 아닙니까?
⑤ 보세요. 소프트웨어의 업데이트 오류까지 제가 일일이 확인해야 합니까?

> **Tip** 제시된 작업명세서를 보면 컴퓨터 고장 수리에 대한 책임이나 한계에 대한 내용은 어디에도 없다.
> 편집디자이너가 컴퓨터 수리 책임을 갖는 것은 아니다.

Answer → 12.④ 13.④

14 다음 글을 통해 알 수 없는 것은?

> 동아시아 삼국에 외국인이 집단적으로 장기 거주함에 따라 생활의 편의와 교통통신을 위한 근대적 편의시설이 갖춰지기 시작하였다. 이른바 문명의 이기로 불린 전신, 우편, 신문, 전자, 기차 등이 그것이다. 민간인을 독자로 하는 신문은 개항 이후 새롭게 나타난 신문들 가운데 하나이다. 신문(新聞) 혹은 신보(新報)라는 이름부터가 그렇다. 물론 그 전에도 정부 차원에서 관료들에게 소식을 전하는 관보가 있었지만 오늘날 우리가 사용하는 의미에서의 신문은 여기서부터 비롯된다.
>
> 1882년 서양 선교사가 창간한 「The Universal Gazette」의 한자 표현이 '천하신문'인 데서 알 수 있듯, 선교사들은 가제트를 '신문'으로 번역했다. 이후 신문이란 말은 "마카오의 신문지를 창조하라"거나 "신문관을 설립하자"는 식으로 중국인들이 자발적으로 활발하게 사용하기 시작했다.
>
> 상업이 발달한 중국 상하이와 일본 요코하마에서는 각각 1851년과 1861년 영국인에 의해 영자신문이 창간되어 유럽과 미국 회사들에 필요한 정보를 제공했고, 이윽고 이를 모델로 하는 중국어, 일본어 신문이 창간되었다. 상하이 최초의 중국어 신문은 영국의 민간회사 자림양행에 의해 1861년 창간된 「상하이신보」다. 거기에는 선박의 출입일정, 물가정보, 각종 광고 등이 게재되어 중국인의 필요에 부응했다. 이 신문은 'ㅇㅇ신보'라는 용어의 유래가 된 신문이다. 중국에서 자국인에 의해 발행된 신문은 1874년 상인 황타오에 의해 창간된 중국어 신문 「순후안일보」가 최초이다. 이것은 오늘날 '△△일보'라는 용어의 유래가 된 신문이다.
>
> 한편 요코하마에서는 1864년 미국 영사관 통역관이 최초의 일본어 신문 「카이가이신문」을 창간하면서 일본 국내외 뉴스와 광고를 게재했다. 1871년 처음으로 일본인에 의해 일본어 신문인 「요코하마마이니치신문」이 창간되었고, 이후 일본어 신문 창간의 붐이 있었다.
>
> 개항 자체가 늦었던 조선에서는 정부 주도하에 1883년 외교를 담당하던 통리아문박문국에서 최초의 근대적 신문 「한성순보」를 창간했다. 그러나 한문으로 쓰인 「한성순보」와는 달리 그 후속으로 1886년 발행된 「한성주보」는 국한문혼용을 표방했다. 한글로 된 최초의 신문은 1896년 독립협회가 창간한 「독립신문」이다. 1904년 영국인 베델과 양기탁 등에 의해 「대한매일신보」가 영문판 외에 국한문 혼용판과 한글전용판을 발간했다. 그밖에 인천에서 상업에 종사하는 사람들을 위한 정보를 알려주는 신문 등 다양한 종류의 신문이 등장했다.

① 중국 상하이와 일본 요코하마에서 창간된 영자신문은 서양 선교사들이 주도적으로 참여하였다.

② 개항 이전에는 관료를 위한 관보는 있었지만, 민간인 독자를 대상으로 하는 신문은 없었다.

③ 'ㅇㅇ신보'나 '△△일보'란 용어는 민간이 만든 신문들의 이름에서 기인한다.

④ 일본은 중국보다 자국인에 의한 자국어 신문을 먼저 발행하였다.

⑤ 개항 이후 외국인의 필요에 의해 발행된 신문이 있었다.

상하이와 요코하마에서는 영국인에 의해 영자신문이 창간되었다고 언급했다. 그러나 주어진 글로는 이들이 서양 선교사들인지는 알 수 없다.
② 정부 차원에서 관료들에게 소식을 전하는 관보가 있었으니 민간인을 독자로 하는 신문은 개항 이후 새롭게 나타난 신문들이다.
③ 'ㅇㅇ신보'라는 용어가 유래된 것은 「상하이신보」로 영국의 민간회사에서 만들었고, 'ㅿㅿ 일보'라는 용어가 유래된 것은 「순후안일보」로 상인에 의해 창간되었다.
④ 자국민에 의한 중국어 신문은 1874년에 출간된 「순후안일보」가 최초이고, 자국민에 의한 일본어 신문은 1871년에 출간된 「요코하마마이니치신문」이 최초이다.
⑤ 상하이와 요코하마에서는 유럽과 미국 회사들에게 필요한 정보를 제공하는 영자신문이 창간되었다.

15 다음 글을 논리적으로 바르게 배열한 것은?

> ㉠ 유럽에서 정당은 산업화 시기 생성된 노동과 자본 간의 갈등을 중심으로 다양한 사회 경제적 균열을 이용하여 유권자들을 조직하고 동원하였다.
> ㉡ 당의 정책과 후보를 당원 중심으로 결정하고, 당내 교육과정을 통해 정치 엘리트를 충원하며, 정치인들이 정부 내에서 강한 기율을 지니는 대중정당은 책임정당정부 이론을 뒷받침하는 대표적인 정당 모형이었다.
> ㉢ 이 과정에서 정당은 당원 중심의 운영 구조를 지향하는 대중정당의 모습을 띠었다.
> ㉣ 이 이론에 따르면 정치에 참여하는 각각의 정당은 자신의 지지 계급과 계층을 대표하고, 정부 내에서 정책 결정 및 집행 과정을 주도하며, 다음 선거에서 유권자들에게 그 결과에 대해 책임을 진다.
> ㉤ 대의 민주주의에서 정당의 역할에 대한 대표적인 설명은 책임정당정부 이론이다.

① ㉤ - ㉣ - ㉢ - ㉡ - ㉠
② ㉤ - ㉣ - ㉠ - ㉢ - ㉡
③ ㉤ - ㉠ - ㉡ - ㉢ - ㉣
④ ㉠ - ㉡ - ㉣ - ㉢ - ㉤
⑤ ㉠ - ㉢ - ㉡ - ㉤ - ㉣

㉤ 책임정당정부 이론이라는 화두 제시
㉣ 책임정당정부 이론에 대한 설명
㉠ 유럽에서 나타난 정당의 모습
㉢ 대중정당의 모습
㉡ 책임정당정부 이론을 뒷받침하는 대중정당

Answer 14.① 15.②

16 다음 글의 ( ) 안에 들어갈 말을 순서대로 바르게 나열한 것은?

차용증서

제1조 : 채권자 "갑"은 20○○년 ○○월 ○○일에 금 ○○만 원을 채무자 "을"에게 빌려주고 채무자 "을"은 이것을 차용하였다.

제2조 : 차용금의 변제기한은 20○○년 ○○월 ○○일로 한다.

제3조 : 1) 이자는 월 ○○푼의 비율로 하고 매월 ○○일까지 지불하기로 한다.
　　　 2) 원리금의 변제를 지체했을 때에는 채무자는 일변 ○○리의 비율에 의한 지연손실금을 (㉠)해서 지불해야 한다.

제4조 : 채무의 변제는 채권자 현재의 주소 또는 지정장소에 지참 또는 송금하여 지불한다.

제5조 : 채무자 "을"이 다음의 어느 하나에 해당하는 경우에 있어서는 채권자 "갑"으로부터의 통지, 최고 등이 없이도 당연히 기한의 이익을 잃고 채무 전부를 즉시 변제한다.
　　　 ① 본 건 이자의 지불을 ○○개월분 이상 (㉡)했을 때
　　　 ② 다른 채무 때문에 강제집행, 집행보전처분을 받거나, 파산 또는 경매의 신청이 있었을 때

제6조 : 채무자 "을"은 그 채무불이행시에는 그의 전 재산에 대해 곧 강제집행에 따를 것을 (㉢)했다.

	㉠	㉡	㉢
①	가산	체납	승낙
②	가산	지체	승낙
③	가산	체납	거부
④	감산	지체	승낙
⑤	감산	체납	거부

Tip ㉠ 가산 : 더하여 셈함
　　　 ㉡ 지체 : 의무 이행을 정당한 이유 없이 지연하는 일
　　　 ㉢ 승낙 : 청약(請約)을 받아들이어 계약을 성립시키는 의사 표시

17 다음 글을 읽고 바르게 해석한 것을 고르면?

> 청소년기에 또래집단으로부터의 압력은 흡연의 대표적인 원인이다. 우리나라 청소년의 대부분이 친구의 권유를 통해 처음 담배를 접하게 된다는 통계 결과가 이를 뒷받침한다. 청소년기의 흡연은 심각한 문제인데 한 통계에 따르면 우리나라 고등학생의 40%가 흡연을 경험하며 성인 흡연자의 대부분이 흡연을 시작한 시기가 청소년기라고 한다.
>
> 한편, 흡연행동과 그에 따른 니코틴 중독을 야기하는 유전적 원인에 초점이 모아지고 있다. 흡연에 관한 쌍둥이 연구자료, 유전자 조사기법 등을 종합한 연구에 의하면 흡연자와 비흡연자를 결정하는 중요한 원인 중 하나는 도파민이라는 신경전달물질을 생산하는 유전자와 관련이 있는 것으로 알려지고 있다. 도파민은 뇌의 쾌락중추를 자극하는 역할을 하는데 이 도파민이 많이 분비되는 유전자형을 가진 사람이 그렇지 않은 사람에 비해 흡연을 적게 한다는 증거가 있다.

① 우리나라 성인 흡연자의 40%는 청소년기에 흡연을 시작하였다.

② 폐암 발생률을 감소시키기 위해 금연 교육프로그램을 개발하여야 한다.

③ 청소년의 흡연율을 낮추면 성인 흡연율도 장기적으로 낮아질 가능성이 높다.

④ 도파민 분비를 억제시키는 약물을 개발한다면 금연에 도움을 줄 수 있을 것이다.

⑤ 부모가 흡연을 할 경우 자녀에게 부모의 흡연사실을 감춘다면 그 자녀가 흡연할 확률을 낮추는 것이 가능하다.

> (Tip) 위 글에서 보면 성인 흡연자의 대부분이 흡연을 시작한 시기가 청소년기라고 했으며, 흡연행동과 그에 따른 니코틴 중독을 고려하면, 청소년 흡연율과 성인 흡연율간의 강한 양의 상관관계가 있다고 추론이 가능하므로 청소년의 흡연율은 낮추면 성인 흡연율도 장기적으로 낮아질 가능성이 있다.

Answer┌→ 16.② 17.③

18 다음 글을 통해 알 수 있는 내용이 아닌 것은?

오늘날 인류가 왼손보다 오른손을 선호하는 경향은 어디서 비롯되었을까? 무기를 들고 싸우는 결투에서 오른손잡이는 왼손잡이 상대를 만나 곤혹을 치르곤 한다. 왼손잡이 적수가 무기를 든 왼손은 뒤로 감춘 채 오른손을 내밀어 화해의 몸짓을 보이다가 방심한 틈에 공격을 할 수도 있다. 그러나 이런 상황이 왼손에 대한 폭넓고 뿌리 깊은 반감을 다 설명해 준다고는 생각하지 않는다. 예컨대 그런 종류의 겨루기와 거의 무관했던 여성들의 오른손 선호는 어떻게 설명할 것인가?

오른손을 귀하게 여기고 왼손을 천대하는 현상은 어쩌면 산업화 이전 사회에서 배변 후 사용할 휴지가 없었다는 사실과 관련이 있을 법하다. 인류 역사에서 대부분의 기간 동안 배변 후 뒤처리를 담당한 것은 맨손이었다. 맨손으로 배변 뒤처리를 하는 것은 불쾌할뿐더러 병균을 옮길 위험을 수반하는 일이었다. 이런 위험의 가능성을 낮추는 간단한 방법은 음식을 먹거나 인사할 때 다른 손을 사용하는 것이었다. 기술 발달 이전의 사회에서는 대개 왼손을 배변 뒤처리에, 오른손을 먹고 인사하는 일에 사용했다. 이런 전통에서 벗어난 행동을 보면 사람들은 기겁하지 않을 수 없었다. 오른손과 왼손의 역할 분담에 관한 관습을 따르지 않는 어린아이는 벌을 받았을 것이다.

나는 이런 배경이 인간 사회에서 널리 나타나는 '오른쪽'에 대한 긍정과 '왼쪽'에 대한 반감을 어느 정도 설명해 줄 수 있으리라고 생각한다. 그러나 이 설명은 왜 애초에 오른손이 먹는 일에, 그리고 왼손이 배변 처리에 사용되었는지 설명해주지 못한다. 확률로 말하자면 왼손이 배변 처리를 담당하게 될 확률은 1/2이다. 그렇다면 인간 사회 가운데 절반 정도는 왼손잡이 사회였어야 할 것이다. 그러나 동서양을 막론하고 왼손잡이 사회는 확인된 바 없다. 세상에는 왜 온통 오른손잡이 사회들뿐인지에 대한 근본적인 설명은 다른 곳에서 찾아야 할 것 같다.

한쪽 손을 주로 쓰는 경향은 뇌의 좌우반구의 기능 분화와 관련되어 있는 것으로 보인다. 보고된 증거에 따르면, 왼손잡이는 읽기와 쓰기, 개념적 · 논리적 사고 같은 좌반구 기능에서 오른손잡이보다 상대적으로 미약한 대신 상상력, 패턴 인식, 창의력 등 전형적인 우반구 기능에서는 상대적으로 기민한 경우가 많다.

비비원숭이의 두개골 화석을 연구함으로써 오스트랄로피테쿠스가 어느 손을 즐겨 썼는지를 추정할 수 있다. 이들이 비비원숭이를 몽둥이로 때려서 입힌 상처의 흔적이 남아 있기 때문이다. 연구에 따르면 오스트랄로피테쿠스는 약 80%가 오른손잡이였다. 이는 현대인과 거의 일치한다. 사람이 오른손을 즐겨 쓰듯 다른 동물들도 앞발 중에 더 선호하는 쪽이 있는데, 포유류에 속하는 동물들은 대개 왼발을 즐겨 쓰는 것으로 나타났다. 이들 동물에서도 뇌의 좌우반구 기능은 인간과 본질적으로 다르지 않으며, 좌우반구의 신체 제어에서 좌우 교차가 일어난다는 점도 인간과 다르지 않다.

왼쪽과 오른쪽의 대결은 인간이라는 종의 먼 과거까지 거슬러 올라간다. 나는 이성대 직관의 힘겨루기, 뇌의 두 반구 사이의 힘겨루기가 오른손과 왼손의 힘겨루기로 표면화된 것이 아닐까 생각한다. 즉 오른손이 원래 왼손보다 더 능숙했기 때문이 아니라 뇌의 좌반구가 인간의 행동을 지배하는 권력을 갖게 되었기 때문에 오른손 선호에 이르렀다는 생각이다. 그리고 이것이 사실이라면 직관적 사고에 대한 논리적 비판은 거시적 관점에서 그 타당성을 의심해볼 만하다. 어쩌면 뇌의 우반구 역시 좌반구의 권력을 못마땅하게 여기고 있는지도 모른다. 다만 논리적인 언어로 반론을 펴지 못할 뿐.

① 위생에 관한 관습은 명문화된 규범 없이도 형성될 수 있다.

② 직관적 사고보다 논리적 사고가 인간의 행위를 더 강하게 지배해 왔다고 볼 수 있다.

③ 인류를 제외한 대부분의 포유류의 경우에는 뇌의 우반구가 좌반구와의 힘겨루기에서 우세하다고 볼 수 있다.

④ 먹는 손과 배변을 처리하는 손이 다르게 된 이유는 먹는 행위와 배변 처리 행위에 요구되는 뇌 기능이 다르기 때문이다.

⑤ 왼손을 천대하는 관습이 가져다주는 이익이 있다고 해서 오른손잡이가 왼손잡이보다 압도적으로 많은 이유가 설명되는 것은 아니다.

> **Tip** 먹는 손과 배변을 처리하는 손이 다르게 된 것을 한쪽 손을 주로 쓰는 경향은 뇌의 좌우반구의 기능 분화와 관련이 있다고 언급하였으나 이것이 행위에 요구되는 뇌 기능의 차이 때문이라고 말할 수는 없다. 좌우반구 기능 분화는 논리적 사고와 직관적 사고와 관련된 것이지 먹는 행위와 배변 처리 행위의 차이라고 할 수는 없다.
>
> ① 위생에 대한 관습으로 왼손은 배변 처리에 이용하고 오른손을 먹고 인사하는 일에 이용했다는 예를 들고 있다. 이는 관습이 규범이 아니라 주로 사용하는 한쪽 손의 경향에 따른 것이다.
>
> ② 왼쪽 손을 주로 사용하는 경향은 뇌의 좌우반구의 기능 분화와 관련이 있고, 논리적 사고는 좌반구 기능과 관련이 있다. 또한 직관적 사고는 우반구와 관련이 있다. 오른손잡이는 좌반구 기능이 우반구 기능보다 상대적으로 기민한 경우가 많다. 현대인의 약 80%가 오른손잡이이므로 직관적 사고보다는 논리적 사고가 더 지배적이라 볼 수 있다.
>
> ③ 인류를 제외한 포유류는 대게 왼발을 사용하므로 뇌의 좌반구보다는 우반구의 기능이 더 기민하다고 볼 수 있다.
>
> ⑤ 관습은 오른손잡이가 많은 것에 대한 근본적인 설명은 아니다.

Answer ➡ 18.④

19 다음 글을 통해 알 수 없는 내용은?

> 희생제의란 신 혹은 초자연적 존재에게 제물을 바침으로써 인간 사회에서 발생하는 중요한 문제를 해결하려는 목적으로 이루어지는 의례를 의미한다. 이 제의에서는 제물이 가장 주요한 구성요소인데, 이때 제물은 제사를 올리는 인간들과 제사를 받는 대상 사이의 유대 관계를 맺게 해주어 상호 소통할 수 있도록 매개하는 역할을 수행한다.
>
> 희생제의의 제물, 즉 희생제물의 대명사로 우리는 '희생양'을 떠올린다. 이는 희생제물이 대게 동물일 것이라고 추정하게 하지만, 희생제물에는 인간도 포함된다. 인간 집단은 안위를 위협하는 심각한 위기 상황을 맞게 되면, 이를 극복하고 사회 안정을 회복하기 위해 처녀나 어린아이를 제물로 바쳤다. 이러한 사실은 인신공희(人身供犧) 설화를 통해 찾아볼 수 있다. 이러한 설화에서 인간들은 신이나 괴수에게 처녀나 어린아이를 희생제물로 바쳤다.
>
> 희생제의는 원시사회의 산물로 머문 것이 아니라 아주 오랫동안 동서양을 막론하고 여러 문화권에서 지속적으로 행해져 왔다. 이에 희생제의의 기원이나 형식을 밝히기 위한 종교현상학적 연구들이 시도되어 왔다. 그리고 인류학적 연구에서는 희생제의에 나타난 인간과 문화의 본질에 대한 탐색이 있어 왔다. 인류학적 관점의 대표적인 학자인 지라르는 「폭력과 성스러움」, 「희생양」 등을 통해 인간 사회의 특징, 사회 갈등과 그 해소 등의 문제를 '희생제의'와 '희생양'으로 설명했다.
>
> 인간은 끊임없이 타인과 경쟁하고 갈등하는 존재이다. 이러한 인간들 간의 갈등은 공동체 내에서 무차별적이면서도 심각한 갈등 양상으로 치닫게 되고 극도의 사회적 긴장 관계를 유발한다. 이때 다수의 사회 구성원들은 사회 갈등을 희생양에게 전이시켜 사회 갈등을 해소하고 안정을 되찾고자 하였다는 것이 지라르 논의의 핵심이다.
>
> 희생제의에서 희생제물로서 처녀나 어린아이가 선택되는 경우가 한국뿐 아니라 많은 나라에서도 발견된다. 처녀와 어린아이에게는 인간 사회의 세속적이고 부정적인 속성이 깃들지 않았다는 관념이 오래 전부터 지배적이었기 때문이다. 그러나 지라르는 근본적으로 이들이 희생제물로 선택된 이유를, 사회를 주도하는 주체인 성인 남성들이 스스로 일으킨 문제를 자신들이 해결하지 않고 사회적 역할 차원에서 자신들과 대척점에 있는 타자인 이들을 희생양으로 삼았기 때문인 것으로 설명하였다.

① 종교현상학적 연구는 인간 사회의 특성과 사회 갈등 형성 및 해소를 희생제의와 희생양의 관계를 통해 설명한다.

② 지라르에 의하면 다수의 사회 구성원들은 사회 갈등을 희생양에게 전이시킴으로써 사회 안정을 이루고자 하였다.

③ 희생제물을 통해 위기를 극복하고 사회의 안정을 회복하고자 한 의례 행위는 동양에 국한된 것이 아니다.

④ 지라르에 따르면 희생제물인 처녀나 어린아이들은 성인 남성들과 대척점에 있는 존재이다.

⑤ 인신공희 설화에서 희생제물인 어린아이들은 인간들과 신 혹은 괴수 간에 소통을 매개한다.

20 다음 글을 읽고 가장 잘 이해한다고 볼 수 있는 사람은?

> 사회에는 위법행위에 호의적인 가치와 호의적이지 않은 가치가 모두 존재한다. 사회 구성원들의 가치와 태도도 그러한 가치들로 혼합되어 나타나는데, 어떤 사람은 위법행위에 호의적인 가치를, 또 어떤 사람은 위법행위에 호의적이지 않은 가치를 더 많이 갖고 있다. 또한 청소년들은 그러한 주변 사람들로부터 가치와 태도를 학습한다. 그들이 위법행위에 더 호의적인 주위 사람과 자주 접촉하고 상호 작용하게 되면 그만큼 위법행위에 호의적인 가치와 관대한 태도를 학습하고 내면화하여, 그러한 가치와 태도대로 행동하다 보면 비행을 하게 된다. 예컨대 청소년 주위에는 비행청소년도 있고 모범청소년도 있을 수 있는데, 어떤 청소년이 모범청소년보다 비행청소년과 자주 접촉할 경우, 그는 다른 청소년들보다 위법행위에 호의적인 가치와 관대한 태도를 보다 많이 학습하게 되어 비행을 더 저지르게 된다.

① 갑 : 바늘 가는데 실 간다.
② 을 : 잘되면 내 탓! 못되면 남의 탓!
③ 병 : 까마귀 노는 곳에 백로야 가지 마라!
④ 정 : 잘못한 일은 누구를 막론하고 벌을 주자!
⑤ 무 : 어릴 때부터 친구는 커서도 친구이다!

(Tip) 주위 환경이 중요함을 이야기하는 글이다. 청소년이 모범청소년보다 비행청소년과 자주 접촉할 경우, 그는 다른 청소년들보다 위법행위에 호의적인 가치와 관대한 태도를 학습하여 비행을 더 저지르게 된다.

Answer → 19.① 20.③

21 다음 글에서 추론할 수 있는 내용만을 모두 고른 것은?

> '도박사의 오류'라고 불리는 것은 특정 사건과 관련 없는 사건을 관련 있는 것으로 간주했을 때 발생하는 오류이다. 예를 들어, 주사위 세 개를 동시에 던지는 게임을 생각해 보자. 첫 번째 던지기 결과는 두 번째 던지기 결과에 어떤 영향도 미치지 않으며, 이런 의미에서 두 사건은 서로 상관이 없다. 마찬가지로 10번의 던지기에서 한 번도 6의 눈이 나오지 않았다는 것은 11번째 던지기에서 6의 눈이 나온다는 것과 아무런 상관이 없다. 그럼에도 불구하고, 우리는 "10번 던질 동안 한 번도 6의 눈이 나오지 않았으니, 이번 11번째 던지기에는 6의 눈이 나올 확률이 무척 높다."라고 말하는 경우를 종종 본다. 이런 오류를 '도박사의 오류 A'라고 하자. 이 오류는 지금까지 일어난 사건을 통해 미래에 일어날 특정 사건을 예측할 때 일어난다.
>
> 하지만 반대 방향도 가능하다. 즉, 지금 일어난 특정 사건을 바탕으로 과거를 추측하는 경우에도 오류가 발생한다. 다음 사례를 생각해보자. 당신은 친구의 집을 방문했다. 친구의 방에 들어가는 순간, 친구는 주사위 세 개를 던지고 있었으며 그 결과 세 개의 주사위에서 모두 6의 눈이 나왔다. 이를 본 당신은 "방금 6의 눈이 세 개가 나온 놀라운 사건이 일어났다는 것에 비춰볼 때, 내가 오기 전에 너는 주사위 던지기를 무척 많이 했음에 틀림없다."라고 말한다. 당신은 방금 놀라운 사건이 일어났다는 것을 바탕으로 당신 친구가 과거에 주사위 던지기를 많이 했다는 것을 추론한 것이다. 하지만 이것도 오류이다. 당신이 방문을 여는 순간 친구가 던진 주사위들에서 모두 6의 눈이 나올 확률은 매우 낮다. 하지만 이 사건은 당신 친구가 과거에 주사위 던지기를 많이 했다는 것에 영향을 받은 것이 아니다. 왜냐하면 문을 열었을 때 처음으로 주사위 던지기를 했을 경우에 문제의 사건이 일어날 확률과, 문을 열기 전 오랫동안 주사위 던지기를 했을 경우에 해당 사건이 일어날 확률은 동일하기 때문이다. 이 오류는 현재에 일어난 특정 사건을 통해 과거를 추측할 때 일어난다. 이를 '도박사의 오류 B'라고 하자.

> ㉠ 인태가 당첨 확률이 매우 낮은 복권을 구입했다는 사실로부터 그가 구입한 그 복권은 당첨되지 않을 것이라고 추론하는 것은 도박사의 오류 A이다.
> ㉡ 은희가 오늘 구입한 복권에 당첨되었다는 사실로부터 그녀가 오랫동안 꽤 많은 복권을 구입했을 것이라고 추론하는 것은 도박사의 오류 B이다.
> ㉢ 승민이가 어제 구입한 복권에 당첨되었다는 사실로부터 그가 구입했던 그 복권의 당첨 확률이 매우 높았을 것이라고 추론하는 것은 도박사의 오류 A도 아니며 도박사의 오류 B도 아니다.

① ㉠

② ㉡

③ ㉠, ㉢

④ ㉡, ㉢

⑤ ㉠, ㉡, ㉢

 ㉠ 사건의 확률로 미래를 예측 → 도박사의 오류가 아니다.

㉡ 도박사의 오류 B(확률이 낮은 사건이 일어난 것은 시행을 많이 해봤을 것이다)

㉢ 도박사의 오류는 특정사건을 예측하거나 과거를 추측하는 문제이지 확률이 높고 낮음을 추론하는 것이 아니다. 도박사의 오류 A, B 둘 다 아니다.

22 다음 글을 순서대로 바르게 배열한 것은?

> ㉠ 적응의 과정은 북쪽의 문헌이나 신문을 본다든지 텔레비전, 라디오를 시청함으로써 이루어질 수 있는 극복의 원초적 단계이다.
>
> ㉡ 이질성의 극복을 위해서는 이질화의 원인을 밝히고 이를 바탕으로 해서 그것을 극복하는 단계로 나아가야 한다. 극복의 문제도 단계를 밟아야 한다. 일차적으로는 적응의 과정이 필요하다.
>
> ㉢ 남북의 언어가 이질화되었다고 하지만 사실은 그 분화의 연대가 아직 반세기에도 미치지 않았고 맞춤법과 같은 표기법은 원래 하나의 뿌리에서 갈라진 만큼 우리의 노력 여하에 따라서는 동질성의 회복이 생각 밖으로 쉬워질 수 있다.
>
> ㉣ 문제는 어휘의 이질화를 어떻게 극복할 것인가에 귀착된다. 우리가 먼저 밟아야 할 절차는 이질성과 동질성을 확인하는 일이다.

① ㉡ - ㉠ - ㉢ - ㉣
② ㉡ - ㉢ - ㉣ - ㉠
③ ㉢ - ㉣ - ㉡ - ㉠
④ ㉣ - ㉡ - ㉢ - ㉠
⑤ ㉣ - ㉢ - ㉡ - ㉠

Tip ㉠은 적응의 과정을 ㉡은 이질성의 극복 방안, ㉢은 동질성 회복이 쉽다는 이야기로 ㉣은 이질화의 극복에 대한 문제 제기를 하고 있다. 그러므로 ㉢→㉣→㉡→㉠이 가장 자연스럽다.

23 다음 서식을 보고 ㉠과 ㉡에 들어갈 내용을 바르게 짝지은 것은?

<h1 style="text-align:center">거래명세표</h1>

견적명	컴퓨터 / 주변기기 납품	공급자	등록번호	123-45-67890		
견적일자	2018년 8월 1일		상호	(주)서원각	성명	다파라
(주)WK엔터테인먼트　　(귀하)			주소	경기 고양시 일산서구 가좌동 123		
			(㉠)	도매 및 소매업		
아래와 같이 견적합니다.			업종	컴퓨터 및 주변장치, 소프트웨어 도매업		

공급가액 합계		일금 육백십이만원정 (₩ 6,120,000)			
품명	규격	수량	단가	공급가액	비고
모니터	A형	5	360,000	1,800,000	
본체	B형	5	(㉡)	2,600,000	
프린터	C형	2	360,000	720,000	
주변기기	D형	5	200,000	1,000,000	
합계		17	1,440,000	6,120,000	

특기사항
1. 부가세 포함
2. 계약금 10%
3. 본 견적서는 견적일부터 30일간 유효합니다.

① ㉠ 종목, ㉡ 280,000

② ㉠ 사업, ㉡ 320,000

③ ㉠ 업체, ㉡ 450,000

④ ㉠ 업태, ㉡ 520,000

⑤ ㉠ 기업, ㉡ 650,000

Tip ㉠ 한국표준산업 분류표에서 대분류에 해당하는 것을 '업태'라고 한다. 업태 중에서 세분화된 사업의 분류는 '업종'이라고 한다.

㉡ 본체의 수량이 5개이고, 공급가액이 2,600,000원이므로 단가, 즉 한 단위의 가격은 520,000원임을 알 수 있다.

24 다음 글을 비판하는 내용으로 적절하지 못한 것은?

사이버공간은 관계의 네트워크이다. 사이버공간은 광섬유와 통신위성 등에 의해 서로 연결된 컴퓨터들의 물리적인 네트워크로 구성되어 있다. 그러나 사이버공간이 물리적인 연결만으로 이루어지는 것은 아니다. 사이버공간을 구성하는 많은 관계들은 오직 소프트웨어를 통해서만 실현되는 순전히 논리적인 연결이기 때문이다. 양쪽 차원 모두에서 사이버공간의 본질은 관계적이다.

인간 공동체 역시 관계의 네트워크에 위해 결정된다. 가족끼리의 혈연적인 네트워크, 친구들 간의 사교적인 네트워크, 직장 동료들 간의 직업적인 네트워크 등과 같이 인간 공동체는 여러 관계들에 의해 중첩적으로 연결되어 있다.

사이버공간과 마찬가지로 인간의 네트워크도 물리적인 요소와 소프트웨어적 요소를 모두 가지고 있다. 예컨대 건강관리 네트워크는 병원 건물들의 물리적인 집합으로 구성되어 있지만, 동시에 환자를 추천해주는 전문가와 의사들 간의 비물질적인 네트워크에 크게 의존한다.

사이버공간을 유지하려면 네트워크 간의 믿을 만한 연결을 유지하는 것이 결정적으로 중요하다. 다시 말해, 사이버공간 전체의 힘은 다양한 접속점들 간의 연결을 얼마나 잘 유지하느냐에 달려 있다. 이것은 인간 공동체의 힘 역시 접속점 즉 개인과 개인, 다양한 집단과 집단 간의 견고한 관계 유지에 달려 있다는 점을 보여준다. 사이버공간과 마찬가지로 인간의 사회 공간도 공동체를 구성하는 네트워크의 힘과 신뢰도에 결정적으로 의존한다.

① 사이버공간의 익명성이 인간 공동체에 위협이 될 수도 있음을 지적한다.
② 유의미한 비교를 하기에는 양자 간의 차이가 너무 크다는 것을 보여준다.
③ 네트워크의 개념이 양자의 비교 근거가 될 만큼 명확하지 않다는 것을 보여준다.
④ 사이버공간과 인간 공동체 간에 있다고 주장된 유사성이 실제로는 없음을 보여준다.
⑤ 사이버공간과 인간 공동체의 공통점으로 거론된 네트워크라는 속성이 유비추리를 뒷받침할 만한 적합성을 갖추지 못했음을 보여준다.

> **Tip** 사이버공간과 인간 공동체를 비교해 보면 사이버공간 전체의 힘은 다양한 접속점들 간의 연결을 얼마나 잘 유지하느냐에 달려 있고, 인간 공동체의 힘 역시 접속점 즉 개인과 개인, 다양한 집단과 집단 간의 견고한 관계유지에 달려 있다고 본다.
> 그러므로 유사성을 부정하고 아닌 차이를 부각하는 내용이어야만 한다.

Answer ➔ 23.④ 24.①

25 다음 제시된 글의 내용과 일치하는 것을 모두 고른 것은?

유물(遺物)을 등록하기 위해서는 명칭을 붙인다. 이 때 유물의 전반적인 내용을 알 수 있도록 하는 것이 바람직하다. 따라서 명칭에는 그 유물의 재료나 물질, 제작기법, 문양, 형태가 나타난다. 예를 들어 도자기에 청자상감운학문매병(靑瓷象嵌雲鶴文梅瓶)이라는 명칭이 붙여졌다면, '청자'는 재료를, '상감'은 제작기법은, '운학문'은 문양을, '매병'은 그 형태를 각각 나타낸 것이다. 이러한 방식으로 다른 유물에 대해서도 명칭을 붙이게 된다.

유물의 수량은 점(點)으로 계산한다. 작은 화살촉도 한 점이고 커다란 철불(鐵佛)도 한 점으로 처리한다. 유물의 파편이 여럿인 경우에는 일괄(一括)이라 이름 붙여 한 점으로 계산하면 된다. 귀걸이와 같이 쌍(雙)으로 된 것은 한 쌍으로 하고, 하나인 경우에는 한 짝으로 하여 한 점으로 계산한다. 귀걸이 한 쌍은, 먼저 그 유물번호를 적고 그 뒤에 각각 (2-1), (2-2)로 적는다. 뚜껑이 있는 도자기나 토기도 한 점으로 계산하되, 번호를 매길 때는 귀걸이의 예와 같이 하면 된다.

유물을 등록할 때는 그 상태를 잘 기록해 둔다. 보존상태가 완전한 경우도 많지만, 일부가 손상된 유물도 많다. 예를 들어 유물의 어느 부분이 부서지거나 깨졌지만 그 파편이 남아 있는 상태를 파손(破損)이라고 하고, 파편이 없는 경우를 결손(缺損)이라고 표기한다. 그리고 파손된 것을 붙이거나 해서 손질했을 때 이를 수리(修理)라 하고, 결손된 부분을 모조해 원상태로 재현했을 때는 복원(復原)이라는 용어를 사용한다.

ⓐ 도자기 뚜껑의 일부가 손상되어 파편이 떨어진 유물의 경우, 뚜껑은 파편과 일괄하여 한 점이지만 도자기 몸체와는 별개이므로 전체가 두 점으로 계산된다.
ⓑ 조선시대 방패의 한 귀퉁이가 부서져나가 그 파편을 찾을 수 없다면, 수리가 아닌 복원의 대상이 된다.
ⓒ 위 자료에 근거해 볼 때, 청자화훼당초문접시(靑瓷花卉唐草文皿)는 그 명칭에 비추어 청자상감운학문매병과 동일한 재료 및 문양을 사용하였으나, 그 제작기법과 형태에 있어서 서로 다른 것으로 추정된다.
ⓓ 박물관이 소장하고 있는 한 쌍의 귀걸이 중 한 짝이 소실되는 경우에도 그 박물관 전체 유물의 수량이 줄어들지는 않을 것이다.
ⓔ 일부가 결손된 철불의 파편이 어느 지방에서 발견되어 그 철불을 소장하던 박물관에서 함께 소장하게 된 경우, 그 박물관이 소장하는 전체 유물의 수량은 늘어난다.

① ㉠

② ㉡, ㉢

③ ㉡, ㉣

④ ㉠, ㉢, ㉤

⑤ ㉡, ㉣, ㉤

 ㉠ 뚜껑과 도자기 몸체는 한 점으로 분류된다.
㉡ 파편을 찾을 수 없으면 결손이고 결손은 복원의 대상이 된다.
㉢ 재료만 동일하고 제작기법, 문양, 형태는 모두 다르다.
㉣ 한 쌍일 때도 한 점, 한 짝만 있을 때도 한 점으로 계산된다.
㉤ 파편이 발견되면 기존의 철불과 일괄로 한 점 처리된다.

26 다음 글을 읽고 추론할 수 없는 내용은?

> 우리나라의 고분, 즉 무덤은 크게 나누어 세 가지 요소로 구성되어 있다. 첫째는 목관(木棺), 옹관(甕棺)과 같이 시신을 넣어두는 용기이다. 둘째는 이들 용기를 수용하는 내부 시설로 광(壙), 곽(槨), 실(室) 등이 있다. 셋째는 매장시설을 감싸는 외부 시설로 이에는 무덤에서 지상에 성토한, 즉 흙을 쌓아 올린 부분에 해당하는 분구(墳丘)와 분구 주위를 둘러 성토된 부분을 보호하는 호석(護石) 등이 있다.
>
> 일반적으로 고고학계에서는 무덤에 대해 '묘(墓)-분(墳)-총(塚)'의 발전단계를 상정한다. 이러한 구분은 성토의 정도를 기준으로 삼은 것이다. 매장시설이 지하에 설치되고 성토하지 않은 무덤을 묘라고 한다. 묘는 또 목관묘와 같이 매장시설, 즉 용기를 가리킬 때도 사용된다. 분은 지상에 분명하게 성토한 무덤을 가리킨다. 이 중 성토를 높게 하여 뚜렷하게 구분되는 대형 분구를 가리켜 총이라고 한다.
>
> 고분 연구에서는 지금까지 설명한 매장시설 이외에도 함께 묻힌 피장자(被葬者)와 부장품이 그 대상이 된다. 부장품에는 일상품, 위세품, 신분표상품이 있다. 일상품은 일상생활에 필요한 물품들로 생산 및 생활도구 등이 이에 해당한다. 위세품은 정치, 사회적 관계를 표현하기 위해 사용된 물품이다. 당사자 사이에만 거래되어 일반인이 입수하기 어려운 물건으로 피장자가 착장(着裝)하여 위세를 드러내던 것을 착장형 위세품이라고 한다. 생산도구나 무기 및 마구 등은 일상품이기도 하지만 물자의 장악이나 군사력을 상징하는 부장품이기도 하다. 이것들은 피장자의 신분이나 지위를 상징하는 물건으로 일상품적 위세품이라고 한다. 이러한 위세품 중에 6세기 중엽 삼국의 국가체제 및 신분질서가 정비되어 관등(官等)이 체계화된 이후 사용된 물품을 신분표상품이라고 한다.

① 묘에는 분구와 호석이 발견되지 않는다.

② 묘는 무덤의 구성요소뿐 아니라 무덤 발전단계를 가리킬 때에도 사용되는 말이다.

③ 피장자의 정치, 사회적 신분 관계를 표현하기 위해 장식한 칼을 사용하였다면 이는 위세품에 해당한다.

④ 생산도구가 물자의 장악이나 군사력을 상징하는 부장품에 사용되었다면, 이는 위세품이지 일상품은 아니다.

⑤ 성토를 높게 할수록 신분이 높다면, 같은 시대 같은 지역에 묻힌 두 피장자 중 분보다는 총에 묻힌 피장자의 신분이 높다.

> (Tip) 위세품은 정치, 사회적 관계를 표현하기 위해 사용된 물품이다. 당사자 사이에만 거래되어 일반인이 입수하기 어려운 물건으로 피장자가 착장(着裝)하여 위세를 드러내던 것을 착장형 위세품이라고 한다. 생산도구나 무기 및 마구 등은 일상품이기도 하지만 물자의 장악이나 군사력을 상징하는 부장품이기도 하다. 이것들은 피장자의 신분이나 지위를 상징하는 물건으로 일상품적 위세품이라고 한다.

Answer↱ 25.③ 26.④

27 다음 A ~ F에 대한 평가로 적절하지 못한 것은?

> 　　어느 때부터 인간으로 간주할 수 있는가와 관련된 주제는 인문학뿐만 아니라 자연과학에서도 흥미로운 주제이다. 특히 태아의 인권 취득과 관련하여 이러한 주제는 다양하게 논의되고 있다. 과학적으로 볼 때, 인간은 수정 후 시간이 흐름에 따라 수정체, 접합체, 배아, 태아의 단계를 거쳐 인간의 모습을 갖추게 되는 수준으로 발전한다. 수정 후에 태아가 형성되는 데까지는 8주 정도가 소요되는데 배아는 2주 경에 형성된다. 10달의 임신 기간은 태아 형성기, 두뇌의 발달 정도 등을 고려하여 4기로 나뉘는데, 1 ~ 3기는 3개월 단위로 나뉘고 마지막 한 달은 4기에 해당한다. 이러한 발달 단계의 어느 시점에서부터 그 대상을 인간으로 간주할 것인지에 대해서는 다양한 견해들이 있다.
>
> 　　A에 따르면 태아가 산모의 뱃속으로부터 밖으로 나올 때 즉 태아의 신체가 전부 노출이 될 때부터 인간에 해당한다. B에 따르면 출산의 진통 때부터는 태아가 산모로부터 독립해 생존이 가능하기 때문에 그때부터 인간에 해당한다. C는 태아가 형성된 후 4개월 이후부터 인간으로 간주한다. 지각력이 있는 태아는 보호받아야 하는데 지각력이 있어서 필수 요소인 전뇌가 2기부터 발달하기 때문이다. D에 따르면 정자와 난자가 합쳐졌을 때, 즉 수정체부터 인간에 해당한다. 그 이유는 수정체는 생물학적으로 인간으로 태어날 가능성을 갖고 있기 때문이다. E에 따르면 합리적 사고를 가능하게 하는 뇌가 생기는 시점 즉 배아에 해당하는 때부터 인간에 해당한다. F는 수정될 때 영혼이 생기기 때문에 수정체부터 인간에 해당한다고 본다.

① A가 인간으로 간주하는 대상은 B도 인간으로 간주한다.

② C가 인간으로 간주하는 대산은 E도 인간으로 간주한다.

③ D가 인간으로 간주하는 대상은 E도 인간으로 간주한다.

④ D가 인간으로 간주하는 대상은 F도 인간으로 간주하지만, 그렇게 간주하는 이유는 다르다.

⑤ 접합체에도 영혼이 존재할 수 있다는 연구결과를 얻더라도 F의 견해는 설득력이 떨어지지 않는다.

수정	⇨	배아 (2주)	⇨	태아 (6개월)	⇨	진통	⇨	배 밖
D, F		E		C		B		A

28 다음 글에서 추론할 수 있는 내용으로 옳은 것만을 고른 것은?

예술과 도덕의 관계, 더 구체적으로는 예술작품의 미적 가치와 도덕적 가치의 관계는 동서양을 막론하고 사상사의 중요한 주제들 중 하나이다. 그 관계에 대한 입장들로는 '극단적 도덕주의', '온건적 도덕주의', '자율성주의'가 있다. 이 입장들은 예술작품이 도덕적 가치판단의 대상이 될 수 있느냐는 물음에 각기 다른 대답을 한다.

극단적 도덕주의 입장은 모든 예술작품을 도덕적 가치판단의 대상으로 본다. 이 입장은 도덕적 가치를 가장 우선적인 가치이자 가장 포괄적인 가치로 본다. 따라서 모든 예술 작품은 도덕적 가치에 의해서 긍정적으로 또는 부정적으로 평가된다. 또한 도덕적 가치는 미적 가치를 비롯한 다른 가치들보다 우선한다. 이러한 입장을 대표하는 사람이 바로 톨스토이이다. 그는 인간의 형제애에 관한 정서를 전달함으로써 인류의 심정적 통합을 이루는 것이 예술의 핵심적 가치라고 보았다.

온건적 도덕주의는 오직 일부 예술작품만이 도덕적 판단의 대상이 된다고 보는 입장이다. 따라서 일부의 예술작품들에 대해서만 긍정적인 또는 부정적인 도덕적 가치판단이 가능하다고 본다. 이 입장에 따르면, 도덕적 판단의 대상이 되는 예술작품의 도덕적 가치와 미적 가치는 서로 독립적으로 성립하는 것이 아니다. 그것들은 서로 내적으로 연결되어 있기 때문에 어떤 예술작품이 가지는 도덕적 장점이 그 예술작품의 미적 장점이 된다. 또한 어떤 예술작품의 도덕적 결함은 그 예술작품의 미적 결함이 된다.

자율성주의는 어떠한 예술작품도 도덕적 가치판단의 대상이 될 수 없다고 보는 입장이다. 이 입장에 따르면, 도덕적 가치와 미적 가치는 서로 자율성을 유지한다. 즉, 도덕적 가치와 미적 가치는 각각 독립적인 영역에서 구현되고 서로 다른 기준에 의해 평가된다는 것이다. 결국 자율성주의는 예술작품에 대한 도덕적 가치판단을 범주착오에 해당하는 것으로 본다.

㉠ 자율성주의는 극단적 도덕주의와 온건한 도덕주의가 모두 범주착오를 범하고 있다고 볼 것이다.
㉡ 극단적 도덕주의는 모든 도덕적 가치가 예술작품을 통해 구현된다고 보지만 자율성주의는 그렇지 않을 것이다.
㉢ 온건한 도덕주의에서 도덕적 판단의 대상이 되는 예술작품들은 모두 극단적 도덕주의에서도 도덕적 판단의 대상이 될 것이다.

① ㉠

② ㉡

③ ㉠, ㉢

④ ㉡, ㉢

⑤ ㉠, ㉡, ㉢

 ㉠ 자율성주의는 예술작품에 대한 도덕적 가치판단을 범주착오에 해당하는 것으로 보기 때문에 극단적 도덕주의와 온건적 도덕주의 모두를 범주착오로 본다.
㉡ 모든 도덕적 가치가 예술작품을 통해 구현된다는 말은 언급한 적이 없다.
㉢ 극단적 도덕주의는 모든 예술작품을, 온건적 도덕주의는 일부 예술작품을 도덕적 판단의 대상으로 본다.

Answer ↪ 27.③ 28.③

'실은 몰랐지만 넘겨짚어 시험의 정답을 맞힌' 경우와 '제대로 알고 시험의 정답을 맞힌' 경우를 구별할 수 있을까? 또 무작정 외워서 쓴 경우와 제대로 이해하고 쓴 경우는 어떤가? 전자와 후자는 서로 다르게 평가받아야 할까, 아니면 동등한 평가를 받는 것이 마땅한가?

선택형 시험의 평가는 오로지 답안지에 표기된 선택지가 정답과 일치하는가의 여부에만 달려 있다. 이는 위의 첫 번째 물음이 항상 긍정으로 대답되지는 않으리라는 사실을 말해준다. 그러나 만일 시험관이 답안지를 놓고 응시자와 면담할 기회가 주어진다면, 시험관은 응시자에게 그가 정답지를 선택한 근거를 물음으로써 그가 과연 문제에 관해 올바른 정보와 추론 능력을 가지고 있었는지 검사할 수 있을 것이다.

예를 들어 한 응시자가 '대한민국의 수도가 어디냐?'는 물음에 대해 '서울'이라고 답했다고 하자. 그렇게 답한 이유가 단지 '부모님이 사시는 도시라 이름이 익숙해서'였을 뿐, 정작 대한민국의 지리나 행정에 관해서는 아는 바 없다는 사실이 면접을 통해 드러났다고 하자. 이 경우에 시험관은 이 응시자가 대한민국의 수도에 관한 올바른 정보를 갖고 있다고 인정하기 어려울 것이다. 이 예는 응시자가 올바른 답을 제시하는데 필요한 정보가 부족한 경우이다.

그렇다면, 어떤 사람이 문제의 올바른 답을 추론해내는 데 필요한 모든 정보를 갖고 있었고 실제로도 정답을 제시했다는 것이, 그가 문제에 대한 올바른 추론 능력을 가지고 있다고 할 필요충분조건이라고 할 수 있는가?

어느 도난사건을 함께 조사한 홈즈와 왓슨이 사건의 모든 구체적인 세부사항, 예컨대 범행 현장에서 발견된 흙발자국의 토양 성분 등에 관한 정보뿐 아니라 올바른 결론을 내리는 데 필요한 모든 일반적 정보, 예컨대 영국의 지역별 토양의 성분에 관한 정보 등을 똑같이 갖고 있었고, 실제로 동일한 용의자를 범인으로 지목했다고 하자. 이 경우 두 사람의 추론을 동등하게 평가해야 하는가? 그렇지 않다. 예컨대 왓슨은 모든 정보를 완비하고 있었음에도 불구하고, 이름에 모음의 수가 가장 적다는 엉터리 이유로 범인을 지목했다고 하자. 이런 경우에도 우리는 왓슨의 추론에 박수를 보낼 수 있을까? 아니다. 왜냐하면 _____

① 왓슨은 일반적으로 타당한 개인적 경험을 토대로 추론했기 때문이다.
② 왓슨은 올바른 추론의 방법을 알고 있었음에도 불구하고 요행을 우선시했기 때문이다.
③ 왓슨은 추론에 필요한 전문적인 훈련을 받지 못해서 범인을 잘못 골랐기 때문이다.
④ 왓슨은 올바른 추론에 필요한 정보를 가지고 있긴 했지만 그 정보와 무관하게 범인을 지목했기 때문이다.
⑤ 왓슨은 올바른 추론에 필요한 논리적 능력은 갖추고 있음에도 불구하고 범인을 추론하는 데 필요한 관련 정보가 부족했기 때문이다.

Tip 왓슨의 추론은 필요한 모든 정보가 있음에도 이와 무관하게 엉터리 이유로 범인을 지목했기 때문에 박수를 받을 수 없다. 그러므로 "올바른 추론에 필요한 정보를 가지고 있긴 했지만 그 정보와 무관하게 범인을 지목했기 때문이다."가 빈칸에 들어가야 한다.

30 다음에 설명된 '자연적'의 의미를 바르게 적용한 것은?

> 미덕은 자연적인 것이고 악덕은 자연적이지 않은 것이라는 주장보다 더 비철학적인 것은 없다. 자연이라는 단어가 다의적이기 때문이다. '자연적'이라는 말의 첫 번째 의미는 '기적적'인 것의 반대로서, 이런 의미에서는 미덕과 악덕 둘 다 자연적이다. 자연법칙에 위배되는 현상인 기적을 제외한 세상의 모든 사건이 자연적이다. 둘째로, '자연적'인 것은 '흔하고 일상적'인 것을 의미하기도 한다. 이런 의미에서 미덕은 아마도 가장 '비자연적'일 것이다. 적어도 흔하지 않다는 의미에서의 영웅적인 덕행은 짐승 같은 야만성만큼이나 자연적이지 못할 것이다. 세 번째 의미로서, '자연적'은 '인위적'에 반대된다. 행위라는 것 자체가 특정 계획과 의도를 지니고 수행되는 것이라는 점에서, 미덕과 악덕은 둘 다 인위적인 것이라 할 수 있다. 그러므로 '자연적이다', '비자연적이다'라는 잣대로 미덕과 악덕의 경계를 그을 수 없다.

① 수재민을 돕는 것은 첫 번째와 세 번째 의미에서 자연적이다.

② 논개의 살신성인적 행위는 두 번째와 세 번째 의미에서 자연적이지 않다.

③ 내가 산 로또 복권이 당첨되는 일은 첫 번째와 두 번째 의미에서 자연적이지 않다.

④ 벼락을 두 번이나 맞고도 살아남은 사건은 첫 번째와 두 번째 의미에서 자연적이다.

⑤ 개가 낯선 사람을 보고 짖는 것은 두 번째 의미에서는 자연적이지 않지만, 세 번째 의미에서는 자연적이다.

 첫 번째 의미 – 기적적인 것의 반대
두 번째 의미 – 흔하고 일상적인 것
세 번째 의미 – 인위적의 반대
① 기적적인 것의 반대는 맞으나 인위적인 것의 반대는 아니다.
② 흔하고 일상적인 것이 아니고, 인위적인 행위에 해당한다.
③ 기적적인 것의 반대이므로 맞으나 흔하고 일상적인 것은 아니다.
④ 기적적인 것의 반대이므로 맞으나 흔하고 일상적인 것은 아니다.
⑤ 흔하고 일상적인 것이며, 인위적인 것의 반대가 맞다.

31 다음 글을 통해 추론할 수 있는 내용으로 가장 적절한 것은?

> 카발리는 윌슨이 모계 유전자인 mtDNA 연구를 통해 발표한 인류 진화 가설을 설득력 있게 확인시켜 줄 수 있는 실험을 제안했다. 만약 mtDNA와는 서로 다른 독립적인 유전자 가계도를 통해서도 같은 결론에 도달할 수 있다면 윌슨의 인류 진화에 대한 가설을 강화할 수 있다는 것이다.
>
> 이에 언더힐은 Y염색체를 인류 진화 연구에 이용하였다. 그가 Y염색체를 연구에 이용한 이유가 있다. 그것은 Y염색체가 하나씩 존재하는 특성이 있어 재조합을 일으키지 않고, 그 점은 연구 진행을 수월하게 하기 때문이다. 그는 Y염색체를 사용한 부계 연구를 통해 윌슨이 밝힌 연구결과와 매우 유사한 결과를 도출했다. 언더힐의 가계도도 윌슨의 가계도와 마찬가지로 아프리카 지역의 인류 원조 조상에 뿌리를 두고 갈라져 나오는 수형도였다. 또 그 수형도는 인류학자들이 상상한 장엄한 떡갈나무가 아니라 윌슨이 분석해 놓은 약 15만 년밖에 안 된 키 작은 나무와 매우 유사하였다.
>
> 별개의 독립적인 연구로 얻은 두 자료가 인류의 과거를 똑같은 모습으로 그려낸다면 그것은 대단한 설득력을 지닌다. mtDNA와 같은 하나의 영역만이 연구된 상태에서는 그 결과가 시사적이기는 해도 결정적이지는 않다. 그 결과의 양상은 단지 DNA의 특정 영역에 일어난 특수한 역사만을 반영하는 것일 수도 있기 때문이다. 하지만 언더힐을 Y염색체에서 유사한 양상을 발견함으로써 그 불완전성은 크게 줄어들었다. 15만 년 전에 아마도 전염병이나 기후 변화로 인해 유전자 다양성이 급격하게 줄어드는 현상이 일어났을 것이다.

① 윌슨의 mtDNA 연구결과는 인류 진화 가설에 대한 결정적인 증거였다.

② 부계 유전자 연구와 모계 유전자 연구를 통해 얻은 각각의 인류 진화 수형도는 매우 비슷하다.

③ 윌슨과 언더힐의 연구결과는 현대 인류 조상의 기원에 대한 인류학자들의 견해를 뒷받침한다.

④ 언더힐은 우리가 갖고 있는 Y염색체 연구를 통해 인류가 아프리카에서 유래했다는 것을 부정했다.

⑤ 언더힐이 Y염색체를 인류 진화 연구에 이용한 것은 염색체 재조합으로 인해 연구가 쉬워졌기 때문이다.

> *Tip*
> ① mtDNA와 같은 하나의 영역만이 연구된 상태에서는 그 결과가 시사적이기는 해도 결정적이지는 않다.
> ③ 그 수형도는 인류학자들이 상상한 장엄한 떡갈나무가 아니라 윌슨이 분석해 놓은 약 15만 년밖에 안 된 키 작은 나무와 매우 유사하였다.
> ④ 언더힐의 가계도도 윌슨의 가계도와 마찬가지로 아프리카 지역의 인류 원조 조상에 뿌리를 두고 갈라져 나오는 수형도였다.
> ⑤ Y염색체가 하나씩 존재하는 특성이 있어 재조합을 일으키지 않고, 그 점은 연구 진행을 수월하게 하기 때문이다.

32 다음 글의 내용과 부합하는 것은?

> '청렴(淸廉)'은 현대 사회에서 좁게는 반부패와 동의어로 사용되며 넓게는 투명성과 책임성 등을 포괄하는 통합적 개념으로 사용되고 있다. 유학자들은 청렴을 효제와 같은 인륜의 덕목보다는 하위에 두었지만 군자라면 마땅히 지켜야 할 일상의 덕목으로 중시하였다. 조선의 대표적 유학자였던 이황과 이이는 청렴을 사회 규율이자 개인 처세의 지침으로 강조하였다. 특히 공적 업무에 종사하는 사람이라면 사회 규율로서의 청렴이 개인의 처세와 직결된다는 점에 유념해야 한다고 보았다.
>
> 청렴에 대한 논의는 정약용의 「목민심서」에서 본격적으로 나타난다. 정약용은 청렴이야말로 목민관이 지켜야 할 근본적인 덕목이며 목민관의 직무는 청렴이 없이는 불가능하다고 강조하였다. 정약용은 청렴을 당위의 차원에서 주장하는 기존의 학자들과 달리 행위자 자신에게 실질적 이익이 된다는 점을 들어 설득하고자 한다. 그는 청렴은 큰 이득이 남는 장사라고 말하면서, 지혜롭고 욕심이 큰 사람은 청렴을 택하지만 지혜가 짧고 욕심이 작은 사람은 탐욕을 택한다고 설명한다. 정약용은 "지자(知者)는 인(仁)을 이롭게 여긴다."라는 공자의 말을 빌려 "지혜로운 자는 청렴함을 이롭게 여긴다."라고 하였다. 비록 재물을 얻는 데 뜻이 있더라도 청렴함을 택하는 것이 결과적으로는 지혜로운 선택이라고 정약용은 말한다. 목민관의 작은 탐욕은 단기적으로 보면 눈앞의 재물을 취하여 이익을 얻을 수 있겠지만 궁극에는 개인의 몰락과 가문의 불명예를 가져올 수 있기 때문이다. 정약용은 청렴을 지키는 것은 두 가지 효과가 있다고 보았다. 첫째, 청렴은 다른 사람에게 긍정적 효과를 미친다. 목민관이 청렴할 경우 백성을 비롯한 공동체 구성원에게 좋은 혜택이 돌아갈 것이다. 둘째, 청렴한 행위를 하는 것은 목민관 자신에게도 좋은 결과를 가져다준다. 청렴은 그 자신의 덕을 높이는 것일 뿐 아니라 자신의 가문에 빛나는 명성과 영광을 가져다줄 것이다.

① 정약용은 청렴이 목민관이 반드시 지켜야 할 덕목임을 당위론 차원에서 정당화하였다.

② 정약용은 탐욕을 택하는 것보다 청렴을 택하는 것이 이롭다는 공자의 뜻을 계승하였다.

③ 정약용은 청렴한 사람은 욕심이 작기 때문에 재물에 대한 탐욕에 빠지지 않는다고 보았다.

④ 정약용은 청렴이 백성에게 이로움을 줄 뿐 아니라 목민관 자신에게도 이로운 행위라고 보았다.

⑤ 이황과 이이는 청렴을 개인의 처세에 있어 주요 지침으로 여겼으나 사회 규율로는 보지 않았다.

 ① 정약용은 청렴을 당위의 차원에서 주장하는 기존의 학자들과 달리 행위자 자신에게 실질적 이익이 된다는 점을 들어 설득하고자 하였다.
② 정약용은 "지자(知者)는 인(仁)을 이롭게 여긴다."라는 공자의 말을 빌려 "지혜로운 자는 청렴함을 이롭게 여긴다."라고 하였다.
③ 청렴은 큰 이득이 남는 장사라고 말하면서, 지혜롭고 욕심이 큰 사람은 청렴을 택하지만 지혜가 짧고 욕심이 작은 사람은 탐욕을 택한다고 설명한다.
⑤ 이황과 이이는 청렴을 사회 규율이자 개인 처세의 지침으로 강조하였다.

Answer ↪ 31.② 32.④

33 다음 글을 통해 추론할 수 있는 것은?

> '핸드오버'란 이동단말기가 이동함에 따라 기존 기지국에서 이탈하여 새로운 기지국으로 넘어갈 때 통화가 끊기지 않도록 통화 신호를 새로운 기지국으로 넘겨주는 것을 말한다. 이런 핸드오버는 이동단말기, 기지국, 이동전화교환국 사이의 유무선 연결을 바탕으로 실행된다. 이동단말기가 기지국에 가까워지면 그 둘 사이의 신호가 점점 강해지는데 반해, 이동단말기와 기지국이 멀어지면 그 둘 사이의 신호는 점점 약해진다. 이 신호의 세기가 특정값 이하로 떨어지게 되면 핸드오버가 명령되어 이동단말기와 새로운 기지국 간의 통화 채널이 형성된다. 이 과정에서 이동전화교환국과 기지국 간 연결에 문제가 발생하면 핸드오버가 실패하게 된다.
>
> 핸드오버는 이동단말기와 기지국 간 통화 채널 형성 순서에 따라 '형성 전 단절 방식'과 '단절 전 형성 방식'으로 구분될 수 있다. FDMA와 TDMA에서는 형성 전 단절 방식을, CDMA에서는 단절 전 형성 방식을 사용한다. 형성 전 단절 방식은 이동단말기와 새로운 기지국 간의 통화 채널이 형성되기 전에 기존 기지국과의 통화 채널을 단절하는 것을 말한다. 이와 반대로 단절 전 형성 방식은 이동단말기와 기존 기지국 간의 통화 채널이 단절되기 전에 새로운 기지국과의 통화 채널을 형성하는 방식이다. 이런 핸드오버 방식의 차이는 각 기지국이 사용하는 주파수 간 차이에서 비롯된다. 만약 각 기지국이 다른 주파수를 사용하고 있다면, 이동단말기는 기존 기지국과의 통화 채널을 미리 단절한 뒤 새로운 기지국에 맞는 주파수를 할당 받은 후 통화 채널을 형성해야 한다. 그러나 각 기지국이 같은 주파수를 사용하고 있다면, 그런 주파수 조정이 필요 없으며 새로운 통화 채널을 형성하고 나서 기존 통화 채널을 단절할 수 있다.

① 단절 전 형성 방식의 각 기지국은 서로 다른 주파수를 사용한다.

② 형성 전 단절 방식은 단절 전 형성 방식보다 더 빨리 핸드오버를 명령할 수 있다.

③ 이동단말기와 기존 기지국 간의 통화 채널이 단절되면 핸드오버가 성공한다.

④ CDMA에서는 하나의 이동단말기가 두 기지국과 동시에 통화 채널을 형성할 수 있지만 FDMA에서는 그렇지 않다.

⑤ 이동단말기 A와 기지국 간 신호 세기가 이동단말기 B와 기지국 간 신호 세기보다 더 작다면 이동단말기 A에서는 핸드오버가 명령되지만 이동단말기 B에서는 핸드오버가 명령되지 않는다.

> **Tip** ① 단절 전 형성 방식은 이동단말기와 기존 기지국 간의 통화 채널이 단절되기 전에 새로운 기지국과의 통화 채널을 형성하는 방식이다.
> 각 기지국이 같은 주파수를 사용하고 있다면, 그런 주파수 조정이 필요 없으며 새로운 통화 채널을 형성하고 나서 기존 통화 채널을 단절할 수 있다.
> ② 신호의 세기가 특정값 이하로 떨어지게 되면 핸드오버가 명령되어 이동단말기와 새로운 기지국 간의 통화 채널이 형성된다. 형성 전 단절 방식과 단절 전 형성 방식의 차이와는 상관 없다.
> ③ 새로운 기지국 간의 통화 채널이 형성되어야 함도 포함되어야 한다.
> ⑤ 핸드오버는 신호 세기가 특정값 이하로 떨어질 때 발생하는 것이지 이동단말기와 기지국 간 상대적 신호 세기와는 관계가 없다.

34 다음 글의 내용과 부합하지 않는 것은?

> 디지털 연산은 회로의 동작으로 표현되는 논리적 연산에 의해 진행되며 아날로그 연산은 소자의 물리적 특성에 의해 진행된다. 하지만 디지털 연산의 정밀도는 정보의 연산 과정에서 최종적으로 정보를 출력할 때 필요한 것보다 항상 같거나 높게 유지해야 하므로 동일한 양의 연산을 처리해야 하는 경우라면 디지털 방식이 아날로그 방식에 비해 훨씬 더 많은 소자를 필요로 한다. 아날로그 연산에서는 회로를 구성하는 소자 자체가 연산자이므로 온도 변화에 따르는 소자 특성의 변화, 소자 간의 특성 균질성, 전원 잡음 등의 외적 요인들에 의해 연산 결과가 크게 달라질 수 있다. 그러나 디지털 연산에서는 회로의 동작이 0과 1을 구별할 정도의 정밀도만 유지하면 되므로 회로를 구성하는 소자 자체의 특성 변화에 거의 영향을 받지 않는다. 또한 상대적으로 쉽게 변경 가능하고 프로그램하기 편리한 점도 있다.
>
> 사람의 눈이나 귀 같은 감각기관은 아날로그 연산에 바탕을 둔 정보 처리 조직을 가지고 있지만 이로부터 발생되는 정보는 디지털 정보이다. 감각기관에 분포하는 수용기는 특별한 목적을 가지는 아날로그-디지털 변환기로 볼 수 있는데, 이것은 전달되는 입력의 특정 패턴을 감지하여, 디지털 신호와 유사한 부호를 발생시킨다. 이 신호는 다음 단계의 신경세포에 입력되고, 이 과정이 거미줄처럼 연결된 무수히 많은 신경세포의 연결 구조 속에서 반복되면서 뇌의 다양한 인지 활동을 형성한다. 사람의 감각기관에서 일어나는 아날로그 연산은 감각되는 많은 양의 정보 중에서 필요한 정보만을 걸러 주는 역할을 한다. 그렇기 때문에 실제 신경세포를 통해 뇌에 전달되는 것은 지각에 꼭 필요한 내용만이 축약된 디지털 정보이다. 사람의 감각은 감각기관의 노화 등으로 인한 생체 조직 구조의 변화에 따라 둔화될 수 있다. 그럼에도 불구하고 노화된 사람의 감각기관은 여전히 아날로그 연산이 가지는 높은 에너지 효율을 얻을 수 있다.

① 사람의 신경세포는 디지털화된 정보를 뇌로 전달한다.
② 디지털 연산은 소자의 물리적 특성을 연산자로 활용한다.
③ 사람이 감각기관은 아날로그 연산을 기초로 정보를 처리한다.
④ 디지털 연산은 소자 자체의 특성 변화에 크게 영향을 받지 않는다.
⑤ 사람의 감각기관이 감지하는 것은 외부에서 전달되는 입력 정보의 패턴이다.

Tip 아날로그 연산은 소자의 물리적 특성에 의해 진행된다.

35 다음 글을 통해 알 수 있는 것은?

> 고전주의적 관점에서는 보편적 규칙에 따라 고전적 이상에 일치시켜 대상을 재현한 작품에 높은 가치를 부여한다. 반면 낭만주의적 관점에서는 예술가 자신의 감정이나 가치관, 문제의식 등을 자유로운 방식으로 표현한 것에 가치를 부여한다.
>
> 그렇다면 예술작품을 감상할 때에는 어떠한 관점을 취해야 할까? 예술작품을 감상한다는 것은 예술가를 화자로 보고, 감상자를 청자로 설정하는 의사소통 형식으로 가정할 수 있다. 고전주의적 관점에서는 재현 내용과 형식이 정해지기 때문에 화자인 예술가가 중심이 된 의사소통 행위가 아니라 청자가 중심이 된 의사소통 행위라 할 수 있다. 즉, 예술작품 감상에 있어서 청자인 감상자는 보편적 규칙과 경험적 재현 방식을 통해 쉽게 예술작품을 수용하고 이해할 수 있게 된다. 그런데 의사소통 상황에서 청자가 중요시되지 않는 경우도 흔히 발견된다. 가령 스포츠 경기를 볼 때 주변 사람과 관련 없이 자기 혼자서 탄식하고 환호하기도 한다. 또한 독백과 같이 특정한 청자를 설정하지 않는 발화 행위도 존재한다. 낭만주의적 관점에서 예술작품을 이해하고 감상하는 것도 이와 유사하다. 낭만주의적 관점에서는, 예술작품을 예술가가 감상자를 고려하지 않은 채 자신의 생각이나 느낌을 자유롭게 표현한 것으로 보아야만 작품의 본질을 오히려 잘 포착할 수 있다고 본다.
>
> 낭만주의적 관점에서 올바른 작품 감상을 위해서는 예술가의 창작의도나 창작관에 대한 이해가 필요하다. 비록 관람과 감상을 전제하고 만들어진 작품이라 하더라도 그 가치는 작품이 보여주는 색채나 구도 등에 대한 감상자의 경험을 통해서만 파악되는 것이 아니다. 현대 추상회화 창시자의 한 명으로 손꼽히는 몬드리안의 예술작품을 보자. 구상적 형상 없이 선과 색으로 구성된 몬드리안의 작품들은, 그가 자신의 예술을 발전시켜 나가는 데 있어서 관심을 쏟았던 것이 무엇인지를 알지 못하면 이해하기 어렵다.

① 고전주의적 관점과 낭만주의적 관점의 공통점은 예술작품의 재현 방식이다.

② 고전주의적 관점에서 볼 때, 예술작품을 감상하는 것은 독백을 듣는 것과 유사하다.

③ 낭만주의적 관점에서 볼 때, 예술작품 창작의 목적은 감상자 위주의 의사소통에 있다.

④ 낭만주의적 관점에서 볼 때, 예술작품의 창작의도에 대한 충분한 소통은 작품 이해를 위해 중요하다.

⑤ 고전주의적 관점에 따르면 예술작품의 본질은 예술가 자신의 생각이나 느낌을 창의적으로 표현하는 데 있다.

 ① 고전주의적 관점에서는 보편적 규칙에 따라 고전적 이상에 일치시켜 대상을 재현한 작품에 높은 가치를 부여한다. 반면 낭만주의적 관점에서는 예술가 자신의 감정이나 가치관, 문제의식 등을 자유로운 방식으로 표현한 것에 가치를 부여한다.

② 독백과 같이 특정한 청자를 설정하지 않는 발화 행위도 존재한다. 낭만주의적 관점에서 예술작품을 이해하고 감상하는 것도 이와 유사하다.

③ 고전주의적 관점에서는 재현 내용과 형식이 정해지기 때문에 화자인 예술가가 중심이 된 의사소통 행위가 아니라 청자가 중심이 된 의사소통 행위라 할 수 있다.

⑤ 낭만주의적 관점에서는, 예술작품을 예술가가 감상자를 고려하지 않은 채 자신의 생각이나 느낌을 자유롭게 표현한 것으로 보아야만 작품의 본질을 오히려 잘 포착할 수 있다고 본다.

36 다음 서식을 보고 빈 칸에 들어갈 알맞은 단어를 고른 것은?

납품(장착) 확인서

1. 제　품　명 : 슈퍼터빈(연료과급기)
2. 회　사　명 : 서원각
3. 사업자등록번호 : 123-45-67890
4. 주　　　소 : 경기도 고양시 일산서구 가좌동 846
5. 대　표　자 : 정 확 한
6. 공 급 받 는 자 : (주) 소정 코리아
7. 납품(계약)단가 : 일금 이십육만원정(₩ 260,000)
8. 납품(계약)금액 : 일금 이백육십만원정(₩ 2,600,000)
9. 장착차량 현황

차종	연식	차량번호	사용연료	규격(size)	수량	비고
스타렉스			경유	72mm	4	
카니발			경유		2	
투싼			경유	56mm	2	
야무진			경유		1	
이스타나			경유		1	
합계					10	₩2,600,000

　귀사 제품 슈퍼터빈을 테스트한 결과 연료절감 및 매연저감에 효과가 있으므로 당사 차량에 대해 (　　) 장착하였음을 확인합니다.

납　품　처 : (주)소정 코리아
사업자등록번호 : 987-65-43210
상　　　호 : (주)소정 코리아
주　　　소 : 서울시 강서구 가양동 357-9
대　표　자 : 장 착 해

① 일절　　　　　　　　　② 일체
③ 전혀　　　　　　　　　④ 반품
⑤ 환불

(Tip) '일절'과 '일체'는 구별해서 써야 할 말이다. '일절'은 부인하거나 금지할 때 쓰는 말이고, '일체'는 전부를 나타내는 말이다.

Answer ┌→ 35.④ 36.②

37 다음 글을 읽고 이 글을 뒷받침할 수 있는 주장으로 가장 적합한 것은?

> X선 사진을 통해 폐질환 진단법을 배우고 있는 의과대학 학생을 생각해 보자. 그는 암실에서 환자의 가슴을 찍은 X선 사진을 보면서, 이 사진의 특징을 설명하는 방사선 전문의의 강의를 듣고 있다. 그 학생은 가슴을 찍은 X선 사진에서 늑골뿐만 아니라 그 밑에 있는 폐, 늑골의 음영, 그리고 그것들 사이에 있는 아주 작은 반점들을 볼 수 있다. 하지만 처음부터 그럴 수 있었던 것은 아니다. 첫 강의에서는 X선 사진에 대한 전문의의 설명을 전혀 이해하지 못했다. 그가 가리키는 부분이 무엇인지, 희미한 반점이 과연 특정질환의 흔적인지 전혀 알 수가 없었다. 전문의가 상상력을 동원해 어떤 가상적 이야기를 꾸며내는 것처럼 느껴졌을 뿐이다. 그러나 몇 주 동안 이론을 배우고 실습을 하면서 지금은 생각이 달라졌다. 그는 문제의 X선 사진에서 이제는 늑골 뿐 아니라 폐와 관련된 생리적인 변화, 흉터나 만성 질환의 병리학적 변화, 급성질환의 증세와 같은 다양한 현상들까지도 자세하게 경험하고 알 수 있게 될 것이다. 그는 전문가로서 새로운 세계에 들어선 것이고, 그 사진의 명확한 의미를 지금은 대부분 해석할 수 있게 되었다. 이론과 실습을 통해 새로운 세계를 볼 수 있게 된 것이다.

① 관찰은 배경지식에 의존한다.
② 과학에서의 관찰은 오류가 있을 수 있다.
③ 과학 장비의 도움으로 관찰 가능한 영역은 확대된다.
④ 관찰정보는 기본적으로 시각에 맺혀지는 상에 의해 결정된다.
⑤ X선 사진의 판독은 과학데이터 해석의 일반적인 원리를 따른다.

(Tip) 배경지식이 전혀 없던 상태에서는 X선 사진을 관찰하여도 아무 것도 찾을 수 없었으나 이론과 실습 등을 통하여 배경지식을 갖추고 난 후에는 X선 사진을 관찰하여 생리적 변화, 만성질환의 병리적 변화, 급성질환의 증세 등의 현상을 알게 되었다는 것을 보면 관찰은 배경지식에 의존한다고 할 수 있다.

38 다음 글의 내용과 가장 부합하는 진술은?

여행을 뜻하는 서구어의 옛 뜻에 고역이란 뜻이 들어 있다는 사실이 시사하듯이 여행은 금리생활자들의 관광처럼 속 편한 것만은 아니다. 그럼에도 불구하고 고생스러운 여행이 보편적인 심성에 호소하는 것은 일상의 권태로부터의 탈출과 해방의 이미지를 대동하고 있기 때문일 것이다. 술 익는 강마을의 저녁노을은 '고약한 생존의 치욕에 대한 변명'이기도 하지만 한편으로는 그 치욕으로부터의 자발적 잠정적 탈출의 계기가 되기도 한다. 그리고 그것은 결코 가볍고 소소한 일이 아니다. 직업적 나그네와는 달리 보통 사람들은 일상생활에 참여하고 잔류하면서 해방의 순간을 간접 경험하는 것이다. 인간의 여행은 술 익는 강마을의 저녁노을을 생존의 치욕을 견디게 할 수 있는 매혹으로 만들어 주기도 하는 것이다.

① 여행은 고생으로부터의 해방이다.
② 금리생활자들이 여행을 하는 것은 고약한 생존의 치욕에 대한 변명을 위해서이다.
③ 윗글에서 '보편적인 심성'이라는 말은 문맥으로 보아 여행은 고생스럽다는 생각을 가리키는 것이다.
④ 사람들은 여행에서 일시적인 해방을 맛본다.
⑤ 여행은 금리생활자들의 관광처럼 편안하고 고된 일상으로부터의 탈출과 해방을 안겨준다.

(Tip) 여행을 일상의 권태로부터의 탈출과 해방의 이미지, 생존의 치욕을 견디게 할 수 있는 매혹과 자발적 잠정적 탈출이라고 하고 있다.

Answer → 37.① 38.④

39 다음 글을 읽고 알 수 있는 내용으로 가장 적절한 것은?

> 어떤 시점에 당신만이 느끼는 어떤 감각을 지시하여 'W'라는 용어의 의미로 삼는다고 하자. 그 이후에 가끔 그 감각을 느끼게 되면, "W라고 불리는 그 감각이 나타났다."고 당신은 말할 것이다. 그렇지만 그 경우에 당신이 그 용어를 올바로 사용했는지 그렇지 않은지를 어떻게 결정할 수 있는가? 만에 하나 첫 번째 감각을 잘못 기억할 수도 있을 것이고, 혹은 실제로는 단지 희미하고 어렴풋한 유사성밖에 없는데도 첫 번째 감각과 두 번째 감각 사이에 밀접한 유사성이 있는 것으로 착각할 수도 있다. 더구나 그것이 착각인지 아닌지를 판단할 근거가 없다. 만약 "W"라는 용어의 의미가 당신만이 느끼는 그 감각에만 해당한다면, "W"라는 용어의 올바른 사용과 잘못된 사용을 구분할 방법은 어디에도 없게 될 것이다. 올바른 적용에 관해 결론을 내릴 수 없는 용어는 아무런 의미도 갖지 않는다.

① 본인만이 느끼는 감각을 지시하는 용어는 아무 의미도 없다.
② 어떤 용어도 구체적 사례를 통해서 의미를 얻게 될 수 없다.
③ 감각을 지시하는 용어는 사용하는 사람에 따라 상대적인 의미를 갖는다.
④ 감각을 지시하는 용어의 의미는 그것이 무엇을 지시하는가와 아무 상관이 없다.
⑤ 감각을 지시하는 용어의 의미는 다른 사람들과 공유하는 의미로 확장될 수 있다.

> (Tip) '만약 "W"라는 용어의 의미가 당신만이 느끼는 그 감각에만 해당한다면, "W"라는 용어의 올바른 사용과 잘못된 사용을 구분할 방법은 어디에도 없게 될 것이다. 올바른 적용에 관해 결론을 내릴 수 없는 용어는 아무런 의미도 갖지 않는다.'를 통해 알 수 있다.

40 다음 글의 내용과 일치하지 않는 것은?

> 경제가 회복되고 있다고는 하지만 현재 우리 사회는 고용창출 없는 경제회복을 경험하고 있다. 지리적으로 경제 중심인 수도권에서 멀수록, 또 산업적으로 성장산업에서 멀수록 기업의 수익구조는 물론 관련기업의 근로자 소득도 격차가 급격히 벌어지고 있다. 이와 같이 고용창출 없는 성장, 직업역량 소외집단의 증가, 빈부격차의 심화, 인구 · 가족구조의 변화 등에 대해 종합적이고 창의적인 대응 방안의 하나로 나온 것이 행복한 두루 잔치와 같은 사회적 기업이다. 사회적 기업은 한편으로는 일자리를 필요로 하는 실직계층에 근로기회를 제공하고, 사회서비스를 필요로 하는 취약계층에 필수적인 사회서비스를 공급한다는 점에서 복합적인 효과를 기대할 수 있는 제도인 것이다.
>
> – 〈중략〉 –
>
> 행복한 두루 잔치의 경우에도 현재는 나름대로 수익을 가지고 성장해 가고 있다. 하지만 현재 이러한 수익구조를 유지해 주는 가장 큰 힘은 정부가 보전하는 임금 때문이라는 것이 운영자의 얘기였다. 만일 정부의 임금보조가 끊긴다면 음식 값을 올릴 수밖에 없을 것이고, 그 상황에서 사업이 지속가능한지는 자신할 수 없다는 것이다. 결국 사회적 기업의 창업과 지속에는 일정 부분 정부의 역할이 중요한 자리를 차지할 수밖에 없는 것이 현재 상황이다.

① 행복한 두루 잔치는 음식서비스 관련 업체이다.
② 유급 근로자를 고용하여 영업활동을 수행하지 않는다.
③ 취약계층에게 일자리를 제공하고 관련 서비스나 상품을 생산한다.
④ 정부로부터 인증 받은 기업은 각종 지원 혜택을 받을 수 있다.
⑤ 사회서비스를 필요로 하는 취약계층에게 필수적인 사회서비스를 공급한다.

Tip 사회적 기업은 유급 근로자를 고용하여 영업활동을 수행할 수 있다.

02 수리능력

1 직장생활과 수리능력

(1) 기초직업능력으로서의 수리능력

① 개념 … 직장생활에서 요구되는 사칙연산과 기초적인 통계를 이해하고 도표의 의미를 파악하거나 도표를 이용해서 결과를 효과적으로 제시하는 능력을 말한다.

② 수리능력은 크게 기초연산능력, 기초통계능력, 도표분석능력, 도표작성능력으로 구성된다.

　㉠ **기초연산능력** : 직장생활에서 필요한 기초적인 사칙연산과 계산방법을 이해하고 활용할 수 있는 능력

　㉡ **기초통계능력** : 평균, 합계, 빈도 등 직장생활에서 자주 사용되는 기초적인 통계기법을 활용하여 자료의 특성과 경향성을 파악하는 능력

　㉢ **도표분석능력** : 그래프, 그림 등 도표의 의미를 파악하고 필요한 정보를 해석하는 능력

　㉣ **도표작성능력** : 도표를 이용하여 결과를 효과적으로 제시하는 능력

(2) 업무수행에서 수리능력이 활용되는 경우

① 업무상 계산을 수행하고 결과를 정리하는 경우

② 업무비용을 측정하는 경우

③ 고객과 소비자의 정보를 조사하고 결과를 종합하는 경우

④ 조직의 예산안을 작성하는 경우

⑤ 업무수행 경비를 제시해야 하는 경우

⑥ 다른 상품과 가격비교를 하는 경우

⑦ 연간 상품 판매실적을 제시하는 경우

⑧ 업무비용을 다른 조직과 비교해야 하는 경우

⑨ 상품판매를 위한 지역조사를 실시해야 하는 경우

⑩ 업무수행과정에서 도표로 주어진 자료를 해석하는 경우

⑪ 도표로 제시된 업무비용을 측정하는 경우

예제 1

다음 자료를 보고 주어진 상황에 대한 물음에 답하시오.

〈근로소득에 대한 간이 세액표〉

월 급여액(천 원) [비과세 및 학자금 제외]		공제대상 가족 수				
이상	미만	1	2	3	4	5
2,500	2,520	38,960	29,280	16,940	13,570	10,190
2,520	2,540	40,670	29,960	17,360	13,990	10,610
2,540	2,560	42,380	30,640	17,790	14,410	11,040
2,560	2,580	44,090	31,330	18,210	14,840	11,460
2,580	2,600	45,800	32,680	18,640	15,260	11,890
2,600	2,620	47,520	34,390	19,240	15,680	12,310
2,620	2,640	49,230	36,100	19,900	16,110	12,730
2,640	2,660	50,940	37,810	20,560	16,530	13,160
2,660	2,680	52,650	39,530	21,220	16,960	13,580
2,680	2,700	54,360	41,240	21,880	17,380	14,010
2,700	2,720	56,070	42,950	22,540	17,800	14,430
2,720	2,740	57,780	44,660	23,200	18,230	14,850
2,740	2,760	59,500	46,370	23,860	18,650	15,280

※ 갑근세는 제시되어 있는 간이 세액표에 따름
※ 주민세＝갑근세의 10%
※ 국민연금＝급여액의 4.50%
※ 고용보험＝국민연금의 10%
※ 건강보험＝급여액의 2.90%
※ 교육지원금＝분기별 100,000원(매 분기별 첫 달에 지급)

박○○ 사원의 5월 급여내역이 다음과 같고 전월과 동일하게 근무하였으나 특별수당은 없고 차량지원금으로 100,000원을 받게 된다면, 6월에 받게 되는 급여는 얼마인가? (단, 원 단위 절삭)

(주) 서원플랜테크 5월 급여내역			
성명	박○○	지급일	5월 12일
기본급여	2,240,000	갑근세	39,530
직무수당	400,000	주민세	3,950
명절 상여금		고용보험	11,970
특별수당	20,000	국민연금	119,700
차량지원금		건강보험	77,140
교육지원		기타	
급여계	2,660,000	공제합계	252,290
		지급총액	2,407,710

① 2,443,910
② 2,453,910
③ 2,463,910
④ 2,473,910

[출제의도]
업무상 계산을 수행하거나 결과를 정리하고 업무비용을 측정하는 능력을 평가하기 위한 문제로서, 주어진 자료에서 문제를 해결하는 데에 필요한 부분을 빠르고 정확하게 찾아내는 것이 중요하다.

[해설]

기본급여	2,240,000	갑근세	46,370
직무수당	400,000	주민세	4,630
명절 상여금		고용보험	12,330
특별수당		국민연금	123,300
차량지원금	100,000	건강보험	79,460
교육지원		기타	
급여계	2,740,000	공제합계	266,090
		지급총액	2,473,910

답 ④

(3) 수리능력의 중요성

① 수학적 사고를 통한 문제해결

② 직업세계의 변화에의 적응

③ 실용적 가치의 구현

(4) 단위환산표

구분	단위환산
길이	$1cm = 10mm$, $1m = 100cm$, $1km = 1,000m$
넓이	$1cm^2 = 100mm^2$, $1m^2 = 10,000cm^2$, $1km^2 = 1,000,000m^2$
부피	$1cm^3 = 1,000mm^3$, $1m^3 = 1,000,000cm^3$, $1km^3 = 1,000,000,000m^3$
들이	$1m\ell = 1cm^3$, $1d\ell = 100cm^3$, $1L = 1,000cm^3 = 10d\ell$
무게	$1kg = 1,000g$, $1t = 1,000kg = 1,000,000g$
시간	$1분 = 60초$, $1시간 = 60분 = 3,600초$
할푼리	$1푼 = 0.1할$, $1리 = 0.01할$, $1모 = 0.001할$

예제 2

둘레의 길이가 4.4km인 정사각형 모양의 공원이 있다. 이 공원의 넓이는 몇 a 인가?

① 12,100a

② 1,210a

③ 121a

④ 12.1a

[출제의도]
길이, 넓이, 부피, 들이, 무게, 시간, 속도 등 단위에 대한 기본적인 환산 능력을 평가하는 문제로서, 소수점 계산이 필요하며, 자릿수를 읽고 구분할 줄 알아야 한다.

[해설]
공원의 한 변의 길이는
$4.4 \div 4 = 1.1(km)$이고
$1km^2 = 10000a$이므로
공원의 넓이는
$1.1km \times 1.1km = 1.21km^2$
$= 12100a$

답 ①

(1) 기초연산능력

① **사칙연산** ··· 수에 관한 덧셈, 뺄셈, 곱셈, 나눗셈의 네 종류의 계산법으로 업무를 원활하게 수행하기 위해서는 기본적인 사칙연산뿐만 아니라 다단계의 복잡한 사칙연산까지도 수행할 수 있어야 한다.

② **검산** ··· 연산의 결과를 확인하는 과정으로 대표적인 검산방법으로 역연산과 구거법이 있다.

　㉠ **역연산** : 덧셈은 뺄셈으로, 뺄셈은 덧셈으로, 곱셈은 나눗셈으로, 나눗셈은 곱셈으로 확인하는 방법이다.

　㉡ **구거법** : 원래의 수와 각 자리 수의 합이 9로 나눈 나머지가 같다는 원리를 이용한 것으로 9를 버리고 남은 수로 계산하는 것이다.

예제 3

다음 식을 바르게 계산한 것은?

$$1 + \frac{2}{3} + \frac{1}{2} - \frac{3}{4}$$

① $\frac{13}{12}$　　　　　　② $\frac{15}{12}$

③ $\frac{17}{12}$　　　　　　④ $\frac{19}{12}$

[출제의도]
직장생활에서 필요한 기초적인 사칙연산과 계산방법을 이해하고 활용할 수 있는 능력을 평가하는 문제로서, 분수의 계산과 통분에 대한 기본적인 이해가 필요하다.
[해설]
$$\frac{12}{12} + \frac{8}{12} + \frac{6}{12} - \frac{9}{12} = \frac{17}{12}$$

답 ③

---

(2) 기초통계능력

① **업무수행과 통계**

　㉠ **통계의 의미** : 통계란 집단현상에 대한 구체적인 양적 기술을 반영하는 숫자이다.

　㉡ 업무수행에 통계를 활용함으로써 얻을 수 있는 이점

　　• 많은 수량적 자료를 처리가능하고 쉽게 이해할 수 있는 형태로 축소

　　• 표본을 통해 연구대상 집단의 특성을 유추

　　• 의사결정의 보조수단

　　• 관찰 가능한 자료를 통해 논리적으로 결론을 추줄·검증

ⓒ 기본적인 통계치
- 빈도와 빈도분포 : 빈도란 어떤 사건이 일어나거나 증상이 나타나는 정도를 의미하며, 빈도분포란 빈도를 표나 그래프로 종합적으로 표시하는 것이다.
- 평균 : 모든 사례의 수치를 합한 후 총 사례 수로 나눈 값이다.
- 백분율 : 전체의 수량을 100으로 하여 생각하는 수량이 그중 몇이 되는가를 퍼센트로 나타낸 것이다.

② 통계기법
ⓐ 범위와 평균
- 범위 : 분포의 흩어진 정도를 가장 간단히 알아보는 방법으로 최곳값에서 최젓값을 뺀 값을 의미한다.
- 평균 : 집단의 특성을 요약하기 위해 가장 자주 활용하는 값으로 모든 사례의 수치를 합한 후 총 사례 수로 나눈 값이다.
- 관찰값이 1, 3, 5, 7, 9일 경우 범위는 $9 - 1 = 8$이 되고, 평균은 $\dfrac{1+3+5+7+9}{5} = 5$가 된다.

ⓑ 분산과 표준편차
- 분산 : 관찰값의 흩어진 정도로, 각 관찰값과 평균값의 차의 제곱의 평균이다.
- 표준편차 : 평균으로부터 얼마나 떨어져 있는가를 나타내는 개념으로 분산값의 제곱근 값이다.
- 관찰값이 1, 2, 3이고 평균이 2인 집단의 분산은 $\dfrac{(1-2)^2 + (2-2)^2 + (3-2)^2}{3} = \dfrac{2}{3}$ 이고 표준편차는 분산값의 제곱근 값인 $\sqrt{\dfrac{2}{3}}$ 이다.

③ 통계자료의 해석
ⓐ 다섯숫자요약
- 최솟값 : 원자료 중 값의 크기가 가장 작은 값
- 최댓값 : 원자료 중 값의 크기가 가장 큰 값
- 중앙값 : 최솟값부터 최댓값까지 크기에 의하여 배열했을 때 중앙에 위치하는 사례의 값
- 하위 25%값 · 상위 25%값 : 원자료를 크기 순으로 배열하여 4등분한 값
ⓑ **평균값과 중앙값** : 평균값과 중앙값은 그 개념이 다르기 때문에 명확하게 제시해야 한다.

예제 4

인터넷 쇼핑몰에서 회원가입을 하고 디지털캠코더를 구매하려고 한다. 다음은 구입하고자 하는 모델에 대하여 인터넷 쇼핑몰 세 곳의 가격과 조건을 제시한 표이다. 표에 있는 모든 혜택을 적용하였을 때 디지털캠코더의 배송비를 포함한 실제 구매가격을 바르게 비교한 것은?

구분	A 쇼핑몰	B 쇼핑몰	C 쇼핑몰
정상가격	129,000원	131,000원	130,000원
회원혜택	7,000원 할인	3,500원 할인	7% 할인
할인쿠폰	5% 쿠폰	3% 쿠폰	5,000원
중복할인여부	불가	가능	불가
배송비	2,000원	무료	2,500원

① A<B<C
③ C<A<B
② B<C<A
④ C<B<A

[출제의도]
직장생활에서 자주 사용되는 기초적인 통계기법을 활용하여 자료의 특성과 경향성을 파악하는 능력이 요구되는 문제이다.
[해설]
㉠ A 쇼핑몰
· 회원혜택을 선택한 경우:
$129,000-7,000+2,000=$
124,000(원)
· 5% 할인쿠폰을 선택한 경우
: $129,000 \times 0.95+2,000=$
124,550
㉡ B 쇼핑몰:
$131,000 \times 0.97-3,500=$
123,570
㉢ C 쇼핑몰
· 회원혜택을 선택한 경우:
$130,000 \times 0.93+2,500=$
123,400
· 5,000원 할인쿠폰을 선택한 경우: $130,000-5,000+$
2,500
$=127,500$
∴ C<B<A

답 ④

(3) 도표분석능력

① 도표의 종류
  ㉠ **목적별** : 관리(계획 및 통제), 해설(분석), 보고
  ㉡ **용도별** : 경과 그래프, 내역 그래프, 비교 그래프, 분포 그래프, 상관 그래프, 계산 그래프
  ㉢ **형상별** : 선 그래프, 막대 그래프, 원 그래프, 점 그래프, 층별 그래프, 레이더 차트

② 도표의 활용
  ㉠ **선 그래프**
    · 주로 시간의 경과에 따라 수량에 의한 변화 상황(시계열 변화)을 절선의 기울기로 나타내는 그래프이다.
    · 경과, 비교, 분포를 비롯하여 상관관계 등을 나타낼 때 쓰인다.

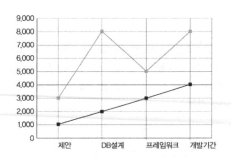

ⓛ 막대 그래프

- 비교하고자 하는 수량을 막대 길이로 표시하고 그 길이를 통해 수량 간의 대소관계를 나타내는 그래프이다.
- 내역, 비교, 경과, 도수 등을 표시하는 용도로 쓰인다.

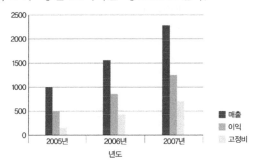

ⓒ 원 그래프

- 내역이나 내용의 구성비를 원을 분할하여 나타낸 그래프이다.
- 전체에 대해 부분이 차지하는 비율을 표시하는 용도로 쓰인다.

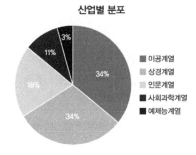

ㄹ 점 그래프
• 종축과 횡축에 2요소를 두고 보고자 하는 것이 어떤 위치에 있는가를 나타내는 그래 프이다.
• 지역분포를 비롯하여 도시, 기방, 기업, 상품 등의 평가나 위치·성격을 표시하는데 쓰인다.

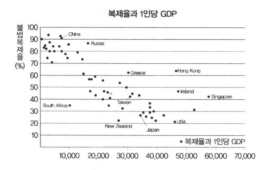

ㅁ 층별 그래프
• 선 그래프의 변형으로 연속내역 봉 그래프라고 할 수 있다. 선과 선 사이의 크기로 데이터 변화를 나타낸다.
• 합계와 부분의 크기를 백분율로 나타내고 시간적 변화를 보고자 할 때나 합계와 각 부분의 크기를 실수로 나타내고 시간적 변화를 보고자 할 때 쓰인다.

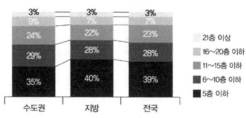

ㅂ 레이더 차트(거미줄 그래프)
• 원 그래프의 일종으로 비교하는 수량을 직경, 또는 반경으로 나누어 원의 중심에서의 거리에 따라 각 수량의 관계를 나타내는 그래프이다.
• 비교하거나 경과를 나타내는 용도로 쓰인다.

③ 도표 해석상의 유의사항

    ㉠ 요구되는 지식의 수준을 넓힌다.

    ㉡ 도표에 제시된 자료의 의미를 정확히 숙지한다.

    ㉢ 도표로부터 알 수 있는 것과 없는 것을 구별한다.

    ㉣ 총량의 증가와 비율의 증가를 구분한다.

    ㉤ 백분위수와 사분위수를 정확히 이해하고 있어야 한다.

예제 5

다음 표는 2009 ~ 2010년 지역별 직장인들의 자기개발에 관해 조사한 내용을 정리한 것이다. 이에 대한 분석으로 옳은 것은?

(단위 : %)

연도 / 지역 \ 구분	2009				2010			
	자기개발 하고 있음	자기개발 비용 부담 주체			자기개발 하고 있음	자기개발 비용 부담 주체		
		직장 100%	본인 100%	직장50% + 본인50%		직장 100%	본인 100%	직장50% + 본인50%
충청도	36.8	8.5	88.5	3.1	45.9	9.0	65.5	24.5
제주도	57.4	8.3	89.1	2.9	68.5	7.9	68.3	23.8
경기도	58.2	12	86.3	2.6	71.0	7.5	74.0	18.5
서울시	60.6	13.4	84.2	2.4	72.7	11.0	73.7	15.3
경상도	40.5	10.7	86.1	3.2	51.0	13.6	74.9	11.6

① 2009년과 2010년 모두 자기개발 비용을 본인이 100% 부담하는 사람의 수는 응답자의 절반 이상이다.

② 자기개발을 하고 있다고 응답한 사람의 수는 2009년과 2010년 모두 서울시가 가장 많다.

③ 자기개발 비용을 직장과 본인이 각각 절반씩 부담하는 사람의 비율은 2009년과 2010년 모두 서울시가 가장 높다.

④ 2009년과 2010년 모두 자기개발을 하고 있다고 응답한 비율이 가장 높은 지역에서 자기개발비용을 직장이 100% 부담한다고 응답한 사람의 비율이 가장 높다.

[출제의도]
그래프, 그림, 도표 등 주어진 자료를 이해하고 의미를 파악하여 필요한 정보를 해석하는 능력을 평가하는 문제이다.

[해설]
② 지역별 인원수가 제시되어 있지 않으므로, 각 지역별 응답자 수는 알 수 없다.

③ 2009년에는 경상도에서, 2010년에는 충청도에서 가장 높은 비율을 보인다.

④ 2009년과 2010년 모두 '자기개발을 하고 있다'고 응답한 비율이 가장 높은 지역은 서울시이며, 2010년의 경우 자기개발 비용을 직장이 100% 부담한다고 응답한 사람의 비율이 가장 높은 지역은 경상도이다.

답 ①

(4) 도표작성능력

① 도표작성 절차
  ㉠ 어떠한 도표로 작성할 것인지를 결정
  ㉡ 가로축과 세로축에 나타낼 것을 결정
  ㉢ 한 눈금의 크기를 결정
  ㉣ 자료의 내용을 가로축과 세로축이 만나는 곳에 표현
  ㉤ 표현한 점들을 선분으로 연결
  ㉥ 도표의 제목을 표기

② 도표작성 시 유의사항
  ㉠ 선 그래프 작성 시 유의점
    • 세로축에 수량, 가로축에 명칭구분을 제시한다.
    • 선의 높이에 따라 수치를 파악하는 경우가 많으므로 세로축의 눈금을 가로축보다 크게 하는 것이 효과적이다.
    • 선이 두 종류 이상일 경우 반드시 그 명칭을 기입한다.
  ㉡ 막대 그래프 작성 시 유의점
    • 막대 수가 많을 경우에는 눈금선을 기입하는 것이 알아보기 쉽다.
    • 막대의 폭은 모두 같게 하여야 한다.
  ㉢ 원 그래프 작성 시 유의점
    • 정각 12시의 선을 기점으로 오른쪽으로 그리는 것이 보통이다.
    • 분할선은 구성비율이 큰 순서로 그린다.
  ㉣ 층별 그래프 작성 시 유의점
    • 눈금은 선 그래프나 막대 그래프보다 적게 하고 눈금선은 넣지 않는다.
    • 층별로 색이나 모양이 완전히 다른 것이어야 한다.
    • 같은 항목은 옆에 있는 층과 선으로 연결하여 보기 쉽도록 한다.

출제예상문제

1 갑과 을이 가입한 금융 상품에 대한 설명으로 옳은 것은? (단, ㈎, ㈏는 각각 단리와 복리 중 하나에 해당한다)

> • 갑은 3년 전 100만 원으로 3년 만기의 연 4% 약정된 ㈎이자가 적용되는 △△은행의 정기 예금 상품에 가입하여 1,124,864원을 받을 예정이다.
> • 을은 3년 전 100만 원으로 3년 만기의 연 4%의 약정된 ㈏이자가 적용되는 ㅁㅁ은행의 정기 예금 상품에 가입하여 1,120,000원을 받을 예정이다.
> ※ 세금 및 거래 비용은 고려하지 않음

① ㈎는 원금에 대해서만 이자를 계산하는 방식이다.
② ㈏는 원금뿐만 아니라 발생한 이자에 대해서도 이자를 계산하는 방식이다.
③ 갑이 가입한 상품은 을이 가입한 상품과 달리 입출금이 자유로운 예금이다.
④ 갑과 을이 가입한 금융 상품의 만기가 5년으로 늘어난다면 만기에 받을 수 있는 원리금의 격차는 커진다.
⑤ 을이 가입한 상품은 정부, 주식회사, 지방자치단체가 발행하는 상품이다.

> (Tip) 단리는 원금에 대해서만 이자를 계산하는 방법이고, 복리는 발생한 이자와 원금 모두에 대해서 이자를 계산하는 방법이다. 갑이 가입한 상품은 연 4%의 복리 이자가 적용되는 것으로 3년 만기 시 받을 수 있는 금액은 100만원×$(1+0/04)^3$으로 1,124,864원이다. 을이 가입한 상품은 연 4%의 단리 이자가 적용되는 것으로 3년 만기 시 받을 수 있는 금액은 1,120,000원이다. 만약 금융 상품의 만기가 5년으로 늘어난다면 갑은 100만원×$(1+0/04)^5$로 약 1,216,653원을 받을 수 있고, 을은 1,200,000원을 받을 수 있다. 이 경우가 만기가 3년인 경우보다 갑과 을이 받을 수 있는 원리금의 격차는 더 커진다.
> ① 갑이 가입한 상품은 복리로 이자가 적용되는 금융 상품이다.
> ② 을이 가입한 상품은 단리로 이자가 적용되는 금융 상품이다.
> ③ 갑과 을은 모두 정기 예금 상품에 가입하였다. 이는 저축성 예금으로 입출금이 자유로운 보통 예금(요구불 예금)과 그 성격이 다르다.
> ⑤ 정부, 주식회사, 지방자치단체가 발행하는 상품은 채권이다.

※ 다음은 연도별 대기오염물질 배출량 현황 자료이다. 이어지는 물음에 답하시오. 【2 ~ 3】

〈연도별 대기오염물질 배출량 현황〉

(단위 : 톤)

구분	황산화물	일산화탄소	질소산화물	미세먼지	유기화합물질
2016	401,741	766,269	1,061,210	116,808	866,358
2017	433,959	718,345	1,040,214	131,176	873,108
2018	417,645	703,586	1,075,207	119,980	911,322
2019	404,660	696,682	1,090,614	111,563	913,573
2020	343,161	594,454	1,135,743	97,918	905,803

2 다음 중 각 대기오염물질의 연도별 증감 추이가 같은 것끼리 짝지어진 것은?

① 일산화탄소, 유기화합물질

② 황산화물, 질소산화물

③ 미세먼지, 유기화합물질

④ 황산화물, 미세먼지

⑤ 일산화탄소, 질소산화물

(Tip) 각 대기오염물질의 연도별 증감 추이는 다음과 같다.
- 황산화물 : 증가 → 감소 → 감소 → 감소
- 일산화탄소 : 감소 → 감소 → 감소 → 감소
- 질소산화물 : 감소 → 증가 → 증가 → 증가
- 미세먼지 : 증가 → 감소 → 감소 → 감소
- 유기화합물질 : 증가 → 증가 → 증가 → 감소

따라서 연도별 증감 추이가 같은 대기오염물질은 황산화물과 미세먼지이다.

Answer⌐→ 1.④ 2.④

3 다음 중 2016년 대비 2020년의 총 대기오염물질 배출량의 증감률로 올바른 것은?

① 약 4.2%   ② 약 3.9%

③ 약 2.8%   ④ 약 -3.9%

⑤ 약 -4.2%

(Tip) A에서 B로 변동된 수치의 증감은 (B-A) ÷ A × 100의 산식에 의해 구할 수 있다. 따라서 2016년과 2020년의 총 대기오염물질 배출량을 계산해 보면 2016년이 3,212,386톤, 2020년이 3,077,079톤이므로 계산식에 의해 (3,077,079-3,212,386) ÷ 3,212,386 × 100=약 -4.2%가 됨을 알 수 있다.

4 개인종합자산관리(ISA) 계좌는 개인이 운용하는 적금, 예탁금, 파생결합증권, 펀드를 한 계좌에서 운용하면서 각각의 상품의 수익 증감을 합산하여 발생한 수익에 대해 과세하는 금융상품으로 그 내용은 다음과 같다.

가입대상	• 거주자 중 직전 과세기간 또는 해당 과세기간에 근로소득 또는 사업소득이 있는 자 및 대통령령으로 정하는 농어민(모든 금융기관 1인 1계좌) • 신규 취업자 등은 당해 연도 소득이 있는 경우 가입 가능 　※ 직전년도 금융소득과세 대상자는 제외
납입한도	연간 2천만 원(5년간 누적 최대 1억 원) ※ 기가입한 재형저축 및 소장펀드 한도는 납입한도에서 차감
투자가능상품	• 예/적금, 예탁금 • 파생결합증권, 펀드
가입기간	2018년 12월 31일까지 가능
상품간 교체	가능
의무가입기간	• 일반 5년 • 청년층, 서민층 3년
세제혜택	계좌 내 상품 간 손익통산 후 순이익 중 200만 원까지는 비과세 혜택, 200만 원 초과분 9.9% 분리과세(지방소득세 포함)
기타	• ISA계좌를 5년 이내 해지하면 각 상품에서 실현한 이익금의 15.4%를 세금으로 부과 • 해지수수료 면제

대훈이는 ISA에 가입하고 5년 후에 여유 자금으로 ○○증권과 ○○펀드에 가입하여 1년 후 수익을 따져보니 증권에서는 750만 원의 이익을 보고, 펀드에서는 350만 원의 손해를 보았다. 대훈이가 ISA 계좌를 해지하지 않는다면 얼마의 세금을 내야 하는가? (단, 은행수수료는 없다)

① 198,000원　　　　　　　　　　② 398,000원

③ 598,000원　　　　　　　　　　④ 798,000원

⑤ 1,198,000원

 750만 원의 수익과 250만 원의 손해

$7,500,000 - 3,500,000 = 4,000,000$ 원

200만 원 초과분 9.9% 분리과세(지방소득세 포함)라고 했으므로 기초 공제금 200만 원을 제하면

2,000,000원의 순수 이익이 남는다.

$2,000,000 \times 0.099 = 198,000$ 원

Answer → 3.⑤ 4.①

5 N은행의 직원은 작년에 730명이었고, 올해는 작년보다 30명이 증가했다. 작년의 여자 직원은 500명이었고 올해에 3% 증가하였다면, 남자 직원은 작년에 비하여 몇 % 증감하였는가? (단, 소수점 둘째자리에서 반올림하시오)

① 약 4.1% 감소하였다.

② 약 6.5% 증가하였다.

③ 약 11.4% 증가하였다.

④ 약 7.3% 감소하였다.

⑤ 변화 없다.

 현재 남자 직원의 수를 x라 하면,

$500 \times 1.03 + x = 760$, $x = 245$명

작년 남자 직원의 수는 230명이다. 현재 남자 직원의 수는 작년에 비해 15명이 늘었으므로

$\frac{15}{230} \times 100 ≒ 6.5\%$, 따라서 남자 직원은 작년에 비해 약 6.5% 증가하였다.

6 다음은 NH농협은행 정기예금의 만기지급이자율에 대한 내용이다. 원금 2,000만 원의 6개월 이자와 24개월 이자의 차액은 얼마인가? (단, 단리이며, 세전금액이다)

(연이율, 세전)

이자지급방식	가입기간	이율
만기일시지급방식	6개월 이상 12개월 미만	1.6%
	12개월 이상 24개월 미만	1.7%
	24개월 이상 36개월 미만	1.8%

① 160,000원 ② 260,000원

③ 360,000원 ④ 460,000원

⑤ 560,000원

 예금의 단리 지급식은 원금×이율×기간으로 구하므로

6개월 이상의 연이율은 1.6%, 24개월의 연이율은 1.8%

원금 2,000만 원의 6개월 이자는 $2,000 \times 0.016 \times \frac{6}{12} = 16$만 원

원금 2,000만 원의 24개월 이자는 $2,000 \times 0.018 \times \frac{24}{12} = 72$만 원

$72 - 16 = 56$만 원

7 다음은 NH농협은행의 외화송금 수수료에 대한 규정이다. 수수료 규정을 참고할 때, 외국에 있는 친척과 〈보기〉와 같이 3회에 걸쳐 거래를 한 A씨가 지불한 총 수수료 금액은 얼마인가?

		국내 간 외화송금	실시간 국내송금
외화자금국내이체 수수료(당·타발)		U$5,000 이하 : 5,000원 U$10,000 이하 : 7,000원 U$10,000 초과 : 10,000원	U$10,000 이하 : 5,000원 U$10,000 초과 : 10,000원
		인터넷 뱅킹 : 5,000원 실시간 이체 : 타발 수수료는 없음	
해외로 외화송금	송금 수수료	U$500 이하 : 5,000원 U$2,000 이하 : 10,000원 U$5,000 이하 : 15,000원 U$20,000 이하 : 20,000원 U$20,000 초과 : 25,000원 * 인터넷 뱅킹 이용 시 건당 3,000~5,000원	
		해외 및 중계은행 수수료를 신청인이 부담하는 경우 국외 현지 및 중계은행의 통화별 수수료를 추가로 징구	
	전신료	8,000원 인터넷 뱅킹 및 자동이체 5,000원	
	조건변경 전신료	8,000원	
해외/타행에서 받은 송금		건당 10,000원	

〈보기〉
1. 외국으로 U$3,500 송금 / 인터넷 뱅킹 최저 수수료 적용
2. 외국으로 U$600 송금 / 은행 창구
3. 외국에서 U$2,500 입금

① 32,000원 ② 34,000원
③ 36,000원 ④ 38,000원
⑤ 40,000원

 • 인터넷 뱅킹을 통한 해외 외화 송금이므로 금액에 상관없이 건당 최저수수료 3,000원과 전신료 5,000원 발생 → 합 8,000원
• 은행 창구를 통한 해외 외화 송금이므로 송금 수수료 10,000원과 전신료 8,000원 발생 → 합 18,000원
• 금액에 상관없이 건당 수수료가 발생하므로 → 10,000원
따라서 총 지불한 수수료는 8,000 + 18,000 + 10,000 = 36,000원이다.

Answer⌐▸ 5.② 6.⑤ 7.③

8 사회초년생인 동근씨는 결혼자금을 마련하기 위하여 급여의 일부는 저축하기로 하였다. 동근씨는 재작년 1월 초에 NH농협은행을 방문하여 2년 만기 저축계좌를 개설하였고 매월 100만 원씩 납입하였다. 금리는 연 5%이고, 이자소득세는 15.4%라고 할 때 만기시점에 동근씨의 통장에 입금될 금액은? (단, 금리는 연말에 단리로 일괄 지급함)

① 24,507,600원   ② 25,015,200원

③ 25,522,800원   ④ 26,030,400원

⑤ 26,538,000원

Tip 단리이므로 세후이자는 원금×금리×(1−이자소득세)로 계산한다.
원금은 2년 만기 100만 원이므로 $24 \times 1,000,000 = 24,000,000$ 원
1년 세후 이자는 $1,000,000 \times 12 \times 0.05 \times (1 - 0.154) = 507,600$ 원
2년 세후 이자는 $1,000,000 \times 24 \times 0.05 \times (1 - 0.154) = 1,015,200$ 원
원금과 1년 이자, 2년 이자를 모두 더하면
$24,000,000 + 507,600 + 1,015,200 = 25,522,800$ 원

9 박스 안에 무작위로 섞인 흰 종이 6장과 검은 종이 3장 중 연속하여 2장을 꺼낼 때, 첫 번째 종이가 흰색이고 두 번째 종이가 검은색일 확률은? (단, 꺼낸 종이는 다시 넣지 않는다)

① $\dfrac{1}{3}$ ② $\dfrac{1}{6}$

③ $\dfrac{1}{4}$ ④ $\dfrac{1}{8}$

⑤ $\dfrac{1}{5}$

Tip · 첫 번째로 흰 종이를 뽑을 확률 $= \dfrac{6}{9}$

· 두 번째로 검은 종이를 뽑을 확률 $= \dfrac{3}{8}$

∴ $\dfrac{6}{9} \times \dfrac{3}{8} = \dfrac{1}{4}$

10 지우개 5개와 연필 8개를 구매하기 위해 6,700원이 필요하고, 지우개 2개와 연필 11개를 구매하기 위해 5,800원이 필요하다. 이 때, 10,000원으로 최대한 많은 수의 지우개를 구매하고 남은 금액으로 연필을 구매한다면, 구매할 수 있는 연필의 수는?

① 0개　　　　　　　　　　　② 1개

③ 2개　　　　　　　　　　　④ 3개

⑤ 4개

(Tip) 지우개의 가격을 x, 연필의 가격을 y라 하면

$\begin{cases} 5x+8y=6,700 \\ 2x+11y=5,800 \end{cases}$ 이므로 두 식을 연립하면, $x=700$, $y=400$이 된다.

10,000원으로 최대한 많은 수의 지우개를 구매한다면 $10,000 \div 700 = 14$개가 된다.

이때 금액은 $700 \times 14 = 9,800$이므로 남은 200원으로 연필을 구매해야하는데 연필 한 개의 금액보다 적으므로 연필은 구매할 수 없다.

11 다음은 어느 해 7월의 달력이다. 색칠된 날짜의 합이 135일 때, 7월 31일은 무슨 요일인가?

日	月	火	水	木	金	土

① 월요일　　　　　　　　　　② 화요일

③ 수요일　　　　　　　　　　④ 목요일

⑤ 금요일

(Tip) 색이 칠해진 9개의 날짜 중 정중앙의 화요일을 x라 하고, 색이 칠해진 9개의 날짜의 합을 구하면 $(x-8)+(x-7)+\cdots+(x-1)+x+(x+1)+\cdots+(x+8)=9x$

이 값이 135라고 했으므로 정중앙의 화요일은

$9x=135$

$x=15$

15일이 화요일이므로 2주 후 29일이 화요일이 되므로 31일은 목요일이 된다.

12 한 번에 20명이 탈 수 있는 고속 케이블카와 저속 케이블카가 각각 1대씩 있다. 고속 케이블카로 반대편 섬까지 가는 데 왕복 시간이 8분 걸리고, 저속 케이블카로는 12분이 걸린다. 이 두 대의 케이블카가 동시에 출발하여 450명의 승객을 섬까지 실어 나르는 데에는 최소 몇 분이 걸리겠는가? (단, 승객이 타고 내리는 시간 등 운행과 상관없는 시간은 없는 것으로 한다)

① 104분　　　　　　　　　　　② 108분
③ 112분　　　　　　　　　　　④ 116분
⑤ 120분

 8과 12의 최소공배수는 24이다.
동시에 출발하여 24분 만에 고속 케이블카는 3번, 저속 케이블카는 2번 왕복하게 된다.
24분에 100명씩 실어 나르는 것이 되므로 450명을 실어 나르려면 400명까지는 $24×4=96$분
나머지 50명은 두 대의 케이블카가 한 번씩 운행하여 40명을 나르고 나머지 10명은 고속 케이블카가 편도로 한 번만 가면 되므로 $8+4=12$분
총 걸리는 시간은 $96+12=108$분

13 오후 1시 36분에 사무실을 나와 분속 70m의 일정한 속도로 서울역까지 걸어가서 20분간 내일 부산 출장을 위한 승차권 예매를 한 뒤, 다시 분속 50m의 일정한 속도로 걸어서 사무실에 돌아와 시계를 보니 2시 32분이었다. 이때 걸은 거리는 모두 얼마인가?

① 1,050m　　　　　　　　　　② 1,500m
③ 1,900m　　　　　　　　　　④ 2,100m
⑤ 2,400m

 서울역에서 승차권 예매를 한 20분의 시간을 제외하면 걸은 시간은 총 36분이 된다.
갈 때 걸린 시간을 x분이라고 하면 올 때 걸린 시간은 $36-x$분
갈 때와 올 때의 거리는 같으므로
$70×x=50×(36-x)$
$120x=1,800 \;\rightarrow\; x=15$분
사무실에서 서울역까지의 거리는 $70×15=1,050$m
왕복거리를 구해야 하므로 $1,050×2=2,100$m가 된다.

14 어떤 이동 통신 회사에서는 휴대폰의 사용 시간에 따라 매월 다음과 같은 요금 체계를 적용한다고 한다.

요금제	기본 요금	무료 통화	사용 시간(1분)당 요금
A	10,000원	0분	150원
B	20,200원	60분	120원
C	28,900원	120분	90원

예를 들어, B요금제를 사용하여 한 달 동안의 통화 시간이 80분인 경우 사용 요금은 다음과 같이 계산한다.

$$20,200 + 120 \times (80 - 60) = 22,600 원$$

B요금제를 사용하는 사람이 A요금제와 C요금제를 사용할 때 보다 저렴한 요금을 내기 위한 한 달 동안의 통화 시간은 a분 초과 b분 미만이다. 이 때, $b-a$의 최댓값은? (단, 매월 총 사용 시간은 분 단위로 계산한다.)

① 70   ② 80

③ 90   ④ 100

⑤ 110

> **Tip** 한 달 동안의 통화 시간 t $(t = 0, 1, 2, \cdots)$에 따른
>
> 요금제 A 의 요금
> $y = 10,000 + 150t$ $(t = 0, 1, 2, \cdots)$
>
> 요금제 B 의 요금
> $\begin{cases} y = 20,200 & (t = 0, 1, 2, \cdots, 60) \\ y = 20,200 + 120(t - 60) & (t = 61, 62, 63, \cdots) \end{cases}$
>
> 요금제 C 의 요금
> $\begin{cases} y = 28,900 & (t = 0, 1, 2, \cdots, 120) \\ y = 28,900 + 90(t - 120) & (t = 121, 122, 123, \cdots) \end{cases}$
>
> ㉠ B 의 요금이 A 의 요금보다 저렴한 시간 t 의 구간은
> $20,200 + 120(t - 60) < 10,000 + 150t$ 이므로 $t > 100$
>
> ㉡ B 의 요금이 C 의 요금보다 저렴한 시간 t 의 구간은
> $20,200 + 120(t - 60) < 28,900 + 90(t - 120)$ 이므로 $t < 170$
>
> 따라서, $100 < t < 170$ 이다.
> ∴ $b-a$ 의 최댓값은 70

Answer ➥ 12.②   13.④   14.①

15 어느 인기 그룹의 공연을 준비하고 있는 기획사는 다음과 같은 조건으로 총 1,500장의 티켓을 판매하려고 한다. 티켓 1,500장을 모두 판매한 금액이 6,000만 원이 되도록 하기 위해 판매해야 할 S석 티켓의 수를 구하면?

> (가) 티켓의 종류는 R석, S석, A석 세 가지이다.
> (나) R석, S석, A석 티켓의 가격은 각각 10만 원, 5만 원, 2만 원이고, A석 티켓의 수는
> R석과 S석 티켓의 수의 합과 같다.

① 450장   ② 600장

③ 750장   ④ 900장

⑤ 1,050장

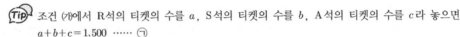

조건 (가)에서 R석의 티켓의 수를 a, S석의 티켓의 수를 b, A석의 티켓의 수를 c라 놓으면
$a+b+c=1,500$ ······ ㉠
조건 (나)에서 R석, S석, A석 티켓의 가격은 각각 10만 원, 5만 원, 2만 원이므로
$10a+5b+2c=6,000$ ······ ㉡
A석의 티켓의 수는 R석과 S석 티켓의 수의 합과 같으므로
$a+b=c$ ······ ㉢
세 방정식 ㉠, ㉡, ㉢을 연립하여 풀면
㉠, ㉢에서 $2c=1,500$이므로 $c=750$
㉠, ㉡에서 연립방정식
$$\begin{cases} a+b=750 \\ 2a+b=900 \end{cases}$$
을 풀면 $a=150$, $b=600$이다.
따라서 구하는 S석의 티켓의 수는 600장이다.

16 두 기업 서원각, 소정의 작년 상반기 매출액의 합계는 91억 원이었다. 올해 상반기 두 기업 서원각, 소정의 매출액은 작년 상반기에 비해 각각 10%, 20% 증가하였고, 두 기업 서원각, 소정의 매출액 증가량의 비가 2:3이라고 할 때, 올해 상반기 두 기업 서원각, 소정의 매출액의 합계는?

① 96억 원   ② 100억 원

③ 104억 원   ④ 108억 원

⑤ 112억 원

(Tip) 서원각의 매출액의 합계를 x, 소정의 매출액의 합계를 y로 놓으면

$x+y=91$

$0.1x : 0.2y = 2 : 3 \longrightarrow 0.3x = 0.4y$

$x+y=91 \longrightarrow y=91-x$

$0.3x = 0.4 \times (91-x)$

$0.3x = 36.4 - 0.4x$

$0.7x = 36.4$

$\therefore x = 52$

$0.3 \times 52 = 0.4y \longrightarrow y = 39$

x는 10% 증가하였으므로 $52 \times 1.1 = 57.2$

y는 20% 증가하였으므로 $39 \times 1.2 = 46.8$

두 기업의 매출액의 합은 $57.2 + 46.8 = 104$

17 5%의 소금물과 15%의 소금물로 12%의 소금물 200g을 만들고 싶다. 각각 몇 g씩 섞으면 되는가?

	5% 소금물	15% 소금물
①	40g	160g
②	50g	150g
③	60g	140g
④	70g	130g
⑤	80g	120g

(Tip) 200g에 들어 있는 소금의 양은 섞기 전 5%의 소금의 양과 12% 소금이 양을 합친 양과 같아야 한다.

5% 소금물의 필요한 양을 x라 하면 녹아 있는 소금의 양은 $0.05x$

15% 소금물의 소금의 양은 $0.15(200-x)$

$0.05x + 0.15(200-x) = 0.12 \times 200$

$5x + 3,000 - 15x = 2,400$

$10x = 600$

$x = 60(g)$

$\therefore$ 5%의 소금물 60g, 15%의 소금물 140g

Answer⌐→ 15.② 16.③ 17.③

18 한 학년에 세 반이 있는 학교가 있다. 학생수가 A반은 20명, B반은 30명, C반은 50명이다. 수학 점수 평균이 A반은 70점, B반은 80점, C반은 60점일 때, 이 세 반의 평균은 얼마인가?

① 62점   ② 64점

③ 66점   ④ 68점

⑤ 70점

(Tip) 평균 = $\dfrac{\text{자료 값의 합}}{\text{자료의 수}}$ 이므로

$A = \dfrac{x}{20} = 70 \rightarrow x = 1,400$

$B = \dfrac{y}{30} = 80 \rightarrow y = 2,400$

$C = \dfrac{z}{50} = 60 \rightarrow z = 3,000$

세 반의 평균은 $\dfrac{1,400 + 2,400 + 3,000}{20 + 30 + 50} = 68$점

※ 다음 숫자들의 배열 규칙을 찾아 ( ) 안에 들어갈 알맞은 숫자를 고르시오. 【19 ~ 20】

19

> 3　5　10　12　24　26　52　( )

① 55　　　　　　　　　　　　② 57

③ 54　　　　　　　　　　　　④ 59

⑤ 61

> (Tip) 규칙을 보면 +2, ×2, +2, ×2, …반복됨을 알 수 있다.
> 따라서 빈칸에 들어갈 수는 52+2=54이다.

20

> 98　99　97　100　96　( )　95　102

① 111　　　　　　　　　　　② 101

③ 91　　　　　　　　　　　　④ 92

⑤ 94

> (Tip) 규칙을 보면 +1, −2, +3, −4, +5, … 으로 진행되고 있다.
> 따라서 빈칸에 들어갈 수는 96+5=101이다.

Answer → 18.④　19.③　20.②

21 반대 방향으로 A, B 두 사람이 3.6km/h로 달리는데 기차가 지나갔다. A를 지나치는데 24초, B를 지나치는데 20초가 걸렸을 때 기차의 길이는?

① 120m   ② 180m

③ 240m   ④ 300m

⑤ 360m

 두 사람이 달리는 속도를 초속으로 바꾸어 계산하면 $\dfrac{3.6 \times 1,000}{60 \times 60} = 1\text{m/s}$

기차와 같은 방향으로 달릴 때는 기차가 달리는 사람을 지나치는데 오랜 시간이 걸리므로 A가 기차와 같은 방향, B가 기차와 반대방향으로 달리고 있다.

A는 24초, B는 20초이므로 두 사람의 거리 차는 $1 \times (24 + 20) = 44\text{m/s}$

기차는 이 거리를 4초 만에 통과하였으므로 기차의 속력은 $\dfrac{44}{4} = 11$

기차와 같은 방향으로 달리는 A를 지나칠 때의 속력은 $11 - 1 = 10\text{m/s}$, 반대 방향으로 달리는 B를 지나칠 때의 속력은 $11 + 1 = 12\text{m/s}$

기차의 길이는 $10 \times 24 = 12 \times 20 = 240\text{m}$

22 응시자가 모두 30명인 시험에서 20명이 합격하였다. 이 시험의 커트라인은 전체 응시자의 평균보다 5점이 낮고, 합격자의 평균보다는 30점이 낮았으며, 또한 불합격자의 평균 점수의 2배보다는 2점이 낮았다. 이 시험의 커트라인을 구하면?

① 90점   ② 92점

③ 94점   ④ 96점

⑤ 98점

 전체 응시자의 평균을 x라 하면 합격자의 평균은 $x + 25$

불합격자의 평균은 전체 인원 30명의 총점 $30x$에서 합격자 20명의 총점 $\{20 \times (x + 25)\}$를 빼준 값을 10으로 나눈 값이다.

즉, $\dfrac{30x - 20 \times (x + 25)}{10} = x - 50$

커트라인은 전체 응시자의 평균보다 5점이 낮고, 불합격자 평균 점수의 2배보다 2점이 낮으므로

$x - 5 = 2(x - 50) - 2$

$x = 97$

응시자의 평균이 97이므로 커트라인은 $97 - 5 = 92$점

23 다음은 한 통신사의 요금제별 요금 및 할인 혜택에 관한 표이다. 이번 달에 전화통화와 함께 100건 이상의 문자메시지를 사용하였는데, A요금제를 이용했을 경우 청구되는 요금은 14,000원, B요금제를 이용했을 경우 청구되는 요금은 16,250원이다. 이번 달에 사용한 문자메시지는 모두 몇 건인가?

요금제	기본료	통화요금	문자메시지요금	할인 혜택
A	없음	5원/초	10원/건	전체 요금의 20% 할인
B	5,000원/월	3원/초	15원/건	문자메시지 월 100건 무료

① 125건
② 150건
③ 200건
④ 250건
⑤ 300건

 통화량을 x, 문자메시지를 y라고 하면

A요금제 $\rightarrow (5x+10y) \times \left(1-\dfrac{1}{5}\right) = 4x+8y = 14,000$ 원

B요금제 $\rightarrow 5,000+3x+15 \times (y-100) = 16,250$ 원

두 식을 정리해서 풀면

$y = 250$, $x = 3,000$

24 4명의 동업자 A, B, C, D가 하루 매출액을 나누었다. 가장 먼저 A는 10만 원과 나머지의 $\dfrac{1}{5}$을 먼저 받고, 다음에 B가 20만 원과 그 나머지의 $\dfrac{1}{5}$, 그 이후에 C가 30만 원과 그 나머지의 $\dfrac{1}{5}$, D는 마지막으로 남은 돈을 모두 받았다. A, B, C D 네 사람이 받은 액수가 모두 같았다면, 하루 매출액의 총액은 얼마인가?

① 100만 원
② 120만 원
③ 140만 원
④ 160만 원
⑤ 180만 원

 4명이 각자 받은 금액을 x라 하면, 4명이 받은 금액은 모두 같으므로, 하루 매출액의 총액은 $4x$

A가 받은 금액 $\rightarrow x = 10 + (4x-10) \times \dfrac{1}{5}$

$\therefore x = 40$

하루 매출총액은 $4x = 4 \times 40 = 160$만 원

25 다음은 2008 ~ 2017년 5개 자연재해 유형별 피해금액에 관한 자료이다. 이에 대한 설명으로 옳은 것만을 모두 고른 것은?

5개 자연재해 유형별 피해금액

(단위 : 억 원)

유형＼연도	2008	2009	2010	2011	2012	2013	2014	2015	2016	2017
태풍	3,416	1,385	118	1,609	9	0	1,725	2,183	8,765	17
호우	2,150	3,520	19,063	435	581	2,549	1,808	5,276	384	1,581
대설	6,739	5,500	52	74	36	128	663	480	204	113
강풍	0	93	140	69	11	70	2	0	267	9
풍랑	0	0	57	331	0	241	70	3	0	0
전체	12,305	10,498	19,430	2,518	637	2,988	4,268	7,942	9,620	1,720

⊙ 2008 ~ 2017년 강풍 피해금액 합계는 풍랑 피해금액 합계보다 적다.
ⓒ 2016년 태풍 피해금액은 2016년 5개 자연재해 유형 전체 피해금액의 90% 이상이다.
ⓒ 피해금액이 매년 10억 원보다 큰 자연재해 유형은 호우뿐이다.
ⓔ 피해금액이 큰 자연재해 유형부터 순서대로 나열하면 2014년과 2015년의 순서는 동일하다.

① ⊙, ⓒ ② ⊙, ⓒ
③ ⓒ, ⓔ ④ ⊙, ⓒ, ⓔ
⑤ ⓒ, ⓒ, ⓔ

Tip ⊙ 주어진 기간 동안 강풍 피해금액과 풍랑 피해금액의 합계를 각각 계산하여 비교하기 보다는 소거법을 이용하여 비교하는 것이 좋다. 비슷한 크기의 값들을 서로 비교하여 소거한 뒤 남은 값들의 크기를 비교해주는 것으로 2013년 강풍과 2014년 풍랑 피해금액이 70억 원으로 동일하고 2009, 2010, 2012년 강풍 피해금액의 합 244억 원과 2013년 풍랑 피해금액 241억 원이 비슷하다. 또한 2011, 2016년 강풍 피해금액의 합 336억 원과 2011년 풍랑 피해금액 331억 원이 비슷하다. 이 값들을 소거한 뒤 남은 값들을 비교해보면 강풍 피해금액의 합계가 풍랑 피해금액의 합계보다 더 작다는 것을 알 수 있다.
ⓒ 2016년 태풍 피해금액이 2016년 5개 자연재해 유형 전체 피해금액의 90% 이상이라는 것은 즉, 태풍을 제외한 나머지 4개 유형 피해금액의 합이 전체 피해금액의 10% 미만이라는 것을 의미한다. 2016년 태풍을 제외한 나머지 4개 유형 피해금액의 합을 계산하면 전체 피해금액의 10% 밖에 미치지 못함을 알 수 있다.
ⓒ 피해금액이 매년 10억 원보다 큰 자연재해 유형은 호우, 대설이 있다.
ⓔ 피해금액이 큰 자연재해 유형부터 순서대로 나열하면 2014년 호우, 태풍, 대설, 풍랑, 강풍이며 이 순서는 2015년의 순서와 동일하다.

26 다음 표는 A지역 전체 가구를 대상으로 원자력발전소 사고 전·후 식수 조달원 변경에 대해 사고 후 설문조사한 결과이다. 사고 전에 비해 사고 후에 이용 가구 수가 감소한 식수 조달원의 수는 몇 개인가? (단, A지역 가구의 식수 조달원은 수돗물, 정수, 약수, 생수로 구성되며, 각 가구는 한 종류의 식수 조달원만 이용한다.)

〈원자력발전소 사고 전·후 A지역 조달원별 가구 수〉

(단위 : 가구)

사고 후 조달원 사고 전 조달원	수돗물	정수	약수	생수
수돗물	40	30	20	30
정수	10	50	10	30
약수	20	10	10	40
생수	10	10	10	40

① 0개   ② 1개
③ 2개   ④ 3개
⑤ 4개

(Tip)

사고 후 조달원 사고 전 조달원	수돗물	정수	약수	생수	합계
수돗물	40	30	20	30	120
정수	10	50	10	30	100
약수	20	10	10	40	80
생수	10	10	10	40	70
합계	80	100	50	140	370

수돗물은 120가구에서 80가구로, 약수는 80가구에서 50가구로 각각 이용 가구 수가 감소하였다. 정수는 100가구로 변화가 없으며, 생수는 70가구에서 140가구로 증가하였다.
따라서 사고 전에 비해 사고 후에 이용 가구 수가 감소한 식수 조달원의 수는 2개이다.

27 서원각 경영진은 최근 경기 침체로 인한 이익감소를 극복하기 위하여 신규사업을 검토 중이다. 현재 회사는 기존 사업에서 평균 투자액 기준으로 12%의 회계적 이익률을 보이고 있으며, 신규사업에서 예상되는 당기순이익은 다음과 같을 때, 회사는 신규사업을 위해 2,240,000을 투자해야 하며 3년 후의 잔존가치는 260,000원으로 예상된다. 최초투자액을 기준으로 하여 신규사업의 회계적 이익률을 구하면? (회사는 정액법에 의해 감가상각한다. 또한 회계적 이익률은 소수점 둘째 자리에서 반올림한다)

구분	신규사업으로 인한 당기순이익
1	200,000
2	300,000
3	400,000

① 약 11.4%   ② 약 12.4%

③ 약 13.4%   ④ 약 14.4%

⑤ 약 15.4%

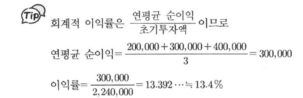

Tip 회계적 이익률은 $\frac{연평균\ 순이익}{초기투자액}$ 이므로

연평균 순이익 $= \frac{200,000+300,000+400,000}{3} = 300,000$

이익률 $= \frac{300,000}{2,240,000} = 13.392 \cdots ≒ 13.4\%$

28 다음은 갑국의 최종에너지 소비량에 대한 자료이다. 이에 대한 설명으로 옳은 것들로만 바르게 짝지어진 것은?

2015 ~ 2017년 유형별 최종에너지 소비량 비중

(단위 : %)

연도 \ 유형	석탄		석유제품	도시가스	전력	기타
	무연탄	유연탄				
2015	2.7	11.6	53.3	10.8	18.2	3.4
2016	2.8	10.3	54.0	10.7	18.6	3.6
2017	2.9	11.5	51.9	10.9	19.1	3.7

2017년 부문별 유형별 최종에너지 소비량

(단위 : 천TOE)

부문＼유형	석탄		석유제품	도시가스	전력	기타	합
	무연탄	유연탄					
산업	4,750	15,317	57,451	9,129	23,093	5,415	115,155
가정 · 상업	901	4,636	6,450	11,105	12,489	1,675	37,256
수송	0	0	35,438	188	1,312	0	36,938
기타	0	2,321	1,299	669	152	42	4,483
계	5,651	22,274	100,638	21,091	37,046	7,132	193,832

※ TOE는 석유 환산 톤수를 의미

㉠ 2015 ~ 2017년 동안 전력 소비량은 매년 증가한다.

㉡ 2017에는 산업부문의 최종에너지 소비량이 전체 최종에너지 소비량의 50% 이상을 차지한다.

㉢ 2015 ~ 2017년 동안 석유제품 소비량 대비 전력 소비량의 비율이 매년 증가한다.

㉣ 2017년에는 산업부문과 가정 · 상업부문에서 유연탄 소비량 대비 무연탄 소비량의 비율이 각각 25% 이하이다.

---

① ㉠, ㉡

② ㉠, ㉣

③ ㉡, ㉢

④ ㉡, ㉣

⑤ ㉢, ㉣

㉠ 2015 ~ 2017년 동안의 유형별 최종에너지 소비량 비중이므로 전력 소비량의 수치는 알 수 없다.

㉡ 2017년의 산업부문의 최종에너지 소비량은 115,155천TOE이므로 전체 최종 에너지 소비량인 193,832천TOE의 50%인 96,916천TOE보다 많으므로 50% 이상을 차지한다고 볼 수 있다.

㉢ 2015 ~ 2017년 동안 석유제품 소비량 대비 전력 소비량의 비율은 $\frac{전력}{석유제품}$으로 계산하면 2015년 $\frac{18.2}{53.3} \times 100 = 34.1\%$, 2016년 $\frac{18.6}{54} \times 100 = 34.4\%$, 2017년 $\frac{19.1}{51.9} \times 100 = 36.8\%$이므로 매년 증가함을 알 수 있다.

㉣ 2017년 산업부문과 가정 · 상업부문에서 $\frac{무연탄}{유연탄}$을 구하면 산업부문의 경우 $\frac{4,750}{15,317} \times 100 = 31\%$, 가정 · 상업부문의 경우 $\frac{901}{4,636} \times 100 = 19.4\%$이므로 모두 25% 이하인 것은 아니다.

Answer → 27.③ 28.③

29 다음은 2015～2017년 동안 ○○지역의 용도별 물 사용량 현황을 나타낸 표이다. 이에 대한 설명으로 옳지 않은 것을 모두 고른 것은?

(단위 : m³, %, 명)

용도 \ 연도 구분	2015 사용량	2015 비율	2016 사용량	2016 비율	2017 사용량	2017 비율
생활용수	136,762	56.2	162,790	56.2	182,490	56.1
가정용수	65,100	26.8	72,400	25.0	84,400	26.0
영업용수	11,000	4.5	19,930	6.9	23,100	7.1
업무용수	39,662	16.3	45,220	15.6	47,250	14.5
욕탕용수	21,000	8.6	25,240	8.7	27,740	8.5
농업용수	45,000	18.5	49,050	16.9	52,230	16.1
공업용수	61,500	25.3	77,900	26.9	90,300	27.8
총 사용량	243,262	100.0	289,740	100.0	325,020	100.0
사용인구	379,300		430,400		531,250	

※ 1명당 생활용수 사용량(m³/명) $= \dfrac{\text{생활용수 총 사용량}}{\text{사용인구}}$

> ㉠ 총 사용량은 2016년과 2017년 모두 전년대비 15% 이상 증가하였다.
> ㉡ 1명당 생활용수 사용량은 매년 증가하였다.
> ㉢ 농업용수 사용량은 매년 증가하였다.
> ㉣ 가정용수와 영업용수 사용량의 합은 업무용수와 욕탕용수 사용량의 합보다 매년 크다.

① ㉠, ㉡
② ㉡, ㉢
③ ㉡, ㉣
④ ㉠, ㉡, ㉣
⑤ ㉠, ㉢, ㉣

 ㉠ 2016년의 총사용량은 전년대비 46,478m³ 증가하여 약 19%의 증가율을 보이며, 2017년의 총사용량은 전년대비 35,280m³ 증가하여 약 12.2%의 증가율을 보여 모두 전년대비 15% 이상 증가한 것은 아니다.

㉡ 1명당 생활용수 사용량을 보면 2015년 0.36m³/명 $\left(\dfrac{136,762}{379,300}\right)$, 2016년은 0.38m³/명 $\left(\dfrac{162,790}{430,400}\right)$, 2017년은 0.34m³/명 $\left(\dfrac{182,490}{531,250}\right)$이 되어 매년 증가하는 것은 아니다.

㉢ 45,000 → 49,050 → 52,230으로 농업용수 사용량은 매년 증가함을 알 수 있다.

㉣ 가정용수와 영업용수 사용량의 합은 업무용수와 욕탕용수의 사용량의 합보다 매년 크다는 것을 알 수 있다.
2015년 65,100 + 11,000 = 76,100 > 39,662 + 21,000 = 60,662
2016년 72,400 + 19,930 = 92,330 > 45,220 + 25,240 = 70,460
2017년 84,400 + 23,100 = 107,500 > 47,250 + 27,740 = 74,990

30 다음은 소정연구소에서 제습기 A～E의 습도별 연간소비전력량을 측정한 자료이다. 이에 대한 설명 중 옳은 것끼리 바르게 짝지어진 것은?

제습기 A～E이 습도별 연간소비전력량

(단위 : kWh)

습도 제습기	40%	50%	60%	70%	80%
A	550	620	680	790	840
B	560	640	740	810	890
C	580	650	730	800	880
D	600	700	810	880	950
E	660	730	800	920	970

㉠ 습도가 70%일 때 연간소비전력량이 가장 적은 제습기는 A이다.

㉡ 각 습도에서 연간소비전력량이 많은 제습기부터 순서대로 나열하면, 습도 60%일 때와 습도 70%일 때의 순서를 동일하다.

㉢ 습도가 40%일 때 제습기 E의 연산소비전력량은 습도가 50%일 때 제습기 B의 연간소비전력량보다 많다.

㉣ 제습기 각각에서 연간소비전력량은 습도가 80%일 때가 40%일 때의 1.5배 이상이다.

① ㉠, ㉡

② ㉠, ㉢

③ ㉡, ㉣

④ ㉠, ㉢, ㉣

⑤ ㉡, ㉢, ㉣

 ㉠ 습도가 70%일 때 연간소비전력량은 790으로 A가 가장 적다.

㉡ 60%와 70%를 많은 순서대로 나열하면 60%일 때 D-E-B-C-A, 70%일 때 E-D-B-C-A 이다.

㉢ 40%일 때 E=660, 50%일 때 B=640이다.

㉣ 40%일 때의 값에 1.5배를 구하여 80%와 비교해 보면 E는 1.5배 이하가 된다.

A = 550×1.5 = 825	840
B = 560×1.5 = 840	890
C = 580×1.5 = 870	880
D = 600×1.5 = 900	950
E = 660×1.5 = 990	970

Answer → 29.① 30.②

다음은 15개 종목이 개최된 2018 자카르타–팔렘방 아시안게임 참가국 A ~ D의 메달 획득 결과를 나타낸 자료이다. 이에 대한 설명으로 옳은 것은?

국가 종목	A 금	A 은	A 동	B 금	B 은	B 동	C 금	C 은	C 동	D 금	D 은	D 동
배드민턴	3	1	1					1				
복싱	3	1	2		1						1	1
사격	3	1	3				1	3	2			
사이클 트랙	3	1			1					1		1
요트					1					1	1	3
기계체조		1	1	4	2	1				1	2	1
소프트볼		1										
역도	1	3					2	1	2			
유도						1	2	1	1	1	1	
롤러스포츠		1		1							1	1
다이빙					1	1	1	4	2			
볼링				1					1	1		
레슬링				1			7	4	3			
수영				1	2	1	1			4	2	1
태권도	1					2				2		2

※ 빈 칸은 0을 의미한다.

① 동일 종목에서, A국이 획득한 모든 메달 수와 B국이 획득한 모든 메달 수를 합하여 종목별로 비교하면, 15개 종목 중 기계체조가 가장 많다.

② A국이 획득한 금메달 수와 C국이 획득한 동메달 수는 같다.

③ A국이 복싱, 사이클 트랙, 소프트볼 종목에서 획득한 모든 메달 수의 합은 C국이 레슬링 종목에서 획득한 모든 메달 수보다 많다.

④ A ~ D국 중 메달을 획득한 종목의 수가 가장 많은 국가는 D국이다.

⑤ 획득한 은메달 수가 많은 국가부터 순서대로 나열하면 C, B, A, D국이다.

> (Tip) ① 기계체조를 기준으로 하면 A, B국의 메달 수 합은 1+1+4+2+1=9로 다른 종목들에 비해 가장 많다.
> ② A국이 획득한 금메달 수 3+3+3+3+1+1=14
> C국이 획득한 동메달 수 2+2+1+2+1+3=11
> ③ A국이 복싱, 사이클 트랙, 소프트볼 종목에서 획득한 모든 메달 수의 합
> 3+1+2+3+1+1=11
> C국이 레슬링 종목에서 획득한 모든 메달 수 7+4+3=14

④ A국 5+6+7+4+2+1+4+1+1=31
　B국 1+1+1+7+1+1+3+1+1+4+2=23
　C국 1+6+5+4+7+1+14+1=39
　D국 2+2+5+4+2+2+1+7+4=29
⑤ 획득한 은메달의 수
　A국 1+1+1+1+1+1+3+1=10
　B국 1+1+1+2+1+2=8
　C국 1+3+1+1+4+4=14
　D국 1+1+2+1+1+2=8

32 다음은 8월 1～10일 동안 도시 5곳에 대한 슈퍼컴퓨터 예측 날씨와 실제 날씨를 정리한 표이다. 이에 대한 설명으로 옳은 내용만 모두 고른 것은?

도시	구분	8.1.	8.2.	8.3.	8.4.	8.5.	8.6.	8.7.	8.8.	8.9.	8.10.
서울	예측	☂	☁	☀	☂	☀	☀	☂	☂	☀	☁
	실제	☂	☀	☂	☂	☀	☀	☂	☀	☀	☂
인천	예측	☀	☂	☀	☂	☁	☀	☂	☀	☀	☀
	실제	☂	☀	☀	☂	☁	☀	☂	☂	☀	☀
파주	예측	☂	☀	☂	☂	☀	☂	☀	☂	☂	☂
	실제	☂	☂	☀	☁	☂	☂	☁	☂	☂	☂
춘천	예측	☂	☂	☀	☀	☀	☂	☂	☀	☂	☀
	실제	☂	☁	☂	☂	☂	☂	☂	☂	☀	☀
태백	예측	☂	☀	☀	☂	☂	☂	☀	☁	☀	☂
	실제	☂	☂	☁	☂	☂	☀	☂	☀	☂	☀

　㉠ 서울에서는 예측 날씨가 '비'인 날 실제 날씨도 모두 '비'였다.
　㉡ 5개 도시 중 예측 날씨와 실제 날씨가 일치한 일수가 가장 많은 도시는 인천이다.
　㉢ 8월 1～10일 중 예측 날씨와 실제 날씨가 일치한 도시 수가 가장 적은 날은 8월 2일이다.

① ㉠　　　　　　　　　　　　② ㉡
③ ㉢　　　　　　　　　　　　④ ㉡, ㉢
⑤ ㉠, ㉡, ㉢

(Tip) ㉠ 8월 8일 서울 날씨를 보면 예측 날씨가 '비'이지만 실제 날씨는 '맑음'이었다.

Answer ⟶ 31.① 32.④

33 다음은 우리나라 흥행순위별 2018년 영화개봉작 정보와 월별 개봉편수 및 관객수에 대한 자료이다. 이에 대한 설명으로 옳지 않은 것은?

우리나라 흥행별 2018년 영화개봉작 정보

(단위 : 천 명)

흥행순위	영화명	개봉시기	제작	관객 수
1	신과 함께라면	8월	국내	12,100
2	탐정님	12	국내	8,540
3	베테랑인가	1월	국내	7,817
4	어벤져스팀	7월	국외	7,258
5	범죄시티	10월	국내	6,851
6	공작왕	7월	국내	6,592
7	마녀다	8월	국내	5,636
8	히스토리	1월	국내	5,316
9	미션 불가능	3월	국외	5,138
10	데드푸우	9월	국외	4,945
11	툼레이더스	10월	국외	4,854
12	공조자	11월	국내	4,018
13	택시운전수	12월	국내	4,013
14	1987년도	10월	국내	3,823
15	곰돌이	6월	국외	3,689
16	별들의 전쟁	4월	국외	3,653
17	서서히 퍼지는	4월	국외	3,637
18	빨간 스페로	7월	국외	3,325
19	독화살	9월	국내	3,279
20	목격담	5월	국외	3,050

※ 관객 수는 개봉일로부터 2018년 12월 31일까지 누적한 값이다.

우리나라의 2018년 월별 개봉편수 및 관객 수

(단위 : 편, 천 명)

월 \ 제작 구분	국내		국외	
	개봉편수	관객 수	개봉편수	관객 수
1	35	12,682	105	10,570
2	39	8,900	96	6,282
3	31	4,369	116	9,486
4	29	4,285	80	6,929
5	31	6,470	131	12,210
6	49	4,910	124	10,194
7	50	6,863	96	14,495
8	49	21,382	110	8,504
9	48	5,987	123	6,733
10	35	12,964	91	8,622
11	56	6,427	104	6,729
12	43	18,666	95	5,215
전체	495	113,905	1,271	105,969

※ 관객 수는 당월 상영영화에 대해 월말 집계한 값이다.

① 흥행순위 1 ~ 20위 내의 영화 중 한 편의 영화도 개봉되지 않았던 달에는 국외제작영화 관객 수가 국내제작영화 관객 수보다 적다.

② 10월에 개봉된 영화 중 흥행순위 1 ~ 20위 내에 든 영화는 국내제작영화일 뿐이다.

③ 국외제작영화 개봉편수는 국내제작영화 개봉편수보다 매달 많다.

④ 국외제작영화 관객 수가 가장 많았던 달에 개봉된 영화 중 흥행순위 1 ~ 20위 내에 든 국외제작영화 개봉작은 2편이다.

⑤ 흥행순위가 1위인 영화의 관객 수는 국내제작영화 전체 관객 수의 10% 이상이다.

> (Tip) ① 2월은 국내 8,900명, 국외 6,282명이다.
> ② 툼레이더스는 국외제작영화이다.
> ③ 월별 개봉편수를 보면 국외제작영화 개봉편수가 매달 많다.
> ④ 7월의 국외제작영화 개봉작은 어벤져스팀, 빨간 스페로 2편이다.
> ⑤ 1위의 관객 수는 12,100천 명
> 국내제작영화 전체 관객 수
> $12,100 + 8,540 + 7,817 + 6,851 + 6,592 + 5,636 + 5,316 + 4,018 + 4,013 + 3,823 + 3,279 = 67,985$천명

Answer → 33.②

34 다음 표는 통신사 A, B, C의 스마트폰 소매가격 및 평가점수 자료이다. 이에 대한 〈보기〉의 설명 중 옳은 것만을 모두 고른 것은?

통신사별 스마트폰의 소매가격 및 평가점수

(단위 : 달러, 점)

통신사	스마트폰	소매가격	평가항목					종합품질점수
			화질	내비게이션	멀티미디어	배터리 수명	통화성능	
A	a	150	3	3	3	3	1	13
	b	200	2	2	3	1	2	10
	c	200	3	3	3	1	1	11
B	d	180	3	3	3	2	1	12
	e	100	2	3	3	2	1	11
	f	70	2	1	3	2	1	9
C	g	200	3	3	3	2	2	13
	h	50	3	2	3	2	1	11
	i	150	3	2	2	3	2	12

〈보기〉

㉠ 소매가격이 200달러인 스마트폰 중 '종합품질점수'가 가장 높은 스마트폰은 c이다.

㉡ 소매가격이 가장 낮은 스마트폰은 '종합품질점수'도 가장 낮다.

㉢ 통신사 각각에 대해서 해당 통신사 스마트폰의 '통화성능' 평가점수의 평균을 계산하여 통신사별로 비교하면 C가 가장 높다.

㉣ 평가항목 각각에 대해서 스마트폰 a ~ i 평가점수의 합을 계산하여 평가항목별로 비교하면 '멀티미디어'가 가장 높다.

---

① ㉠

② ㉢

③ ㉠, ㉡

④ ㉡, ㉣

⑤ ㉢, ㉣

Tip ㉠ 200달러인 스마트폰 중 종합품질점수가 가장 높은 스마트폰은 g이다.

㉡ 소매가격이 가장 낮은 스마트폰은 h이며, 종합품질점수가 가장 낮은 스마트폰은 f이다.

㉢ A : $\dfrac{1+2+1}{3}=\dfrac{4}{3}$, B : $\dfrac{1+1+1}{3}=1$, C : $\dfrac{2+1+2}{3}=\dfrac{5}{3}$

㉣ 화질 : $3+2+3+3+2+2+3+3+3=24$
내비게이션 : $3+2+3+3+3+1+3+2+2=22$
멀티미디어 : $3+3+3+3+3+3+3+3+2=26$
배터리 수명 : $3+1+1+2+2+2+2+2+3=18$
통화성능 : $1+2+1+1+1+1+2+1+2=12$

35 다음은 물품 A~E의 가격에 대한 자료이다. 아래 조건에 부합하는 물품의 가격으로 가장 가능한 것은?

(단위 : 원/개)

물품	가격
A	24,000
B	㉠
C	㉡
D	㉢
E	16,000

[조건]
• 갑, 을, 병이 가방에 담긴 물품은 각각 다음과 같다.
–갑 : B, C, D
–을 : A, C
–병 : B, D, E
• 가방에는 해당 물품이 한 개씩만 담겨 있다.
• 가방에 담긴 물품 가격의 합이 높은 사람부터 순서대로 나열하면 갑 > 을 > 병 순이다.
• 병의 가방에 담긴 물품 가격의 합은 44,000원이다.

	㉠	㉡	㉢
①	11,000	23,000	14,000
②	12,000	14,000	16,000
③	12,000	19,000	16,000
④	13,000	19,000	15,000
⑤	13,000	23,000	15,000

Tip 조건을 잘 보면 병의 가방에 담긴 물품 가격의 합이 44,000원
병의 가방에는 B, D, E가 들어 있고 E의 가격은 16,000원
그럼 B와 D의 가격의 합이(㉠+㉢) 44,000 – 16,000 = 28,000원이 되어야 한다.
①은 답이 될 수 없다.
가방에 담긴 물품 가격의 합이 높은 사람부터 순서대로 나열하면 갑 > 을 > 병 순이므로
을은 A와 C를 가지고 있는데 A는 24,000원, 병 44,000원보다 많아야 하므로 C의 가격(㉡)
은 적어도 44,000 – 24,000 = 20,000원 이상이 되어야 한다.
②③④는 답이 될 수 없다.

36 다음은 면접관 A~E가 NH농협은행 응시자 갑~정에게 부여한 면접 점수이다. 이에 대한 설명으로 옳은 내용만 모두 고른 것은?

(단위 : 점)

면접관＼응시자	갑	을	병	정	범위
A	7	8	8	6	2
B	4	6	8	10	( )
C	5	9	8	8	( )
D	6	10	9	7	4
E	9	7	6	5	4
중앙값	( )	( )	8	( )	–
교정점수	( )	8	( )	7	–

※ 범위는 해당 면접관이 각 응시자에게 부여한 면접 점수 중 최댓값에서 최솟값을 뺀 값이다.
※ 중앙값은 해당 응시자가 면접관에게서 받은 모든 면접 점수를 크기순으로 나열할 때 한가운데 값이다.
※ 교정점수는 해당 응시자가 면접관에게 받은 모든 면접 점수 중 최댓값과 최솟값을 제외한 면접 점수의 산술평균값이다.

> ㉠ 면접관 중 범위가 가장 큰 면접관은 B이다.
> ㉡ 응시자 중 중앙값이 가장 작은 응시자는 정이다.
> ㉢ 교정점수는 병이 갑보다 크다.

① ㉠
② ㉡
③ ㉠, ㉢
④ ㉡, ㉢
⑤ ㉠, ㉡, ㉢

(Tip) 먼저 표를 완성하여 보면

면접관＼응시자	갑	을	병	정	범위
A	7	8	8	6	2
B	4	6	8	10	(6)
C	5	9	8	8	(4)
D	6	10	9	7	4
E	9	7	6	5	4
중앙값	(6)	(8)	8	(7)	–
교정점수	(6)	8	(8)	7	–

㉠ 면접관 중 범위가 가장 큰 면접관은 범위가 6인 B가 맞다.
㉡ 응시자 중 중앙값이 가장 작은 응시자는 6인 갑이다.
㉢ 교정점수는 병이 8, 갑이 6이므로 병이 크다.

37 다음은 1960~1964년 동안 전남지역 곡물 재배면적 및 생산량을 정리한 표이다. 이에 대한 설명으로 옳은 것은?

(단위 : 천 정보, 천 석)

곡물	구분	1960	1961	1962	1963	1964
두류	재배면적	450	283	301	317	339
	생산량	1,940	1,140	1,143	1,215	1,362
맥류	재배면적	1,146	773	829	963	1,034
	생산량	7,347	4,407	4,407	6,339	7,795
미곡	재배면적	1,148	1,100	998	1,118	1,164
	생산량	15,276	14,145	13,057	15,553	18,585
서류	재배면적	59	88	87	101	138
	생산량	821	1,093	1,228	1,436	2,612
잡곡	재배면적	334	224	264	215	208
	생산량	1,136	600	750	633	772
전체	재배면적	3,137	2,468	2,479	2,714	2,883
	생산량	26,520	21,385	20,585	25,176	31,126

① 1961~1964년 동안 재배면적의 전년대비 증감방향은 미곡과 두류가 동일하다.

② 생산량은 매년 두류가 서류보다 많다.

③ 재배면적은 매년 잡곡이 서류의 2배 이상이다.

④ 1964년 재배면적당 생산량이 가장 큰 곡물은 미곡이다.

⑤ 1963년 미곡과 맥류 재배면적의 합은 1963년 곡물 재배면적 전체의 70% 이상이다.

(Tip) ① 두류의 증감방향 : 증가 → 증가 → 증가

미곡의 증감방향 : 감소 → 증가 → 증가

② 1962년, 1963년, 1964년은 서류의 생산량이 더 많다.

③ 1964년의 경우 $\frac{208}{138}$ = 1.5배이다.

④ 재배면적당 생산량을 계산해보면 두류 4, 맥류 7.5, 미곡 15.9, 서류 18.9, 잡곡 3.7로 가장 큰 곡물은 서류이다.

⑤ 미곡과 맥류의 재배면적의 합은 2,081이고, 곡물 재배면적 전체는 2,714이므로

$\frac{2,081}{2,714} \times 100 = 76.6\%$

Answer ⟶ 36.③ 37.⑤

38 다음은 2015년과 2018년 한국, 중국, 일본의 재화 수출액 및 수입액을 정리한 표와 무역수지와 무역특화지수에 대한 용어정리이다. 이에 대한 〈보기〉의 내용 중 옳은 것만 고른 것은?

(단위 : 억 달러)

연도	국가 수출입액 재화	한국		중국		일본	
		수출액	수입액	수출액	수입액	수출액	수입액
2015년	원자재	578	832	741	1,122	905	1,707
	소비재	117	104	796	138	305	847
	자본재	1,028	668	955	991	3,583	1,243
2018년	원자재	2,015	3,232	5,954	9,172	2,089	4,760
	소비재	138	375	4,083	2,119	521	1,362
	자본재	3,444	1,549	12,054	8,209	4,541	2,209

[용어정리]

• 무역수지＝수출액－수입액
－우역수지 값이 양(+)이면 흑자, 음(−)이면 적자이다.
• 무역특화지수＝$\dfrac{수출액－수입액}{수출액＋수입액}$
－무역특화지수의 값이 클수록 수출경쟁력이 높다.

〈보기〉

㉠ 2018년 한국, 중국, 일본 각각에서 원자재 무역수지는 적자이다.
㉡ 2018년 한국의 원자재, 소비재, 자본재 수출액은 2015년 비해 각각 50% 이상 증가하였다.
㉢ 2018년 자본재 수출경쟁력은 일본이 한국보다 높다.

① ㉠
② ㉡
③ ㉠, ㉡
④ ㉠, ㉢
⑤ ㉡, ㉢

 ㉠ 한국 $2,015－3,232＝－1,217$, 중국 $5,954－9,172＝－3,218$, 일본 $2,089－4,760＝－2,671$
모두 적자이다.
㉡ 소비재는 50% 이상 증가하지 않았다.

	원자재	소비재	자본재
2018	2,015	138	3,444
2015	578	117	1,028

㉢ 자본재 수출경쟁력을 구하면 한국이 일본보다 높다.

$$한국＝\dfrac{3,444－1,549}{3,444＋1,549}＝0.38 \qquad 일본＝\dfrac{12,054－8,209}{12,054＋8,209}＝0.19$$

39 다음은 갑국 ~ 정국의 성별 평균소득과 대학진학률의 격차지수만으로 계산한 간이 성평등지수에 대한 표이다. 이에 대한 설명으로 옳은 것만 모두 고른 것은?

(단위 : 달러, %)

항목 국가	평균소득			대학진학률			간이 성평등 지수
	여성	남성	격차지수	여성	남성	격차지수	
갑	8,000	16,000	0.50	68	48	1.00	0.75
을	36,000	60,000	0.60	( )	80	( )	( )
병	20,000	25,000	0.80	70	84	0.83	0.82
정	3,500	5,000	0.70	11	15	0.73	0.72

※ 격차지수는 남성 항목값 대비 여성 항목값의 비율로 계산하며, 그 값이 1을 넘으면 1로 한다.

※ 간이 성평등지수는 평균소득 격차지수와 대학진학률 격차지수의 산술 평균이다.

※ 격차지수와 간이 성평등지수는 소수점 셋째자리에서 반올림한다.

> ㉠ 갑국의 여성 평균소득과 남성 평균소득이 각각 1,000달러씩 증가하면 갑국의 간이 성평등지수는 0.80 이상이 된다.
>
> ㉡ 을국의 여성 대학진학률이 85%이면 간이 성평등지수는 을국이 병국보다 높다.
>
> ㉢ 정국의 여성 대학진학률이 4%p 상승하면 정국의 간이 성평등지수는 0.80 이상이 된다.

① ㉠

② ㉡

③ ㉢

④ ㉠, ㉡

⑤ ㉠, ㉢

(Tip) ㉠ 갑국의 평균소득이 각각 1,000달러씩 증가하면 여성 9,000, 남성 17,000

격차지수를 구하면 $\frac{9,000}{17,000} = 0.529 = 0.53$

간이 성평등지수를 구하면 $\frac{0.53+1}{2} = 0.765 = 0.77$

갑국의 간이 성평등지수는 0.80 이하이다.

㉡ 을국의 여성 대학진학률이 85%이면 격차지수는 $\frac{85}{80} = 1.0625 = 1$

간이 성평등지수를 구하면 $\frac{0.60+1}{2} = 0.8$

병국의 간이 성평등지수는 0.82, 을국의 간이 성평등지수는 0.8이므로 병국이 더 높다.

㉢ 정국의 여성 대학진학률이 4%p 상승하면 격차지수는 $\frac{15}{15} = 1$

간이 성평등지수는 $\frac{0.70+1}{2} = 0.85$

정국의 간이 성평등지수는 0.80 이상이 된다.

Answer → 38.① 39.③

40 다음 표와 그림은 2018년 한국 골프 팀 A∼E의 선수 인원수 및 총 연봉과 각각의 전년대비 증가율을 나타낸 것이다. 이에 대한 설명으로 옳지 않은 것은?

2018년 골프 팀 A∼E의 선수 인원수 및 총 연봉

(단위 : 명, 억 원)

골프 팀	선수 인원수	총 연봉
A	5	15
B	10	25
C	8	24
D	6	30
E	6	24

※ 팀 선수 평균 연봉 $= \dfrac{\text{총 연봉}}{\text{선수 인원수}}$

2018년 골프 팀 A∼E의 선수 인원수 및 총 연봉의 전년대비 증가율

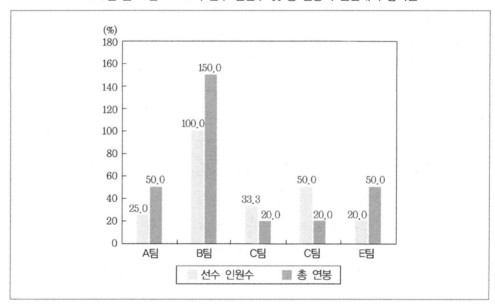

※ 전년대비 증가율은 소수점 둘째자리에서 반올림한 값이다.

① 2018년 팀 선수 평균 연봉은 D팀이 가장 많다.

② 2018년 전년대비 증가한 선수 인원수는 C팀과 D팀이 동일하다.

③ 2018년 A팀이 팀 선수 평균 연봉은 전년대비 증가하였다.

④ 2018년 선수 인원수가 전년대비 가장 많이 증가한 팀은 총 연봉도 가장 많이 증가하였다.

⑤ 2017년 총 연봉은 A팀이 E팀보다 많다.

(Tip) ① 팀 선수 평균 연봉 $= \dfrac{\text{총 연봉}}{\text{선수 인원수}}$

A : $\dfrac{15}{5} = 3$

B : $\dfrac{25}{10} = 2.5$

C : $\dfrac{24}{8} = 3$

D : $\dfrac{30}{6} = 5$

E : $\dfrac{24}{6} = 4$

② C팀 2017년 선수 인원수 $\dfrac{8}{1.333} = 6$명, 2018년 선수 인원수 8명

D팀 2017년 선수 인원수 $\dfrac{6}{1.5} = 4$명, 2018년 선수 인원수 6명

C, D팀은 모두 전년대비 2명씩 증가하였다.

③ A팀의 2017년 총 연봉은 $\dfrac{15}{1.5} = 10$억 원, 2017년 선수 인원수는 $\dfrac{5}{1.25} = 4$명

2017년 팀 선수 평균 연봉은 $\dfrac{10}{4} = 2.5$억 원

2018년 팀 선수 평균 연봉은 3억 원

④ 2017 선수 인원수를 구해보면 A-4명, B-5명, C-6명, D-4명, E-5명
전년대비 증가한 선수 인원수는 A-1명, B-5명, C-2명, D-2명, E-1명
2017년 총 연봉을 구해보면 A-10억, B-10억, C-20억, D-25억, E-16억
전년대비 증가한 총 연봉은 A-5억, B-15억, C-4억, D-5억, E-8억

⑤ 2017년 총 연봉은 A팀이 10억 원, E팀이 16억 원으로 E팀이 더 많다.

Answer↪ 40.⑤

CHAPTER

03 문제해결능력

1 문제와 문제해결

(1) 문제의 정의와 분류

① 정의 … 문제란 업무를 수행함에 있어서 답을 요구하는 질문이나 의논하여 해결해야 되는 사항이다.

② 문제의 분류

구분	창의적 문제	분석적 문제
문제제시 방법	현재 문제가 없더라도 보다 나은 방법을 찾기 위한 문제 탐구→문제 자체가 명확하지 않음	현재의 문제점이나 미래의 문제로 예견될 것에 대한 문제 탐구→문제 자체가 명확함
해결방법	창의력에 의한 많은 아이디어의 작성을 통해 해결	분석, 논리, 귀납과 같은 논리적 방법을 통해 해결
해답 수	해답의 수가 많으며, 많은 답 가운데 보다 나은 것을 선택	답의 수가 적으며 한정되어 있음
주요특징	주관적, 직관적, 감각적, 정성적, 개별적, 특수성	객관적, 논리적, 정량적, 이성적, 일반적, 공통성

(2) 업무수행과정에서 발생하는 문제 유형

① **발생형 문제(보이는 문제)** … 현재 직면하여 해결하기 위해 고민하는 문제이다. 원인이 내재되어 있기 때문에 원인지향적인 문제라고도 한다.
　　㉠ **일탈문제** : 어떤 기준을 일탈함으로써 생기는 문제
　　㉡ **미달문제** : 어떤 기준에 미달하여 생기는 문제

② **탐색형 문제(찾는 문제)** … 현재의 상황을 개선하거나 효율을 높이기 위한 문제이다. 방치할 경우 큰 손실이 따르거나 해결할 수 없는 문제로 나타나게 된다.
　　㉠ **잠재문제** : 문제가 잠재되어 있어 인식하지 못하다가 확대되어 해결이 어려운 문제
　　㉡ **예측문제** : 현재로는 문제가 없으나 현 상태의 진행 상황을 예측하여 찾아야 앞으로 일어날 수 있는 문제가 보이는 문제

ⓒ 발견문제 : 현재로서는 담당 업무에 문제가 없으나 선진기업의 업무 방법 등 보다 좋은 제도나 기법을 발견하여 개선시킬 수 있는 문제

③ 설정형 문제(미래 문제) … 장래의 경영전략을 생각하는 것으로 앞으로 어떻게 할 것인가 하는 문제이다. 문제해결에 창조적인 노력이 요구되어 창조적 문제라고도 한다.

■ 예제 1

D회사 신입사원으로 입사한 귀하는 신입사원 교육에서 업무수행과정에서 발생하는 문제 유형 중 설정형 문제를 하나씩 찾아오라는 지시를 받았다. 이에 대해 귀하는 교육받은 내용을 다시 복습하려고 한다. 설정형 문제에 해당하는 것은?

① 현재 직면하여 해결하기 위해 고민하는 문제
② 현재의 상황을 개선하거나 효율을 높이기 위한 문제
③ 앞으로 어떻게 할 것인가 하는 문제
④ 원인이 내재되어 있는 원인지향적인 문제

[출제의도]
업무수행 중 문제가 발생하였을 때 문제 유형을 구분하는 능력을 측정하는 문항이다.
[해설]
업무수행과정에서 발생하는 문제 유형으로는 발생형 문제, 탐색형 문제, 설정형 문제가 있으며 ①④는 발생형 문제이며 ②는 탐색형 문제, ③이 설정형 문제이다.

 답 ③

---

(3) 문제해결

① **정의** … 목표와 현상을 분석하고 이 결과를 토대로 과제를 도출하여 최적의 해결책을 찾아 실행·평가해 가는 활동이다.

② **문제해결에 필요한 기본적 사고**
   ㉠ **전략적 사고** : 문제와 해결방안이 상위 시스템과 어떻게 연결되어 있는지를 생각한다.
   ㉡ **분석적 사고** : 전체를 각각의 요소로 나누어 그 의미를 도출하고 우선순위를 부여하여 구체적인 문제해결방법을 실행한다.
   ㉢ **발상의 전환** : 인식의 틀을 전환하여 새로운 관점으로 바라보는 사고를 지향한다.
   ㉣ **내·외부자원의 활용** : 기술, 재료, 사람 등 필요한 자원을 효과적으로 활용한다.

③ **문제해결의 장애요소**
   ㉠ 문제를 철저하게 분석하지 않는 경우
   ㉡ 고정관념에 얽매이는 경우
   ㉢ 쉽게 떠오르는 단순한 정보에 의지하는 경우
   ㉣ 너무 많은 자료를 수집하려고 노력하는 경우

④ 문제해결방법

　　㉠ **소프트 어프로치** : 문제해결을 위해서 직접적인 표현보다는 무언가를 시사하거나 암시를 통하여 의사를 전달하여 문제해결을 도모하고자 한다.

　　㉡ **하드 어프로치** : 상이한 문화적 토양을 가지고 있는 구성원을 가정하고, 서로의 생각을 직설적으로 주장하고 논쟁이나 협상을 통해 서로의 의견을 조정해 가는 방법이다.

　　㉢ **퍼실리테이션(facilitation)** : 촉진을 의미하며 어떤 그룹이나 집단이 의사결정을 잘 하도록 도와주는 일을 의미한다.

2 문제해결능력을 구성하는 하위능력

(1) 사고력

① 창의적 사고 … 개인이 가지고 있는 경험과 지식을 통해 새로운 가치 있는 아이디어를 산출하는 사고능력이다.

　　㉠ **창의적 사고의 특징**
　　　• 정보와 정보의 조합
　　　• 사회나 개인에게 새로운 가치 창출
　　　• 창조적인 가능성

| 예제 2

M사 홍보팀에서 근무하고 있는 귀하는 입사 5년차로 창의적인 기획안을 제출하기로 유명하다. S부장은 이번 신입사원 교육 때 귀하에게 창의적인 사고란 무엇인지 교육을 맡아달라고 부탁하였다. 창의적인 사고에 대한 귀하의 설명으로 옳지 않은 것은?

① 창의적인 사고는 새롭고 유용한 아이디어를 생산해 내는 정신적인 과정이다.
② 창의적인 사고는 특별한 사람들만이 할 수 있는 대단한 능력이다.
③ 창의적인 사고는 기존의 정보들을 특정한 요구조건에 맞거나 유용하도록 새롭게 조합시킨 것이다.
④ 창의적인 사고는 통상적인 것이 아니라 기발하거나, 신기하며 독창적인 것이다.

[출제의도]
창의적 사고에 대한 개념을 정확히 파악하고 있는지를 묻는 문항이다.

[해설]
흔히 사람들은 창의적인 사고에 대해 특별한 사람들만이 할 수 있는 대단한 능력이라고 생각하지만 그리 대단한 능력이 아니며 이미 알고 있는 경험과 지식을 해체하여 다시 새로운 정보로 결합하여 가치 있는 아이디어를 산출하는 사고라고 할 수 있다.

 답 ②

ⓛ 발산적 사고 : 창의적 사고를 위해 필요한 것으로 자유연상법, 강제연상법, 비교발상법 등을 통해 개발할 수 있다.

구분	내용
자유연상법	생각나는 대로 자유롭게 발상 ex) 브레인스토밍
강제연상법	각종 힌트에 강제적으로 연결 지어 발상 ex) 체크리스트
비교발상법	주제의 본질과 닮은 것을 힌트로 발상 ex) NM법, Synectics

Point ≫ 브레인스토밍
ⓐ 진행방법
- 주제를 구체적이고 명확하게 정한다.
- 구성원의 얼굴을 볼 수 있는 좌석 배치와 큰 용지를 준비한다.
- 구성원들의 다양한 의견을 도출할 수 있는 사람을 리더로 선출한다.
- 구성원은 다양한 분야의 사람들로 5~8명 정도로 구성한다.
- 발언은 누구나 자유롭게 할 수 있도록 하며, 모든 발언 내용을 기록한다.
- 아이디어에 대한 평가는 비판해서는 안 된다.
ⓑ 4대 원칙
- 비판엄금(Support) : 평가 단계 이전에 결코 비판이나 판단을 해서는 안 되며 평가는 나중까지 유보한다.
- 자유분방(Silly) : 무엇이든 자유롭게 말하고 이런 바보 같은 소리를 해서는 안 된다는 등의 생각은 하지 않아야 한다.
- 질보다 양(Speed) : 질에는 관계없이 가능한 많은 아이디어들을 생성해내도록 격려한다.
- 결합과 개선(Synergy) : 다른 사람의 아이디어에 자극되어 보다 좋은 생각이 떠오르고, 서로 조합하면 재미있는 아이디어가 될 것 같은 생각이 들면 즉시 조합시킨다.

② 논리적 사고 … 사고의 전개에 있어 전후의 관계가 일치하고 있는가를 살피고 아이디어를 평가하는 사고능력이다.
ⓐ 논리적 사고를 위한 5가지 요소 : 생각하는 습관, 상대 논리의 구조화, 구체적인 생각, 타인에 대한 이해, 설득
ⓑ 논리적 사고 개발 방법
- 피라미드 구조 : 하위의 사실이나 현상부터 사고하여 상위의 주장을 만들어가는 방법
- so what기법 : '그래서 무엇이지?'하고 자문자답하여 주어진 정보로부터 가치 있는 정보를 이끌어 내는 사고 기법

③ 비판적 사고 … 어떤 주제나 주장에 대해서 적극적으로 분석하고 종합하며 평가하는 능동적인 사고이다.
ⓐ 비판적 사고 개발 태도 : 비판적 사고를 개발하기 위해서는 지적 호기심, 객관성, 개방성, 융통성, 지적 회의성, 지적 정직성, 체계성, 지속성, 결단성, 다른 관점에 대한 존중과 같은 태도가 요구된다.

   ⓛ 비판적 사고를 위한 태도
- 문제의식 : 비판적인 사고를 위해서 가장 먼저 필요한 것은 바로 문제의식이다. 자신이 지니고 있는 문제와 목적을 확실하고 정확하게 파악하는 것이 비판적인 사고의 시작이다.
- 고정관념 타파 : 지각의 폭을 넓히는 일은 정보에 대한 개방성을 가지고 편견을 갖지 않는 것으로 고정관념을 타파하는 일이 중요하다.

(2) 문제처리능력과 문제해결절차
① 문제처리능력 … 목표와 현상을 분석하고 이를 토대로 문제를 도출하여 최적의 해결책을 찾아 실행·평가하는 능력이다.
② 문제해결절차 … 문제 인식 → 문제 도출 → 원인 분석 → 해결안 개발 → 실행 및 평가
   ㉠ 문제 인식 : 문제해결과정 중 'waht'을 결정하는 단계로 환경 분석 → 주요 과제 도출 → 과제 선정의 절차를 통해 수행된다.
- 3C 분석 : 환경 분석 방법의 하나로 사업환경을 구성하고 있는 요소인 자사(Company), 경쟁사(Competitor), 고객(Customer)을 분석하는 것이다.

예제 3

L사에서 주력 상품으로 밀고 있는 TV의 판매 이익이 감소하고 있는 상황에서 귀하는 B부장으로부터 3C분석을 통해 해결방안을 강구해 오라는 지시를 받았다. 다음 중 3C에 해당하지 않는 것은?

① Customer   ② Company
③ Competitor   ④ Content

[출제의도]
3C의 개념과 구성요소를 정확히 숙지하고 있는지를 측정하는 문항이다.
[해설]
3C 분석에서 사업 환경을 구성하고 있는 요소인 자사(Company), 경쟁사(Competitor), 고객을 3C (Customer)라고 한다. 3C 분석에서 고객 분석에서는 '고객은 자사의 상품·서비스에 만족하고 있는지를, 자사 분석에서는 '자사가 세운 달성 목표와 현상 간에 차이가 없는지를 경쟁사 분석에서는 '경쟁기업의 우수한 점과 자사의 현상과 차이가 없는지에 대한 질문을 통해서 환경을 분석하게 된다.

답 ④

- SWOT 분석 : 기업내부의 강점과 약점, 외부환경의 기회와 위협요인을 분석·평가하여 문제해결 방안을 개발하는 방법이다.

		내부환경요인	
		강점(Strengths)	약점(Weaknesses)
외부환경요인	기회 (Opportunities)	SO 내부강점과 외부기회 요인을 극대화	WO 외부기회를 이용하여 내부약점을 강점으로 전환
	위협 (Threat)	ST 외부위협을 최소화하기 위해 내부강점을 극대화	WT 내부약점과 외부위협을 최소화

© 문제 도출 : 선정된 문제를 분석하여 해결해야 할 것이 무엇인지를 명확히 하는 단계로, 문제 구조 파악 → 핵심 문제 선정 단계를 거쳐 수행된다.
- Logic Tree : 문제의 원인을 파고들거나 해결책을 구체화할 때 제한된 시간 안에서 넓이와 깊이를 추구하는데 도움이 되는 기술로 주요 과제를 나무모양으로 분해·정리하는 기술이다.
© 원인 분석 : 문제 도출 후 파악된 핵심 문제에 대한 분석을 통해 근본 원인을 찾는 단계로 Issue 분석 → Data 분석 → 원인 파악의 절차로 진행된다.
② 해결안 개발 : 원인이 밝혀지면 이를 효과적으로 해결할 수 있는 다양한 해결안을 개발하고 최선의 해결안을 선택하는 것이 필요하다.
⑩ 실행 및 평가 : 해결안 개발을 통해 만들어진 실행계획을 실제 상황에 적용하는 활동으로 실행계획 수립 → 실행 → Follow-up의 절차로 진행된다.

예제 4

C사는 최근 국내 매출이 지속적으로 하락하고 있어 사내 분위기가 심상치 않다. 이에 대해 Y부장은 이 문제를 극복하고자 문제처리 팀을 구성하여 해결방안을 모색하도록 지시하였다. 문제처리 팀의 문제해결 절차를 올바른 순서로 나열한 것은?

① 문제 인식 → 원인 분석 → 해결안 개발 → 문제 도출 → 실행 및 평가
② 문제 도출 → 문제 인식 → 해결안 개발 → 원인 분석 → 실행 및 평가
③ 문제 인식 → 원인 분석 → 문제 도출 → 해결안 개발 → 실행 및 평가
④ 문제 인식 → 문제 도출 → 원인 분석 → 해결안 개발 → 실행 및 평가

[출제의도]
실제 업무 상황에서 문제가 일어났을 때 해결 절차를 알고 있는지를 측정하는 문항이다.
[해설]
일반적인 문제해결절차는 '문제 인식 → 문제 도출 → 원인 분석 → 해결안 개발 → 실행 및 평가로 이루어진다.

답 ④

출제예상문제

1 서원기업은 영업팀 6명의 직원(A~F)과 관리팀 4명의 직원(갑~정)이 매일 각 팀당 1명씩 총 2명이
당직 근무를 선다. 2일 날 A와 갑 직원이 당직 근무를 서고 팀별 순서(A~F, 갑~정)대로 돌아가며
근무를 선다면, E와 병이 함께 근무를 서는 날은 언제인가? (단, 근무를 서지 않는 날은 없다고 가
정한다)

① 10일   ② 11일
③ 12일   ④ 13일
⑤ 14일

Tip 주어진 조건에 따라 선택지의 날짜에 해당하는 당직 근무표를 정리해 보면 다음과 같다.

구분	갑	을	병	정
A	2일, 14일		8일	
B		3일		9일
C	10일		4일	
D		11일		5일
E	6일		12일	
F		7일		13일

따라서 A와 갑이 2일 날 당직 근무를 섰다면 E와 병은 12일 날 당직 근무를 서게 된다.

2 다음은 NH농협은행의 토론 면접상황이다. 다음 중 한 팀이 될 수 있는 사람들은 누구인가?

> • A, B, C, D, E, F의 여섯 명의 신입사원들이 있다.
> • 신입사원들은 모두 두 팀 중 한 팀에 속해야 한다.
> • 한 팀에 3명씩 두 팀으로 나눠야 한다.
> • A와 B는 한 팀이 될 수 없다.
> • E는 C 또는 F와 한 팀이 되어야 한다.

① A, B, C
② A, B, F
③ A, C, E
④ A, C, F
⑤ B, D, E

(Tip) 우선 A와 B를 다른 팀에 배치하고 C, D, E, F를 두 명씩 각 팀에 배치하되 C, E, F는 한 팀이 될 수 없고 C와 E 또는 E와 F가 한 팀이 되어야 하므로 (A, C, E/B, D, F), (B, C, E/A, D, F), (A, E, F/B, C, D), (B, E, F/A, C, D)의 네 가지 경우로 나눌 수 있다.

3 다음은 5가지의 영향력을 행사하는 방법과 순정, 석일이의 발언이다. 순정이와 석일이의 발언은 각각 어떤 방법에 해당하는가?

〈영향력을 행사하는 방법〉

• 합리적 설득 : 논리와 사실을 이용하여 제안이나 요구가 실행 가능하고, 그 제안이나 요구가 과업 목표 달성을 위해 필요하다는 것을 보여주는 방법
• 연합 전술 : 영향을 받는 사람들이 제안을 지지하거나 어떤 행동을 하도록 만들기 위해 다른 사람의 지지를 이용하는 방법
• 영감에 호소 : 이상에 호소하거나 감정을 자극하여 어떤 제안이나 요구사항에 몰입하도록 만드는 방법
• 교환 전술 : 제안에 대한 지지에 상응하는 대가를 제공하는 방법
• 합법화 전술 : 규칙, 공식적 방침, 공식 문서 등을 제시하여 제안의 적법성을 인식시키는 방법

〈발언〉

• 순정 : 이 기획안에 대해서는 이미 개발부와 재정부가 동의했습니다. 여러분들만 지지해준다면 계획을 성공적으로 완수할 수 있을 것입니다.
• 석일 : 이 기획안은 우리 기업의 비전과 핵심가치들을 담고 있습니다. 이 계획이야말로 우리가 그동안 염원했던 가치를 실현함으로써 회사의 발전을 이룩할 수 있는 기획이라고 생각합니다. 여러분이 그동안 고생한 만큼 이 계획은 성공적으로 끝마쳐야 합니다.

---

① 순정 : 합리적 설득, 석일 : 영감에 호소
② 순정 : 연합 전술, 석일 : 영감에 호소
③ 순정 : 연합 전술, 석일 : 합법화 전술
④ 순정 : 영감에 호소, 석일 : 합법화 전술
⑤ 순정 : 영감에 호소, 석일 : 교환 전술

Tip ㉠ 순정 : 다른 사람들의 지지를 이용하기 때문에 '연합 전술'에 해당한다.
㉡ 석일 : 기업의 비전과 가치를 언급함으로써 이상에 호소하여 제안에 몰입하도록 하기 때문에 '영감에 호소'에 해당한다.

4 G 음료회사는 신제품 출시를 위해 시제품 3개를 만들어 전 직원을 대상으로 블라인드 테스트를 진행한 후 기획팀에서 회의를 하기로 했다. 독창성, 대중성, 개인선호도 세 가지 영역에 총 15점 만점으로 진행된 테스트 결과가 다음과 같을 때, 기획팀 직원들의 발언으로 옳지 않은 것은?

	독창성	대중성	개인선호도	총점
시제품 A	5	2	3	10
시제품 B	4	4	4	12
시제품 C	2	5	5	12

① 우리 회사의 핵심가치 중 하나가 창의성 아닙니까? 저는 독창성 점수가 높은 A를 출시해야 한다고 생각합니다.

② 독창성이 높아질수록 총점이 낮아지는 것을 보지 못하십니까? 저는 그 의견에 반대합니다.

③ 무엇보다 현 시점에서 회사의 재정상황을 타개하기 위해서는 대중성을 고려하여 높은 이윤이 날 것으로 보이는 C를 출시해야 하지 않겠습니까?

④ 저도 대중성과 개인선호도가 높은 C를 출시해야 한다고 생각합니다.

⑤ 그럼 독창성과 대중성, 개인선호도 점수가 비슷한 B를 출시하는 것이 어떻겠습니까?

(Tip) ② 시제품 B는 C에 비해 독창성 점수가 2점 높지만 총점은 같다. 따라서 옳지 않은 발언이다.

Answer ┌→ 3.② 4.②

CHAPTER 03. 문제해결능력 » 171

5   다음 〈조건〉에 따를 때 바나나우유를 구매한 사람을 바르게 짝지은 것은?

〈조건〉

- 남은 우유는 10개이며, 흰우유, 초코우유, 바나나우유, 딸기우유, 커피우유 각각 두 개씩 남아 있다.
- 독미, 민희, 영진, 호섭 네 사람이 남은 열 개의 우유를 모두 구매하였으며, 이들이 구매한 우유의 수는 모두 다르다.
- 우유를 전혀 구매하지 않은 사람은 없으며, 같은 종류의 우유를 두 개 구매한 사람도 없다.
- 독미와 영진이가 구매한 우유 중에 같은 종류가 하나 있다.
- 영진이와 민희가 구매한 우유 중에 같은 종류가 하나 있다.
- 독미와 민희가 동시에 구매한 우유의 종류는 두 가지이다.
- 독미는 딸기우유와 바나나우유는 구매하지 않았다.
- 영진이는 흰우유와 커피우유는 구매하지 않았다.
- 호섭이는 딸기우유를 구매했다.
- 민희는 총 네 종류의 우유를 구매했다.

---

① 민희, 호섭
② 독미, 영진
③ 민희, 영진
④ 영진, 호섭
⑤ 독미, 민희

> (Tip) 독미는 민희와 같은 종류의 우유를 2개 구매하였고, 영진이와도 같은 종류의 우유를 하나 구매하였다. 따라서 독미는 우유를 3개 이상을 구매하게 되는데 딸기우유와 바나나우유를 구매하지 않았다고 했으므로 흰우유, 초코우유, 커피우유를 구매했다. 독미와 영진이가 구매한 우유 중에 같은 종류가 하나 있다고 하였고 영진이가 흰우유와 커피우유를 구매하지 않았다고 하였으므로 영진이는 초코우유를 구매했다. 이로서 초코우유는 독미와 영진이가 구매하였고, 민희는 4종류의 우유를 구매했다고 했으므로 초코우유를 제외한 흰우유, 바나나우유, 딸기우유, 커피우유를 구매하였다. 민희와 영진이가 구매한 우유 중에 같은 종류가 하나 있다고 하였는데 그 우유가 바나나우유이다. 따라서 바나나우유를 구매한 사람은 민희와 영진이다.

※ 다음은 NH농협은행이 발급하는 '올바른 Travel카드'에 대한 서비스 안내 사항이다. 다음을 읽고 이어지는 물음에 답하시오. 【6 ~ 7】

〈특별 할인 서비스〉
- 중국 비자 발급센터에서 비자 발급 수수료 결제 시 50% 청구 할인
- 연 1회 / 최대 3만 원까지 할인
  * 전월 이용실적 30만 원 이상 시 제공
  * 본 서비스는 카드 사용 등록하신 달에는 제공되지 않으며, 그 다음 달부터 서비스 조건 충족 시 제공됩니다.

〈여행 편의 서비스〉
인천공항 제1여객터미널(1T) 및 제2여객터미널(2T)에 지정된 K BOOKS(케이북스) 매장에서 NH농협 카드 올바른 TRAVEL카드를 제시하시면, 서비스 이용 가능 여부 확인 후 아래 이용권 중 희망하시는 이용권을 제공해 드립니다.

구분	세부내용
인천공항 고속도로 무료 이용	소형차(경차, 승용차, 12인승 승합차)에 한하여 인천공항 고속도로 톨게이트(신공항 톨게이트/북인천 톨게이트)에 무료 이용권 제출 시, 통행료 무료 혜택이 제공됩니다. 단, 소형차에 한하며, 중형/대형 차량의 경우는 적용이 불가합니다.
인천공항 리무진버스 무료 이용 (1만 원 권)	▶ 제1여객터미널 인천공항 1층 입국장 7번 승차장 앞 리무진 버스 옥외 통합매표소에서 무료 이용권 제출 시, 리무진버스 승차권으로 교환됩니다. 단, 1만 원 이하 승차에 한하며 1만 원 초과 시 차액은 회원별도 부담입니다. 또한 1만 원 미만 승차권 교환 시 잔액은 환불되지 않습니다.
코레일공항철도 직통열차 무료 이용	공항철도 인천국제공항역 직통열차 안내데스크에서 무료 이용권 제출 시 직통열차 승차권으로 교환됩니다.

〈해외이용 안내〉
해외이용금액은 국제브랜드사가 부과하는 수수료(UnionPay 0.6%)를 포함하여 매출표 접수일의 NH농협은행 고시 1회 차 전신환매도율 적용 후, NH농협카드가 부과하는 해외서비스수수료(0.25%)가 포함된 금액이 청구되며, 올바른 Travel카드 이용 시 UnionPay 수수료 0.03%, 당사 해외서비스수수료의 0.1% 할인 혜택이 주어집니다.

> ※ 해외이용 시 기본 청구금액 $= a+b+c$
> 해외이용대금(a) : 해외이용금액(미화) × 농협은행 고시 1회 차 전신환매도율
> 국제브랜드수수료(b) : 해외이용금액(미화) × (UnionPay 0.6%) × 농협은행 고시 1회 차 전신환매도율
> 해외서비스수수료(c) : 해외이용금액(미화) × 0.25% × 농협은행 고시 1회 차 전신환매도율

* 제3국 통화(KRW 거래포함)는 미국 달러로 환산되어 제공됩니다.
* 해외에서 원화통화로 대금 결제 시, 해외가맹점이 부과하는 DCC수수료(환전수수료)가 포함되므로 현지통화 결제 시 보다 많은 금액이 청구될 수 있음을 주의 바랍니다.

Answer↪ 5.③

6   다음 중 위 카드 상품에 대한 안내 사항을 올바르게 이해한 것은 어느 것인가?

① "올 여름 북경 방문 시 올바른 Travel카드 덕분에 비자 수수료 비용을 절반만 지불했
   으니 겨울 상해 출장 시에도 올바른 Travel카드를 이용해야겠다."

② "제공받은 인천공항 리무진버스 무료 이용권으로 집까지 오는 리무진을 공짜로 이용
   할 수 있겠군. 지난번엔 집까지 9,500원의 요금이 나오던데 500원을 돌려받을 수도
   있네."

③ "공항 리무진버스 요금이 난 12,000원이고 아들 녀석은 8,000원이니까 함께 이용하게
   되면 인천공항 리무진버스 무료 이용권이 1장 있어도 추가로 1만 원을 더 내야하는구나."

④ "K BOOKS에서 책을 두 권 이상 사면 서비스 이용권을 2장 받게 되는군. 어차피 볼
   책인데 다양한 혜택을 보면 좋을 테니 기왕이면 3권을 사서 종류별 이용권을 다 받아
   봐야겠다."

⑤ "이달 말에 청도에 있는 친구 집에 놀러 가려 하는데 올바른 Travel카드를 신청해서
   비자 발급 수수료 혜택을 봐야겠네. 약 1주일 정도면 비자가 나온다니 시간도 충분하
   겠군."

> **Tip** 12,000원의 요금에 무료 이용권을 사용하면 차액 2,000원을 지불해야 하므로 아들의 8,000
> 원과 함께 1만 원의 추가 요금을 지불해야 한다.
> ① 올바른 Travel카드로 중국 비자 수수료 청구 할인을 받을 수 있는 것은 연 1회로 제한되
>   어 있다.
> ② 1만 원 미만 승차권 교환 시 잔액은 환불되지 않는다.
> ④ 3가지 이용권 중 희망하는 것을 제공받는다고 언급되어 있으므로 구매한 책의 권수에 따
>   라 이용권을 많이 제공받는 것이 아니다.
> ⑤ 카드 등록 해당 월에는 중국 비자 수수료 할인 서비스가 제공되지 않으며 등록 익월부터
>   적용된다.

7 M씨는 미국 여행 시 올바른 Travel카드를 이용하여 U$ 500짜리의 물건을 구매하였다. 구매 당일의 농협은행 전신환매도 환율이 1U$=1,080원이라면, M씨가 올바른 Travel카드를 이용함으로 인해 얻는 할인 혜택 금액을 원화로 환산하면 얼마인가?

① 1,030원

② 980원

③ 883원

④ 702원

⑤ 682원

 주어진 해외이용 시 청구금액 산정 방법에 따라 혜택 전 원화환산 청구금액은 다음과 같다.

- $a : 500 \times 1,080 = 540,000$ 원
- $b : 500 \times 1,080 \times 0.006 = 3,240$ 원
- $c : 500 \times 1,080 \times 0.0025 = 1,350$ 원
- $a + b + c = 544,590$ 원

올바른 Travel카드 이용 시, b와 c 금액에서 할인 혜택이 주어져 각각 $500 \times 1,080 \times 0.0057 = 3,078$ 원과 $500 \times 1,080 \times 0.0015 = 810$ 원이 된다.

따라서 혜택 받은 금액은 $(3,240 - 3,078) + (1,350 - 810) = 162 + 540 = 702$ 원이 된다.

혜택이 적용되는 할인율인 0.03%와 0.1%를 더하여 $500 \times 1,080 \times 0.0013 = 702$ 원으로 간단하게 계산할 수도 있다.

8 다음은 ○○전시회의 입장료와 할인 사항에 관한 내용이다. 〈보기〉의 사항 중 5인 입장권을 사용하는 것이 유리한 경우를 모두 고르면?

〈전시회 입장료〉

(단위 : 원)

	평일 (월~금)	주말(토 · 일 및 법정공휴일)
성인	25,800	28,800
청소년 (만 13세 이상 및 19세 미만)	17,800	18,800
어린이 (만 13세 미만)	13,800	13,800

• 평일에 성인 3명 이상 방문 시 전체 요금의 10% 할인(평일은 법정공휴일을 제외한 월~금요일을 의미함)
• 성인, 청소년, 어린이를 구분하지 않는 5인 입장권을 125,000원에 구매 가능(요일 구분 없이 사용 가능하며, 5인 입장권 사용 시 다른 할인 혜택은 적용되지 않음)
• 주말에 한하여 통신사 할인 카드 사용 시 전체 요금의 15% 할인(단, 통신사 할인 카드는 乙과 丙만 가지고 있음)

〈보기〉

㉠ 甲이 3월 1일(법정공휴일)에 자신을 포함한 성인 4명 및 청소년 3명과 전시회 관람
㉡ 乙이 법정공휴일이 아닌 화요일에 자신을 포함한 성인 6인과 청소년 2인과 전시회 관람
㉢ 丙이 토요일에 자신을 포함한 성인 5명과 청소년 2명과 전시회 관람
㉣ 丁이 법정공휴일이 아닌 목요일에 자신을 포함한 성인 5명 및 어린이 1명과 전시회 관람

① ㉠ ② ㉡
③ ㉡, ㉢ ④ ㉢
⑤ ㉢, ㉣

 ㉠ 성인 4명(28,800×4)+청소년 3명(18,800×3)=171,600원
　　5인 입장권 구매 시=162,600원
㉡ 성인 6명(25,800×6)+청소년 2명(17,800×2)×평일 10% 할인=171,360원
　　5인 입장권 구매 시=186,400원
㉢ 성인 5명(28,800×5)+청소년 2명(18,800×2)×주말 통신사 15% 할인=154,360원
　　5인 입장권 구매 시=162,600원
㉣ 성인 5명(25,800×5명)+어린이 1명(13,800)×평일 10% 할인=128,520원
　　5인 입장권 구매 시=138,800원

9 두 가지 직업을 동시에 가지는 사람들(일명 투잡)이 최근에 많아졌다. 지은, 수정, 효미는 각각 두 가지씩 직업을 가지고 있는데 직업의 종류는 은행원, 화가, 소설가, 교사, 변호사, 사업가 6가지이다. 세 명에 대하여 다음 사항을 알고 있을 때, 효미의 직업은 무엇인가?

> ㉠ 사업가는 은행원에게 대출 절차를 상담하였다.
> ㉡ 사업가와 소설가와 지은이는 같이 골프를 치는 친구이다.
> ㉢ 화가는 변호사에게서 법률적인 충고를 받았다.
> ㉣ 은행원은 화가의 누이동생과 결혼하였다.
> ㉤ 수정은 소설가에게서 소설책을 빌렸다.
> ㉥ 수정과 효미는 화가와 어릴 때부터 친구였다.

① 교사, 소설가
② 은행원, 소설가
③ 변호사, 사업가
④ 교사, 변호사
⑤ 소설가, 사업가

Tip

직업＼사람	지은	수정	효미
변호사	×	o	×
사업가	×	o	×
화가	o	×	×
은행원	×	×	o
소설가	×	×	o
교사	o	×	×

위에서 효미는 소설가로 결정되므로 답은 ①, ② 가운데 하나이다.
그런데 지은이는 교사이므로 효미는 은행원, 소설가이다.

10 다음 내용과 전투능력을 가진 생존자 현황을 근거로 판단할 경우 생존자들이 탈출할 수 있는 경우로 옳은 것은? (단, 다른 조건은 고려하지 않는다)

- 좀비 바이러스에 의해 라쿤 시티에 거주하던 많은 사람들이 좀비가 되었다. 건물에 갇힌 생존자들은 동, 서, 남, 북 4개의 봉도를 이용해 5명씩 탈출을 시도한다. 탈출은 통로를 통해서만 가능하며, 한 쪽 통로를 선택하면 되돌아올 수 없다.
- 동쪽 통로에 11마리, 서쪽 통로에 7마리, 남쪽 통로에 11마리, 북쪽 통로에 9마리의 좀비들이 있다. 선택한 통로의 좀비를 모두 제거해야만 탈출할 수 있다.
- 남쪽 통로의 경우, 통로 끝이 막혀 탈출을 할 수 없지만 팀에 폭파전문가가 있다면 다이너마이트를 사용하여 막힌 통로를 뚫고 탈출할 수 있다.
- 전투란 생존자가 좀비를 제거하는 것을 의미하며 선택한 통로에서 일시에 이루어진다.
- 전투능력은 정상인 건강상태에서 해당 생존자가 전투에서 제거하는 좀비의 수를 의미하며, 질병이나 부상상태인 사람은 그 능력이 50%로 줄어든다.
- 전투력 강화에는 건강상태가 정상인 생존자들 중 1명에게만 사용할 수 있으며, 전투능력을 50% 향상시킨다. 사용 가능한 대상은 의사 혹은 의사의 팀 내 구성원이다.
- 생존자의 직업은 다양하며, 아이와 노인은 전투능력과 보유품목이 없고 건강상태는 정상이다.

전투능력을 가진 생존자 현황

직업	인원	전투능력	건강상태	보유품목
경찰	1명	6	질병	−
헌터	1명	4	정상	−
의사	1명	2	정상	전투력 강화제 1개
사무라이	1명	8	정상	−
폭파전문가	1명	4	부상	다이너마이트

탈출 통로	팀 구성 인원
① 동쪽 통로	폭파전문가 – 사무라이 – 노인 3명
② 서쪽 통로	헌터 – 경찰 – 아이 2명 – 노인
③ 남쪽 통로	헌터 – 폭파전문가 – 아이 – 노인 2명
④ 북쪽 통로	경찰 – 의사 – 아이 2명 – 노인
⑤ 남쪽 통로	폭파전문가 – 사무라이 – 의사 – 아이

실제 전투능력을 정리하면 경찰(3), 헌터(4), 의사(2), 사무라이(8), 폭파전문가(2)이다.
이를 토대로 탈출 통로의 좀비수와 처치 가능 좀비수를 계산해 보면
동쪽 통로 11마리 좀비
폭파전문가(2), 사무라이(8)하면 10마리의 좀비를 처치 가능
서쪽 통로 7마리 좀비
헌터(4), 경찰(3)하면 7마리의 좀비 모두 처치 가능
남쪽 통로 11마리 좀비
헌터(4), 폭파전문가(2) 6마리의 좀비 처치 가능
북쪽 통로 9마리 좀비
경찰(3), 의사(2)-전투력 강화제(1) 6마리의 좀비 처치 가능

11 은행, 식당, 편의점, 부동산, 커피 전문점, 통신사 6개의 상점이 아래에 제시된 조건을 모두 만족하며 위치할 때, 오른쪽에서 세 번째 상점은 어느 것인가?

---

1) 모든 상점은 옆으로 나란히 연이어 위치하고 있으며, 사이에 다른 상점은 없다.
2) 편의점과 식당과의 거리는 두 번째로 멀다.
3) 커피 전문점과 편의점 사이에는 한 개의 상점이 있다.
4) 왼쪽에서 두 번째 상점은 통신사이다.
5) 식당의 바로 오른쪽 상점은 부동산이다.

---

① 식당
② 통신사
③ 은행
④ 편의점
⑤ 부동산

 2)에 따라, 두 번째로 멀기 위해서는 편의점과 식당 중 하나가 맨 끝에 위치하고 다른 하나는 반대쪽의 끝에서 두 번째에 위치해야 한다는 것을 알 수 있다.
4)를 통해서는 왼쪽에서 두 번째에 편의점이나 식당이 위치할 수 없음을 알 수 있으므로 이 두 상점은 맨 왼쪽과 오른쪽에서 두 번째에 나누어 위치해야 한다.
5)를 통해서 맨 왼쪽은 식당이 아닌 편의점의 위치임을 알 수 있다. 동시에, 맨 오른쪽은 부동산, 그 옆은 식당이라는 것도 알 수 있다.
3)을 통해서는 커피 전문점이 왼쪽에서 세 번째 상점이라는 것을 알 수 있다.
따라서 이를 종합하면, 왼쪽부터 편의점, 통신사, 커피 전문점, 은행, 식당, 부동산의 순으로 상점들이 이어져 있으며 오른쪽에서 세 번째 상점은 은행이 된다.

12 다음 글의 내용과 날씨를 근거로 판단할 경우 종아가 여행을 다녀온 시기로 가능한 것은?

- 종아는 선박으로 '포항 → 울릉도 → 독도 → 울릉도 → 포항' 순으로 3박 4일의 여행을 다녀왔다.
- '포항 → 울릉도' 선박은 매일 오전 10시, '울릉도 → 포항' 선박은 매일 오후 3시에 출발하며, 편도 운항에 3시간이 소요된다.
- 울릉도에서 출발해 독도를 돌아보는 선박은 매주 화요일과 목요일 오전 8시에 출발하여 당일 오전 11시에 돌아온다.
- 최대 파고가 3m 이상인 날은 모든 노선의 선박이 운항되지 않는다.
- 종아는 매주 금요일에 술을 마시는데, 술을 마신 다음날은 멀미가 심해 선박을 탈 수 없다.
- 이번 여행 중 종아는 울릉도에서 호박엿 만들기 체험을 했는데, 호박엿 만들기 체험은 매주 월·금요일 오후 6시에만 할 수 있다.

날씨

(㉣ : 최대 파고)

日	月	火	水	木	金	土
16 ㉣ 1.0m	17 ㉣ 1.4m	18 ㉣ 3.2m	19 ㉣ 2.7m	20 ㉣ 2.8m	21 ㉣ 3.7m	22 ㉣ 2.0m
23 ㉣ 0.7m	24 ㉣ 3.3m	25 ㉣ 2.8m	26 ㉣ 2.7m	27 ㉣ 0.5m	28 ㉣ 3.7m	29 ㉣ 3.3m

① 19일(水) ~ 22일(土)
② 20일(木) ~ 23일(日)
③ 23일(日) ~ 26일(水)
④ 25일(火) ~ 28일(金)
⑤ 26일(水) ~ 29일(土)

 ① 19일 수요일 오후 1시 울릉도 도착, 20일 목요일 독도 방문, 22일 토요일은 복귀하는 날 인데 종아는 매주 금요일에 술을 마시므로 멀미로 인해 선박을 이용하지 못한다. 또한 금요일 오후 6시 호박엿 만들기 체험도 해야 한다.
② 20일 목요일 오후 1시 울릉도 도착, 독도는 화요일과 목요일만 출발하므로 불가능
③ 23일 일요일 오후 1시 울릉도 도착, 24일 월요일 호박엿 만들기 체험, 25일 화요일 독도 방문, 26일 수요일 포항 도착
④ 25일 화요일 오후 1시 울릉도 도착, 27일 목요일 독도 방문, 28일 금요일 호박엿 만들기 체험은 오후 6시인데, 복귀하는 선박은 오후 3시 출발이라 불가능
⑤ 26일 수요일 오후 1시 울릉도 도착, 27일 목요일 독도 방문, 28일 금요일 호박엿 만들기 체험, 매주 금요일은 술을 마시므로 다음날 선박을 이용하지 못하며, 29일은 파고가 3m 를 넘어 선박이 운항하지 않아 불가능

13 갑, 을, 병, 정, 무 다섯 명이 자유형, 배영, 접영, 평영을 한 번씩 사용하여 400m를 수영하려 한다. 레인은 1번부터 5번 레인을 사용하며 100m마다 다른 수영 방식을 사용한다. 단, 각 레인마다 1명씩 배정이 되며, 이웃한 레인에 있는 사람들은 같은 구간에서 동일한 수영 방식을 사용할 수 없다. 다음 중 4번 레인을 사용하는 사람의 구간별 수영 방식을 순서대로 바르게 나열한 것은?

- 2번과 4번 레인을 사용하는 사람들은 첫 번째 구간에서 같은 수영 방시을 사용하되, 자유형은 사용할 수 없다.
- 을, 정은 네 번째 구간에서만 같은 수영 방식을 사용한다.
- 갑은 3번 레인을 사용하고 두 번째 구간에서 자유형을 한다.
- 을은 네 번째 구간에서 배영을 하고, 세 번째 구간에서는 갑과 같은 수영방식을 사용한다.
- 무는 5번 레인을 사용하고, 첫 번째 구간에서는 평영, 네 번째 구간에서는 자유형을 한다.

---

① 접영 - 평영 - 배영 - 자유형
② 배영 - 접영 - 평영 - 자유형
③ 배영 - 평영 - 자유형 - 접영
④ 접영 - 평영 - 자유형 - 배영
⑤ 접영 - 배영 - 자유형 - 평영

(Tip) 이웃한 레인끼리는 동일한 수영 방식을 사용할 수 없음을 주의하며 위의 조건에 따라 정리하면

구간 \ 레인	1번 레인 을	2번 레인 병	3번 레인 갑	4번 레인 정	5번 레인 무
첫 번째 구간	자유형	접영	배영	접영	평영
두 번째 구간	접영	배영	자유형	평영	접영
세 번째 구간	평영	자유형	평영	자유형	배영
네 번째 구간	배영	평영	접영	배영	자유형

14 다음 글을 근거로 유추할 경우 옳은 내용만을 바르게 짝지은 것은?

- 9명의 참가자는 1번부터 9번까지의 번호 중 하나를 부여 받고, 동시에 제비를 뽑아 3명은 범인, 6명은 시민이 된다.
- '1번의 오른쪽은 2번, 2번의 오른쪽은 3번, …, 8번의 오른쪽은 9번, 9번의 오른쪽은 1번'과 같이 번호 순서대로 동그랗게 앉는다.
- 참가자는 본인과 바로 양 옆에 앉은 사람이 범인인지 시민인지 알 수 있다.
- "옆에 범인이 있다."라는 말은 바로 양 옆에 앉은 2명 중 1명 혹은 2명이 범인이라는 뜻이다.
- "옆에 범인이 없다."라는 말은 바로 양 옆에 앉은 2명 모두 범인이 아니라는 뜻이다.
- 범인은 거짓말만 하고, 시민은 참말만 한다.

㉠ 1, 4, 6, 7, 8번의 진술이 "옆에 범인이 있다."이고, 2, 3, 5, 9번의 진술이 "옆에 범인이 없다."일 때, 8번이 시민임을 알면 범인들을 모두 찾아낼 수 있다.
㉡ 만약 모두가 "옆에 범인이 있다."라고 진술한 경우, 범인이 부여받은 번호의 조합은 (1, 4, 7) / (2, 5, 8) / (3, 6, 9) 3가지이다.
㉢ 한 명만이 "옆에 범인이 없다."라고 진술한 경우는 없다.

---

① ㉡
② ㉢
③ ㉠, ㉡
④ ㉠, ㉢
⑤ ㉠, ㉡, ㉢

(Tip) ㉠ "옆에 범인이 있다."고 진술한 경우를 ○, "옆에 범인이 없다."고 진술한 경우를 ×라고 하면

1	2	3	4	5	6	7	8	9
○	×	×	○	×	○	○	○	×
							시민	

- 9번이 범인이라고 가정하면
  9번은 "옆에 범인이 없다.'고 진술하였으므로 8번과 1번 중에 범인이 있어야 한다. 그러나 8번이 시민이므로 1번이 범인이 된다. 1번은 "옆에 범인이 있다."라고 진술하였으므로 2번과 9번에 범인이 없어야 한다. 그러나 9번이 범인이므로 모순이 되어 9번은 범인일 수 없다.
- 9번이 시민이라고 가정하면
  9번은 "옆에 범인이 없다."라고 진술하였으므로 1번도 시민이 된다. 1번은 "옆에 범인이 있다."라고 진술하였으므로 2번은 범인이 된다. 2번은 "옆에 범인이 없다."라고 진술하였으므로 3번도 범인이 된다. 8번은 시민인데 "옆에 범인이 있다."라고 진술하였으므로 9번은 시민이므로 7번은 범인이 된다. 그러므로 범인은 2, 3, 7번이고 나머지는 모두 시민이 된다.
㉡ 모두가 "옆에 범인이 있다."라고 진술하면 시민 2명, 범인 1명의 순으로 반복해서 배치되므로 옳은 설명이다.

ⓒ 다음과 같은 경우가 있음으로 틀린 설명이다.

1	2	3	4	5	6	7	8	9
○	○	○	○	○	○	○	×	○
범인	시민	시민	범인	시민	범인	시민	시민	시민

15 다음 주어진 조건을 모두 고려했을 때 옳은 것은?

> 〈조건〉
> • A, B, C, D, E의 월급은 각각 10만 원, 20만 원, 30만 원, 40만 원, 50만 원 중 하나이다.
> • A의 월급은 C의 월급보다 많고, E의 월급보다는 적다.
> • D의 월급은 B의 월급보다 많고, A의 월급도 B의 월급보다 많다.
> • C의 월급은 B의 월급보다 많고, D의 월급보다는 적다.
> • D는 가장 많은 월급을 받지는 않는다.

① 월급이 세 번째로 많은 사람은 A이다.

② E와 C의 월급은 20만 원 차이가 난다.

③ B와 E의 월급의 합은 A와 C의 월급의 합보다 많다.

④ 월급이 제일 많은 사람은 E이다.

⑤ 월급이 가장 적은 사람은 C이다.

(Tip) 두 번째 조건을 부등호로 나타내면, C < A < E
세 번째 조건을 부등호로 나타내면, B < D, B < A
네 번째 조건을 부등호로 나타내면, B < C < D
다섯 번째 조건에 의해 다음과 같이 정리할 수 있다.
∴ B < C < D, A < E
① 주어진 조건만으로는 세 번째로 월급이 많은 사람이 A인지, D인지 알 수 없다.
② B < C < D, A < E이므로 월급이 가장 많은 E는 월급을 50만 원을 받고, A와 D는 각각 40만 원 또는 30만 원을 받으며, C는 20만 원을, B는 10만 원을 받는다. E와 C의 월급은 30만 원 차이가 난다.
③ B의 월급은 10만 원, E의 월급은 50만 원이므로 합하면 60만 원이다.
C의 월급은 20만 원을 받지만, A는 40만 원을 받는지 30만 원을 받는지 알 수 없으므로 B와 E의 월급의 합은 A와 C의 월급의 합보다 많을 수도 있고, 같을 수도 있다.
⑤ 월급이 가장 적은 사람은 B이다.

Answer┌→ 14.③ 15.④

16 A, B, C, D, E 다섯 명 중 출장을 가는 사람이 있다. 출장을 가는 사람은 반드시 참을 말하고, 출장에 가지 않는 사람은 반드시 거짓을 말한다. 다음과 같이 각자 말했을 때 항상 참인 것은?

> • A : E가 출장을 가지 않는다면, D는 출장을 간다.
> • B : D가 출장을 가지 않는다면, A는 출장을 간다.
> • C : A는 출장을 가지 않는다.
> • D : 2명 이상이 출장을 간다.
> • E : C가 출장을 간다면 A도 출장을 간다.

① 최소 1명, 최대 3명이 출장을 간다.

② C는 출장을 간다.

③ E는 출장을 가지 않는다.

④ A와 C는 같이 출장을 가거나, 둘 다 출장을 가지 않는다.

⑤ A가 출장을 가면 B도 출장을 간다.

Tip C의 진술이 참이면 C는 출장을 간다. 그러나 C의 진술이 참이면 A는 출장을 가지 않고 A의 진술은 거짓이 된다. A의 진술이 거짓이 되면 그 부정은 참이 된다. 그러므로 D, E 두 사람은 모두 출장을 가지 않는다. 또한 D, E의 진술은 거짓이 된다.
D의 진술이 거짓이 되면 실제 출장을 가는 사람은 2명 미만이 된다. 그럼 출장을 가는 사람은 한 사람 또는 한 사람도 없는 것이 된다.
E의 진술이 거짓이 되면 C가 출장을 가고 A는 안 간다. 그러므로 E의 진술도 거짓이 된다. 그러면 B의 진술도 거짓이 된다. D, A는 모두 출장을 가지 않는다. 그러면 C만 출장을 가게 되고 출장을 가는 사람은 한 사람이다.
만약 C의 진술이 거짓이라면 출장을 가는 사람은 2명 미만이어야 한다. 그런데 이미 A가 출장을 간다고 했으므로 B, E의 진술은 모두 거짓이 된다. B 진술의 부정은 D가 출장을 가지 않고 A도 출장을 가지 않는 것이므로 거짓이 된다. 그러면 B의 진술도 참이 되어 B가 출장을 가야 한다. 그러면 D의 진술이 거짓인 경가 존재하자 않게 되므로 모순이 된다. 그럼 D의 진술이 참인 경우를 생각하면 출장을 가는 사람은 A, D 이므로 이미 출장 가는 사람은 2명 이상이 된다. 그러면 B, D의 진술의 진위여부를 가리기 어려워진다.

17 갑, 을, 병, 정, 무 다섯 사람은 일요일부터 목요일까지 5일 동안 각각 이틀 이상 아르바이트를 한다. 다음 조건을 모두 충족시켜야 할 때, 다음 중 항상 옳지 않은 것은?

> ㉠ 가장 적은 수가 아르바이트를 하는 요일은 수요일뿐이다.
> ㉡ 갑은 3일 이상 아르바이트를 하는데 병이 아르바이트를 하는 날에는 쉰다.
> ㉢ 을과 정 두 사람만이 아르바이트 일수가 같다.
> ㉣ 병은 평일에만 아르바이트를 하며, 연속으로 이틀 동안만 한다.
> ㉤ 무는 항상 갑이나 병과 같은 요일에 함께 아르바이트를 한다.

① 어느 요일이든 아르바이트 인원수는 확정된다.
② 갑과 을, 병과 정의 아르바이트 일수를 합한 값은 같다.
③ 두 사람만이 아르바이트를 하는 요일이 확정된다.
④ 어떤 요일이든 아르바이트를 하는 인원수는 짝수이다.
⑤ 일요일에 아르바이트를 하는 사람은 항상 같다.

> **Tip** 아르바이트 일수가 갑은 3일, 병은 2일임을 알 수 있다.
> 무는 갑이나 병이 아르바이트를 하는 날 항상 함께 한다고 했으므로 5일 내내 아르바이트를 하게 된다.
> 을과 정은 일, 월, 화, 목 4일간 아르바이트를 하게 된다.
> ① 수요일에는 2명, 나머지 요일에는 4명으로 인원수는 확정된다.
> ② 갑은 3일, 을은 4일, 병은 2일, 무는 5일 이므로 갑과 을, 병과 정의 아르바이트 일수를 합한 값은 7로 같다.
> ③ 병에 따라 갑이 아르바이트를 하는 요일이 달라지므로 아르바이트 하는 요일이 확정되는 사람은 세 명이다.
> ④ 일별 인원수는 4명 또는 2명으로 모두 짝수이다.
> ⑤ 일요일에는 갑, 을, 정, 무 네 명으로 어느 경우에도 같다.

Answer → 16.② 17.③

18 다음은 '갑'지역의 친환경농산물 인증심사에 대한 자료이다. 2016년부터 인증심사원 1인당 연간 심사할 수 있는 농가수가 상근직은 400호, 비상근직은 250호를 넘지 못하도록 규정이 바뀐다고 할 때, 〈조건〉을 근거로 예측한 내용 중 옳지 않은 것은?

2015년 '갑' 지역의 인증기관별 인증현황

(단위 : 호, 명)

인증기관	심사 농가수	승인 농가수	인증심사원		
			상근	비상근	합
A	2,540	542	4	2	6
B	2,120	704	2	3	5
C	1,570	370	4	3	7
D	1,878	840	1	2	3
계	8,108	2,456	11	10	21

※ 1) 인증심사원은 인증기관 간 이동이 불가능하고 추가고용을 제외한 인원변동은 없음.
2) 각 인증기관은 추가 고용 시 최소인원만 고용함.

〈조건〉
- 인증기관의 수입은 인증수수료가 전부이고, 비용은 인증심사원의 인건비가 전부라고 가정한다.
- 인증수수료 : 승인농가 1호당 10만 원
- 인증심사원의 인건비는 상근직 연 1,800만 원, 비상근직 연 1,200만 원이다.
- 인증기관별 심사 농가수, 승인 농가수, 인증심사원 인건비, 인증수수료는 2015년과 2016년에 동일하다.

---

① 2015년에 인증기관 B의 수수료 수입은 인증심사원 인건비 보다 적다.
② 2016년 인증기관 A가 추가로 고용해야 하는 인증심사원은 최소 2명이다.
③ 인증기관 D가 2016년에 추가로 고용해야 하는 인증심사원을 모두 상근으로 충당한다면 적자이다.
④ 만약 정부가 '갑'지역에 2015년 추가로 필요한 인증심사원을 모두 상근으로 고용하게 하고 추가로 고용되는 상근 심사원 1인당 보조금을 연 600만 원씩 지급한다면 보조금 액수는 연간 5,000만 원 이상이다.
⑤ 인증기관 C는 인증심사원을 추가로 고용할 필요가 없다.

Tip ④ A지역에는 (4 × 400호) + (2 × 250호) = 2,100이므로 440개의 심사 농가 수에 추가의 인증심사원이 필요하다. 그런데 모두 상근으로 고용할 것이고 400호 이상을 심사할 수 없으므로 추가로 2명의 인증심사원이 필요하다. 그리고 같은 원리로 B지역도 2명, D지역에서는 3명의 추가의 상근 인증심사원이 필요하다. 따라서 총 7명을 고용해야 하며 1인당 지급되는 보조금이 연간 600만 원이라고 했으므로 보조금 액수는 4,200만 원이 된다.

19 다음의 (가), (나)는 100만 원을 예금했을 때 기간에 따른 이자에 대한 표이다. 이에 대한 설명으로 옳은 것은? (단, 예금할 때 약정한 이자율은 변하지 않는다)

구분	1년	2년	3년
(가)	50,000원	100,000원	150,000원
(나)	40,000원	81,600원	124,864원

> ㉠ (가)는 단순히 원금에 대한 이자만을 계산하는 이자율이 적용되었다.
> ㉡ (가)의 경우, 매년 물가가 5% 상승할 경우(원금+이자)의 구매력을 모든 기간에 같다.
> ㉢ (나)의 경우, 매년 증가하는 이자액은 기간이 길어질수록 커진다.
> ㉣ (나)와 달리 (가)와 같은 이자율 계산 방법은 현실에서는 볼 수 없다.

① ㉠, ㉢   ② ㉠, ㉣

③ ㉡, ㉣   ④ ㉡, ㉢

⑤ ㉠, ㉡, ㉢

> (Tip) ㉡ (가)의 경우 매년 물가가 5% 상승하면 두 번째 해부터 구매력은 점차 감소한다.
> ㉣ 금융 기관에서는 단리 뿐 아니라 복리 이자율이 적용되는 상품 또한 판매하고 있다.

Answer ⟶ 18.④ 19.①

20 서원이는 2018년 1월 전액 현금으로만 다음 표와 같이 지출하였다. 만약 서원이가 2018년 1월에 A ~C 신용카드 중 하나만을 발급받아 할인 전 금액이 표와 동일하도록 그 카드로만 지출하였다면 신용카드별 할인혜택에 근거한 할인 후 예상청구액이 가장 적은 카드부터 순서대로 바르게 나열한 것은?

〈표〉 2018년 1월 지출내역

(단위 : 만 원)

분류	세부항목		금액	합계
교통비	버스 · 지하철 요금		8	20
	택시 요금		2	
	KTX 요금		10	
식비	외식비	평일	10	30
		주말	5	
	카페 지출액		5	
	식료품 구입비	대형마트	5	
		재래시장	5	
의류구입비	온라인		15	30
	오프라인		15	
여가 및 자기계발비	영화관람료(1만원/회×2회)		2	30
	도서구입비 (2만원/권×1권, 1만5천원/권×2권, 1만원/권×3권)		8	
	학원 수강료		20	

〈신용카드별 할인혜택〉

○ A 신용카드
  • 버스, 지하철, KTX 요금 20% 할인(단, 할인액의 한도는 월 2만원)
  • 외식비 주말 결제액 5% 할인
  • 학원 수강료 15% 할인
  • 최대 총 할인한도액은 없음
  • 연회비 1만 5천 원이 발급 시 부과되어 합산됨

○ B 신용카드
  • 버스, 지하철, KTX 요금 10% 할인(단, 할인액의 한도는 월 1만원)
  • 온라인 의류구입비 10% 할인
  • 도서구입비 권당 3천 원 할인(단, 권당 가격이 1만 2천 원 이상인 경우에만 적용)
  • 최대 총 할인한도액은 월 3만 원
  • 연회비 없음

○ C 신용카드

- 버스, 지하철, 택시 요금 10% 할인(단, 할인액의 한도는 월 1만 원)
- 카페 지출액 10% 할인
- 재래시장 식료품 구입비 10% 할인
- 영화관람료 회당 2천원 할인(월 최대 2회)
- 최대 총 할인한도액은 월 4만 원
- 연회비 없음

※ 할부나 부분청구는 없으며, A~C 신용카드는 매달 1일부터 말일까지의 사용분에 대하여 익월 청구됨

① A – B – C   ② A – C – B
③ B – A – C   ④ B – C – A
⑤ C – A – B

Tip 할인내역을 정리하면
○ A 신용카드
- 교통비 20,000원
- 외식비 2,500원
- 학원수강료 30,000원
- 연회비 15,000원
- 할인합계 37,500원
○ B 신용카드
- 교통비 10,000원
- 온라인 의류구입비 15,000원
- 도서구입비 9,000원
- 할인합계 30,000원
○ C 신용카드
- 교통비 10,000원
- 카페 지출액 5,000원
- 재래시장 식료품 구입비 5,000원
- 영화관람료 4,000원
- 할인합계 24,000원

Answer → 20.①

21 다음은 영업사원인 윤석씨가 오늘 미팅해야 할 거래처 직원들과 방문해야 할 업체에 관한 정보이다. 다음의 정보를 모두 반영하여 하루의 일정을 짠다고 할 때 순서가 올바르게 배열된 것은? (단, 장소 간 이동 시간은 없는 것으로 가정한다)

〈거래처 직원들의 요구 사항〉

• A거래처 과장 : 회사 내부 일정으로 인해 미팅은 10시~12시 또는 16~18시까지 2시간 정도 가능합니다.
• B거래처 대리 : 12시부터 점심식사를 하거나, 18시부터 저녁식사를 하시죠. 시간은 2시간이면 될 것 같습니다.
• C거래처 사원 : 외근이 잡혀서 오전 9시부터 10시까지 1시간만 가능합니다.
• D거래처 부장 : 외부일정으로 18시부터 저녁식사만 가능합니다.

〈방문해야 할 장소와 가능시간〉

• E서점 : 14~18시, 소요시간은 2시간
• F은행 : 12~16시, 소요시간은 1시간
• G미술관 관람 : 하루 3회(10시, 13시, 15시), 소요시간은 1시간

---

① C거래처 사원 – A거래처 과장 – B거래처 대리 – E서점 – G미술관 – F은행 – D거래처 부장

② C거래처 사원 – A거래처 과장 – F은행 – B거래처 대리 – G미술관 – E서점 – D거래처 부장

③ C거래처 사원 – G미술관 – F은행 – B거래처 대리 – E서점 – A거래처 과장 – D거래처 부장

④ C거래처 사원 – A거래처 과장 – B거래처 대리 – F은행 – G미술관 – E서점 – D거래처 부장

⑤ C거래처 사원 – A거래처 과장 – G미술관 – B거래처 대리 – F은행 – E서점 – D거래처 부장

(Tip) C거래처 사원(9시~10시) – A거래처 과장(10시~12시) – B거래처 대리(12시~14시) – F은행(14시~15시) – G미술관(15시~16시) – E서점(16~18시) – D거래처 부장(18시~)

① E서점까지 들리면 16시가 되는데, 그 이후에 G미술관을 관람할 수 없다.
② F은행까지 들리면 13시가 되는데, B거래처 대리 약속은 18시에 가능하다.
③ G미술관 관람을 마치고 나면 11시가 되는데 F은행은 12시에 가야 한다. 1시간 기다려서 F은행 일이 끝나면 13시가 되는데, B거래처 대리 약속은 18시에 가능하다.
⑤ A거래처 과장을 만나고 나면 1시간 기다려서 G미술관 관람을 하여야 하며, 관람을 마치면 14시가 되어 B거래처 대리를 18시에 만나게 될 수밖에 없는데 그렇게 되면 D거래처 부장은 만날 수 없다.

22 한 마을에 약국이 A, B, C, D, E 다섯 군데가 있다. 다음의 조건에 따를 때 문을 연 약국에 해당하는 곳이 바르게 나열된 것은?

> • A와 B 모두 문을 열지는 않았다.
> • A가 문을 열었다면, C도 문을 열었다.
> • A가 문을 열지 않았다면, B가 문을 열었거나 C가 문을 열었다.
> • C는 문을 열지 않았다.
> • D가 문을 열었다면, B가 문을 열지 않았다.
> • D가 문을 열지 않았다면, E도 문을 열지 않았다.

① A   ② B

③ A, E   ④ D, E

⑤ B, D, E

 • A와 B 모두 문을 열지는 않았다. → A 또는 B가 문을 열었다.

• A가 문을 열었다면, C도 문을 열었다. → A가 문을 열지 않으면 C도 문을 열지 않는다.

• A가 문을 열지 않았다면, B가 문을 열었거나 C가 문을 열었다. → B가 문을 열었다.

• C는 문을 열지 않았다. → C가 열지 않았으므로 A도 열지 않았다.

• D가 문을 열었다면, B가 문을 열지 않았다. → B가 문을 열었으므로 D는 열지 않았다.

• D가 문을 열지 않았다면, E도 문을 열지 않았다.

  A, C, D, E는 문을 열지 않았다.

23 다음의 내용에 따라 두 번의 재배정을 한 결과, 병이 홍보팀에서 수습 중이다. 다른 신입사원과 최종 수습부서를 바르게 연결한 것은?

> 신입사원을 뽑아서 1년 동안의 수습 기간을 거치게 한 후, 정식사원으로 임명을 하는 한 회사가 있다. 그 회사는 올해 신입사원으로 2명의 여자 직원 갑과 을, 그리고 2명의 남자 직원 병과 정을 뽑았다. 처음 4개월의 수습기간 동안 갑은 기획팀에서, 을은 영업팀에서, 병은 총무팀에서, 정은 홍보팀에서 각각 근무하였다. 그 후 8개월 동안 두 번의 재배정을 통해서 신입사원들은 다른 부서에서도 수습 중이다. 재배정할 때마다 다음의 세 원칙 중 한 가지 원칙만 적용되었고, 같은 원칙은 다시 적용되지 않았다.

> **〈원칙〉**
> 1. 기획팀에서 수습을 거친 사람과 총무팀에서 수습을 거친 사람은 서로 교체해야 하고, 영업팀에서 수습을 거친 사람과 홍보팀에서 수습을 거친 사람은 서로 교체한다.
> 2. 총무팀에서 수습을 거친 사람과 홍보팀에서 수습을 거친 사람만 서로 교체한다.
> 3. 여성 수습사원만 서로 교체한다.

① 갑 – 총무팀   ② 을 – 영업팀

③ 을 – 총무팀   ④ 정 – 영업팀

⑤ 정 – 총무팀

(Tip) 사원과 근무부서를 표로 나타내면

배정부서	기획팀	영업팀	총무팀	홍보팀
처음 배정 부서	갑	을	병	정
2번째 배정 부서				
3번째 배정 부서				병

㉠ 규칙 1을 2번째 배정에 적용하고 규칙 2를 3번째 배정에 적용하면

기획팀↔총무팀 / 영업팀↔홍보팀이므로

갑↔병 / 을↔정

규칙 2까지 적용하면 다음과 같다.

배정부서	기획팀	영업팀	총무팀	홍보팀
처음 배정 부서	갑	을	병	정
2번째 배정 부서	병	정	갑	을
3번째 배정 부서			을	갑

㉡ 규칙 3을 먼저 적용하고 규칙 2를 적용하면

배정부서	기획팀	영업팀	총무팀	홍보팀
처음 배정 부서	갑	을	병	정
2번째 배정 부서	을	갑	병	정
3번째 배정 부서	을	갑	정	병

24 윗마을에 사는 남자는 참말만 하고 여자는 거짓말만 한다. 아랫마을에 사는 남자는 거짓말만 하고 여자는 참말만 한다. 이 마을들에 사는 이는 남자거나 여자이다. 윗마을 사람 두 명과 아랫마을 사람 두 명이 다음과 같이 대화하고 있을 때, 반드시 참인 것은?

- 갑 : 나는 아랫마을에 살아.
- 을 : 나는 아랫마을에 살아. 갑은 남자야.
- 병 : 을은 아랫마을에 살아. 을은 남자야.
- 정 : 을은 윗마을에 살아. 병은 윗마을에 살아.

---

① 갑은 윗마을에 산다.

② 갑과 을은 같은 마을에 산다.

③ 을과 병은 다른 마을에 산다.

④ 을, 병, 정 가운데 둘은 아랫마을에 산다.

⑤ 이 대화에 참여하고 있는 이들은 모두 여자이다.

(Tip) 병과 정의 진술이 상이하므로 모순이 된다.
우선 병의 진술이 거짓일 경우 을은 윗마을에 살고, 여자이다.
정의 진술은 참이므로 을과 병은 윗마을에 산다. 을은 윗마을 여자이므로 거짓말을 하고, 병은 윗마을에서 거짓말을 하므로 여자이다.
을과 병이 윗마을에 살기 때문에 갑, 정은 아랫마을에 산다.
정은 아랫마을에 살며 참말을 하므로 여자이고 갑은 아랫마을 여자이므로 참말을 한다.

25 다음 글의 내용이 참이라고 할 때 〈보기〉의 문장 중 반드시 참인 것만을 바르게 나열한 것은?

우리는 사람의 인상에 대해서 "선하게 생겼다." 또는 "독하게 생겼다."라는 판단을 할 뿐만 아니라 사람의 인상을 중요시한다. 오래 전부터 사람의 얼굴을 보고 그 사람의 길흉을 판단하는 관상의 원리가 있었다. 관상의 원리를 어떻게 받아들여야 할까?

관상의 원리가 받아들일 만하다면, 얼굴이 검붉은 사람은 육체적 고생을 하기 마련이다. 그런데 우리는 주위에서 얼굴이 검붉지만 육체적 고생을 하지 않고 편하게 살아가는 사람을 얼마든지 볼 수 있다. 관상의 원리가 받아들일 만하다면, 우리가 사람의 얼굴에 내에서 가는 인상이란 한갓 선입견에 불과한 것이 아니다. 사람의 인상이 평생에 걸쳐 고정되어 있다고 할 수 있는 경우에만 관상의 원리는 받아들일 만하다. 또한 관상의 원리가 받아들일 만하지 않다면, 관상의 원리에 대한 과학적 근거를 찾으려는 노력은 헛된 것이다. 실제로 많은 사람들이 관상의 원리가 과학적 근거를 가질 것이라고 기대한다. 그런데 우리는 자주 관상가의 판단이 받아들일 만하다고 느끼고, 그런 느낌 때문에 관상의 원리가 과학적 근거를 가질 것이라고 기대하는 것이다. 관상의 원리가 실제로 과학적 근거를 갖는지의 여부는 논외로 하더라도, 관상의 원리에 대하여 과학적 근거가 있을 것이라고 기대하는 사람은 관상의 원리에 의존하는 것이 우리의 삶에 위안을 주는 필요조건 중의 하나라고 믿는다.

〈보기〉
㉠ 관상의 원리는 받아들일 만한 것이 아니다.
㉡ 우리가 사람의 얼굴에 대해서 갖는 인상이란 선입견에 불과하다.
㉢ 사람의 인상은 평생에 걸쳐 고정되어 있다고 할 수 있다.
㉣ 관상의 원리에 대한 과학적 근거를 찾으려는 노력은 헛된 것이다.
㉤ 관상의 원리가 과학적 근거를 갖는다고 기대하는 사람들은 우리가 관상의 원리에 의존하면 삶의 위안을 얻을 것이라고 믿는다.

① ㉠, ㉣
② ㉡, ㉤
③ ㉣, ㉤
④ ㉠, ㉡, ㉣
⑤ ㉡, ㉢, ㉤

얼굴이 검붉은 사람은 육체적 고생을 한다고 하나 얼굴이 검붉은 사람이 편하게 사는 것을 보았다.
→ ㉠ 관상의 원리는 받아들일 만한 것이 아니다. - 참
선입견이 있으면 관상의 원리를 받아들일 만하다.
사람의 인상이 평생에 걸쳐 고정되어 있다고 할 수 있는 경우에만 관상의 원리를 받아들일 만하다.
관상의 원리가 받아들일 만하지 않다면 관상의 원리에 대한 과학적 근거를 찾으려는 노력은 헛된 것이다. → ㉢ 관상의 원리에 대한 과학적 근거를 찾으려는 노력은 헛된 것이다. - 참
㉣ 관상의 원리가 과학적 근거를 갖는다고 기대하는 사람들은 우리가 관상의 원리에 의존하면 삶의 위안을 얻을 것이라고 믿는다. → 관상의 원리에 대하여 과학적 근거가 있을 것이라고 기대하는 사람은 우리의 삶에 위안을 얻기 위해 관상의 원리에 의존한다고 믿는다.

26 다음 글을 읽고 이 글의 내용과 부합되는 내용을 바르게 고른 것은?

> 말갈은 고구려의 북쪽에 있으며 읍락마다 추장이 있으나 서로 하나로 통일되지는 못했다. 무릇 7종이 있으니 첫째는 속말부라 부르며 고구려에 접해 있고, 둘째는 백돌부로 속말의 북쪽에 있다. 셋째. 안차골부는 백돌의 동북쪽에 있고, 넷째, 불열부는 백돌의 동쪽에 있다. 다섯째는 호실부로 불열의 동쪽에 있고, 여섯째는 흑수부로 안차골의 서북쪽에 있으며, 일곱째는 백산부로 속말의 동쪽에 있다. 정병은 3천이 넘지 않고 흑수부가 가장 강하다.

① 백돌부는 호실부의 서쪽에 있다.
② 흑수부는 백산부의 동쪽에 있다.
③ 백산부는 불열부의 북쪽에 있다.
④ 안차골부는 속말부의 서북쪽에 있다.
⑤ 안차골부는 고구려에 인접해 있다.

 ② 흑수부는 백산부의 북서쪽에 있다.
③ 백산부는 불열부의 남쪽에 있다.
④ 안차골부는 속말부의 동북쪽에 있다.
⑤ 안차골부는 고구려에 인접해 있지 않다.

Answer ↦ 25.① 26.①

27 다음 글에서 추론할 수 있는 내용만을 바르게 나열한 것은?

> 빌케와 블랙은 얼음이 녹는점에 있다 해도 이를 완전히 물로 녹이려면 상당히 많은 열이 필요함을 발견하였다. 당시 널리 퍼진 속설은 얼음이 녹는점에 이르면 즉시 녹는다는 것이었다. 빌케는 쌓여있는 눈에 뜨거운 물을 끼얹어 녹이는 과정에서 이 속설에 오류가 있음을 알게 되었다. 눈이 녹는점에 있음에도 불구하고 많은 양의 뜨거운 물은 눈을 조금밖에 녹이지 못했기 때문이다.
>
> 블랙은 1757년에 이 속설의 오류를 설명할 수 있는 실험을 수행하였다. 블랙은 따뜻한 방에 두 개의 플라스크 A와 B를 두었는데, A에는 얼음이, B에는 물이 담겨 있었다. 얼음과 물은 양이 같고 모두 같은 온도, 즉 얼음의 녹는점에 있었다. 시간이 지남에 따라 B에 있는 물의 온도는 계속해서 올라갔다. 하지만 A에서는 얼음이 녹으면서 생긴 물과 녹고 있는 얼음의 온도가 녹는점에서 일정하게 유지되었는데 이 상태는 얼음이 완전히 녹을 때까지 지속되었다. 얼음을 녹이는 데 필요한 열량은 같은 양의 물의 온도를 녹는점에서 화씨 140도까지 올릴 수 있는 정도의 열량과 같았다. 블랙은 이 열이 실제로 온도계에 변화를 주지 않기 때문에 이를 '잠열(潛熱)'이라 불렀다.

> ⊙ A의 온도계로는 잠열을 직접 측정할 수 없었다.
> ⊙ 얼음이 녹는점에 이르러도 완전히 녹지 않는 것은 잠열 때문이다.
> ⊙ A의 얼음이 완전히 물로 바뀔 때까지, A의 얼음물 온도는 일정하게 유지된다.

① ㉠

② ㉡

③ ㉠, ㉢

④ ㉡, ㉢

⑤ ㉠, ㉡, ㉢

> **Tip** 블랙은 이 열이 실제로 온도계에 변화를 주지 않기 때문에 이를 '잠열(潛熱)'이라 불렀다.
> → ㉠ A의 온도계로는 잠열을 직접 측정할 수 없었다. – 참
> 눈이 녹는점에 있음에도 불구하고 많은 양의 뜨거운 물은 눈을 조금밖에 녹이지 못했다. 이는 잠열 때문이다.
> → ㉡ 얼음이 녹는점에 이르러도 완전히 녹지 않는 것은 잠열 때문이다. – 참
> A에서는 얼음이 녹으면서 생긴 물과 녹고 있는 얼음의 온도가 녹는점에서 일정하게 유지되었는데 이 상태는 얼음이 완전히 녹을 때까지 지속되었다.
> → ㉢ A의 얼음이 완전히 물로 바뀔 때까지, A의 얼음물 온도는 일정하게 유지된다. – 참

28 갑, 을, 병, 정 네 사람만 참여한 달리기 시합에서 동순위 없이 순위가 완전히 결정되었다. 갑, 을, 병은 각자 다음과 같이 진술하였다. 이들의 진술이 자신보다 낮은 순위의 사람에 대한 진술이라면 참이고, 높은 순위의 사람에 대한 진술이라면 거짓이라고 한다. 다음 중 반드시 참인 것은?

> • 갑 : 병은 1위이거나 2위이다.
> • 을 : 정은 3위이거나 4위이다.
> • 병 : 정은 2위이다.

① 갑은 1위이다.

② 을은 2위이다.

③ 정은 4위이다.

④ 갑이 을보다 순위가 높다.

⑤ 병이 정보다 순위가 높다.

(Tip) ㉠ 갑이 1위인 경우
   • 자신보다 낮은 순위의 사람에 대한 진술은 참이므로 병은 2위이다.
   • 그리고 병이 2위일 경우, 정은 2위이다. 라는 진술은 거짓이 된다. 자신보다 높은 순위의 사람에 대한 진술이 거짓이므로 정은 1위가 된다. 동순위가 없다고 하였으므로 갑은 1위가 될 수 없다.
㉡ 을이 2위인 경우
   • 병이 말한 정은 2위이다. 라는 진술은 거짓이 되고, 자신보다 높은 순위의 사람에 대한 진술이 거짓이므로 정이 1위가 된다. 갑의 진술인 병은 1위이거나 2위이다. 라는 진술은 자신보다 높은 순위의 사람에 대한 진술이 거짓이므로 거짓이 된다. 갑은 병보다 순위가 낮다.
   • 정은 3위이거나 4위이다. 라는 을의 진술 또한 본인보다 순위가 높기에 거짓이므로 을이 2위가 된다.
그러므로 1위가 정, 2위가 을, 3위가 병, 4위가 갑이 된다.

29 다음의 진술들이 참일 때 반드시 참인 것은?

> • 범인의 머리카락이 갈색이거나 키가 크다.
> • 만약 범인의 머리카락이 갈색이라면, 그는 안경을 쓴다.
> • 범인은 안경을 쓰거나 왼손잡이이다.
> • 만약 범인의 머리카락이 갈색이라면, 그는 안경을 쓰지 않는다.
> • 만약 범인이 안경을 쓰지 않는다면, 그는 키가 크지 않다.

① 범인은 왼손잡이이고 키가 크다.
② 범인은 키가 크고 안경을 쓴다.
③ 범인은 안경을 쓰고 왼손잡이이다.
④ 범인의 머리카락이 갈색인지는 확실히 알 수 없지만 키는 크다.
⑤ 범인이 왼손잡이인지도 확실히 알 수 없고 키가 큰지도 확실히 알 수 없다.

 • 범인의 머리카락이 갈색이거나 키가 크다. → 머리가 갈색이거나 키가 크다.
 • 만약 범인의 머리카락이 갈색이라면, 그는 안경을 쓴다. → 머리가 갈색이면 안경을 쓴다.
  → 안경을 쓰지 않는다면 머리가 갈색이 아니다.
 • 만약 범인이 안경을 쓰지 않는다면, 그는 키가 크지 않다. → 안경을 쓰지 않으면 키가 크지 않다. → 키가 크면 안경을 쓴다.
 ㉠ 범인은 안경을 쓴다.
  • 범인은 안경을 쓰거나 왼손잡이이다. → 안경을 쓰거나 왼손잡이이다.
  • 만약 범인의 머리카락이 갈색이라면, 그는 안경을 쓰지 않는다. → 머리가 갈색이면 안경은 쓰지 않는다. → 안경을 쓰면 머리가 갈색이 아니다.
 ㉡ 범인은 머리카락이 갈색이 아니다.
 ㉡에 의해 → 머리카락이 갈색이 아니므로 키가 크다.
 그러므로 범인은 키가 크고 안경을 쓰며 머리카락은 갈색이 아니다.

30 쓰레기를 무단 투기하는 사람을 찾기 위해 고심하던 아파트 관리인 세상씨는 다섯 명의 입주자 A, B, C, D, E를 면담했다. 이들은 각자 다음과 같이 이야기를 했다. 이 가운데 두 사람의 이야기는 모두 거짓인 반면, 세 명의 이야기는 모두 참이라고 한다. 다섯 명 가운데 한 명이 범인이라고 할 때 쓰레기를 무단 투기한 사람은 누구인가?

> • A : 쓰레기를 무단 투기하는 것을 나와 E만 보았다. B의 말은 모두 참이다.
> • B : 쓰레기를 무단 투기한 것은 D이다. D가 쓰레기를 무단 투기하는 것을 E가 보았다.
> • C : D는 쓰레기를 무단 투기하지 않았다. E의 말은 참이다.
> • D : 쓰레기를 무단 투기하는 것을 세 명의 주민이 보았다. B는 쓰레기를 무단 투기하지 않았다.
> • E : 나와 A는 쓰레기를 무단 투기하지 않았다. 나는 쓰레기를 무단 투기하는 사람을 아무도 보지 못했다.

① A   ② B

③ C   ④ D

⑤ E

 ㉠ A가 참인 경우
  • E는 무단 투기하는 사람을 못 봤다고 했으므로 E의 말은 거짓이 된다.
  • A는 B가 참이라고 했으므로 B에 의해 D가 범인이 된다.
  • 그러나 C는 D가 무단 투기하지 않았다고 했으므로 C도 거짓이 된다.
  • 거짓말을 한 주민이 C, E 두 명이 되었으므로 D의 말은 참이 된다.
  • 그러나 D는 쓰레기를 무단 투기하는 사람을 세 명의 주민이 보았다고 했는데 A는 본인과 E만 보았다고 했으므로 D는 범인이 될 수 없다.
㉡ A가 거짓인 경우
  • A의 말이 거짓이면 B의 말도 모두 거짓이 된다.
  • 거짓말을 한 사람이 A, B이므로 C, D, E는 참말을 한 것이 된다.
  • C에 의하면 D는 범인이 아니다.
  • D에 의하면 B는 범인이 아니다.
  • E에 의하면 A는 범인이 아니다.
  그러면 C가 범인이다.

Answer↱ 29.② 30.③

31 다음 제시된 조건을 보고, 만일 영호와 옥숙을 같은 날 보낼 수 없다면, 목요일에 보내야 하는 남녀사원은 누구인가?

> 영업부의 박 부장은 월요일부터 목요일까지 매일 남녀 각 한 명씩 두 사람을 회사 홍보 행사 담당자로 보내야 한다. 영업부에는 현재 남자 사원 4명(길호, 철호, 영호, 치호)과 여자 사원 4명(영숙, 옥숙, 지숙, 미숙)이 근무하고 있으며, 다음과 같은 세약 사항이 있다
>
> ㉠ 매일 다른 사람을 보내야 한다.
> ㉡ 치호는 철호 이전에 보내야 한다.
> ㉢ 옥숙은 수요일에 보낼 수 없다.
> ㉣ 철호와 영숙은 같이 보낼 수 없다.
> ㉤ 영숙은 지숙과 미숙 이후에 보내야 한다.
> ㉥ 치호는 영호보다 앞서 보내야 한다.
> ㉦ 옥숙은 지숙 이후에 보내야 한다.
> ㉧ 길호는 철호를 보낸 바로 다음 날 보내야 한다.

① 길호와 영숙   ② 영호와 영숙
③ 치호와 옥숙   ④ 길호와 옥숙
⑤ 영호와 미숙

Tip 남자사원의 경우 ㉡, ㉥, ㉧에 의해 다음과 같은 두 가지 경우가 가능하다.

	월요일	화요일	수요일	목요일
경우 1	치호	영호	철호	길호
경우 2	치호	철호	길호	영호

[경우 1]
옥숙은 수요일에 보낼 수 없고, 철호와 영숙은 같이 보낼 수 없으므로 옥숙과 영숙은 수요일에 보낼 수 없다. 또한 영숙은 지숙과 미숙 이후에 보내야 하고, 옥숙은 지숙 이후에 보내야 하므로 조건에 따르면 다음과 같다.

	월요일	화요일	수요일	목요일
남	치호	영호	철호	길호
여	지숙	옥숙	미숙	영숙

[경우 2]

		월요일	화요일	수요일	목요일
	남	치호	철호	길호	영호
경우 2-1	여	미숙	지숙	영숙	옥숙
경우 2-2	여	지숙	미숙	영숙	옥숙
경우 2-3	여	지숙	옥숙	미숙	영숙

문제에서 영호와 옥숙을 같이 보낼 수 없다고 했으므로, [경우 1], [경우 2-1], [경우 2-2]는 해당하지 않는다. 따라서 [경우 2-3]에 의해 목요일에 보내야 하는 남녀사원은 영호와 영숙이다.

32 지하철 10호선은 총 6개의 주요 정거장을 경유한다. 주어진 조건이 다음과 같을 경우, C가 4번째 정거장일 때, E 바로 전의 정거장이 될 수 있는 것은?

> • 지하철 10호선은 순환한다.
> • 주요 정거장을 각각 A, B, C, D, E, F라고 한다.
> • E는 3번째 정거장이다.
> • B는 6번째 정거장이다.
> • D는 F의 바로 전 정거장이다.
> • C는 A의 바로 전 정거장이다.

① F   ② E
③ D   ④ B
⑤ A

(Tip) C가 4번째 정거장이므로 표를 완성하면 다음과 같다.

순서	1	2	3	4	5	6
정거장	D	F	E	C	A	B

따라서 E 바로 전의 정거장은 F이다.

33 다음은 유진이가 학교에 가는 요일에 대한 설명이다. 이들 명제가 모두 참이라고 가정할 때, 유진이가 학교에 가는 요일은?

> ㉠ 목요일에 학교에 가지 않으면 월요일에 학교에 간다.
> ㉡ 금요일에 학교에 가지 않으면 수요일에 학교에 가지 않는다.
> ㉢ 수요일에 학교에 가지 않으면 화요일에 학교에 간다.
> ㉣ 월요일에 학교에 가면 금요일에 학교에 가지 않는다.
> ㉤ 유진이는 화요일에 학교에 가지 않는다.

① 월, 수   ② 월, 수, 금
③ 수, 목, 금   ④ 수, 금
⑤ 목, 금

(Tip) ㉤에서 유진이는 화요일에 학교에 가지 않으므로 ㉢의 대우에 의하여 수요일에는 학교에 간다.
수요일에 학교에 가므로 ㉡의 대우에 의해 금요일에는 학교에 간다.
금요일에 학교에 가므로 ㉣의 대우에 의해 월요일에는 학교를 가지 않는다.
월요일에 학교를 가지 않으므로 ㉠의 대우에 의해 목요일에는 학교에 간다.
따라서 유진이가 학교에 가는 요일은 수, 목, 금이다.

34 다음 조건이 참이라고 할 때 항상 참인 것을 고르면?

> • 민수는 A기업에 다닌다.
> • 영어를 잘하면 업무능력이 뛰어난 것이다.
> • 영어를 잘하지 못하면 A기업에 다닐 수 없다.
> • A기업은 우리나라 대표 기업이다.

① 민수는 업무능력이 뛰어나다.
② A기업에 다니는 사람들은 업무능력이 뛰어나지 못하다.
③ 민수는 영어를 잘하지 못한다.
④ 민수는 수학을 매우 잘한다.
⑤ 업무능력이 뛰어난 사람은 A기업에 다니는 사람이 아니다.

(Tip) 주어진 조건을 잘 풀어보면 민수는 A기업에 다닌다, 영어를 잘하면 업무능력이 뛰어나다, 업무능력이 뛰어나지 못하면 영어를 못한다, 영어를 못하는 사람은 A기업에 다니지 않는다, A기업 사람은 영어를 잘한다. 전체적으로 연결시켜 보면 '민수 → A기업에 다닌다. → 영어를 잘한다. → 업무능력이 뛰어나다.' 이므로 '민수는 업무능력이 뛰어나다.'는 결론을 도출할 수 있다.

35 A, B, C, D, E, F가 달리기 경주를 하여 보기와 같은 결과를 얻었다. 1등부터 6등까지 순서대로 나열한 것은?

> ㉠ A는 D보다 먼저 결승점에 도착하였다.
> ㉡ E는 B보다 더 늦게 도착하였다.
> ㉢ D는 C보다 먼저 결승점에 도착하였다.
> ㉣ B는 A보다 더 늦게 도착하였다.
> ㉤ E가 F보다 더 앞서 도착하였다.
> ㉥ C보다 먼저 결승점에 들어온 사람은 두 명이다.

① A − D − C − B − E − F
② A − D − C − E − B − F
③ F − E − B − C − D − A
④ B − F − C − E − D − A
⑤ C − D − B − E − F − A

 ㉠과 ㉢에 의해 A − D − C 순서이다.
㉥에 의해 나머지는 모두 C 뒤에 들어왔다는 것을 알 수 있다.
㉡과 ㉤에 의해 B − E − F 순서이다.
따라서 A − D − C − B − E − F 순서가 된다.

36 A, B, C, D, E 5명의 입사성적을 비교하여 높은 순서로 순번을 매겼더니 다음과 같은 사항을 알게 되었다. 입사성적이 두 번째로 높은 사람은?

> • 순번 상 E의 앞에는 2명 이상의 사람이 있고 C보다는 앞이었다.
> • D의 순번 바로 앞에는 B가 있다.
> • A의 순번 뒤에는 2명이 있다.

① A
② B
③ C
④ D
⑤ E

 조건에 따라 순번을 매겨 높은 순으로 정리하면 BDAEC가 된다.

37 김대리는 모스크바 현지 영업소로 출장을 갈 계획이다. 4일 오후 2시 모스크바에서 회의가 예정되어 있어 모스크바 공항에 적어도 오전 11시 이전에는 도착하고자 한다. 인천에서 모스크바까지 8시간이 걸리며, 시차는 인천이 모스크바보다 6시간이 더 빠르다. 김대리는 인천에서 늦어도 몇 시에 출발하는 비행기를 예약하여야 하는가?

① 3일 09 : 00
② 3일 19 : 00
③ 4일 09 : 00
④ 4일 11 : 00
⑤ 5일 02 : 00

Tip) 인천에서 모스크바까지 8시간이 걸리고, 6시간이 인천이 더 빠르므로
09 : 00시 출발 비행기를 타면 $9+(8-6)=11$시 도착
19 : 00시 출발 비행기를 타면 $19+(8-6)=21$시 도착
02 : 00시 출발 비행기를 타면 $2+(8-6)=4$시 도착

38 경찰서에서 목격자 세 사람이 범인에 관하여 다음과 같이 진술하였다.

• A : 은이가 범인이거나 영철이가 범인입니다.
• B : 영철이가 범인이거나 숙이가 범인입니다.
• C : 은이가 범인이 아니거나 또는 숙이가 범인이 아닙니다.

경찰에서는 이미 이 사건이 한 사람의 단독 범행인 것을 알고 있었다. 그리고 한 진술은 거짓이고 나머지 두 진술은 참이라는 것이 나중에 밝혀졌다. 그러나 안타깝게도 어느 진술이 거짓인지는 밝혀지지 않았다면 다음 중 반드시 거짓인 것은?

① 은이가 범인이다.
② 영철이가 범인이다.
③ 숙이가 범인이다.
④ 숙이는 범인이 아니다.
⑤ 은이가 범인이 아니면 영철이도 범인이 아니다.

Tip) 은이만 범인이면 목격자 A 참, 목격자 B 거짓, 목격자 C 참
영철만 범인이면 목격자 A 참, 목격자 B 참, 목격자 C 참
숙이만 범인이면 목격자 A 거짓, 목격자 B 참, 목격자 C 참

39 다음 글의 내용이 참일 때 최종 선정되는 단체는 어디인가?

> 문화체육관광부는 우수 문화예술 단체 A, B, C, D, E 중 한 곳을 선정하여 지원하려 한다. 문화체육관광부의 금번 선정 방침은 다음 두 가지이다. 첫째, 어떤 형태로든 지원을 받고 있는 단체는 최종 후보가 될 수 없다. 둘째, 최종 선정 시 올림픽 관련 단체를 엔터테인먼트 사업(드라마, 영화, 가요) 단체보다 우선한다.
>
> A 단체는 자유무역협정을 체결한 필리핀에 드라마 콘텐츠를 수출하고 있지만 올림픽과 관련한 사업은 하지 않는다. B 단체는 올림픽의 개막식 행사를, C 단체는 올림픽의 폐막식 행사를 각각 주관하는 단체이다. E 단체는 오랫동안 한국 음식문화를 세계에 보급해 온 단체이다. A와 C 단체 중 적어도 한 단체가 최종 후보가 되지 못한다면, 대신 B와 E 중 적어도 한 단체는 최종 후보가 된다. 반면 게임 개발로 각광을 받는 단체인 D가 최종 후보가 된다면, 한국과 자유무역협정을 체결한 국가와 교역을 하는 단체는 모두 최종 후보가 될 수 없다.
>
> 후보 단체들 중 가장 적은 부가가치를 창출한 단체는 최종 후보가 될 수 없고, 최종 선정은 최종 후보가 된 단체 중에서만 이루어진다.
>
> 문화체육관광부의 조사 결과, 올림픽의 개막식 행사를 주관하는 모든 단체는 이미 보건복지부로부터 지원을 받고 있다. 그리고 위 문화예술 단체 가운데 한국 음식문화 보급과 관련된 단체의 부가가치 창출이 가장 저조하였다.

① A   ② B
③ C   ④ D
⑤ E

 ① A 단체는 자유무역협정을 체결한 필리핀에 드라마 콘텐츠를 수출하고 있지만 올림픽과 관련된 사업은 하지 않는다. 최종 선정 시 올림픽 관련 단체를 엔터테인먼트 사업 단체보다 우선하므로 B, C와 같이 최종 후보가 된다면 A는 선정될 수 없다.
② 올림픽의 개막식 행사를 주관하는 모든 단체는 이미 보건복지부로부터 지원을 받고 있다. B 단체는 올림픽의 개막식 행사를 주관하는 단체이다. → B 단체는 선정될 수 없다.
③ A와 C 단체 중 적어도 한 단체가 최종 후보가 되지 못한다면, 대신 B와 E 중 적어도 한 단체는 최종 후보가 된다. 보기 ②⑤를 통해 B, E 단체를 후보가 될 수 없다. 후보는 A 와 C가 된다.
④ D가 최종 후보가 된다면, 한국과 자유무역협정을 체결한 국가와 교역을 하는 단체는 모두 최종 후보가 될 수 없다. D가 최종 후보가 되면 A가 될 수 없고 A가 된다면 D는 될 수 없다.
⑤ 후보 단체들 중 가장 적은 부가가치를 창출한 단체는 최종 후보가 될 수 없고, 한국 음식문화 보급과 관련된 단체의 부가가치 창출이 가장 저조하였다. E 단체는 오랫동안 한국 음식문화를 세계에 보급해 온 단체이다. → E 단체는 선정될 수 없다.

Answer → 37.③ 38.② 39.③

40 다음 글의 내용이 참일 때, 반드시 참인 것은?

> 전 세계적으로 금융위기로 인해 그 위기의 근원지였던 미국의 경제가 상당히 피해를 입었다. 미국에서는 경제 회복을 위해 통화량을 확대하는 양적완화 정책을 실시할 것인지를 두고 논란이 있었다. 미국의 양적완화는 미국 경제회복에 효과가 있겠지만, 국제 경제에 적지 않은 영향을 줄 수 있기 때문이다.
>
> 미국이 양적완화를 실시하면, 달러화의 가치가 하락하고 우리나라의 달러 환율도 하락한다. 우리나라의 달러 환율이 하락하면 우리나라의 수출이 감소한다. 우리나라 경제는 대외 의존도가 높기 때문에 경제의 주요 지표들이 개선되기 위해서는 수출이 감소하면 안 된다.
>
> 또 미국이 양적완화를 중단하면 미국 금리가 상승한다. 미국 금리가 상승하면 우리나라 금리가 상승하고, 우리나라 금리가 상승하면 우리나라에 대한 외국인 투자가 증가한다. 또한 우리나라 금리가 상승하면 우리나라의 가계부채 문제가 심화된다. 가계부채 문제가 심화되는 나라의 국내 소비는 감소한다. 국내 소비가 감소하면, 경제의 전망이 어두워진다.

① 우리나라의 수출이 증가했다면 달러화 가치가 하락했을 것이다.

② 우리나라의 가계부채 문제가 심화되었다면 미국이 양적완화를 중단했을 것이다.

③ 우리나라에 대한 외국인 투자가 감소하면 우리나라 경제의 전망이 어두워질 것이다.

④ 우리나라 경제의 주요 지표들이 개선되었다면 우리나라의 달러 환율이 하락하지 않았을 것이다.

⑤ 우리나라의 국내 소비가 감소하지 않았다면 우리나라에 대한 외국인 투자가 감소하지 않았을 것이다.

Tip 양적완화를 실시하면 달러화 가치가 하락하고 달러 환율이 하락하면 우리나라의 수출이 감소하고 경제지표가 악화된다.
양적완화를 중단하면 미국의 금리가 상승하고 우리나라의 금리도 상승하며 외국인의 투자가 증가한다. 또한 우리나라의 금리가 상승하면 가계부채 문제가 심화되고 이는 국내 소비를 감소시키며 경제 침체를 유발한다.
① 수출이 증가하면 달러화 가치는 상승한다.
② 우리나라의 가계부채가 미국의 양적완화에 영향을 미치지는 않는다.
③⑤ 외국인 투자가 우리나라 경제에 미치는 영향은 알 수 없다.

CHAPTER
04 정보능력

1 정보화사회와 정보능력

(1) 정보와 정보화사회

① 자료 · 정보 · 지식

구분	특징
자료 (Data)	객관적 실제의 반영이며, 그것을 전달할 수 있도록 기호화한 것
정보 (Information)	자료를 특정한 목적과 문제해결에 도움이 되도록 가공한 것
지식 (Knowledge)	정보를 집적하고 체계화하여 장래의 일반적인 사항에 대비해 보편성을 갖도록 한 것

② 정보화사회 … 필요로 하는 정보가 사회의 중심이 되는 사회

(2) 업무수행과 정보능력

① 컴퓨터의 활용 분야
  ㉠ 기업 경영 분야에서의 활용 : 판매, 회계, 재무, 인사 및 조직관리, 금융 업무 등
  ㉡ 행정 분야에서의 활용 : 민원처리, 각종 행정 통계 등
  ㉢ 산업 분야에서의 활용 : 공장 자동화, 산업용 로봇, 판매시점관리시스템(POS) 등
  ㉣ 기타 분야에서의 활용 : 교육, 연구소, 출판, 가정, 도서관, 예술 분야 등

② 정보처리과정
  ㉠ 정보 활용 절차 : 기획→수집→관리→활용
  ㉡ 5W2H : 정보 활용의 전략적 기획
  • WHAT(무엇을?) : 정보의 입수대상을 명확히 한다.
  • WHERE(어디에서?) : 정보의 소스(정보원)를 파악한다.
  • WHEN(언제까지) : 정보의 요구(수집)시점을 고려한다.
  • WHY(왜?) : 정보의 필요목적을 염두에 둔다.
  • WHO(누가?) : 정보활동의 주체를 확정한다.
  • HOW(어떻게) : 정보의 수집방법을 검토한다.

• HOW MUCH(얼마나?) : 정보수집의 비용성(효용성)을 중시한다.

예제 1

5W2H는 정보를 전략적으로 수집·활용할 때 주로 사용하는 방법이다. 5W2H에 대한 설명으로 옳지 않은 것은?

① WHAT : 정보의 수집방법을 검토한다.
② WHERE : 정보의 소스(정보원)를 파악한다.
③ WHEN : 정보의 요구(수집)시점을 고려한다.
④ HOW : 정보의 수집방법을 검토한다.

---

(3) 사이버공간에서 지켜야 할 예절

① 인터넷의 역기능
　㉠ 불건전 정보의 유통
　㉡ 개인 정보 유출
　㉢ 사이버 성폭력
　㉣ 사이버 언어폭력
　㉤ 언어 훼손
　㉥ 인터넷 중독
　㉦ 불건전한 교제
　㉧ 저작권 침해

② 네티켓(netiquette) … 네트워크(network) + 에티켓(etiquette)

(4) 정보의 유출에 따른 피해사례

① 개인정보의 종류
   ㉠ 일반 정보 : 이름, 주민등록번호, 운전면허정보, 주소, 전화번호, 생년월일, 출생지, 본적지, 성별, 국적 등
   ㉡ 가족 정보 : 가족의 이름, 직업, 생년월일, 주민등록번호, 출생지 등
   ㉢ 교육 및 훈련 정보 : 최종학력, 성적, 기술자격증/전문면허증, 이수훈련 프로그램, 서클활동, 상벌사항, 성격/행태보고 등
   ㉣ 병역 정보 : 군번 및 계급, 제대유형, 주특기, 근무부대 등
   ㉤ 부동산 및 동산 정보 : 소유주택 및 토지, 자동차, 저축현황, 현금카드, 주식 및 채권, 수집품, 고가의 예술품 등
   ㉥ 소득 정보 : 연봉, 소득의 원천, 소득세 지불 현황 등
   ㉦ 기타 수익 정보 : 보험가입현황, 수익자, 회사의 판공비 등
   ㉧ 신용 정보 : 대부상황, 저당, 신용카드, 담보설정 여부 등
   ㉨ 고용 정보 : 고용주, 회사주소, 상관의 이름, 직무수행 평가 기록, 훈련기록, 상벌기록 등
   ㉩ 법적 정보 : 전과기록, 구속기록, 이혼기록 등
   ㉪ 의료 정보 : 가족병력기록, 과거 의료기록, 신체장애, 혈액형 등
   ㉫ 조직 정보 : 노조가입, 정당가입, 클럽회원, 종교단체 활동 등
   ㉬ 습관 및 취미 정보 : 흡연/음주량, 여가활동, 도박성향, 비디오 대여기록 등

② 개인정보 유출방지 방법
   ㉠ 회원 가입 시 이용 약관을 읽는다.
   ㉡ 이용 목적에 부합하는 정보를 요구하는지 확인한다.
   ㉢ 비밀번호는 정기적으로 교체한다.
   ㉣ 정체불명의 사이트는 멀리한다.
   ㉤ 가입 해지 시 정보 파기 여부를 확인한다.
   ㉥ 남들이 쉽게 유추할 수 있는 비밀번호는 자제한다.

정보능력을 구성하는 하위능력

(1) 컴퓨터활용능력

① 인터넷 서비스 활용

   ㉠ **전자우편(E-mail) 서비스** … 정보 통신망을 이용하여 다른 사용자들과 편지나 여러 정보를 주고받는 통신 방법

   ㉡ **인터넷 디스크/웹 하드** : 웹 서버에 대용량의 저장 기능을 갖추고 사용자가 개인용 컴퓨터의 하드디스크와 같은 기능을 인터넷을 통하여 이용할 수 있게 하는 서비스

   ㉢ **메신저** : 인터넷에서 실시간으로 메시지와 데이터를 주고받을 수 있는 소프트웨어

   ㉣ **전자상거래** : 인터넷을 통해 상품을 사고팔거나 재화나 용역을 거래하는 사이버 비즈니스

② **정보검색** … 여러 곳에 분산되어 있는 수많은 정보 중에서 특정 목적에 적합한 정보만을 신속하고 정확하게 찾아내어 수집, 분류, 축적하는 과정

   ㉠ **검색엔진의 유형**

     • 키워드 검색 방식 : 찾고자 하는 정보와 관련된 핵심적인 언어인 키워드를 직접 입력하여 이를 검색 엔진에 보내어 검색 엔진이 키워드와 관련된 정보를 찾는 방식

     • 주제별 검색 방식 : 인터넷상에 존재하는 웹 문서들을 주제별, 계층별로 정리하여 데이터베이스를 구축한 후 이용하는 방식

     • 통합형 검색방식 : 사용자가 입력하는 검색어들이 연계된 다른 검색 엔진에게 보내고 이를 통하여 얻어진 검색 결과를 사용자에게 보여주는 방식

   ㉡ **정보 검색 연산자**

기호	연산자	검색조건
*, &	AND	두 단어가 모두 포함된 문서를 검색
|	OR	두 단어가 모두 포함되거나 두 단어 중에서 하나만 포함된 문서를 검색
-, !	NOT	'-' 기호나 '!' 기호 다음에 오는 단어는 포함하지 않는 문서를 검색
~, near	인접검색	앞/뒤의 단어가 가깝게 있는 문서를 검색

③ **소프트웨어의 활용**

   ㉠ **워드프로세서**

     • 특징 : 문서의 내용을 화면으로 확인하면서 쉽게 수정 가능, 문서 작성 후 인쇄 및 저장 가능, 글이나 그림의 입력 및 편집 가능

     • 기능 : 입력기능, 표시기능, 저장기능, 편집기능, 인쇄기능 등

ⓛ 스프레드시트
  • 특징 : 쉽게 계산 수행, 계산 결과를 차트로 표시, 문서를 작성하고 편집 가능
  • 기능 : 계산, 수식, 차트, 저장, 편집, 인쇄기능 등

예제 2

귀하는 커피 전문점을 운영하고 있다. 아래와 같이 엑셀 워크시트로 4개 지점의 원두 구매 수량과 단가를 이용하여 금액을 산출하고 있다. 귀하가 다음 중 D3셀에서 사용하고 있는 함수식으로 옳은 것은? (단, 금액 = 수량 × 단가)

	A	B	C	D	E
1	지점	원두	수량(100g)	금액	
2	A	케냐	15	150000	
3	B	콜롬비아	25	175000	
4	C	케냐	30	300000	
5	D	브라질	35	210000	
6					
7		원두	100g당 단가		
8		케냐	10,000		
9		콜롬비아	7,000		
10		브라질	6,000		
11					

① =C3*VLOOKUP(B3, $B$8:$C$10, 1, 1)
② =B3*HLOOKUP(C3, $B$8:$C$10, 2, 0)
③ =C3*VLOOKUP(B3, $B$8:$C$10, 2, 0)
④ =C3*HLOOKUP($B$8:$C$10, 2, B3)

[출제의도]
본 문항은 엑셀 워크시트 함수의 활용도를 확인하는 문제이다.
[해설]
"VLOOKUP(B3, $B$8:$C$10, 2, 0)"의 함수를 해설해보면 B3의 값(콜롬비아)을 B8:C10에서 찾은 후 그 영역의 2번째 열(C열, 100g당 단가)에 있는 값을 나타내는 함수이다. 금액은 "수량 × 단가"으로 나타내므로 D3셀에 사용되는 함수식은 "=C3*VLOOKUP(B3, $B$8:$C$10, 2, 0)"이다.
※ HLOOKUP과 VLOOKUP
  ㉠ HLOOKUP : 배열의 첫 행에서 값을 검색하여, 지정한 행의 같은 열에서 데이터를 추출
  ㉡ VLOOKUP : 배열의 첫 열에서 값을 검색하여, 지정한 열의 같은 행에서 데이터를 추출

답 ③

ⓒ 프레젠테이션
  • 특징 : 각종 정보를 사용자 또는 대상자에게 쉽게 전달
  • 기능 : 저장, 편집, 인쇄, 슬라이드 쇼 기능 등
ⓔ 유틸리티 프로그램 : 파일 압축 유틸리티, 바이러스 백신 프로그램
④ 데이터베이스의 필요성
  ㉠ 데이터의 중복을 줄인다.
  ㉡ 데이터의 무결성을 높인다.
  ㉢ 검색을 쉽게 해준다.
  ㉣ 데이터의 안정성을 높인다.
  ㉤ 개발기간을 단축한다.

(2) 정보처리능력

① **정보원** … 1차 자료는 원래의 연구성과가 기록된 자료이며, 2차 자료는 1차 자료를 효과적으로 찾아보기 위한 자료 또는 1차 자료에 포함되어 있는 정보를 압축·정리한 형태로 제공하는 자료이다.

　　㉠ **1차 자료** : 단행본, 학술지와 논문, 학술회의자료, 연구보고서, 학위논문, 특허정보, 표준 및 규격자료, 레터, 출판 전 배포자료, 신문, 잡지, 웹 정보자원 등

　　㉡ **2차 자료** : 사전, 백과사전, 편람, 연감, 서지데이터베이스 등

② **정보분석 및 가공**

　　㉠ **정보분석의 절차** : 분석과제의 발생 → 과제(요구)의 분석 → 조사항목의 선정 → 관련정보의 수집(기존자료 조사/신규자료 조사) → 수집정보의 분류 → 항목별 분석 → 종합·결론 → 활용·정리

　　㉡ **가공** : 서열화 및 구조화

③ **정보관리**

　　㉠ 목록을 이용한 정보관리

　　㉡ 색인을 이용한 정보관리

　　㉢ 분류를 이용한 정보관리

예제 3

인사팀에서 근무하는 J씨는 회사가 성장함에 따라 직원 수가 급증하기 시작하면서 직원들의 정보관리 방법을 모색하던 중 다음과 같은 A사의 직원 정보관리 방법을 보게 되었다. J씨는 A사가 하고 있는 이 방법을 회사에도 도입하고자 한다. 이 방법은 무엇인가?

> A사의 인사부서에 근무하는 H씨는 직원들의 개인정보를 관리하는 업무를 담당하고 있다. A사에서 근무하는 직원은 수천 명에 달하기 때문에 H씨는 주요 키워드나 주제어를 가지고 직원들의 정보를 구분하여 관리하여, 찾을 때도 쉽고 내용을 수정할 때도 이전보다 훨씬 간편할 수 있도록 했다.

① 목록을 활용한 정보관리
② 색인을 활용한 정보관리
③ 분류를 활용한 정보관리
④ 1:1 매칭을 활용한 정보관리

[출제의도]
본 문항은 정보관리 방법의 개념을 이해하고 있는가를 묻는 문제이다.
[해설]
주어진 자료의 A사에서 사용하는 정보관리는 주요 키워드나 주제어를 가지고 정보를 관리하는 방식인 색인을 활용한 정보관리이다. 디지털 파일에 색인을 저장할 경우 추가, 삭제, 변경 등이 쉽다는 점에서 정보관리에 효율적이다.

답 ②

출제예상문제

1 다음 중 '클라우드 컴퓨팅'에 대한 적절한 설명이 아닌 것은?

① 사용자들이 복잡한 정보를 보관하기 위해 별도의 데이터 센터를 구축할 필요가 없다.

② 정보의 보관보다 정보의 처리 속도와 정확성이 관건인 네트워크 서비스이다.

③ 장소와 시간에 관계없이 다양한 단말기를 통해 정보에 접근할 수 있다.

④ 주소록, 동영상, 음원, 오피스 문서, 게임, 메일 등 다양한 콘텐츠를 대상으로 한다.

⑤ 클라우드 컴퓨팅을 활용하면 스마트 폰으로 이동 중에 시청하던 영상을 집에 도착하여 TV로 볼 수 있게 된다.

> (Tip) 클라우드 컴퓨팅이란 인터넷을 통해 제공되는 서버를 활용해 정보를 보관하고 있다가 필요할 때 꺼내 쓰는 기술을 말한다. 따라서 클라우드 컴퓨팅의 핵심은 데이터의 저장 · 처리 · 네트워킹 및 다양한 어플리케이션 사용 등 IT 관련 서비스를 인터넷과 같은 네트워크를 기반으로 제공하는데 있어, 정보의 보관 분야에 있어 획기적인 컴퓨팅 기술이라고 할 수 있다.

2 다음 중 '유틸리티 프로그램'으로 볼 수 없는 것은?

① 고객 관리 프로그램

② 화면 캡쳐 프로그램

③ 이미지 뷰어 프로그램

④ 동영상 재생 프로그램

⑤ 바이러스 백신 프로그램

> (Tip) 사용자가 컴퓨터를 좀 더 쉽게 사용할 수 있도록 도와주는 소프트웨어(프로그램)를 '유틸리티 프로그램'이라고 하고 통상 줄여서 '유틸리티'라고 한다. 유틸리티 프로그램은 본격적인 응용 소프트웨어라고 하기에는 크기가 작고 기능이 단순하다는 특징을 가지고 있으며, 사용자가 컴퓨터를 사용하면서 처리하게 되는 여러 가지 작업을 의미한다.
> ① 고객 관리 프로그램, 자원관리 프로그램 등은 대표적인 응용 소프트웨어에 속한다.

Answer⌐→ 1.② 2.①

3   다음 (가)~(다)의 설명에 맞는 용어가 순서대로 올바르게 짝지어진 것은?

(가) 유통분야에서 일반적으로 물품관리를 위해 사용된 바코드를 대체할 차세대 인식기술로 꼽히며, 판독 및 해독 기능을 하는 판독기(reader)와 정보를 제공하는 태그(tag)로 구성된다.

(나) 컴퓨터 관련 기술이 생활 구석구석에 스며들어 있음을 뜻하는 '퍼베이시브 컴퓨팅(pervasive computing)'과 같은 개념이다.

(다) 메신저 애플리케이션의 통화 기능 또는 별도의 데이터 통화 애플리케이션을 설치하면 통신사의 이동통신망이 아니더라도 와이파이(Wi-Fi)를 통해 단말기로 데이터 음성통화를 할 수 있으며, 이동통신망의 음성을 쓰지 않기 때문에 국외 통화 시 비용을 절감할 수 있다는 장점이 있다.

---

① RFID, 유비쿼터스, VoIP

② POS, 유비쿼터스, RFID

③ RFID, POS, 핫스팟

④ POS, VoIP, 핫스팟

⑤ RFID, VoIP, POS

(Tip) (가) RFID : IC칩과 무선을 통해 식품·동물·사물 등 다양한 개체의 정보를 관리할 수 있는 인식 기술을 지칭한다. '전자태그' 혹은 '스마트 태그', '전자 라벨', '무선식별' 등으로 불린다. 이를 기업의 제품에 활용할 경우 생산에서 판매에 이르는 전 과정의 정보를 초소형 칩(IC칩)에 내장시켜 이를 무선주파수로 추적할 수 있다.

(나) 유비쿼터스 : 유비쿼터스는 '언제 어디에나 존재한다.'는 뜻의 라틴어로, 사용자가 컴퓨터나 네트워크를 의식하지 않고 장소에 상관없이 자유롭게 네트워크에 접속할 수 있는 환경을 말한다.

(다) VoIP : VoIP(Voice over Internet Protocol)는 IP 주소를 사용하는 네트워크를 통해 음성을 디지털 패킷(데이터 전송의 최소 단위)으로 변환하고 전송하는 기술이다. 다른 말로 인터넷전화라고 부르며, 'IP 텔레포니' 혹은 '인터넷 텔레포니'라고도 한다.

4 다음 중 '자료', '정보', '지식'의 관계에 대한 설명으로 옳지 않은 것은?

① 객관적 실제의 반영이며, 그것을 전달할 수 있도록 기호화한 것을 자료라고 한다.

② 특정 상황에서 그 가치가 평가된 데이터를 정보와 지식이라고 말한다.

③ 데이터를 집적하고 체계화하여 장래의 일반적인 사항에 대비해 보편성을 갖도록 한 것을 지식이라고 한다.

④ 자료를 가공하여 이용 가능한 정보로 만드는 과정을 자료처리(data processing)라고도 하며 일반적으로 컴퓨터가 담당한다.

⑤ 업무 활동을 통해 알게 된 세부 데이터를 컴퓨터로 일목요연하게 정리해 둔 것을 지식이라고 볼 수 있다.

(Tip) '지식'이란 '어떤 특정의 목적을 달성하기 위해 과학적 또는 이론적으로 추상화되거나 정립되어 있는 일반화된 '정보'를 뜻하는 것으로, 어떤 대상에 대하여 원리적·통일적으로 조직되어 객관적 타당성을 요구할 수 있는 판단의 체계를 제시한다.
⑤ 가치가 포함되어 있지 않은 단순한 데이터베이스라고 볼 수 있다.

5 소프트웨어는 사용권(저작권)에 따라 분류될 수 있다. 다음 중 이에 따라 분류된 소프트웨어의 특징에 대한 설명으로 옳지 않은 것은?

① Shareware – 배너 광고를 보는 대가로 무료로 사용하는 소프트웨어

② Freeware – 무료 사용 및 배포, 기간 및 기능에 제한이 없는 누구나 사용할 수 있는 소프트웨어

③ 베타(Beta) 버전 – 정식 버전이 출시되기 전에 프로그램에 대한 일반인의 평가를 받기 위해 제작된 소프트웨어

④ 상용 소프트웨어 – 사용 기간의 제한 없이 무료 사용과 배포가 가능한 프로그램

⑤ 데모(Demo) 버전 – 정식 프로그램의 기능을 홍보하기 위해 기능 및 기간을 제한하여 배포하는 프로그램

(Tip) ④ 상용 소프트웨어는 정해진 금액을 지불하고 정식으로 사용하는 프로그램이다. 한편, 사용 기간의 제한 없이 무료 사용과 배포가 가능한 프로그램은 공개 소프트웨어라고 한다.

Answer 3.① 4.⑤ 5.④

6 다음 중 아래와 같은 자료의 '기록(초)' 필드를 이용하여 최길동의 순위를 계산하고자 할 때 C3에 들어갈 함수식으로 올바른 것은?

	A	B	C
1	이름	기록(초)	순위
2	김길동	53	3
3	최길동	59	4
4	박길동	51	1
5	이길동	52	2
6			

① =RANK(B3,$B$2:$B$5,1)

② =RANK(B3,$B$2:$B$5,0)

③ =RANK(B3,$B$2:B5,1)

④ =RANK(B3,B2:$B$5,0)

⑤ =RANK(B3,B2:B5,0)

(Tip) RANK 함수는 지정 범위에서 인수의 순위를 구할 때 사용하는 함수이다. 결정 방법은 수식의 맨 뒤에 0 또는 생략할 경우 내림차순, 0 이외의 값은 오름차순으로 표시하게 되며, 결과값에 해당하는 필드의 범위를 지정할 때에는 셀 번호에 '$'를 앞뒤로 붙인다.

7 다음 시트에서 1행의 데이터에 따라 2행처럼 표시하려고 할 때, 다음 중 A2 셀에 입력된 함수식으로 적절한 것은?

	A	B
1	3	-2
2	양	음

① =IF(A1〈=0,"양","음")

② =IF(A1 IS=0,"양" OR "음")

③ =IF(A1〉=0,"양","음")

④ =IF(A1〉=0,"양" OR "음")

⑤ =IF(A1 IS=0,"양","음")

(Tip) IF(조건,인수1,인수2) 함수는 해당 조건이 참이면 인수1을, 거짓이면 인수2를 실행하게 하는 함수이다. 따라서 A1 셀이 0 이상(크거나 같음)이면 "양"을, 그렇지 않으면 "음"을 표시하게 되는 것이다.

8 G사 홍보팀에서는 다음과 같이 직원들의 수당을 지급하고자 한다. C12셀부터 D15셀까지 기재된 사항을 참고로 D열에 수식을 넣어 직책별 수당을 작성하였다. D2셀에 수식을 넣어 D10까지 드래그하여 다음과 같은 자료를 작성하였다면, D2셀에 들어가야 할 적절한 수식은 어느 것인가?

	A	B	C	D
1	사번	직책	기본급	수당
2	9610114	대리	1,720,000	450,000
3	9610070	대리	1,800,000	450,000
4	9410065	과장	2,300,000	550,000
5	9810112	사원	1,500,000	400,000
6	9410105	과장	2,450,000	550,000
7	9010043	부장	3,850,000	650,000
8	9510036	대리	1,750,000	450,000
9	9410068	과장	2,380,000	550,000
10	9810020	사원	1,500,000	400,000
11				
12			부장	650,000
13			과장	550,000
14			대리	450,000
15			사원	400,000

① =VLOOKUP(C12,$C$12:$D$15,2,1)

② =VLOOKUP(C12,$C$12:$D$15,2,0)

③ =VLOOKUP(B2,$C$12:$D$15,2,0)

④ =VLOOKUP(B2,$C$12:$D$15,2,1)

⑤ =VLOOKUP(C12,$C$12:$D$15,1,0)

(Tip) D2셀에 기재되어야 할 수식은 =VLOOKUP(B2,$C$12:$D$15,2,0)이다. B2는 직책이 대리이 므로 대리가 있는 셀을 입력하여야 하며, 데이터 범위인 C12:D15가 변하지 않도록 절대 주소로 지정을 해 주게 된다. 또한 대리 직책에 대한 수당이 있는 열의 위치인 2를 입력하게 되며, 마지막에 직책이 정확히 일치하는 값을 찾아야 하므로 0을 기재하게 된다.

Answer ↱ 6.① 7.③ 8.③

9 다음 워크시트에서 매출액[B3:B9]을 이용하여 매출 구간별 빈도수를 [F3:F6] 영역에 계산하고자 한다. 다음 중 이를 위한 배열수식으로 옳은 것은?

	A	B	C	D	E	F
1						
2		매출액		매출구간		빈도수
3		75		0	50	1
4		93		51	100	2
5		130		101	200	3
6		32		201	300	1
7		123				
8		257				
9		169				

① {=PERCENTILE(B3:B9, E3:E6)}

② {=PERCENTILE(E3:E6, B3:B9)}

③ {=FREQUENCY(B3:B9, E3:E6)}

④ {=FREQUENCY(E3:E6, B3:B9)}

⑤ {=PERCENTILE(E3:E9, B3:B9)}

> (Tip) FREQUENCY(배열1, 배열2) : 배열2의 범위에 대한 배열1 요소들의 빈도수를 계산
> *PERCENTILE(범위, 인수) : 범위에서 인수 번째 백분위수 값
> 함수 형태=FREQUENCY(Data_array, Bins_array)
> Data_array : 빈도수를 계산하려는 값이 있는 셀 주소 또는 배열
> Bins_array : Data_array를 분류하는데 필요한 구간 값들이 있는 셀 주소 또는 배열
> 수식 : {=FREQUENCY(B3:B9, E3:E6)}

10 다음 중 아래 워크시트에서 참고표를 참고하여 55,000원에 해당하는 할인율을 [C6]셀에 구하고자 할 때의 적절한 함수식은?

A	B	C	D	E	F
1	<참고표>				
2	금액	30,000	50,000	80,000	150,000
3	할인율	3%	7%	10%	15%
4					
5	금액	55,000			
6	할인율	7%			

① =LOOKUP(C5,C2:F2,C3:F3)

② =HLOOKUP(C5,B2:F3,1)

③ =VLOOKUP(C5,C2:F3,1)

④ =VLOOKUP(C5,B2:F3,2)

⑤ =HLOOKUP(C5,B2:F3,2)

(Tip) LOOKUP은 LOOKUP(찾는 값, 범위 1, 범위 2)로 작성하여 구한다.
VLOOKUP은 범위에서 찾을 값에 해당하는 열을 찾은 후 열 번호에 해당하는 셀의 값을 구하며, HLOOKUP은 범위에서 찾을 값에 해당하는 행을 찾은 후 행 번호에 해당하는 셀의 값을 구한다.

Answer ↪ 9.③ 10.①

11 다음 중 아래 워크시트의 [A1] 셀에 사용자 지정 표시 형식 '#,###,'을 적용했을 때 표시되는 값은?

⊿	A	B
1	2451648.81	
2		

① 2,451

② 2,452

③ 2

④ 2.4

⑤ 2.5

> (Tip) '#,###,'이 서식은 천 단위 구분 기호 서식 맨 뒤에 쉼표가 붙은 형태로 소수점 이하는 없애
> 고 정수 부분은 천 단위로 나타내면서 동시에 뒤에 있는 3자리를 없애준다. 반올림 대상이
> 있을 경우 반올림을 한다.
> 2451648.81 여기에서 소수점 이하를 없애주면 2451648이 되고, 그 다음 정수 부분에서 뒤에
> 있는 3자리를 없애주는데 맨 뒤에서부터 3번째 자리인 6이 5 이상이므로 반올림이 된다. 그
> 러므로 결과는 2,452가 된다.

12 다음 중 아래 워크시트에서 수식 '=SUM($B$2:C2)'이 입력된 [D2]셀을 [D4]셀에 복사하여 붙여 넣었을 때의 결과 값은?

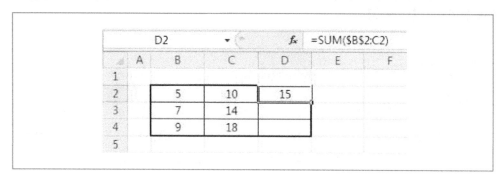

① 15

② 27

③ 42

④ 63

⑤ 72

> (Tip) =SUM($B$2:C2) 이렇게 수식을 입력을 하고 아래로 채우기 핸들을 하게 되면 셀 주소가 다음과 같이 변하게 된다.
> =SUM($B$2:C2) → D2셀
> =SUM($B$2:C3) → D3셀
> =SUM($B$2:C4) → D4셀
> B2셀은 절대참조로 고정하였으므로 셀 주소가 변하지 않고, 상대참조로 잡은 셀은 열이 C열로 고정되었고 행 주소가 바뀌게 된다.
> 그러면 각각 셀에 계산된 결과가 다음과 같이 나온다.
> **D2셀에 나오는 값** 결과 : 15 (5+10=15)
> **D3셀에 나오는 값** 결과 : 36 (5+7+10+14=36)
> **D4셀에 나오는 값** 결과 : 63 (5+7+9+10+14+18=63)

※ 글로벌기업인 K회사는 한국, 일본, 중국, 필리핀에 지점을 두고 있으며 주요 품목인 외장하드를 생산하여 판매하고 있다. 다음 규정은 외장하드에 코드를 부여하는 방식이라 할 때, 다음을 보고 물음에 답하시오. 【13 ~ 16】

예시〉 외장하드
2015년 2월 12일에 한국 제3공장에서 제조된 스마트S 500GB 500번째 품목
→150212-1C-04001-00500

제조연월일	생산라인				제품종류				완성된 순서
	국가코드		공장 라인		분류코드		용량번호		
2017년 11월 11일 제조 →171111 2018년 12월 20일 제조 →181220	1	한국	A	제1공장	01	xs1	001	500GB	00001부터 시작하여 완성된 순서대로 번호가 매겨짐 1511번째 품목 →01511
			B	제2공장			002	1TB	
			C	제3공장			003	2TB	
			D	제4공장	02	xs2	001	500GB	
	2	일본	A	제1공장			002	1TB	
			B	제2공장			003	2TB	
			C	제3공장	03	oz	001	500GB	
			D	제4공장			002	1TB	
	3	중국	A	제1공장			003	2TB	
			B	제2공장	04	스마트S	001	500GB	
			C	제3공장			002	1TB	
			D	제4공장			003	2TB	
	4	필리핀	A	제1공장	05	HS	001	500GB	
			B	제2공장			002	1TB	
			C	제3공장			003	2TB	
			D	제4공장					

13 2017년 10월 9일에 필리핀 제1공장에서 제조된 xs1 모델로 용량이 2TB인 1584번째 품목 코드로 알맞은 것은?

① 1701093A0100201584

② 1710094B0200301584

③ 1710094D0100315840

④ 1710094A0100301584

⑤ 1710094B0100301584

> (Tip) 2017년 10월 9일 : 171009
> 필리핀 제1공장 : 4A
> xs1 2TB : 01003
> 1584번째 품목 : 01584

14 상품코드 1812222D0500201799에 대한 설명으로 옳지 않은 것은?

① 2018년 12월 22일에 제조되었다.

② 완성된 품목 중 1799번째 품목이다.

③ 일본 제4공장에서 제조되었다.

④ 스마트S에 해당한다.

⑤ 용량은 1TB이다.

> (Tip) ④ 05002이므로 HS 1TB이다.

Answer┌→ 13.④ 14.④

15 이 회사에 입사한지 1개월도 안된 신입사원은 상품 코드에 익숙해지기 위해 코드 읽는 연습을 하고 있는데 상사가 다가오더니 잘못된 부분이 있다며 수정해 주었다. 상사가 잘못 수정한 부분은?

1801193B0300101588

→2018년 1월 9일 제조

→일본 제2공장

→oz 1TB

→15880번째 완성 품목

1701093A0100201584

→ 2017년 10월 9일 제조

→ 중국 제1공장

→ xs1 1TB

→ 1584번째 완성 품목

---

① 2018년 1월 9일 제조→2018년 1월 19일 제조

② 일본 제2공장→중국 제2공장

③ oz 1TB→oz 2TB

④ 15880번째 완성 품목→1588번째 완성 품목

⑤ 2017년 10월 9일 제조 → 2017년 1월 9일 제조

Tip ③ 03001이므로 oz 500GB로 수정해야 한다.

16 기계결함으로 인해 코드번호가 다음과 같이 잘못 찍혔다. 사원 J씨가 수동으로 수정하려고 할 때 올바르게 수정한 것은?

> 2018년 9월 7일 한국 제4공장에서 제조된 xs2 2TB 13698번째 품목
> 1809071D0200213698

① 제조연월일 : 180907 → 180917

② 생산라인 : 1D → 2D

③ 제품종류 : 02002 → 02003

④ 완성된 순서 : 13698 → 13699

⑤ 수정할 부분 없음

(Tip) 2018년 9월 7일 제조 : 180907
한국 제4공장 : 1D
xs2 2TB : 02003
13698번째 품목 : 13698

17 다음 [조건]에 따라 작성한 [함수식]에 대한 설명으로 옳은 것을 〈보기〉에서 고른 것은?

[조건]

○ 품목과 수량에 대한 위치는 행과 열로 표현한다.

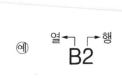

예 열←┌→행
B2

행＼열	A	B
1	품목	수량
2	설탕	5
3	식초	6
4	소금	7

[함수 정의]

• IF(조건식, ㉠, ㉡) : 조건식이 참이면 ㉠ 내용을 출력하고, 거짓이면 ㉡ 내용을 출력한다.
• MIN(B2, B3, B4) : B2, B3, B4 중 가장 작은 값을 반환한다.

[함수식]

= IF(MIN(B2, B3, B4) > 3, "이상 없음", "부족")

〈보기〉

㉠ 반복문이 사용되고 있다.
㉡ 조건문이 사용되고 있다.
㉢ 출력되는 결과는 '부족'이다.
㉣ 식초의 수량(B3) 6을 1로 수정할 때 출력되는 결과는 달라진다.

① ㉠, ㉡   ② ㉠, ㉢
③ ㉡, ㉢   ④ ㉡, ㉣
⑤ ㉢, ㉣

> (Tip) MIN 함수에서 최솟값을 반환한 후, IF 함수에서 "이상 없음" 문자열이 출력된다. B3의 내용
> 이 1로 바뀌면 출력은 "부족"이 된다.
> ㉠ 반복문은 사용되고 있지 않다.
> ㉢ 현재 입력으로 출력되는 결과물은 "이상 없음"이다.

18 다음 표에 제시된 통계함수와 함수의 기능이 서로 잘못 짝지어진 것은 어느 것인가?

함수명	기능
㉠ AVERAGEA	텍스트로 나타낸 숫자, 논리값 등을 포함, 인수의 평균을 구함
㉡ COUNT	인수 목록에서 공백이 아닌 셀과 값의 개수를 구함
㉢ COUNTIFS	범위에서 여러 조건을 만족하는 셀의 개수를 구함
㉣ LARGE(범위, k번째)	범위에서 k번째로 큰 값을 구함
㉤ RANK	지정 범위에서 인수의 순위를 구함

① ㉠   ② ㉡

③ ㉢   ④ ㉣

⑤ ㉤

(Tip) 'COUNT' 함수는 인수 목록에서 숫자가 들어 있는 셀의 개수를 구할 때 사용되는 함수이며, 인수 목록에서 공백이 아닌 셀과 값의 개수를 구할 때 사용되는 함수는 'COUNTA' 함수이다.

19 다음 중 엑셀 사용 시의 원본 데이터와 서식에 의한 결과 데이터가 올바르게 연결되지 않은 것은 어느 것인가?

	원본 데이터	서식	결과 데이터
①	1234.5	###	1235
②	2018-06-17	yyyy-mm-ddd	2018-06-Sun
③	2017/5/2	yy.m.d	17.5.2
④	42.6	##.#0	42.60
⑤	대출	@주택담보	주택담보대출

(Tip) '@'는 표시 위치를 지정하여 특정 문자열을 연결하여 함께 표시하는 기능을 한다. 따라서 '주택담보대출'이라는 결과 데이터를 얻기 위해서는 원본 데이터에 '주택담보', 서식에 '@대출'을 입력하여야 한다.

Answer ➔ 17.④ 18.② 19.⑤

20 다음 자료는 '발전량' 필드를 기준으로 발전량과 발전량이 많은 순위를 엑셀로 나타낸 표이다. 태양광의 발전량 순위를 구하기 위한 함수식으로 'C3'셀에 들어가야 할 알맞은 것은 어느 것인가?

	A	B	C
1	<에너지원별 발전량(단위: Mwh)>		
2	에너지원	발전량	순위
3	태양광	88	2
4	풍력	100	1
5	수력	70	4
6	바이오	75	3
7	양수	65	5

① =ROUND(B3,$B$3:$B$7,0)

② =ROUND(B3,$B$3:$B$7,1)

③ =RANK(B3,$B$3:$B$7,1)

④ =RANK(B3,$B$2:$B$7,0)

⑤ =RANK(B3,$B$3:$B$7,0)

> (Tip) 지정 범위에서 인수의 순위를 구하는 경우 'RANK' 함수를 사용한다. 이 경우, 수식은 '=RANK(인수, 범위, 결정 방법)'이 된다. 결정 방법은 0 또는 생략하면 내림차순, 0 이외의 값은 오름차순으로 표시하게 된다.

21 다음 중 컴퓨터 보안 위협의 형태와 그 내용에 대한 설명이 올바르게 연결되지 않은 것은 어느 것 인가?

① 피싱(Phishing) – 유명 기업이나 금융기관을 사칭한 가짜 웹 사이트나 이메일 등으로 개인의 금융정보와 비밀번호를 입력하도록 유도하여 예금 인출 및 다른 범죄에 이용하는 수법

② 스푸핑(Spoofing) – 악의적인 목적으로 임의로 웹 사이트를 구축해 일반 사용자의 방문을 유도한 후 시스템 권한을 획득하여 정보를 빼가거나 암호와 기타 정보를 입력하도록 속이는 해킹 수법

③ 디도스(DDoS) – 컴퓨터 시스템에 불법적인 행위를 수행하기 위하여 다른 프로그램으로 위장하여 특정 프로그램을 침투시키는 행위

④ 스니핑(Sniffing) – 네트워크 주변을 지나다니는 패킷을 엿보면서 아이디와 패스워드를 알아내는 행위

⑤ 백 도어(Back Door) – 컴퓨터 시스템의 보안 예방책을 침입하여 시스템에 무단 접근하기 위해 사용되는 일종의 비상구

> (Tip) 디도스(DDoS)는 분산 서비스 거부 공격으로, 특정 사이트에 오버플로우를 일으켜서 시스템이 서비스를 거부하도록 만드는 것이다.
> 한편, 보기에 제시된 설명은 '트로이 목마'를 의미하는 내용이다.

22 한컴 오피스 흔글 프로그램에서 단축키 Alt + V는 어떤 작업을 실행하는가?

① 불러오기

② 모두 선택

③ 저장하기

④ 다른 이름으로 저장하기

⑤ 붙이기

> (Tip) 단축키 Alt + V는 다른 이름으로 저장하기를 실행한다.
> ① 불러오기 : Alt + C
> ② 모두 선택 : Ctrl + A
> ③ 저장하기 : Alt + S
> ⑤ 붙이기 : Ctrl + V

Answer → 20.⑤ 21.③ 22.④

23 다음은 엑셀 프로그램의 논리 함수에 대한 설명이다. 옳지 않은 것은?

① AND : 인수가 모두 TRUE이면 TRUE를 반환한다.

② OR : 인수가 하나라도 TRUE이면 TRUE를 반환한다.

③ NOT : 인수의 논리 역을 반환한다.

④ XOR : 모든 인수의 논리 배타적 AND를 반환한다.

⑤ IF : 조건식이 참이면 '참일 때 값', 거짓이면 '거짓일 때 값'을 출력한다.

> (Tip) XOR 또는 Exclusive OR이라고도 하며, 모든 인수의 논리 배타적 OR을 반환한다.

24 다음에서 설명하는 엑셀의 기능은 무엇인가?

> 입력한 데이터 정보를 기반으로 하여 데이터를 미니 그래프 형태의 시각적 표시로 나타내 주는 기능

① 클립아트　　　　　　　　　② 스파크라인

③ 하이퍼링크　　　　　　　　④ 워드아트

⑤ 필터

> (Tip) 제시된 내용은 엑셀에서 제공하는 스파크라인 기능에 대한 설명이다.

25 구글 검색에서 검색 결과에 pdf만 나오도록 설정하는 고급검색 항목은?

① language　　　　　　　　　② region

③ last update　　　　　　　　④ SafeSearch

⑤ file type

> (Tip) 고급검색 기능을 사용하면 언어, 지역, 최종 업데이트, 파일 형식, 사용 권한 등을 기준으로 검색결과를 좁힐 수 있다. 검색 결과에 pdf만 나오기를 원한다면, file type을 Adobe Acrobat PDF(.pdf)로 설정하면 된다.

26 NH농협은행에서 근무하고 있는 김 대리는 최근 업무 때문에 HTML을 배우고 있다. 아직 초보라서 신입사원 H씨로부터 도움을 많이 받고 있지만, H씨가 자리를 비운 사이 김 대리가 HTML을 사용할 수 있는 tag를 써 보았다. 다음 중 잘못된 것은 무엇인가?

① 김 대리는 줄을 바꾸기 위해 ⟨br⟩을 사용하였다.

② 김 대리는 글자의 크기, 모양, 색상을 설정하기 위해 ⟨font⟩를 사용하였다.

③ 김 대리는 표를 만들기 위해 ⟨table⟩을 사용하였다.

④ 김 대리는 이미지를 삽입하기 위해 ⟨form⟩을 사용하였다.

⑤ 김 대리는 연락처 정보를 넣기 위해 ⟨address⟩를 사용하였다.

> (Tip) HTML에서 이미지를 삽입하기 위해서는 ⟨img⟩ 태그를 사용하여야 한다.

27 NH농협은행 보안팀에서 근무하는 정 과장은 회사 내 컴퓨터 바이러스 예방 교육을 담당하고 있으며 한 달에 한 번 직원들을 교육시키고 있다. 정 과장의 교육 내용으로 옳지 않은 것은?

① 중요한 자료나 프로그램은 항상 백업을 해두셔야 합니다.

② 램에 상주하는 바이러스 예방 프로그램을 설치하셔야 합니다.

③ 최신 백신프로그램을 사용하여 디스크검사를 수행하셔야 합니다.

④ 의심 가는 메일은 반드시 열어본 후 삭제하셔야 합니다.

⑤ 실시간 보호를 통해 멜웨어를 찾고 디바이스에서 설치되거나 실행하는 것은 방지해야 합니다.

> (Tip) 의심 가는 메일은 열어보지 않고 삭제해야 한다.

Answer ⟶ 23.④ 24.② 25.⑤ 26.④ 27.④

28 다음 중 아래 시트에서 야근일수를 구하기 위해 [B9] 셀에 입력할 함수로 옳은 것은?

	A	B	C	D	E
1	4월 야근 현황				
2	날짜	도준영	선아롱	이진주	간석헌
3	4월15일		V		V
4	4월16일	V		V	
5	4월17일	V	V	V	
6	4월18일		V	V	V
7	4월19일	V		V	
8	4월20일	V			
9	야근일수				

① =COUNTBLANK(B3:B8)

② =COUNT(B3:B8)

③ =COUNTA(B3:B8)

④ =SUM(B3:B8)

⑤ =SUMIF(B3:B8)

(Tip) COUNTBLANK 함수는 비어 있는 셀의 개수를 세어 준다. COUNT 함수는 숫자가 입력된 셀의 개수를 세어 주는 반면 COUNTA 함수는 숫자는 물론 문자가 입력된 셀의 개수를 세어 준다. 즉, 비어있지 않은 셀의 개수를 세어주기 때문에 이 문제에서는 COUNTA 함수를 사용하여야 한다.

29 주기억장치 관리기법 중 "Best Fit" 기법 사용 시 8K의 프로그램은 주기억장치 영역 중 어느 곳에 할당되는가?

영역1	9K
영역2	15K
영역3	10K
영역4	30K
영역5	35K

① 영역1
② 영역2
③ 영역3
④ 영역4
⑤ 영역5

(Tip) "Best Fit"은 가장 낭비가 적은 부분에 할당하기 때문에 영역1에 할당한다.

30 검색엔진을 사용하여 인터넷에서 이순신 장군이 지은 책이 무엇인지 알아보려고 한다. 정보검색 연산자를 사용할 때 가장 적절한 검색식은 무엇인가? (단, 사용하려는 검색엔진은 AND 연산자로 '&', OR 연산자로 '+', NOT 연산자로 '!', 인접검색 연산자로 '~'을 사용한다)

① 이순신 + 책
② 장군 & 이순신
③ 책 ! 장군
④ 이순신 & 책
⑤ 장군 ~ 이순신

(Tip) 이순신 장군이 지은 책을 검색하는 것이므로 많은 책들 중에서 이순신과 책이 동시에 들어 있는 웹문서를 검색해야 한다. 따라서 AND 연산자를 사용하면 된다.

Answer → 28.③ 29.① 30.④

A그룹의 이 대리는 상사로부터 스마트폰 신상품에 대한 기획안을 제출하라는 업무를 받았다. 이에 이 대리는 먼저 기획안을 작성하기 위해 필요한 정보가 무엇인지 생각을 하였는데 이번에 개발하고자 하는 신상품이 노년층을 주 고객층으로 한 실용적이면서도 조작이 간편한 제품이기 때문에 우선 50 ~ 60대의 취향을 파악할 필요가 있었다. 따라서 이 대리는 50 ~ 60대 고객들이 현재 사용하고 있는 스마트폰의 모델과 좋아하는 디자인, 사용하면서 불편해 하는 사항, 지불 가능한 액수 등에 대한 정보가 필요함을 깨달았고 이러한 정보는 사내에 저장된 고객정보를 통해 얻을 수 있음을 인식하였다. 이 대리는 다음 주까지 기획안을 작성하여 제출해야 하기 때문에 이번 주에 모든 정보를 수집하기로 마음먹었고 기획안 작성을 위해서는 방대한 고객정보 중에서도 특히 노년층에 대한 정보만 선별할 필요가 있었다. 이렇게 사내에 저장된 고객정보를 이용할 경우 따로 정보수집으로 인한 비용이 들지 않는다는 사실도 이 대리에게는 장점으로 작용하였다. 여기까지 생각이 미치자 이 대리는 고객정보를 얻기 위해 고객센터에 근무하는 조 대리에게 관련 자료를 요청하였고 가급적 연령에 따라 분류해 줄 것을 당부하였다.

31 다음 중 이 대리가 수집하고자 하는 고객정보 중에서 반드시 포함되어야 할 사항으로 옳지 않은 것은?

① 연령

② 사용하고 있는 모델

③ 거주지

④ 사용 시 불편사항

⑤ 좋아하는 디자인

> (Tip) 이 대리가 수집하고자 하는 고객정보에는 고객이 연령과 현재 사용하고 있는 스마트폰의 모델, 좋아하는 디자인, 사용하면서 불편해 하는 사항, 지불 가능한 액수 등에 대한 정보가 반드시 필요하다.

32 다음 〈보기〉의 사항들 중 위 사례에 포함된 사항은 모두 몇 개인가?

〈보기〉

- WHAT(무엇을?)
- WHERE(어디에서?)
- WHEN(언제까지?)
- WHY(왜?)
- WHO(누가?)
- HOW(어떻게?)
- HOW MUCH(얼마나?)

---

① 3개   ② 4개

③ 5개   ④ 6개

⑤ 7개

> **Tip** 정보활용의 전략적 기획(5W2H)
> ㉠ WHAT(무엇을?) : 50 ~ 60대 고객들이 현재 사용하고 있는 스마트폰의 모델과 좋아하는 디자인, 사용하면서 불편해 하는 사항, 지불 가능한 액수 등에 대한 정보
> ㉡ WHERE(어디에서?) : 사내에 저장된 고객정보
> ㉢ WHEN(언제까지?) : 이번 주
> ㉣ WHY(왜?) : 스마트폰 신상품에 대한 기획안을 작성하기 위해
> ㉤ WHO(누가?) : 이 대리
> ㉥ HOW(어떻게?) : 고객센터에 근무하는 조 대리에게 관련 자료를 요청
> ㉦ HOW MUCH(얼마나?) : 따로 정보수집으로 인한 비용이 들지 않음

Answer→ 31.③ 32.⑤

33 다음 스프레드시트(엑셀) 문서에서 [C1] 셀의 채우기 핸들을 [D1] 셀로 드래그 했을 때 (가), (나)에 출력되는 값이 바르게 연결된 것은?

C1	▼	fx	=SUM(A1:B1)	
	A	B	C	D
1	10	20	30	(가)
2				

C1	▼	fx	=SUM($A$1:B1)	
	A	B	C	D
1	10	20	30	(나)
2				

	<u>(가)</u>	<u>(나)</u>			<u>(가)</u>	<u>(나)</u>
①	30	50		②	50	50
③	50	60		④	60	30
⑤	60	60				

(Tip) (가) [C1] 셀의 수식 '=SUM(A1:B1)'를 채우기 핸들로 드래그하면, 상대주소는 변경되어야 하므로 [D1] 셀에 '=SUM(B1:C1)'이 복사되어 결과 값은 '50'이 출력된다.
　　 (나) [C1] 셀의 수식 '=SUM($A$1:B1)'를 채우기 핸들로 드래그하면, 절대주소는 변경되지 않으므로 [D1] 셀에 '=SUM($A$1:C1)'이 복사되어 결과 값은 '60'이 출력된다.

34 다음 업무를 처리하기 위한 응용 소프트웨어로 가장 적합한 것은?

- 영업 실적을 발표하기 위한 자료를 제작한다.
- 각각의 화면에 자료를 배치하여 제작한다.
- 소리, 애니메이션, 이미지를 추가할 수 있다.
- 다양한 화면 전환 효과를 메뉴에서 지정 및 수정 할 수 있다.

① 웹 브라우저　　　　　　② 워드프로세서
③ 데이터베이스　　　　　　④ 스프레드시트
⑤ 프레젠테이션

(Tip) 프레젠테이션은 소리, 이미지, 애니메이션 등을 추가하여 발표 자료를 쉽게 만들 수 있는 응용 소프트웨어로서 파워포인트, 프리랜스 등이 있다.

35 다음 설명에 해당하는 용어를 바르게 연결한 것은?

> ㈎ 개인 정보가 타인에 의해서 도용되거나 유출되는 것을 차단한다.
> ㈏ 무료로 배포하는 소프트웨어를 인터넷 등으로 내려 받을 때, 그 속에 숨어 있다가 사용자의
> 컴퓨터에 있는 개인 정보를 빼내 가는 프로그램이다.

	㈎	㈏		㈎	㈏
①	개인정보 보호	코덱	②	개인정보 보호	유틸리티
③	개인정보 보호	스파이웨어	④	개인정보 유출	해킹
⑤	개인정보 유출	바이러스			

(Tip) 스파이웨어는 사용자의 동의 없이 설치되어 컴퓨터의 정보를 수집하고 전송하는 악성코드의
일종으로 개인의 금융정보, 신상정보 등의 각종 정보를 수집하여 전송한다.

36 다음의 스프레드시트(엑셀)에서 [A1:E1] 영역에 '조건부 서식'을 지정하였다. '굵게, 취소선'으로 적용
되는 셀 값으로 옳은 것은?

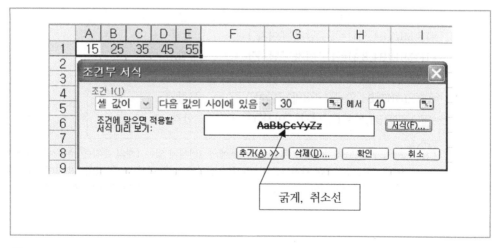

① 15
② 25
③ 35
④ 45
⑤ 55

(Tip) 조건부서식 창 안에 '다음 값의 사이에 있음', 30, 40이라고 되어있는 것은 30 이상 40 이하
의 셀 값에 대해서만 지정된 서식인 '굵게, 취소선'을 지정한다는 의미이다.

Answer ➟ 33.③ 34.⑤ 35.③ 36.③

37 [조건]을 참고하여 스프레드시트(엑셀) 문서를 작성하였다. (가)에 사용된 함수와 (나)의 결과를 바르게 연결한 것은?

[조건]

- 성별은 주민등록번호의 8번째 문자가 '1'이면 '남자', '2'이면 '여자'로 출력한다.
- [G5]셀의 수식은 아래와 같다.

  =IF(AND(D5>=90,OR(E5>=80,F5>=90)),"합격","불합격")

	A	B	C	D	E	F	G	
1		00회사 신입사원 선발 시험						
2								
3	이름	주민등록번호	성별	면접	회화	전공	평가	
4	김유신	900114-1010xxx	남자	90	80	90	합격	(가)
5	송시열	890224-1113xxx	남자	90	80	70		(나)
6	최시라	881029-2335xxx	여자	90	70	80	불합격	
7	이순신	911201-1000xxx	남자	90	90	90	합격	
8	강리나	890707-2067xxx	여자	80	80	80	불합격	

	(가)	(나)
①	=IF(MID(B4,8,1)="1","남자","여자")	합격
②	=IF(MID(B4,8,1)="1","여자","남자")	불합격
③	=IF(RIGHT(B4,8)="1","남자","여자")	합격
④	=IF(RIGHT(B4,8)="1","여자","남자")	불합격
⑤	=IF(LEFT(B4,8)="1","남자","여자")	합격

Tip (가)에서 '=MID(B4, 8, 1)'은 주민등록번호에서 8번째에 있는 1개의 문자를 추출하는 수식이다. (나)에서 OR함수는 두 가지 중 한 가지 조건이라도 '참'이면 결과 값이 '참'이며, AND함수는 모든 조건이 '참'이어야 출력 값이 '참'이므로 (나)의 결과 값은 '합격'으로 출력된다.

38 스프레드시트(엑셀)에서 다음과 같이 블록을 지정한 후 채우기 핸들을 아래로 드래그하였다. [B6], [C6], [D6]셀에 들어갈 값은?

	[B6]셀	[C6]셀	[D6]셀
①	2	월	2
②	2	화	2
③	6	수	4
④	2	2	2
⑤	6	6	6

(Tip) 스프레드시트에서 셀에 데이터를 입력하고 채우기 핸들을 드래그하면 [B4]셀은 2, [B5]셀은 공백, [B6]셀은 2가 된다. [C2]셀에 2, [C3]셀에 '월'이 있으므로 숫자 2는 복사되고 문자 '월'은 '화', '수'로 증가한다.

Answer┏→ 37.① 38.④

39 다음 인터넷 옵션에 대한 설명 중 옳은 것을 모두 고른 것은?

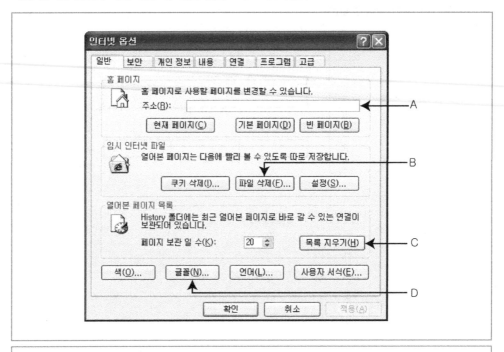

> ㉠ A는 브라우저를 실행하면 처음으로 연결되는 홈페이지 주소를 설정한다.
> ㉡ B를 선택하면 임시 인터넷 파일이 삭제된다.
> ㉢ C는 즐겨찾기 목록을 삭제한다.
> ㉣ D는 브라우저에서 사용되는 언어를 설정한다.

① ㉠, ㉡   ② ㉠, ㉢
③ ㉡, ㉢   ④ ㉡, ㉣
⑤ ㉢, ㉣

(Tip) 인터넷 옵션의 일반 설정 중 목록 지우기를 선택하면 최근 열어본 페이지의 목록이 지워지며 글꼴에서는 브라우저에서 사용되는 글꼴에 대한 설정을 할 수 있다.

40 다음은 스프레드시트(엑셀)를 이용하여 진급 대상자 명단을 작성한 것이다. 옳은 설명만을 모두 고른 것은? (단, 순위[E4:E8]은 '자동채우기' 기능을 사용한다)

○ 차트는 '가로 막대형'으로 나타냈다.
○ 부서명을 기준으로 '오름차순' 정렬을 하였다.
○ 순위 [E4]셀의 함수식은 '=RANK(D4,$D$4:$D$8,0)'이다.

① ○
② ○
③ ○, ○
④ ○, ○
⑤ ○, ○, ○

Tip 차트는 '가로 막대형'이며, 부서명은 '오름차순', 순위 [E4]셀 함수식은 '=RANK(D4,$D$4:$D$8,0)' 이므로 ○, ○, ○ 모두 맞다.

05 자원관리능력

1 자원과 자원관리

(1) 자원

① **자원의 종류** … 시간, 돈, 물적자원, 인적자원

② **자원의 낭비요인** … 비계획적 행동, 편리성 추구, 자원에 대한 인식 부재, 노하우 부족

(2) 자원관리 기본 과정

① 필요한 자원의 종류와 양 확인

② 이용 가능한 자원 수집하기

③ 자원 활용 계획 세우기

④ 계획대로 수행하기

예제 1

당신은 A출판사 교육훈련 담당자이다. 조직의 효율성을 높이기 위해 전사적인 시간관리에 대한 교육을 실시하기로 하였지만 바쁜 일정 상 직원들을 집합교육에 동원할 수 있는 시간은 제한적이다. 다음 중 귀하가 최우선의 교육 대상으로 삼아야 하는 것은 어느 부분인가?

구분	긴급한 일	긴급하지 않은 일
중요한 일	제1사분면	제2사분면
중요하지 않은 일	제3사분면	제4사분면

[출제의도]
주어진 일들을 중요도와 긴급도에 따른 시간관리 매트릭스에서 우선순위를 구분할 수 있는가를 측정하는 문항이다.

[해설]
교육훈련에서 최우선 교육대상으로 삼아야 하는 것은 긴급하지 않지만 중요한 일이다. 이를 긴급하지 않다고 해서 뒤로 미루다보면 급박하게 처리해야하는 업무가 증가하여 효율적인 시간관리가 어려워진다.

① 중요하고 긴급한 일로 위기사항이나 급박한 문제, 기간이 정해진 프로젝트 등이 해당되는 제1사분면
② 긴급하지는 않지만 중요한 일로 인간관계구축이나 새로운 기회의 발굴, 중장기 계획 등이 포함되는 제2사분면
③ 긴급하지만 중요하지 않은 일로 잠깐의 급한 질문, 일부 보고서, 눈 앞의 급박한 사항이 해당되는 제3사분면
④ 중요하지 않고 긴급하지 않은 일로 하찮은 일이나 시간낭비거리, 즐거운 활동 등이 포함되는 제4사분면

구분	긴급한 일	긴급하지 않은 일
중요한 일	위기사항, 급박한 문제, 기간이 정해진 프로젝트	인간관계구축, 새로운 기회의 발굴, 중장기계획
중요하지 않은 일	잠깐의 급한 질문, 일부 보고서, 눈앞화의 급박한 사항	하찮은 일, 우편물, 전시간낭비거리, 즐거운 활동

답 ②

2 자원관리능력을 구성하는 하위능력

(1) 시간관리능력

① 시간의 특성
  ㉠ 시간은 매일 주어지는 기적이다.
  ㉡ 시간은 똑같은 속도로 흐른다.
  ㉢ 시간의 흐름은 멈추게 할 수 없다.
  ㉣ 시간은 꾸거나 저축할 수 없다.
  ㉤ 시간은 사용하기에 따라 가치가 달라진다.

② 시간관리의 효과
  ㉠ 생산성 향상
  ㉡ 가격 인상
  ㉢ 위험 감소
  ㉣ 시장 점유율 증가

③ 시간계획

　　㉠ 개념 : 시간 자원을 최대한 활용하기 위하여 가장 많이 반복되는 일에 가장 많은 시간을 분배하고, 최단시간에 최선의 목표를 달성하는 것을 의미한다.

　　㉡ 60 : 40의 Rule

계획된 행동 (60%)	계획 외의 행동 (20%)	자발적 행동 (20%)
총 시간		

예제 2

유아용품 홍보팀의 사원 은이씨는 일산 킨텍스에서 열리는 유아용품박람회에 참여하고자 한다. 당일 회의 후 출발해야 하며 회의 종료 시간은 오후 3시이다.

장소	일시
일산 킨텍스 제2전시장	2016. 1. 20(금) PM 15:00~19:00 * 입장가능시간은 종료 2시간 전까지

오시는 길
지하철 : 4호선 대화역(도보 30분 거리)
버스 : 8109번, 8407번(도보 5분 거리)

• 회사에서 버스정류장 및 지하철역까지 소요시간

출발지	도착지	소요시간	
회사	×× 정류장	도보	15분
		택시	5분
	지하철역	도보	30분
		택시	10분

• 일산 킨텍스 가는 길

교통편	출발지	도착지	소요시간
지하철	강남역	대화역	1시간 25분
버스	×× 정류장	일산 킨텍스 정류장	1시간 45분

위의 제시 상황을 보고 은이씨가 선택할 교통편으로 가장 적절한 것은?

① 도보 – 지하철　　　　　　② 도보 – 버스
③ 택시 – 지하철　　　　　　④ 택시 – 버스

[출제의도]
주어진 여러 시간정보를 수집하여 실제 업무 상황에서 시간자원을 어떻게 활용할 것인지 계획하고 할당하는 능력을 측정하는 문항이다.
[해설]
④ 택시로 버스정류장까지 이동해서 버스를 타고 가게 되면 택시(5분), 버스(1시간 45분), 도보(5분)으로 1시간 55분이 걸린다.
① 도보-지하철 : 도보(30분), 지하철(1시간 25분), 도보(30분)이므로 총 2시간 25분이 걸린다.
② 도보-버스 : 도보(15분), 버스(1시간 45분), 도보(5분)이므로 총 2시간 5분이 걸린다.
③ 택시-지하철 : 택시(10분), 지하철(1시간 25분), 도보(30분)이므로 총 2시간 5분이 걸린다.

답 ④

(2) 예산관리능력

① 예산과 예산관리

  ㉠ 예산 : 필요한 비용을 미리 헤아려 계산하는 것이나 그 비용

  ㉡ 예산관리 : 활동이나 사업에 소요되는 비용을 산정하고, 예산을 편성하는 것뿐만 아니라 예산을 통제하는 것 모두를 포함한다.

② 예산의 구성요소

비용	직접비용	재료비, 원료와 장비, 시설비, 여행(출장) 및 잡비, 인건비 등
	간접비용	보험료, 건물관리비, 광고비, 통신비, 사무비품비, 각종 공과금 등

③ 예산수립 과정 : 필요한 과업 및 활동 구명 → 우선순위 결정 → 예산 배정

예제 3

당신은 가을 체육대회에서 총무를 맡으라는 지시를 받았다. 다음과 같은 계획에 따라 예산을 진행하였으나 확보된 예산이 생각보다 적게 되어 불가피하게 비용항목을 줄여야 한다. 다음 중 귀하가 비용 항목을 없애기에 가장 적절한 것은 무엇인가?

〈○○산업공단 춘계 1차 워크숍〉

1. 해당부서 : 인사관리팀, 영업팀, 재무팀
2. 일　정 : 2016년 4월 21일~23일(2박 3일)
3. 장　소 : 강원도 속초 ○○연수원
4. 행사내용 : 바다열차탑승, 체육대회, 친교의 밤 행사, 기타

① 숙박비　　　　　　　② 식비
③ 교통비　　　　　　　④ 기념품비

[출제의도]
업무에 소요되는 예산 중 꼭 필요한 것과 예산을 감축해야할 때 삭제 또는 감축이 가능한 것을 구분해내는 능력을 묻는 문항이다.

[해설]
한정된 예산을 가지고 과업을 수행할 때에는 중요도를 기준으로 예산을 사용한다. 위와 같이 불가피하게 비용 항목을 줄여야 한다면 기본적인 항목인 숙박비, 식비, 교통비는 유지되어야 하기에 항목을 없애기 가장 적절한 정답은 ④번이 된다.

답 ④

(3) 물적관리능력

① 물적자원의 종류
    ㉠ **자연자원** : 자연상태 그대로의 자원 ex) 석탄, 석유 등
    ㉡ **인공자원** : 인위적으로 가공한 자원 ex) 시설, 장비 등

② **물적자원관리** … 물적자원을 효과적으로 관리할 경우 경쟁력 향상이 향상되어 과제 및 사업의 성공으로 이어지며, 관리가 부족할 경우 경제적 손실로 인해 과제 및 사업의 실패 가능성이 커진다.

③ 물적자원 활용의 방해요인
    ㉠ 보관 장소의 파악 문제
    ㉡ 훼손
    ㉢ 분실

④ 물적자원관리 과정

과정	내용
사용 물품과 보관 물품의 구분	• 반복 작업 방지 • 물품활용의 편리성
동일 및 유사 물품으로의 분류	• 동일성의 원칙 • 유사성의 원칙
물품 특성에 맞는 보관 장소 선정	• 물품의 형상 • 물품의 소재

예제 4

S호텔의 외식사업부 소속인 K씨는 예약일정 관리를 담당하고 있다. 아래의 예약일정과 정보를 보고 K씨의 판단으로 옳지 않은 것은?

〈S호텔 일식 뷔페 1월 ROOM 예약 일정〉

* 예약 : ROOM 이름(시작시간)

SUN	MON	TUE	WED	THU	FRI	SAT
					1	2
					백합(16)	장미(11) 백합(15)
3	4	5	6	7	8	9
라일락(15)		백향목(10) 백합(15)	장미(10) 백향목(17)	백합(11) 라일락(18)	백향목(15)	장미(10) 라일락(15)

ROOM 구분	수용가능인원	최소투입인력	연회장 이용시간
백합	20	3	2시간
장미	30	5	3시간
라일락	25	4	2시간
백향목	40	8	3시간

- 오후 9시에 모든 업무를 종료함
- 한 타임 끝난 후 1시간씩 세팅 및 정리
- 동 시간 대 서빙 투입인력은 총 10명을 넘을 수 없음

안녕하세요, 1월 첫째 주 또는 둘째 주에 신년회 행사를 위해 ROOM을 예약하려고 하는데요, 저희 동호회의 총 인원은 27명이고 오후 8시쯤 마무리하려고 합니다. 신정과 주말, 월요일은 피하고 싶습니다. 예약이 가능할까요?

① 인원을 고려했을 때 장미ROOM과 백향목ROOM이 적합하겠군.
② 만약 2명이 안 온다면 예약 가능한 ROOM이 늘어나겠구나.
③ 조건을 고려했을 때 예약 가능한 ROOM은 5일 장미ROOM뿐이겠구나.
④ 오후 5시부터 8시까지 가능한 ROOM을 찾아야해.

[출제의도]
주어진 정보와 일정표를 토대로 이용 가능한 물적자원을 확보하여 이를 정확하게 안내할 수 있는 능력을 측정하는 문항이다. 고객이 제공한 정보를 정확하게 파악하고 그 조건 안에서 가능한 자원을 제공할 수 있어야 한다.
[해설]
③ 조건을 고려했을 때 5일 장미ROOM과 7일 장미ROOM이 예약 가능하다.
① 참석 인원이 27명이므로 30명 수용 가능한 장미ROOM과 40명 수용 가능한 백향목ROOM 두 곳이 적합하다.
② 만약 2명이 안 온다면 총 참석 인원 25명이므로 라일락ROOM, 장미ROOM, 백향목ROOM이 예약 가능하다.
④ 오후 8시에 마무리하려고 계획하고 있으므로 적절하다.

 ③

(4) 인적자원관리능력

① **인맥** … 가족, 친구, 직장동료 등 자신과 직접적인 관계에 있는 사람들인 핵심인맥과 핵심인맥들로부터 알게 된 파생인맥이 존재한다.

② **인적자원의 특성** … 능동성, 개발가능성, 전략적 자원

③ **인력배치의 원칙**

  ㉠ **적재적소주의** : 팀의 효율성을 높이기 위해 팀원의 능력이나 성격 등과 가장 적합한 위치에 배치하여 팀원 개개인의 능력을 최대로 발휘해 줄 것을 기대하는 것

  ㉡ **능력주의** : 개인에게 능력을 발휘할 수 있는 기회와 장소를 부여하고 그 성과를 바르게 평가하며 평가된 능력과 실적에 대해 그에 상응하는 보상을 주는 원칙

  ㉢ **균형주의** : 모든 팀원에 대한 적재적소를 고려

④ **인력배치의 유형**

  ㉠ **양적 배치** : 부문의 작업량과 조업도, 여유 또는 부족 인원을 감안하여 소요인원을 결정하여 배치하는 것

  ㉡ **질적 배치** : 적재적소의 배치

  ㉢ **적성 배치** : 팀원의 적성 및 흥미에 따라 배치하는 것

▌ 예제 5

최근 조직개편 및 연봉협상 과정에서 직원들의 불만이 높아지고 있다. 온갖 루머가 난무한 가운데 인사팀원인 당신에게 사내 게시판의 직원 불만사항에 대한 진위여부를 파악하고 대안을 세우라는 팀장의 지시를 받았다. 다음 중 당신이 조치를 취해야 하는 직원은 누구인가?

① 사원 A는 팀장으로부터 업무 성과가 탁월하다는 평가를 받았는데도 조직개편으로 인한 부서 통합으로 인해 승진을 못한 것이 불만이다.

② 사원 B는 회사가 예년에 비해 높은 영업 이익을 얻었는데도 불구하고 연봉 인상에 인색한 것이 불만이다.

③ 사원 C는 회사가 급여 정책을 변경해서 고정급 비율을 낮추고 기본급과 인센티브를 지급하는 제도로 바꾼 것이 불만이다.

④ 사원 D는 입사 동기인 동료가 자신보다 업무 실적이 좋지 않고 불성실한 근무태도를 가지고 있는데, 팀장과의 친분으로 인해 자신보다 높은 평가를 받은 것이 불만이다.

[출제의도]
주어진 직원들의 정보를 통해 시급하게 진위여부를 가리고 조치하여 인력배치를 해야 하는 사항을 확인하는 문제이다.
[해설]
사원 A, B, C는 각각 조직 정책에 대한 불만이기에 논의를 통해 조직적으로 대처하는 것이 옳지만, 사원 D는 팀장의 독단적인 전횡에 대한 불만이기 때문에 조사하여 시급히 조치할 필요가 있다. 따라서 가장 적절한 답은 ④번이 된다.

답 ④

출제예상문제

1 귀하는 OO토지주택공사의 사업 담당자이다. 아래의 글과 〈상황〉을 근거로 판단할 때, 사업 신청자인 A가 지원받을 수 있는 주택보수비용의 최대 액수는?

> – 주택을 소유하고 해당 주택에 거주하는 가구를 대상으로 주택 노후도 평가를 실시하여 그 결과(경 · 중 · 대보수)에 따라 이래와 같이 주택보수비용을 지원
>
> 〈주택보수비용 지원 내용〉
>
> | 구분 | 경보수 | 중보수 | 대보수 |
> |------|--------|--------|--------|
> | 보수항목 | 도배 혹은 장판 | 수도시설 혹은 난방시설 | 지붕 혹은 기둥 |
> | 주택당 보수비용 지원한도액 | 350만 원 | 650만 원 | 950만 원 |
>
> – 소득인정액에 따라 보수비용 지원한도액의 80%~100%를 차등지원
>
> | 구분 | 중위소득 25% 미만 | 중위소득 25% 이상 35% 미만 | 중위소득 35% 이상 43% 미만 |
> |------|------|------|------|
> | 보수항목 | 100% | 90% | 80% |

> 〈상황〉
>
> A는 현재 거주하고 있는 OO주택의 소유자이며, 소득인정액이 중위소득 40%에 해당한다. A 주택의 노후도 평가결과, 지붕의 수선이 필요한 주택보수비용 지원대상이 선정되었다.

① 520만 원   ② 650만 원

③ 760만 원   ④ 855만 원

⑤ 950만 원

> (Tip) A는 주택소유자로서 소득인정액이 중위소득의 40%이므로 중위소득 35% 이상 43% 미만에 해당하여 총 보수비용의 80%를 지원받는다. A주택은 지붕의 수선이 필요하므로 주택보수비용 지원 내용에 따라 950만 원이 지원된다. 따라서 A가 지원받을 수 있는 주택보수비용의 최대 액수는 950만 원의 80%인 760만 원이 된다.

Answer ↱→ 1.③

2 귀하는 ○○ 기업의 홍보 담당자인 갑 사원이다. 아래의 자료를 근거로 판단할 때, 갑 사원이 선택할 5월의 광고수단은?

- 주어진 예산은 월 4천만 원이며, 갑 사원은 월별 공고효과가 가장 큰 광고수단 하나만을 선택한다.
- 광고비용이 예산을 초과하면 해당 광고수단은 선택하지 않는다.
- 광고효과는 아래와 같이 계산한다.

$$광고효과 = \frac{총\ 광고\ 횟수 \times 회당\ 광고노출자\ 수}{광고비용}$$ (소수점 셋째 자리에서 반올림 하시오)

- 광고수단은 한 달 단위로 선택된다.

광고수단	광고 횟수	회당 광고노출자 수	월 광고비용(천 원)
TV	월 3회	100만 명	40,000
버스	일 1회	10만 명	30,000
KTX	일 70회	1만 명	45,000
지하철	일 60회	2천 명	35,000
포털사이트	일 50회	5천 명	40,000

---

① TV
② 버스
③ KTX
④ 지하철
⑤ 포털사이트

(Tip) 갑 사원에게 주어진 예산은 월 4천만 원이며, 이를 초과할 경우 광고수단은 선택하지 않는다. 따라서 월 광고비용이 4,500만 원인 KTX는 배제된다.

조건에 따라 광고수단은 한 달 단위로 선택되며 5월의 광고비용을 계산해야 하므로 모든 광고수단은 31일을 기준으로 한다. 조건에 따른 광고 효과 공식을 대입하면 아래와 같이 광고효과를 산출할 수 있다.

광고수단	광고횟수(회/월)	회당 광고노출자 수(만 명)	월 광고비용(천 원)	광고효과
TV	3	100	40,000	0.08
버스	31	10	30,000	0.10
~~KTX~~	~~2,170~~	~~1~~	~~45,000~~	~~0.48~~
지하철	1,860	0.2	35,000	0.11
포털사이트	1,550	0.5	40,000	0.19

따라서 갑 사원은 예산 초과로 배제된 KTX를 제외하고, 월별 광고효과가 가장 좋은 포털사이트를 선택한다.

3 F기업 기획팀에서는 새로운 프로젝트를 추진하면서 업무추진력이 높은 직원은 프로젝트의 팀장으로 발탁하려고 한다. 성취행동 경향성이 높은 사람을 업무추진력이 높은 사람으로 규정할 때, 아래의 정의를 활용해서 〈보기〉의 직원들을 업무추진력이 높은 사람부터 순서대로 바르게 나열한 것은?

성취행동 경향성(TACH)의 강도는 성공추구 경향성(Ts)에서 실패회피 경향성(Tf)을 뺀 점수로 계산할 수 있다(TACH = Ts − Tf). 성공추구 경향성에는 성취동기(Ms)라는 잠재적 에너지의 수준이 영향을 준다. 왜냐하면 성취동기는 성과가 우수하다고 평가받고 싶어 하는 것으로 어떤 사람의 포부수준, 노력 및 끈기를 결정하기 때문이다. 어떤 업무에 대해서 사람들이 제각기 다양한 방식으로 행동하는 것은 성취동기가 다른 데도 원인이 있지만, 개인이 처한 환경요인이 서로 다르기 때문이기도 하다. 이 환경요인은 성공기대확률(Ps)과 성공결과의 가치(Ins)로 이루어진다. 즉 성공추구 경향성은 이 세 요소의 곱으로 결정된다(Ts = Ms × Ps × Ins).

한편 실패회피 경향성은 실패회피동기, 실패기대확률 그리고 실패결과의 가치의 곱으로 결정된다. 이때 성공기대확률과 실패기대확률의 합은 1이며, 성공결과의 가치와 실패결과의 가치의 합도 1이다.

〈보기〉
- 갑은 성취동기가 4이고, 실패회피동기가 2이다. 그는 국제환경협약에 대비한 공장건설환경규제안을 만들었는데, 이 규제안의 실현가능성을 0.8로 보며, 규제안이 실행될 때의 가치를 0.3으로 보았다.
- 을은 성취동기가 3이고 실패회피동기가 1이다. 그는 도시고속화도로 건설안을 기획하였는데, 이 기획안의 실패가능성을 0.6으로 보며, 도로건설사업이 실패하면 0.4의 가치를 갖는다고 보았다.
- 병은 성취동기가 4이고 실패회피동기가 3이다. 그는 △△지역의 도심재개발계획을 주도하였는데, 이 계획의 실현가능성을 0.3으로 보며, 재개발사업이 실패하는 경우의 가치를 0.2로 보았다.

① 갑, 병, 을　　　　　② 갑, 을, 병
③ 을, 병, 갑　　　　　④ 을, 갑, 병
⑤ 병, 갑, 을

직원	성공추구 경향성과 실패회피 경향성	성취행동 경향성
갑	성공추구 경향성=4×0.8×0.3=0.96	0.96−0.28=0.68
	실패회피 경향성=2×0.2×0.7=0.28	
을	성공추구 경향성=3×0.4×0.6=0.72	0.72−0.24=0.48
	실패회피 경향성=1×0.6×0.4=0.24	
병	성공추구 경향성=4×0.3×0.8=0.96	0.96−0.42=0.54
	실패회피 경향성=3×0.7×0.2=0.42	

Answer 2.⑤ 3.①

CHAPTER 05. 자원관리능력 » **251**

4 다음은 정부에서 지원하는 〈귀농인 주택시설 개선사업 개요〉와 〈심사 기초 자료〉이다. 이를 근거로 판단할 때, 지원대상 가구만을 모두 고르면?

〈귀농인 주택시설 개선사업 개요〉

□ 사업목적 : 귀농인의 안정적인 정착을 도모하기 위해 일정 기준을 충족하는 귀농가구의 주택 개·보수 비용을 지원

□ 신청자격 : △△군에 소재하는 귀농가구 중 거주기간이 신청마감일(2014. 4. 30.) 현재 전입일부터 6개월 이상이고, 가구주의 연령이 20세 이상 60세 이하인 가구

□ 심사기준 및 점수 산정방식

• 신청마감일 기준으로 다음 심사기준별 점수를 합산한다.

• 심사기준별 점수

 (1) 거주기간 : 10점(3년 이상), 8점(2년 이상 3년 미만), 6점(1년 이상 2년 미만), 4점(6개월 이상 1년 미만)

  ※ 거주기간은 전입일부터 기산한다.

 (2) 가족 수 : 10점(4명 이상), 8점(3명), 6점(2명), 4점(1명)

  ※ 가족 수에는 가구주가 포함된 것으로 본다.

 (3) 영농규모 : 10점(1.0 ha 이상), 8점(0.5 ha 이상 1.0 ha 미만), 6점(0.3 ha 이상 0.5 ha 미만), 4점(0.3 ha 미만)

 (4) 주택노후도 : 10점(20년 이상), 8점(15년 이상 20년 미만), 6점(10년 이상 15년 미만), 4점(5년 이상 10년 미만)

 (5) 사업시급성 : 10점(매우 시급), 7점(시급), 4점(보통)

□ 지원내용

• 예산액 : 5,000,000원

• 지원액 : 가구당 2,500,000원

• 지원대상 : 심사기준별 점수의 총점이 높은 순으로 2가구. 총점이 동점일 경우 가구주의 연령이 높은 가구를 지원. 단, 하나의 읍·면당 1가구만 지원 가능

〈심사 기초 자료(2014. 4. 30. 현재)〉

귀농 가구	가구주 연령(세)	주소지 (△△군)	전입일	가족 수 (명)	영농 규모(ha)	주택 노후도 (년)	사업 시급성
甲	49	A	2010. 12. 30	1	0.2	17	매우 시급
乙	48	B	2013. 5. 30	3	1.0	13	매우 시급
丙	56	B	2012. 7. 30	2	0.6	23	매우 시급
丁	60	C	2013. 12. 30	4	0.4	13	시급
戊	33	D	2011. 9. 30	2	1.2	19	보통

① 甲, 乙

② 甲, 丙

③ 乙, 丙

④ 乙, 丁

⑤ 丙, 戊

(Tip) 甲~戊의 심사기준별 점수를 산정하면 다음과 같다. 단, 丁은 신청마감일(2014. 4. 30.) 현재 전입일부터 6개월 이상의 신청자격을 갖추지 못하였으므로 제외한다.

구분	거주기간	가족 수	영농규모	주택노후도	사업시급성	총점
甲	10	4	4	8	10	36점
乙	4	8	10	6	10	38점
丙	6	6	8	10	10	40점
戊	8	6	10	8	4	36점

따라서 상위 2가구는 丙과 乙이 되는데, 2가구의 주소지가 B읍·면으로 동일하므로 총점이 더 높은 丙을 지원하고, 나머지 1가구는 甲, 戊의 총점이 동점이므로 가구주의 연령이 더 높은 甲을 지원하게 된다.

5 甲, 乙, 丙은 서울특별시(수도권 중 과밀억제권역에 해당) ○○동 소재 3층 주택 소유자와 각 층별로 임대차 계약을 체결하고 현재 거주하고 있는 임차인들이다. 이들의 보증금은 각각 5,800만 원, 2,000만 원, 1,000만 원이다. 위 주택 전체가 경매절차에서 주택가액 8,000만 원에 매각되었고, 甲, 乙, 丙 모두 주택에 대한 경매신청 등기 전에 주택의 인도와 주민등록을 마쳤다. 乙과 丙이 담보물권자보다 우선하여 변제받을 수 있는 금액의 합은? (단, 확정일자나 경매비용은 무시한다)

제00조
① 임차인은 보증금 중 일정액을 다른 담보물권자(擔保物權者)보다 우선하여 변제받을 권리가 있다. 이 경우 임차인은 주택에 대한 경매신청의 등기 전에 주택의 인도와 주민등록을 마쳐야 한다.
② 제1항에 따라 우선변제를 받을 보증금 중 일정액의 범위는 다음 각 호의 구분에 의한 금액 이하로 한다.
  1. 수도권정비계획법에 따른 수도권 중 과밀억제권역 : 2,000만 원
  2. 광역시(군지역과 인천광역시지역은 제외) : 1,700만 원
  3. 그 밖의 지역 : 1,400만 원
③ 임차인의 보증금 중 일정액이 주택가액의 2분의 1을 초과하는 경우에는 주택가액의 2분의 1에 해당하는 금액까지만 우선변제권이 있다.
④ 하나의 주택에 임차인이 2명 이상이고 그 각 보증금 중 일정액을 모두 합한 금액이 주택가액의 2분의 1을 초과하는 경우, 그 각 보증금 중 일정액을 모두 합한 금액에 대한 각 임차인의 보증금 중 일정액의 비율로 그 주택가액의 2분의 1에 해당하는 금액을 분할한 금액을 각 임차인의 보증금 중 일정액으로 본다.

제00조
전조(前條)에 따라 우선변제를 받을 임차인은 보증금이 다음 각 호의 구분에 의한 금액 이하인 임차인으로 한다.
  1. 수도권정비계획법에 따른 수도권 중 과밀억제권역 : 6,000만 원
  2. 광역시(군지역과 인천광역시지역은 제외) : 5,000만 원
  3. 그 밖의 지역 : 4,000만 원

---

① 2,200만 원   ② 2,300만 원
③ 2,400만 원   ④ 2,500만 원
⑤ 2,600만 원

 수도권 중 과밀억제권역에 해당하므로 우선변제를 받을 보증금 중 일정액의 범위는 2,000만 원이다. 그런데 ④처럼 하나의 주택에 임차인이 2명 이상이고 그 보증금 중 일정액을 모두 합한 금액(甲 2,000만 원 + 乙 2,000만 원 + 丙 1,000만 원 = 5,000만 원)이 주택가액인 8,000만 원의 2분의 1을 초과하므로 그 각 보증금 중 일정액을 모두 합한 금액에 대한 각 임차인의 보증금 중 일정액의 비율(2 : 2 : 1)로 그 주택가액의 2분의 1에 해당하는 금액(4,000만 원)을 분할한 금액을 각 임차인의 보증금 중 일정액으로 봐야 한다.
따라서 우선변제를 받을 보증금 중 일정액은 甲 1,600만 원, 乙 1,600만 원, 丙 800만 원으로 乙과 丙이 담보물권자보다 우선하여 변제받을 수 있는 금액의 합은 1,600 + 800 = 2,400만 원이다.

6 J회사에서 근무하는 Y팀장은 팀의 사기를 높이기 위하여 팀원들을 데리고 야유회를 가려고 한다. 주어진 상황이 다음과 같을 때 비용이 저렴한 펜션 순으로 옳게 배열한 것은?

〈상황〉

• 팀장을 포함하여 인원은 5명이다.
• 2박 3일을 다녀오려고 한다.
• 팀장은 나무펜션 1회 이용 기록이 있다.
• 펜션 비용은 1박을 기준으로 부과된다.

〈펜션 비용〉

펜션	가격(1박 기준)	비고
나무펜션	70,000원 (5인 기준)	나무펜션 이용 기록이 있는 경우에는 총 합산 금액의 10%를 할인받는다.
그늘펜션	60,000원 (4인 기준)	• 인원 추가 시, 1인 당 10,000원의 추가비용이 발생된다. • 나무, 그늘, 푸른, 구름펜션 이용 기록이 1회라도 있는 경우에는 총 합산 금액의 20%를 할인 받는다.
푸른펜션	80,000원 (5인 기준)	1박을 한 후 연이어 2박을 할 때는 2박의 비용은 처음 1박의 15%를 할인받는다.
구름펜션	55,000원 (4인 기준)	인원 추가 시, 1인 당 10,000원의 추가비용이 발생된다.

① 그늘펜션 – 구름펜션 – 나무펜션 – 푸른펜션
② 그늘펜션 – 나무펜션 – 구름펜션 – 푸른펜션
③ 나무펜션 – 그늘펜션 – 구름펜션 – 푸른펜션
④ 구름펜션 – 푸른펜션 – 그늘펜션 – 나무펜션
⑤ 구름펜션 – 나무펜션 – 푸른펜션 – 그늘펜션

(Tip) ㉠ 나무펜션 : 70,000×2×0.9=126,000
㉡ 그늘펜션 : (60,000+10,000)×2×0.8=112,000
㉢ 푸른펜션 : 80,000+(80,000×0.85)=148,000
㉣ 구름펜션 : (55,000+10,000)×2=130,000

Answer ⟶ 5.③ 6.②

CHAPTER 05. 자원관리능력 » **255**

7 P사에서는 2019년의 예산 신청 금액과 집행 금액의 차이가 가장 적은 팀부터 2020년의 예산을 많이 분배할 계획이다. 4개 팀의 2019년 예산 관련 내역이 다음과 같을 때, 2020년의 예산을 가장 많이 분배받게 될 팀과 가장 적게 분배받게 될 팀을 순서대로 올바르게 짝지은 것은 어느 것인가?

〈2010년의 예산 신청 내역〉

(단위 : 백만 원)

영업2팀	영업3팀	유통팀	물류팀
26	24	32	29

〈2019년의 예산 집행률〉

(단위 : %)

영업2팀	영업3팀	유통팀	물류팀
115.4	87.5	78.1	87.9

* 예산 집행률=집행 금액÷신청 금액×100

① 영업2팀, 유통팀
② 영업3팀, 유통팀
③ 물류팀, 영업2팀
④ 영업3팀, 영업2팀
⑤ 물류팀, 영업3팀

(Tip) 주어진 자료에 따라 예산 집행 금액을 계산해보면 다음과 같다.

(단위 : 백만 원)

영업2팀	영업3팀	유통팀	물류팀
26×1.154=30	24×0.875=21	32×0.781=25	29×0.879=25.5

따라서 팀별로 예산의 신청 금액과 집행 금액의 차이는 순서대로 각각 +4백만 원, -3백만 원, -7백만 원, -3.5백만 원이 되어, 2020년에 가장 많은 예산을 분배받을 팀과 가장 적은 예산을 분배받을 팀은 각각 영업3팀과 유통팀이 된다.

※ D회사에서는 1년에 1명을 선발하여 해외연수를 보내주는 제도가 있다. 김부장, 최과장, 오과장, 홍대리, 박사원 5명이 지원한 가운데 〈선발 기준〉과 〈지원자 현황〉은 다음과 같다. 다음을 보고 물음에 답하시오. 【8~9】

〈선발 기준〉

구분	점수	비고
외국어 성적	50점	
근무 경력	20점	15년 이상이 만점 대비 100%, 10년 이상 15년 미만이 70%, 10년 미만이 50%이다. 단, 근무경력이 최소 5년 이상인 자만 선발 자격이 있다.
근무 성적	10점	
포상	20점	3회 이상이 만점 대비 100%, 1~2회가 50%, 0회가 0%이다.
계	100점	

〈지원자 현황〉

구분	김부장	최과장	오과장	홍대리	박사원
근무경력	30년	20년	10년	3년	1년
포상	2회	4회	0회	5회	3회

※ 외국어 성적은 김부장과 최과장이 만점 대비 50%이고, 오과장이 80%, 홍대리, 박사원이 100%이다.
※ 근무 성적은 최과장과 박사원이 만점이고, 김부장, 오과장, 홍대리는 만점 대비 90%이다.

8 위의 선발기준과 지원자 현황에 따를 때 가장 높은 점수를 받은 사람이 선발된다면 선발되는 사람은?

① 김부장
② 최과장
③ 오과장
④ 홍대리
⑤ 박사원

	김부장	최과장	오과장	홍대리, 박사원
외국어 성적	25점	25점	40점	
근무 경력	20점	20점	14점	근무경력이 5년 미만이므로 선발 자격이 없다.
근무 성적	9점	10점	9점	
포상	10점	20점	0점	
계	64점	75점	63점	

Answer↱ 7.② 8.②

9 회사 규정의 변경으로 인해 선발기준이 다음과 같이 변경되었다면, 새로운 선발기준 하에서 선발되는 사람은? (단, 가장 높은 점수를 받은 사람이 선발된다)

구분	점수	비고
외국어 성적	40점	
근무 경력	40점	30년 이상이 만점 대비 100%, 20년 이상 30년 미만이 70%, 20년 미만이 50%이다. 단, 근무경력이 최소 5년 이상인 자만 선발 자격이 있다.
근무 성적	10점	
포상	10점	3회 이상이 만점 대비 100%, 1~2회가 50%, 0회가 0%이다.
계	100점	

① 김부장　　　　　　　　　　② 최과장
③ 오과장　　　　　　　　　　④ 홍대리
⑤ 박사원

	김부장	최과장	오과장	홍대리, 박사원
외국어 성적	20점	20점	32점	근무경력이 5년 미만이므로 선발 자격이 없다.
근무 경력	40점	28점	20점	
근무 성적	9점	10점	9점	
포상	5점	10점	0점	
계	74점	68점	61점	

10 다음 글과 〈조건〉을 근거로 판단할 때, 중국으로 출장 가는 사람으로 짝지어진 것은?

> C회사에서는 업무상 외국 출장이 잦은 편이다. 인사부 A씨는 매달 출장 갈 직원들을 정하는 업무를 맡고 있다. 이번 달에는 총 4국가로 출장을 가야 하며 인원은 다음과 같다.
>
> | 미국 | 영국 | 중국 | 일본 |
> |---|---|---|---|
> | 1명 | 4명 | 3명 | 4명 |
>
> 출장을 갈 직원은 이과장, 김과장, 신과장, 류과장, 임과장, 장과장, 최과장이 있으며, 개인별 출장 가능한 국가는 다음과 같다.
>
> | 국가＼직원 | 이과장 | 김과장 | 신과장 | 류과장 | 임과장 | 장과장 | 최과장 |
> |---|---|---|---|---|---|---|---|
> | 미국 | ○ | × | ○ | × | × | × | × |
> | 영국 | ○ | × | ○ | ○ | ○ | × | × |
> | 중국 | × | ○ | ○ | ○ | ○ | × | ○ |
> | 일본 | × | × | ○ | × | ○ | ○ | ○ |
>
> ※ ○ : 출장 가능, × : 출장 불가능
> ※ 어떤 출장도 일정이 겹치진 않는다.
>
> 〈조건〉
> • 한 사람이 두 국가까지만 출장 갈 수 있다.
> • 모든 사람은 한 국가 이상 출장을 가야 한다.

① 김과장, 최과장, 류과장　　　　② 김과장, 신과장, 류과장
③ 신과장, 류과장, 임과장　　　　④ 김과장, 임과장, 최과장
⑤ 이과장, 류과장, 최과장

> (Tip) 모든 사람이 한 국가 이상 출장을 가야 한다고 했으므로 김과장은 꼭 중국을 가야 하며, 장과장은 꼭 일본을 가야 한다. 또한 영국으로 4명이 출장을 가야 되고, 출장 가능 직원도 4명이므로 이과장, 신과장, 류과장, 임과장이 영국을 가야한다. 4국가 출장에 필요한 직원은 12명인데 김과장과 장과장이 1국가 밖에 못가므로 나머지 5명이 2국가를 출장간다는 것에 주의한다.
>
> | | 출장가는 직원 |
> |---|---|
> | 미국(1명) | 이과장 |
> | 영국(4명) | 류과장, 이과장, 신과장, 임과장 |
> | 중국(3명) | 김과장, 최과장, 류과장 |
> | 일본(4명) | 장과장, 최과장, 신과장, 임과장 |

11 다음은 어느 회사의 성과상여금 지급기준이다. 다음 기준에 따를 때 성과상여금을 가장 많이 받는 사원과 가장 적게 받는 사원의 금액 차이는 얼마인가?

<성과상여금 지급기준>

지급원칙
• 성과상여금은 적용대상사원에 대하여 성과(근무성적, 업무난이도, 조직 기여도의 평점 합) 순위에 따라 지급한다.

성과상여금 지급기준액

5급 이상	6급~7급	8급~9급	계약직
500만원	400만원	200만원	200만원

지급등급 및 지급률
• 5급 이상

지급등급	S등급	A등급	B등급	C등급
성과 순위	1위	2위	3위	4위 이하
지급률	180%	150%	120%	80%

• 6급 이하 및 계약직

지급등급	S등급	A등급	B등급
성과 순위	1위~2위	3~4위	5위 이하
지급률	150%	130%	100%

지급액 산정방법
개인별 성과상여금 지급액은 지급기준액에 해당등급의 지급율을 곱하여 산정한다.

<소속사원 성과 평점>

사원	평점			직급
	근무성적	업무난이도	조직기여도	
수현	8	5	7	계약직
이현	10	6	9	계약직
서현	8	8	6	4급
진현	5	5	8	5급
준현	9	9	10	6급
지현	9	10	8	7급

① 260만 원   ② 340만 원

③ 400만 원   ④ 450만 원

⑤ 500만 원

(Tip) 사원별로 성과상여금을 계산해보면 다음과 같다.

사원	평점 합	순위	산정금액
수현	20	5	200만원×100%=200만 원
이현	25	3	200만원×130%=260만 원
서현	22	4	500만원×80%=400만 원
진현	18	6	500만원×80%=400만 원
준현	28	1	400만원×150%=600만 원
지현	27	2	400만원×150%=600만 원

가장 많이 받은 금액은 600만 원이고 가장 적게 받은 금액은 200만원이므로 이 둘의 차는 400만 원이다.

12 다음은 2020년 E기업이 지출한 물류비 내역이다. 이 중에서 자가물류비와 위탁물류비는 각각 얼마인가?

> ㉠ 노무비 6,400만 원   ㉡ 전기료 300만 원
>
> ㉢ 지급운임 400만 원   ㉣ 이자 250만 원
>
> ㉤ 재료비 3,000만 원   ㉥ 지불포장비 70만 원
>
> ㉦ 수수료 70만 원   ㉧ 가스·수도료 350만 원
>
> ㉨ 세금 80만 원   ㉩ 상·하차용역비 450만 원

① 자가물류비 11,800만 원, 위탁물류비 800만 원

② 자가물류비 10,380만 원, 위탁물류비 900만 원

③ 자가물류비 10,380만 원, 위탁물류비 990만 원

④ 자가물류비 11,450만 원, 위탁물류비 700만 원

② 자가물류비 10,451만 원, 위탁물류비 850만 원

(Tip) ㉠ 자가물류비=노무비+재료비+전기료+이자+가스·수도료+세금

=6,400만 원+3,000만 원+300만 원+250만 원+350만 원+80만 원=10,380만 원

㉡ 위탁물류비=지급운임+지불포장비+수수료+상·하차용역비

=400만 원+70만 원+70만 원+450만 원=990만 원

Answer ☞ 11.③ 12.③

13 G회사에서 근무하는 S씨는 직원들의 출장비를 관리하고 있다. 이 회사의 규정이 다음과 같을 때 S 씨가 甲 부장에게 지급해야 하는 총일비와 총 숙박비는 각각 얼마인가? (단, 국가 간 이동은 모두 항공편으로 한다고 가정한다)

여행일수의 계산

여행일수는 여행에 실제로 소요되는 일수에 의한다. 국외여행의 경우에는 국내 출발일은 목적지를, 국내 도착일은 출발지를 여행하는 것으로 본다.

여비의 구분계산
- 여비 각 항목은 구분하여 계산한다.
- 같은 날에 여비액을 달리하여야 할 경우에는 많은 액을 기준으로 지급한다.

일비 · 숙박비의 지급
- 국외여행자의 경우는 〈국외여비정액표〉에 따라 지급한다.
- 일비는 여행일수에 따라 지급한다.
- 숙박비는 숙박하는 밤의 수에 따라 지급한다. 다만 항공편 이동 중에는 따로 숙박비를 지급하지 아니한다.

〈국외여비정액표〉

(단위 : 달러)

구분	여행국가	일비	숙박비
부장	A국	80	233
	B국	70	164

〈甲의 여행일정〉

1일째	(06:00)	출국
2일째	(07:00)	A국 도착
	(18:00)	만찬
3일째	(09:00)	회의
	(15:00)	A국 출국
	(17:00)	B국 도착
4일째	(09:00)	회의
	(18:00)	만찬
5일째	(22:00)	B국 출국
6일째	(20:00)	귀국

	총일비(달러)	총숙박비(달러)
①	450	561
②	450	610
③	460	610
④	460	561
⑤	470	561

(Tip) ㉠ 1일째와 2일째는 일비가 각각 80달러이고, 3일째는 여비액이 다를 경우 많은 액을 기준으로 삼는다 했으므로 80달러, 4~6일째는 각각 70달러이다. 따라서 총일비는 450달러이다.

㉡ 1일째에서 2일째로 넘어가는 밤에는 항공편에서 숙박했고, 2일째에서 3일째 넘어가는 밤에는 숙박비가 233달러이다. 3일째에서 4일째로 넘어가는 밤과 4일째에서 5일째로 넘어가는 밤에는 각각 숙박비가 164달러이다. 5일째에서 6일째로 넘어가는 밤에는 항공편에서 숙박했다. 따라서 총숙박비는 561달러이다.

※ 다음은 노트북을 구매하기 위하여 전자제품 매장을 찾은 L씨가 제품 설명서를 보고 점원과 나눈 대화와 설명서 내용의 일부이다. 다음을 보고 이어지는 물음에 답하시오. 【14~15】

L씨 : "노트북을 좀 사려고 합니다."
점원 : "네 고객님, 어떤 조건을 원하시나요?"
L씨 : "제 것과 친구에게 선물할 것 두 개를 사려고 하는데요, 두 개 모두 가볍고 배터리 사용시간이 좀 길었으면 합니다. 무게는 1kg까지가 적당할 것 같고요, 저는 충전시간이 짧으면서도 음악재생시간이 긴 제품을 원해요. 선물하려는 제품은요, 일주일에 한 번만 충전해도 음악재생시간이 16시간은 되어야 하고, 용량은 320GB 이상이었으면 좋겠어요.
점원 : "그럼 고객님께는 (   )모델을, 친구 분께 드릴 선물로는 (   )모델을 추천해 드립니다."

〈제품 사양서〉

구분	무게	충전시간	용량	음악재생시간
A	900g	2.3H	300GB	15H
B	1kg	2.1H	310GB	13H
C	1.1kg	3.0H	320GB	16H
D	1.2kg	2.2H	330GB	14H

Answer → 13.①

14 다음 중 위 네 가지 모델에 대한 설명으로 옳은 것을 〈보기〉에서 모두 고르면?

〈보기〉
(개) 충전시간이 길수록 음악재생시간이 길다.
(내) 무게가 무거울수록 용량이 크다.
(대) 무게가 무거울수록 음악재생시간이 길다.
(래) 용량이 클수록 음악재생시간이 길다.

① (개)   ② (개), (내)
③ (내), (래)   ④ (개), (래)
⑤ (개), (대)

 (대) C의 무게와 음악재생시간은 각각 1.1kg, 16H이다. D의 무게와 음악재생시간은 각각 1.2kg, 14H이다. D의 무게가 C보다 더 무겁지만 음악재생시간은 C가 D보다 더 많다. 그러므로 옳지 않다.

(래) A의 용량과 음악재생시간은 각각 300GB, 15H이다. B의 용량과 음악재생시간은 각각 310GB, 13H이다. B가 용량이 A보다 더 크지만 음악재생시간은 B보다 A가 더 많다. 따라서 용량이 클수록 음악재생시간이 길다는 것은 옳지 않다.

15 다음 중 점원 L씨에게 추천한 빈칸의 제품이 순서대로 올바르게 짝지어진 것은 어느 것인가?

	L씨	선물
①	B모델	A모델
②	A모델	C모델
③	C모델	D모델
④	B모델	C모델
⑤	A모델	D모델

L씨는 노트북 무게에 있어서 1kg까지 괜찮다고 했다. 그러므로 후보는 A와 B이다. 그런데 음악재생시간이 긴 제품을 선호한다 했으므로 A와 B중 음악재생시간이 더 많은 A가 가장 적합하다.
선물로는 음악재생시간이 16H, 용량이 320GB 이상의 조건을 충족시키는 C가 가장 적합하다.

16 甲회사 인사부에 근무하고 있는 H부장은 각 과의 요구를 모두 충족시켜 신규직원을 배치하여야 한다. 각 과의 요구가 다음과 같을 때 홍보과에 배정되는 사람은 누구인가?

〈신규직원 배치에 대한 각 과의 요구〉
• 관리과 : 5급이 1명 배정되어야 한다.
• 홍보과 : 5급이 1명 배정되거나 6급이 2명 배정되어야 한다.
• 재무과 : B가 배정되거나 A와 E가 배정되어야 한다.
• 총무과 : C와 D가 배정되어야 한다.

〈신규직원〉
• 5급 2명(A, B)
• 6급 4명(C, D, E, F)

① A   ② B
③ C와 D   ④ E와 F
⑤ C, D와 F

(Tip) 주어진 조건을 보면 관리과와 재무과에는 반드시 각각 5급이 1명씩 배정되고, 총무과에는 6급 2명이 배정된다. 인원수를 따져보면 홍보과에는 5급을 배정할 수 없기 때문에 6급이 2명 배정된다. 6급 4명 중에 C와 D는 총무과에 배정되므로 홍보과에 배정되는 사람은 E와 F이다. 각 과별로 배정되는 사람을 정리하면 다음과 같다.

관리과	A
홍보과	E, F
재무과	B
총무과	C, D

Answer ➞ 14.② 15.② 16.④

17 S기관은 업무처리시 오류 발생을 줄이기 위해 2016년부터 오류 점수를 계산하여 인사고과에 반영한다고 한다. 이를 위해 매월 직원별로 오류 건수를 조사하여 오류 점수를 다음과 같이 계산한다고 할 때, 가장 높은 오류 점수를 받은 사람은 누구인가?

〈오류 점수 계산 방식〉
• 일반 오류는 1건당 10점, 중대 오류는 1건당 20점씩 오류 점수를 부과하여 이를 합산한다.
• 전월 우수사원으로 선정된 경우, 합산한 오류 점수에서 80점을 차감하여 월별 최종 오류 점수를 계산한다.

〈S기관 벌점 산정 기초자료〉

직원	오류 건수(건)		전월 우수사원 선정 여부
	일반 오류	중대 오류	
A	5	20	미선정
B	10	20	미선정
C	15	15	선정
D	20	10	미선정
E	15	10	미선정

① A
② B
③ C
④ D
⑤ E

(Tip) ① A : 450점
② B : 500점
③ C : 370점
④ D : 400점
⑤ E : 350점

18 Z회사는 6대(A~F)의 자동차 생산을 주문받았다. 오늘을 포함하여 30일 이내에 자동차를 생산할 계획이며 Z회사의 하루 최대투입가능 근로자 수는 100명이다. 다음 〈공정표〉에 근거할 때 Z회사가 벌어들일 수 있는 최대 수익은 얼마인가? (단, 작업은 오늘부터 개시되며 각 근로자는 자신이 투입된 자동차의 생산이 끝나야만 다른 자동차의 생산에 투입될 수 있고 1일 필요 근로자 수 이상의 근로자가 투입되더라도 자동차당 생산 소요기간은 변하지 않는다)

〈공정표〉

자동차	소요기간	1일 필요 근로자 수	수익
A	5일	20명	15억 원
B	10일	30명	20억 원
C	10일	50명	40억 원
D	15일	40명	35억 원
E	15일	60명	45억 원
F	20일	70명	85억 원

① 150억 원 ② 155억 원
③ 160억 원 ④ 165억 원
⑤ 170억 원

 최대 수익을 올리는 있는 진행공정은 다음과 같다.

F(20일, 70명)			C(10일, 50명)
B(10일, 30명)	A(5일, 20명)		

F(85억)＋B(20억)＋A(15억)＋C(40억)＝160억

19 J회사 관리부에서 근무하는 L씨는 소모품 구매를 담당하고 있다. 2016년 5월 중에 다음 조건 하에서 A4용지와 토너를 살 때, 총 비용이 가장 적게 드는 경우는? (단, 2016년 5월 1일에는 A4용지와 토너는 남아 있다고 가정하며, 다 썼다는 말이 없으면 그 소모품들은 남아있다고 가정한다)

- A4용지 100장 한 묶음의 정가는 1만 원, 토너는 2만 원이다. (A4용지는 100장 단위로 구매함)
- J회사와 거래하는 ◇◇오피스는 매달 15일에 전 품목 20% 할인 행사를 한다.
- ◇◇오피스에서는 5월 5일에 A사 카드를 사용하면 정가의 10%를 할인해 준다.
- 총 비용이란 소모품 구매가격과 체감비용(소모품을 다 써서 느끼는 불편)을 합한 것이다.
- 체감비용은 A4용지와 토너 모두 하루에 500원이다.
- 체감비용을 계산할 때, 소모품을 다 쓴 당일은 포함하고 구매한 날은 포함하지 않는다.
- 소모품을 다 쓴 당일에 구매하면 체감비용은 없으며, 소모품이 남은 상태에서 새 제품을 구입할 때도 체감비용은 없다.

---

① 3일에 A4용지만 다 써서, 5일에 A사 카드로 A4용지와 토너를 살 경우

② 13일에 토너만 다 써서 당일 토너를 사고, 15일에 A4용지를 살 경우

③ 10일에 A4용지와 토너를 다 써서 15일에 A4용지와 토너를 같이 살 경우

④ 3일에 A4용지만 다 써서 당일 A4용지를 사고, 13일에 토너를 다 써서 15일에 토너만 살 경우

⑤ 5일에 A4용지를 다 써서 당일에 A사 카드로 A4용지만 사고 10일에 토너를 다 써서 15일에 토너만 살 경우

 ① 1,000원(체감비용)+27,000원=28,000원
② 20,000원(토너)+8,000원(A4용지)=28,000원
③ 5,000원(체감비용)+24,000원=29,000원
④ 10,000원(A4용지)+1,000원(체감비용)+16,000원(토너)=27,000원
⑤ 9,000원(A4용지)+2,500원(체감비용)+16,000원(토너)=27,500원

20 다음에서 설명하는 예산제도는 무엇인가?

> 이것은 정부 예산이 여성과 남성에게 미치는 영향을 평가하고 이를 반영함으로써 예산에 뒷받침되는 정책과 프로그램이 성별 형평성을 담보하고, 편견과 고정관념을 배제하며, 남녀 차이를 고려하여 의도하지 않은 예산의 불평등한 배분효과를 파악하고, 이에 대한 개선안을 제시함으로써 궁극적으로 예산의 배분규칙을 재정립할 수 있도록 하는 제도이다. 또한 정책의 공정성을 높일 수 있으며, 남녀의 차이를 고려하므로 정책이 더 효율적이고 양성 평등한 결과를 기대할 수 있다. 그리하여 남성과 여성이 동등한 수준의 삶의 질을 향유할 수 있다는 장점이 있다.

① 품목별예산제도
② 성인지예산제도
③ 영기준예산제도
④ 성과주의예산제도
⑤ 주민참여예산제도

 ① **품목별 예산제도** : 지출대상을 품목별로 분류해 그 지출대상과 한계를 명확히 규정하는 통제지향적 예산제도
③ **영기준예산제도** : 모든 예산항목에 대해 전년도 예산을 기준으로 잠정적인 예산을 책정하지 않고 모든 사업계획과 활동에 대해 법정경비 부분을 제외하고 영 기준(zero-base)을 적용하여 과거의 실적이나 효과, 정책의 우선순위를 엄격히 심사해 편성한 예산제도
④ **성과주의예산제도** : 예산을 기능별, 사업계획별, 활동별로 분류하여 예산의 지출과 성과의 관계를 명백히 하기 위한 예산제도
⑤ **주민참여예산제도** : 지방지치단체 예산편성에 주민이 직접 참여할 수 있도록 한 제도

21 다음 사례에 나오는 효진의 시간관리 유형은 무엇인가?

> 효진은 하루 24시간 중 8시간의 회사 업무 이외에도 8시간을 효율적으로 활용하고 8시간동안 충분히 숙면도 취한다. 그녀는 어느 누구보다도 하루하루를 정신없이 바쁘게 살아가는 사람 중 한 명이다.

① 시간 창조형   ② 시간 소비형
③ 시간 절약형   ④ 시간 파괴형
⑤ 시간 틈새형

 시간관리의 유형
    ⊙ **시간 창조형**(24시간형 인간) : 긍정적이며 에너지가 넘치고 빈틈없는 시간계획을 통해 비전과 목표 및 행동을 실천하는 사람
    ⓒ **시간 절약형**(16시간형 인간) : 8시간 회사 업무 이외에도 8시간을 효율적으로 활용하고 8시간을 자는 사람. 정신없이 바쁘게 살아가는 사람
    ⓒ **시간 소비형**(8시간형 인간) : 8시간 일하고 16시간을 제대로 활용하지 못하며 빈둥대면서 살아가는 사람, 시간은 많은데도 불구하고 마음은 쫓겨 항상 바쁜 척하고 허둥대는 사람
    ⓔ **시간 파괴형**(0시간형 인간) : 주어진 시간을 제대로 활용하기는커녕 시간관념이 없이 자신의 시간은 물론 남의 시간마저 죽이는 사람

22 어느 회사에서 영업부, 편집부, 홍보부, 전산부, 영상부, 사무부에 대한 직무조사 순서를 정할 때 다음과 같은 조건을 충족시켜야 한다면 순서로 가능한 것은?

> • 편집부에 대한 조사는 전산부 또는 영상부 중 어느 한 부서에 대한 조사보다 먼저 시작되어야 한다.
> • 사무부에 대한 조사는 홍보부나 전산부에 대한 조사보다 늦게 시작될 수는 있으나, 영상부에 대한 조사보다 나중에 시작될 수 없다.
> • 영업부에 대한 조사는 아무리 늦어도 홍보부 또는 전산부 중 적어도 어느 한 부서에 대한 조사보다는 먼저 시작되어야 한다.

① 홍보부 – 편집부 – 사무부 – 영상부 – 전산부 – 영업부
② 영상부 – 홍보부 – 편집부 – 영업부 – 사무부 – 전산부
③ 전산부 – 영업부 – 편집부 – 영상부 – 사무부 – 홍보부
④ 편집부 – 홍보부 – 영업부 – 사무부 – 영상부 – 전산부
⑤ 편집부 – 홍보부 – 사무부 – 영상부 – 영업부 – 전산부

     ②③은 사무부가 영상부에 대한 조사보다 나중에 시작될 수 없다는 조건과 모순된다. ①은 영업부에 대한 조사가 홍보부 또는 전산부 중 적어도 어느 한 부서에 대한 조사보다는 먼저 시작되어야 한다는 조건에 모순된다. 따라서 가능한 답은 ④이다.

23 다음은 신입직원인 동성과 성종이 기록한 일기의 한 부분이다. 이에 대한 설명으로 옳지 않은 것은?

<hr>

동성의 일기

2016. 2. 5 금
 … 중국어 실력이 부족하여 하루 종일 중국어를 해석하는데 온 시간을 투자하였고 동료에게 무시를 당했다. 평소 중국어 공부를 소홀히 한 것이 후회스럽다.

2016. 2. 13 토
 … 주말이지만 중국어 학원을 등록하여 오늘부터 중국어 수업을 들었다. 회사 업무도 업무지만 중국어는 앞으로 언젠가는 필요할 것이니까 지금부터라도 차근차근 배워야겠다.

성종의 일기

2016. 2. 21 일
 오늘은 고등학교 동창들과 만든 테니스 모임이 있는 날이다. 여기서 친구들과 신나게 운동을 하면 지금까지 쌓였던 피로가 한 순간에 날아간다. 지난 한 주의 스트레스를 오늘 여기서 다 날려 버리고 내일 다시 새로운 한 주를 시작해야지.

2016. 2. 26 금
 업무가 끝난 후 오랜만에 대학 친구들과 회식을 하였다. 그 중에서 한 친구는 자신의 아들이 이번에 ○○대학병원 인턴으로 가게 됐는데 직접 환자를 수술하는 상황에 처하자 두려움이 생겨 실수를 하여 직위해제 되었다며 아들 걱정을 하였다. 그에 비하면 나는 비록 작은 회사에 다니지만 그래도 내 적성과 맞는 직업을 택해 매우 다행이라는 생각이 문득 들었다.

① 성종은 비공식조직의 순기능을 경험하고 있다.
② 동성은 재사회화 과정을 거치고 있다.
③ 성종은 적성과 직업의 불일치 상황에 놓여 있다.
④ 동성은 업무수행에 있어 비공식적 제재를 받았다.
⑤ 성종의 친구 아들은 공식적 제재를 받았다.

Tip ③ 직업불일치 상황에 놓여 있는 것은 성종의 친구 아들이다.

Answer ⟶ 21.③ 22.④ 23.③

24 다음은 N사의 ○○동 지점으로 배치된 신입사원 5명의 인적사항과 부서별 추가 인원 요청 사항이다. 인력관리의 원칙 중 하나인 적재적소의 원리에 의거하여 신입사원들을 배치할 경우 가장 적절한 것은?

〈신입사원 인적사항〉

성명	성별	전공	자질/자격	기타
甲	남	스페인어	바리스타 자격 보유	서비스업 관련 아르바이트 경험 다수
乙	남	경영	모의경영대회 입상	폭넓은 대인관계
丙	여	컴퓨터공학	컴퓨터 활용능력 2급 자격증 보유	논리적 · 수학적 사고력 우수함
丁	남	회계	–	미국 5년 거주, 세무사 사무실 아르바이트 경험
戊	여	광고학	과학잡지사 우수편집인상 수상	강한 호기심, 융통성 있는 사고

〈부서별 인원 요청 사항〉

부서명	필요인원	필요자질
영업팀	2명	영어 능통자 1명, 외부인과의 접촉 등 대인관계 원만한 자 1명
인사팀	1명	인사 행정 등 논리 활용 프로그램 사용 적합자
홍보팀	2명	홍보 관련 업무 적합자, 외향적 성격 소유자 등 2명

	영업팀	인사팀	홍보팀
①	甲, 丁	丙	乙, 戊
②	乙, 丙	丁	甲, 戊
③	乙, 丁	丙	甲, 戊
④	丙, 戊	甲	乙, 丁
⑤	甲, 丙	乙	丁, 戊

- 영업팀 : 영어 능통자→미국에 5년 동안 거주한 丁
  대인관계 원만한 자→폭넓은 대인관계를 가진 乙
- 인사팀 : 논리 활용 프로그램 사용 적합자→컴퓨터 활용능력 2급 자격증을 보유하고 논리적 · 수학적 사과력이 우수한 丙
- 홍보팀 : 홍보 관련 업무 적합자, 외향적 성격 소유자→광고학을 전공하고 융통성 있는 사고를 하는 戊, 서비스업 관련 아르바이트 경험이 많은 甲
따라서 보기 ③과 같은 인력 배치가 자질과 능력에 따른 적재적소에 인력을 배치한 것이 된다.

25 다음은 H사의 품목별 4~5월 창고 재고현황을 나타낸 표이다. 다음 중 재고현황에 대한 바른 설명이 아닌 것은?

(단위 : 장, 천 원)

Brand	재고	품목	SS			FW		
			수량	평균 단가	금액	수량	평균 단가	금액
Sky peak	4월 재고	Apparel	1,350	33	44,550	850	39.5	33,575
		Footwear	650	25	16,250	420	28	11,760
		Equipment	1,800	14.5	26,100	330	27.3	9,009
		소계	3,800		86,900	1,600		54,344
	5월 입고	Apparel	290	32	9,280	380	39.5	15,010
		Footwear	110	22	2,420	195	28	5,460
		Equipment	95	16.5	1,567.5	210	27.3	5,733
		소계	495		13,267.5	785		26,203
		Apparel	1,640	32.8	53,792	1,230	79	97,170
		Footwear	760	24.5	18,620	615	56	34,440
		Equipment	1,895	14.7	27,856.5	540	54.6	29,484
		총계	4,295		100,268.5	2,385		161,094

① 5월에는 모든 품목의 FW 수량이 SS 수량보다 더 많이 입고되었다.

② 6월 초 창고에는 SS 품목의 수량과 재고 금액이 FW보다 더 많다.

③ 품목별 평균 단가가 높은 순서는 SS와 FW가 동일하다.

④ 입고 수량의 많고 적음이 재고 수량의 많고 적음에 따라 결정된 것은 아니다.

⑤ 전 품목의 FW 평균 단가는 SS 평균 단가보다 더 높다.

(Tip) 6월 초에는 4월 재고분과 5월 입고분이 함께 창고에 있게 된다. 따라서 수량은 SS 품목이 4,295장으로 2,385인 FW 품목보다 많지만, 재고 금액은 FW 품목이 더 큰 것을 알 수 있다.
① 각각 380, 195, 210장이 입고되어 모두 SS 품목의 수량보다 많다.
③ SS와 FW 모두 Apparel, Footwear, Equipment의 순으로 평균 단가가 높다.
④ 재고와 입고 수량 간의 비례 또는 반비례 관계가 성립하지 않으므로 입고 수량이 많거나 적은 것이 재고 수량의 많고 적음에 의해 결정된 것이 아님을 알 수 있다.
⑤ 4월 재고분과 5월 입고분 모두 전 품목에서 FW의 평균 단가가 SS보다 더 높은 것을 알 수 있다.

26 다음은 N사 판매관리비의 2분기 집행 내역과 3분기 배정 내역이다. 자료를 참고하여 판매관리비 집행과 배정 내역을 바르게 파악하지 못한 것은?

〈판매관리비 집행 및 배정 내역〉

(단위 : 원)

항목	2분기	3분기
판매비와 관리비	236,820,000	226,370,000
직원급여	200,850,000	195,000,000
상여금	6,700,000	5,700,000
보험료	1,850,000	1,850,000
세금과 공과금	1,500,000	1,350,000
수도광열비	750,000	800,000
잡비	1,000,000	1,250,000
사무용품비	230,000	180,000
출장여비 및 교통비	7,650,000	5,350,000
퇴직급여충당금	15,300,000	13,500,000
통신비	460,000	620,000
광고선전비	530,000	770,000

① 직접비와 간접비를 합산한 3분기의 예산 배정액은 전 분기보다 10% 이내로 감소하였다.

② 간접비는 전 분기의 5%에 조금 못 미치는 금액이 증가하였다.

③ 2분기와 3분기 모두 간접비에서 가장 큰 비중을 차지하는 항목은 보험료이다.

④ 3분기에는 직접비와 간접비가 모두 2분기 집행 내역보다 더 많이 배정되었다.

⑤ 3분기의 직접비 배정액 감소에는 인건비 감소가 가장 큰 영향을 주었다.

(Tip) 직접비에는 인건비, 재료비, 원료와 장비비, 여행(출장) 및 잡비, 시설비 등이 포함되며, 간접비에는 보험료, 건물관리비, 광고비, 통신비, 사무비품비, 각종 공과금 등이 포함된다. 따라서 제시된 예산 집행 및 배정 현황을 직접비와 간접비를 구분하여 다음과 같이 나누어 볼 수 있다.

항목	2분기		3분기	
	직접비	간접비	직접비	간접비
직원급여	200,850,000		195,000,000	
상여금	6,700,000		5,700,000	
보험료		1,850,000		1,850,000
세금과 공과금		1,500,000		1,350,000
수도광열비		750,000		800,000
잡비	1,000,000		1,250,000	
사무용품비		230,000		180,000
출장여비 및 교통비	7,650,000		5,350,000	
퇴직급여충당금	15,300,000		13,500,000	
통신비		460,000		620,000
광고선전비		530,000		770,000
합계	231,500,000	5,320,000	220,800,000	5,570,000

따라서 2분기보다 3분기에 직접비의 배정 금액은 더 감소하였으며, 간접비의 배정 금액은 더 증가하였음을 알 수 있다.

⑤ 인건비를 구성하는 항목인 직원급여, 상여금, 퇴직급여충당금이 모두 감소하였으므로 이것이 직접비 배정액 감소의 가장 큰 요인이라고 볼 수 있다.

Answer↳ 26.④

27 '국외부문 통화와 국제수지'에 대한 다음 설명을 참고할 때, 〈보기〉와 같은 네 개의 대외거래가 발생하였을 경우에 대한 설명으로 바른 것은?

> 모든 대외거래를 복식부기의 원리에 따라 체계적으로 기록한 국제수지표상의 경상수지 및 자본수지는 거래의 형태에 따라 직·간접적으로 국외부문 통화에 영향을 미치게 된다. 수출입 등의 경상적인 무역수지 및 서비스 수지 등의 거래는 외국한은행과의 외화 교환과정에서 국외부문 통화에 영향을 미치게 된다. 경상 및 자본수지상의 민간, 정부의 수지가 흑자일 경우에는 민간 및 정부부문의 외화 총수입액이 총지급액을 초과한다는 것을 의미하므로 민간 및 정부부문은 이 초과 수입분을 외국환은행에 원화를 대가로 매각한다. 이 과정에서 외국환은행은 외화자산을 늘리면서 이에 상응한 원화를 공급한다. 즉 외국환은행은 국외순자산을 늘리고 이에 상응한 원화를 비은행 부문으로 공급하게 된다. 반대로 적자일 경우 외국환은행은 외화자산을 줄이면서 원화를 환수하게 된다.

〈보기〉

• 상품 A를 100달러에 수출
• 상품 B를 50달러에 수입
• C 기업이 외화단기차입금 20달러를 상환
• D 외국환은행이 뱅크론으로 50달러를 도입

---

① 경상수지는 120달러 흑자, 자본수지가 100달러 흑자로 나타나 총 대외수지는 220달러 흑자가 된다.
② 경상수지는 50달러 흑자, 자본수지가 70달러 적자로 나타나 총 대외수지는 20달러 적자가 된다.
③ 경상수지는 70달러 흑자, 자본수지가 150달러 적자로 나타나 총 대외수지는 80달러 적자가 된다.
④ 경상수지는 50달러 흑자, 자본수지가 30달러 흑자로 나타나 총 대외수지는 80달러 흑자가 된다.
⑤ 경상수지는 50달러 적자, 자본수지가 30달러 흑자로 나타나 총 대외수지는 20달러 적자가 된다.

(Tip) 대외거래 결과, 예금취급기관의 대외자산은 수출대금이 100달러, 뱅크론이 50달러 늘어났으나, 수입대금으로 50달러, 차입금상환으로 20달러를 매도함으로써 총 80달러가 늘어나게 되어 총 대외수지는 80달러 흑자가 된 경우이다.

28 다음 패스워드 생성규칙에 대한 글을 참고할 때, 권장규칙에 따른 가장 적절한 패스워드로 볼 수 있는 것은?

> 패스워드를 설정할 때에는 한국인터넷진흥원의 『암호이용안내서』의 패스워드 생성규칙을 적용하는 것이 안전하다. 또한 패스워드 재설정/변경 시 안전하게 변경할 수 있는 규칙을 정의해서 적용해야 한다. 다음은 『암호이용안내서』의 패스워드 생성규칙에서 규정하고 있는 안전하지 않은 패스워드에 대한 사례이다.
>
> • 패턴이 존재하는 패스워드
> – 동일한 문자의 반복
>   ex) aaabbb, 123123
> – 키보드 상에서 연속한 위치에 존재하는 문자들의 집합
>   ex) qwerty, asdfgh
> – 숫자가 제일 앞이나 제일 뒤에 오는 구성의 패스워드
>   ex) security1, may12
> • 숫자와 영단어를 서로 교차하여 구성한 형태의 패스워드
> • 영문자 'O'를 숫자 '0'으로, 영문자 'i'를 숫자 '1'로 치환하는 등의 패스워드
> • 특정 인물의 이름을 포함한 패스워드
> – 사용자 또는 사용자 이외의 특정 인물, 유명인, 연예인 등의 이름을 포함하는 패스워드
> • 한글발음을 영문으로, 영문단어의 발음을 한글로 변형한 형태의 패스워드
> – 한글의 '사랑'을 영어 'SaRang'으로 표기, 영문자 'LOVE'의 발음을 한글 '러브'로 표기

① {CVBN35!}   ② jaop&*012

③ s5c6h7o8o9l0   ④ BOOK사랑

⑤ apl52@새95!?

 보기 ⑤의 패스워드는 권장규칙에 어긋나는 패턴이 없으므로 가장 적절하다고 볼 수 있다.
　① CVBN은 키보드 상에서 연속한 위치에 존재하는 문자들의 집합이다.
　② 숫자가 제일 앞이나 제일 뒤에 오며 연속되어 나타나는 패스워드이다.
　③ 영단어 'school'과 숫자 567890이 교차되어 나타나는 패턴의 패스워드이다.
　④ 'BOOK'라는 흔한 영단어의 'O'를 숫자 '0'으로 바꾼 경우에 해당된다.

29 사무실 2개를 임대하여 사용하던 M씨가 2개의 사무실을 모두 이전하고자 한다. 다음과 같은 조건을 참고할 때, M씨가 주인과 주고받아야 할 금액에 대한 설명으로 옳은 것은? (소수점 이하는 반올림하여 원 단위로 계산함)

- 큰 사무실 임대료 : 54만 원
- 작은 사무실 임대료 : 35만 원
- 오늘까지의 이번 달 사무실 사용일 : 10일
☞ 임대료는 부가세(별도)와 함께 입주 전 선불 계산한다.
☞ 임대료는 월 단위이며 항상 30일로 계산한다.(단, 임대기간을 채우지 않고 나갈 경우, 사용하지 않은 기간만큼 일할 계산하여 환급한다)
☞ 보증금은 부가세 포함하지 않은 1개월 치 임대료이다.

---

① 주고받을 금액이 정확히 상계 처리된다.
② 사무실 주인으로부터 979,000원을 돌려받는다.
③ 사무실 주인에게 326,333원을 지불한다.
④ 사무실 주인에게 652,667원을 지불한다.
⑤ 사무실 주인으로부터 1,542,667원을 돌려받는다.

(Tip) 임대료는 선불 계산이므로 이번 달 임대료인 $(540,000 + 350,000) \times 1.1 = 979,000$원은 이미 지불한 것으로 볼 수 있다. 오늘까지의 이번 달 사무실 사용일이 10일이므로 사용하지 않은 임대기간인 20일에 대한 금액인 $979,000 \times \frac{2}{3} = 652,667$원을 돌려받아야 한다. 또한 부가세를 포함하지 않은 1개월 치 임대료인 보증금 $540,000 + 350,000 = 890,000$원도 돌려받아야 하므로, 총 $652,667 + 890,000 = 1,542,667$원을 사무실 주인으로부터 돌려받아야 한다.

30 다음은 신입사원 이○○이 작성한 '최근 국내외 여러 상품의 가격 변화 조사 보고서'의 일부이다. 보고서에서 ㈎~㈐에 들어갈 말이 바르게 짝지어진 것은?

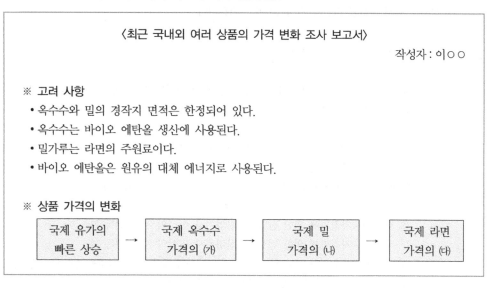

〈최근 국내외 여러 상품의 가격 변화 조사 보고서〉

작성자 : 이○○

※ 고려 사항
- 옥수수와 밀의 경작지 면적은 한정되어 있다.
- 옥수수는 바이오 에탄올 생산에 사용된다.
- 밀가루는 라면의 주원료이다.
- 바이오 에탄올은 원유의 대체 에너지로 사용된다.

※ 상품 가격의 변화

| 국제 유가의 빠른 상승 | → | 국제 옥수수 가격의 ㈎ | → | 국제 밀 가격의 ㈏ | → | 국제 라면 가격의 ㈐ |

	㈎	㈏	㈐
①	상승	상승	상승
②	상승	상승	하락
③	하락	상승	하락
④	하락	하락	상승
⑤	불변	하락	불변

Tip 국제 유가가 상승하면 대체 에너지인 바이오 에탄올의 수요가 늘면서 이것의 원료인 옥수수의 수요가 늘어 옥수수 가격은 상승한다. 옥수수 가격의 상승에 대응하여 농부들은 다른 작물의 경작지를 옥수수 경작지로 바꿀 것이다. 결국 밀을 포함한 다른 농작물은 공급이 줄어 가격이 상승하게 된다(이와 같은 이유로 유가가 상승할 때 국제 농산물 가격도 상승하였다). 밀 가격의 상승은 이를 주원료로 하는 라면의 생산비용을 높여 라면 가격이 상승한다.

Answer 29.⑤ 30.①

31 다음은 산업안전관리법에 따른 안전관리자 선임 기준을 나타낸 자료이다. 다음 기준에 근거하여 안전관리자 선임 조치가 법을 위반하지 않은 경우를 〈보기〉에서 모두 고르면? (단, 언급된 모든 공사는 상시 근로자 600명 미만의 건설업이라고 가정한다.)

안전관리자(산업안전관리법 제15조)

가. 정의

– 사업장내 산업안전에 관한 기술적인 사항에 대하여 사업주와 관리책임자를 보좌하고 관리감독자에게 지도·조언을 하는 자.

나. 안전관리자 선임 대상

– 공사금액 120억 원(토목공사 150억 원) 이상인 건설현장

다. 안전관리자 자격 및 선임 방법

  1) 안전관리자의 자격(다음 중 어느 하나에 해당하는 자격 취득 자)

    ① 법 제52조의2 제1항의 규정에 의한 산업안전지도사

    ② 국가기술자격법에 의한 산업안전산업기사 이상의 자격 취득 자

    ③ 국가기술자격법에 의한 건설안전산업기사 이상의 자격 취득 자

    ④ 고등교육법에 의한 전문대학 이상의 학교에서 산업안전 관련학과를 전공하고 졸업한 자

    ⑤ 건설현장에서 안전보건관리책임자로 10년 이상 재직한 자 등

  2) 안전관리자 선임 방법

    ① 공사금액 120억 원(토목공사 150억 원) 이상 800억 원 미만 : 안전관리자 유자격자 1명 전담 선임

    ② 공사금액 800억 원 이상 : 2명(800억 원을 기준으로 700억 원이 증가할 때마다 1명씩 추가)

       [총 공사액 800억 원 이상일 경우 안전관리자 선임방법]

1. 전체 공사기간을 100으로 하여 공사 시작에서 15에 해당하는 기간

→ 건설안전기사, 건설안전산업기사, 건설업 안전관리자 경험자 중 건설업 안전관리자 경력이 3년 이상인 사람 1명 포함 선임

2. 전체 공사기간을 100으로 하여 공사 시작 15에서 공사 종료 전의 15까지에 해당하는 기간

→ 공사금액 800억 원을 기준으로 700억 원이 증가할 때마다 1명씩 추가

3. 전체 공사기간을 100으로 하여 공사 종료 전의 15에 해당하는 기간

→ 건설안전기사, 건설안전산업기사, 건설업 안전관리자 경험자 중 건설업 안전관리자 경력이 3년 이상인 사람 1명 포함 선임

※ 공사기간 5년 이상의 장기계속공사로서 공사금액이 800억 원 이상인 경우에도 상시 근로자 수가 600명 미만일 때 회계연도를 기준으로 그 회계연도의 공사금액이 전체 공사금액의 5퍼센트 미만인 기간에는 전체 공사금액에 따라 선임하여야 할 안전관리자 수에서 1명을 줄여 선임 가능(건설안전기사, 건설안전산업기사, 건설업 안전관리자 자격자 중 건설업 안전관리자 경력이 3년 이상인 사람 1명 포함)

※ 유해·위험방지계획서 제출대상으로서 선임하여야 할 안전관리자의 수가 3명 이상인 사업장의 경우 건설안전기술사(건설안전기사 또는 산업안전기사의 자격을 취득한 사람으로서 10년 이상 건설안전 업무를 수행한 사람이거나 건설안전산업기사 또는 산업안전산업기사의 자격을 취득한 사람으로서 13년 이상 건설안전 업무를 수행한 사람을 포함) 자격을 취득한 사람 1명 포함

<보기>

(가) A공사는 토목공사 130억 원 규모이며 별도의 안전관리자를 선임하지 않았다.

(나) B공사는 일반공사 150억 원 규모이며 자격증이 없는 산업안전 관련학과 전공자를 1명 선임하였다.

(다) C공사는 1,500억 원 규모이며 공사 기간 내내 산업안전산업기사 자격증 취득 자 1명, 건설현장에서 안전보건관리책임자 12년 경력자 1명, 2년 전 건설안전산업기사 자격증 취득 자 1명 등 3명을 안전관리자로 선임하였다.

(라) D공사는 6년에 걸친 1,600억 원 규모의 장기계속공사이며 1년 차에 100억 원 규모의 공사가 진행될 예정이므로 산업안전지도사 자격증 취득자와 산업안전산업기사 자격증 취득 자 각 1명씩을 안전관리자로 선임하였다.

① (가), (다)　　　　　　　　② (나), (라)

③ (다), (라)　　　　　　　　④ (가), (나)

⑤ (나), (다)

 (가) 토목공사이므로 150억 원 이상 규모인 경우에 안전관리자를 선임해야 하므로 별도의 안전관리자를 선임하지 않은 것은 잘못된 조치로 볼 수 없다.

(나) 일반공사로서 120억 원 이상 800억 원 미만의 규모이므로 안전관리자를 1명 선임해야 하며, 자격증이 없는 산업안전 관련학과 전공자도 안전관리자의 자격에 부합되므로 적절한 선임 조치로 볼 수 있다.

(다) 1,500억 원 규모의 공사이므로 800억 원을 초과하였으며, 매 700억 원 증가 시마다 1명의 안전관리자가 추가되어야 하므로 모두 3명의 안전관리자를 두어야 한다. 또한, 전체 공사 기간의 앞뒤 15%의 기간에는 건설안전기사, 건설안전산업기사, 건설업 안전관리자 경험자 중 건설업 안전관리자 경력이 3년 이상인 사람 1명이 포함되어야 한다. 그런데 C공사에서 선임한 3명은 모두 이에 해당되지 않는다. 따라서 밤에 정해진 규정을 준수하지 못한 경우에 해당된다.

(라) 1,600억 원 규모이므로 3명의 안전관리자가 필요한 공사이다. 1년 차에 100억 원 규모의 공사가 진행된다면 총 공사 금액의 5%인 80억 원을 초과하므로 1명을 줄여서 선임할 수 있는 기준에 충족되지 못하므로 3명을 선임하여야 하는 경우가 된다.

Answer⤷ 31.④

증여세는 타인으로부터 무상으로 재산을 취득하는 경우, 취득자에게 무상으로 받은 재산가액을 기준으로 하여 부과하는 세금이다. 특히, 증여세 과세대상은 민법상 증여뿐만 아니라 거래의 명칭, 형식, 목적 등에 불구하고 경제적 실질이 무상 이전인 경우 모두 해당된다. 증여세는 증여받은 재산의 가액에서 증여재산 공제를 하고 나머지 금액(과세표준)에 세율을 곱하여 계산한다.

> 증여재산 − 증여재산공제액 = 과세표준
> 과세표준 × 세율 = 산출세액

증여가 친족 간에 이루어진 경우 증여받은 재산의 가액에서 다음의 금액을 공제한다.

증여자	공제금액
배우자	6억 원
직계존속	5천만 원
직계비속	5천만 원
기타친족	1천만 원

수증자를 기준으로 당해 증여 전 10년 이내에 공제받은 금액과 해당 증여에서 공제받을 금액의 합계액은 위의 공제금액을 한도로 한다.
또한, 증여받은 재산의 가액은 증여 당시의 시가로 평가되며, 다음의 세율을 적용하여 산출세액을 계산하게 된다.

〈증여세 세율〉

과세표준	세율	누진공제액
1억 원 이하	10%	–
1억 원 초과~5억 원 이하	20%	1천만 원
5억 원 초과~10억 원 이하	30%	6천만 원
10억 원 초과~30억 원 이하	40%	1억 6천만 원
30억 원 초과	50%	4억 6천만 원

※ 증여세 자진신고 시 산출세액의 7% 공제함

32 위의 증여세 관련 자료를 참고할 때, 다음 〈보기〉와 같은 세 가지 경우에 해당하는 증여재산 공제액의 합은 얼마인가?

〈보기〉
- 아버지로부터 여러 번에 걸쳐 1천만 원 이상 재산을 증여받은 경우
- 성인 아들이 아버지와 어머니로부터 각각 1천만 원 이상 재산을 증여받은 경우
- 아버지와 삼촌으로부터 1천만 원 이상 재산을 증여받은 경우

① 5천만 원   ② 6천만 원

③ 1억 원   ④ 1억 5천만 원

⑤ 1억 6천만 원

> **Tip** 첫 번째는 직계존속으로부터 증여받은 경우로, 10년 이내의 증여재산가액을 합한 금액에서 5,000만 원만 공제하게 된다.
>
> 두 번째 역시 직계존속으로부터 증여받은 경우로, 아버지로부터 증여받은 재산가액과 어머니로부터 증여받은 재산가액의 합계액에서 5,000만 원을 공제하게 된다.
>
> 세 번째는 직계존속과 기타친족으로부터 증여받은 경우로, 아버지로부터 증여받은 재산가액에서 5,000만 원을, 삼촌으로부터 증여받은 재산가액에서 1,000만 원을 공제하게 된다.
>
> 따라서 세 가지 경우의 증여재산 공제액의 합은 5,000 + 5,000 + 6,000 = 1억 6천만 원이 된다.

33 성년인 김부자 씨는 아버지로부터 1억 7천만 원의 현금을 증여받게 되어, 증여세 납부 고지서를 받기 전 스스로 증여세를 납부하고자 세무사를 찾아 갔다. 세무사가 계산해 준 김부자 씨의 증여세 납부액은 얼마인가?

① 1,400만 원   ② 1,302만 원

③ 1,280만 원   ④ 1,255만 원

⑤ 1,205만 원

> **Tip** 주어진 자료를 근거로, 다음과 같은 계산 과정을 거쳐 증여세액이 산출될 수 있다.
> - 증여재산 공제 : 5천만 원
> - 과세표준 : 1억 7천만 원 − 5천만 원 = 1억 2천만 원
> - 산출세액 : 1억 2천만 원 × 20% − 1천만 원 = 1,400만 원
> - 납부할 세액 : 1,400만 원 × 93% = 1,302만 원(∵ 자진신고 시 산출세액의 7% 공제)

Answer 32.⑤   33.②

※ H공사 홍보팀에 근무하는 이 대리는 사내 홍보 행사를 위해 행사 관련 준비를 진행하고 있다. 다음을 바탕으로 물음에 답하시오. 【34~35】

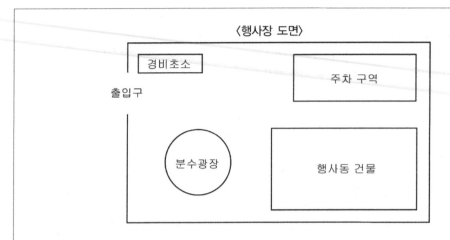

〈행사 장소〉
행사동 건물 1층 회의실

〈추가 예상 비용〉
• 금연 표지판 설치
− 단독 입식 : 45,000원
− 게시판 : 120,000원
• 쓰레기통 설치
− 단독 설치 : 25,000원/개
− 벤치 2개 + 쓰레기통 1개 : 155,000원
• 안내 팸플릿 제작

구분	단면	양면
2도 인쇄	5,000원/100장	10,000원/100장
5도 인쇄	1,300원/100장	25,000원/100장

34 행사를 위해 홍보팀에서 추가로 설치해야 할 물품이 다음과 같을 때, 추가 물품 설치에 필요한 비용은 총 얼마인가?

- 금연 표지판 설치
- 분수대 후면 1곳
- 주차 구역과 경비초소 주변 각 1곳
- 행사동 건물 입구 1곳
   ※ 실외는 게시판 형태로 설치하고 행사장 입구에는 단독 입식 형태로 설치
- 쓰레기통
- 분수광장 금연 표지판 옆 1곳
- 주차 구역과 경비초소 주변 각 1곳
   ※ 분수광장 쓰레기통은 벤치와 함께 설치

---

① 550,000원
② 585,000원
③ 600,000원
④ 610,000원
⑤ 625,000원

(Tip) 장소별로 계산해 보면 다음과 같다.
- 분수광장 후면 1곳(게시판) : 120,000원
- 주차 구역과 경비초소 주변 각 1곳(게시판) : 120,000원 × 2 = 240,000원
- 행사동 건물 입구 1곳(단독 입식) : 45,000원
- 분수광장 금연 표지판 옆 1개(벤치 2개 + 쓰레기통 1개) : 155,000원
- 주차 구역과 경비초소 주변 각 1곳(단독) : 25,000 × 2 = 50,000원
따라서 총 610,000원의 경비가 소요된다.

Answer⌐→ 34.④

35 이 대리는 추가 비용을 정리하여 팀장에게 보고하였다. 이를 검토한 팀장은 다음과 같이 별도의 지시사항을 전달하였다. 팀장의 지시사항에 따른 팸플릿의 총 인쇄에 소요되는 비용은 얼마인가?

> "이 대리, 아무래도 팸플릿을 별도로 준비하는 게 좋겠어. 한 800명 정도 참석할 거 같으니 인원수대로 준비하고 2도 단면과 5도 양면 인쇄를 반씩 섞도록 하게."

① 98,000원
② 99,000원
③ 100,000원
④ 110,000원
⑤ 120,000원

(Tip) 참석인원이 800명이므로 800장을 준비해야 한다. 이 중 400장은 2도 단면, 400장은 5도 양면 인쇄로 진행해야 하므로 총 인쇄비용은 (5,000 × 4) + (25,000 × 4) = 120,000원이다.

36 다음 자료를 참고할 때, 기업의 건전성을 파악하는 지표인 금융비용부담률이 가장 낮은 기업과 이자보상비율이 가장 높은 기업을 순서대로 알맞게 짝지은 것은 어느 것인가?

(단위 : 천만 원)

구분	매출액	매출원가	판관비	이자비용
A기업	98	90	2	1.5
B기업	105	93	3	1
C기업	95	82	3	2
D기업	112	100	5	2

※ 영업이익 = 매출액 − 매출원가 − 판관비
※ 금융비용부담률 = 이자비용 ÷ 매출액 × 100
※ 이자보상비율 = 영업이익 ÷ 이자비용 × 100

① A기업, B기업
② B기업, A기업
③ A기업, C기업
④ C기업, B기업
⑤ B기업, B기업

(Tip) 주어진 산식을 이용해 각 기업의 금융비용부담률과 이자보상비율을 계산해 보면 다음과 같다.

구분		내용
A기업	영업이익	98 − 90 − 2 = 6천만 원
	금융비용부담률	1.5 ÷ 98×100 = 약 1.53%
	이자보상비율	6 ÷ 1.5 × 100 = 400%
B기업	영업이익	105 − 93 − 3 = 9천만 원
	금융비용부담률	1 ÷ 105 × 100 = 약 0.95%
	이자보상비율	9 ÷ 1 × 100 = 900%
C기업	영업이익	95 − 82 − 3 = 10천만 원
	금융비용부담률	2 ÷ 95 × 100 = 약 2.11%
	이자보상비율	10 ÷ 2 × 100 = 500%
D기업	영업이익	112 − 100 − 5 = 7천만 원
	금융비용부담률	2 ÷ 112 × 100 = 약 1.79%
	이자보상비율	7 ÷ 2 × 100 = 350%

따라서 금융비용부담률이 가장 낮은 기업과 이자보상비율이 가장 높은 기업은 모두 B기업임을 알 수 있으며, B기업이 가장 우수한 건전성을 나타낸다고 할 수 있다.

Answer ↪ 35.⑤ 36.⑤

※ 다음 자료를 보고 이어지는 물음에 답하시오. 【37~38】

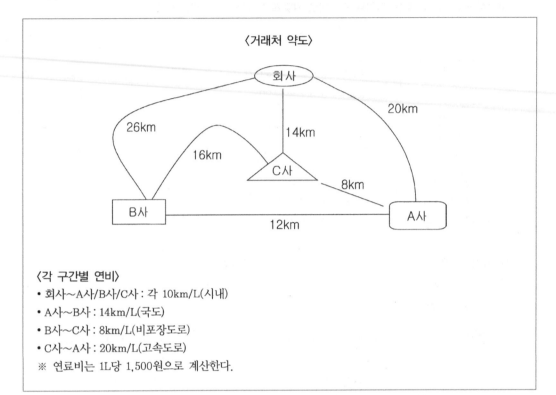

〈거래처 약도〉

〈각 구간별 연비〉
• 회사~A사/B사/C사 : 각 10km/L(시내)
• A사~B사 : 14km/L(국도)
• B사~C사 : 8km/L(비포장도로)
• C사~A사 : 20km/L(고속도로)
※ 연료비는 1L당 1,500원으로 계산한다.

37 최 대리는 오늘 외출을 하여 A, B, C 거래처를 방문해야 한다. 세 군데 거래처를 모두 방문하고 마지막 방문지에서 바로 퇴근을 할 예정이지만, 서류 전달을 위해 중간에 한 번은 다시 회사로 돌아왔다 가야 한다. A사를 가장 먼저 방문할 경우 최 대리의 모든 거래처 방문이 완료되는 최단 거리 이동 경로는 몇 km인가?

① 58km

② 60km

③ 64km

④ 68km

⑤ 70km

Tip A사를 먼저 방문하고 중간에 회사로 한 번 돌아와야 하며, 거래처에서 바로 퇴근하는 경우의 수와 그에 따른 이동 거리는 다음과 같다.
- 회사 - A - 회사 - C - B : 20 + 20 + 14 + 16 = 70km
- 회사 - A - 회사 - B - C : 20 + 20 + 26 + 16 = 82km
- 회사 - A - C - 회사 - B : 20 + 8 + 14 + 26 = 68km
- 회사 - A - B - 회사 - C : 20 + 12 + 26 + 14 = 72km
따라서 68km가 최단 거리 이동 경로가 된다.

38 위와 같은 거래처 방문 조건 하에서 최장 거리 이동 경로와 최단 거리 이동 경로의 총 사용 연료비 차액은 얼마인가?

① 3,000원

② 3,100원

③ 3,200원

④ 3,300원

⑤ 3,400원

Tip 최장 거리 이동 경로는 회사 - A - 회사 - B - C이며, 최단 거리 이동 경로는 회사 - A - C - 회사 - B이므로 각각의 연료비를 계산하면 다음과 같다.
- 최장 거리 : 3,000 + 3,000 + 3,900 + 3,000 = 12,900원
- 최단 거리 : 3,000 + 600 + 2,100 + 3,900 = 9,600원
따라서 두 연료비의 차이는 12,900 - 9,600 = 3,300원이 된다.

Answer 37.④ 38.④

※ 다음은 A공단 문화센터에서 운영하고 있는 문화강좌 프로그램에 대한 수강료 반환기준이다. 이를 읽고 이어지는 물음에 답하시오. 【39~40】

구분		반환사유 발생일	반환금액
수강료 징수기간	수강료 징수기간이 1개월 이내인 경우	수강 시작 전	이미 낸 수강료 전액
		총 수강시간의 1/3 경과 전	이미 낸 수강료의 2/3 해당액
		총 수강시간의 1/2 경과 전	이미 낸 수강료의 1/2 해당액
		총 수강시간의 1/2 경과 후	반환하지 아니함
	수강료 징수기간이 1개월을 초과하는 경우	수강 시작 전	이미 낸 수강료 전액
		수강 시작 후	반환사유가 발생한 당해 월의 반환대상 수강료(수강료징수 기간이 1개월 이내인 경우에 준하여 산출된 수강료를 말한다)와 나머지 월의 수강료 전액을 합산한 금액
센터의 귀책사유로 수강을 중단할 경우		중단일 이후	잔여기간에 대한 수강료 환급 (사유 발생일로부터 5일 이내에 환급)
비고		총 수강시간은 수강료 징수기간 중의 총 수강시간을 말하며, 반환금액의 산정은 반환사유가 발생한 날까지 경과된 수강시간을 기준으로 한다.	

39 다음 〈보기〉의 설명 중 위의 수강료 반환신청을 올바르게 이해한 것을 모두 고른 것은?

〈보기〉

㈎ 수강료 징수기간에 관계없이 수강 시작 전에는 이미 낸 수강료 전액을 환급받게 된다.

㈏ 수강료 징수기간이 1개월 이내인 경우에는 절반을 수강하였다면 환급액이 없으나, 수강료 징수기간이 3개월인 경우 절반을 수강하였다면 마지막 달 1개월 치의 수강료는 환급된다.

㈐ 센터의 사유로 인해 수강이 중단된 경우에는 전체 수강료를 환급받게 된다.

㈑ 매주 수요일 주 1회의 강좌를 7월 5일 수요일부터 수강하였으나 12일 2회 수강 이후 수강료 반환을 요구하게 된다면, 15일 이전이므로 1/2이 경과하지 않은 것으로 간주된다.

① ㈎, ㈑
② ㈏, ㈐
③ ㈎, ㈏
④ ㈎, ㈐
⑤ ㈐, ㈑

(가) 수당 시작 전에는 전액 환급이 된다.

(나) 수강료 징수기간이 3개월이고 절반을 수강하였다면 첫째, 둘째 달에 대한 수강료는 환급이 안 되며, 마지막 달의 수강료가 환급된다.

(다) 센터의 사유로 인해 수강이 중단된 경우에는 중단일 이후 잔여기간에 대한 수강료가 환급된다.

(라) 월 4회 강좌를 2회 수강한 것이므로 잔여일수 기준이 아닌 '반환사유가 발생한 날까지 경과된 수강시간을 기준'으로 한다는 규정에 의해 1/2이 경과한 것으로 간주된다.

40 다음 중 반환되어야 할 수강료의 금액이 가장 큰 경우는 어느 것인가? (각 강좌의 수강료는 전 수강기간 동안 매월 동일함)

① 5개월 코스의 기타 강좌, 총 25만 원 납부, 4개월 완료 후 환급 요청

② 3개월 코스의 요가 강좌, 총 20만 원 납부, 2개월 완료 후 환급 요청

③ 3개월 코스의 헬스장, 총 27만 원 납부, 3개월 첫 주 이후 환급 요청

④ 4개월 코스의 요리 강좌 총 32만 원 납부, 2개월 둘째 주 완료 후 환급 요청(주 1회 강좌)

⑤ 1개월 코스의 주식 투자 강좌 21만 원 납부, 1주 수강 후 환급 요청

 규정에 의해 다음과 같이 계산할 수 있다.

① 수강료 징수기간이 1개월을 초과하는 경우이므로 마지막 달의 수강료 5만 원이 환급된다.

② 수강료 징수기간이 1개월을 초과하는 경우이므로 마지막 달의 수강료 약 7만 원 가까이가 환급된다.

③ 첫째와 둘째 달의 수강료는 환급이 안 되며, 셋째 달은 총 수강시간의 1/3 경과 전이므로 월 금액의 2/3이 환급된다. 따라서 월 평균금액인 9만 원의 2/3인 6만 원이 환급된다.

④ 월 평균금액이 8만 원이며 둘째 달의 1/2를 수강한 것이 된다. 따라서 둘째 달까지 수강을 완료한 것으로 간주되며, 나머지 두 달의 수강료인 16만 원이 환급된다.

⑤ 총 수강시간의 1/3 경과 전이므로 수강료의 2/3인 14만 원이 환급된다.

Answer → 39.③ 40.④

PART

IV

직무상식평가

CHAPTER 01

농업 · 농촌

1 농어촌의 성장·발전 지원, 기업의 사회공헌 활동 도약, 농어업·농어촌과 기업간의 공유가치 창출을 목적으로 설립된 기금은 무엇인가?

① 농어촌상생협력기금
② 대·중소기업 상생협력기금
③ 농어촌구조개선기금
④ 농작물재해보험
⑤ 고향세

 농어촌상생협력기금은 상생협력을 통한 농어업·농어촌, 기업의 성장에 사용된다. 농어촌의 성장·발전 지원, 기업의 사회공헌 활동 도약, 농어업·농어촌과 기업간의 공유가치 창출을 목적으로 하며, 자유무역협정 체결에 따른 농어업인 등의 지원에 관한 특별법 제18조의2, 대·중소기업 상생협력 촉진에 관한 법률 제20조, 조세특례제한법 제8조의3, 이 3개의 법률에 근거를 두고 운영되고 있다.

2 보건·의료 비용 지원으로 여성농업인의 건강증진 및 생산성 향상, 영화관람 등 문화활동 기회 제공으로 여성농업인의 삶의 질 향상, 여성농업인의 사기진작 및 직업적 자긍심 고취를 목적으로 하는 사업은 무엇인가?

① 데이터바우처지원사업
② 식재료꾸러미사업
③ 자산형성지원사업
④ 여성농업인행복바우처지원사업
⑤ 논타작물재배지원사업

 여성농업인행복바우처지원사업
　㉠ 사업의 목적
　　• 보건·의료 비용 지원으로 여성농업인의 건강증진 및 생산성 향상
　　• 영화관람 등 문화활동 기회 제공으로 여성농업인의 삶의 질 향상
　　• 여성농업인의 사기진작 및 직업적 자긍심 고취
　㉡ **지원대상**: 만 65세 미만 전업 여성농업인
　㉢ **지원내용**: 보건·복지·문화 분야에 이용하는 행복바우처 카드 지원(1인당 연간 200,000원)

3 다음 중 농업지원사업에 해당하지 않는 것은?

① 농가도우미지원사업

② 여성농업인행복바우처지원사업

③ 농업발전기금

④ 후계농업경영인육성사업

⑤ 농업개발기금

 농업개발기금 … 1966년 12월 일본의 도쿄에서 개최된 제1회 동남아시아 농업개발회의에서 설치하기로 결정된 동남아시아 농업개발을 위한 특별기금을 말한다. 이 회의에는 캄보디아 · 인도네시아 · 타이완 · 라오스 · 베트남 · 말레이시아 · 필리핀 · 싱가포르 · 일본 등 9개국이 참석하였다. 이 기구는 동남아시아 지역에서 심각화 하는 식량 부족의 해결과 농업기술 수준의 향상을 도모하기 위하여, 미국을 비롯한 일본 · 캐나다 등 선진국이 자금을 갹출하도록 하는 한편, 아시아개발은행 안에 설치된 농업특별기금으로 일반자금보다 유리한 조건하에 융자하게 되었다.

4 여성농업인이 출산으로 농업 작업을 일시 중단하게 될 경우, 이 사업을 통해 작업을 대행하여 농업 작업의 중단을 방지하고 농가 소득안정을 도모하며, 출산 여성농업인의 모성을 보호하여 여성농업인의 삶의 질 향상에 기여하는 것을 목적으로 하는 농업지원사업은?

① 여성농업인행복바우처지원사업

② 농가도우미지원사업

③ 쌀소득등보전직불제

④ 농업인 안전보험

⑤ 농업인고교생학자금지원사업

 농가도우미지원사업 … 출산으로 영농을 일시 중단하게 될 경우 여성농업인의 영농활동 및 가사활동을 대행해 주는 농가도우미의 인건비를 지원하는 사업을 말한다.
㉠ **지원대상** : 출산 또는 출산예정 여성농업인
㉡ **지원범위** : 출산(예정) 여성농업인이 경영하는 영농 관련 작업 및 가사일
㉢ **지원액** : 도우미 1일 기준단가는 50,000원 전액을 예산에서 지원하며, 도우미 사용에 따른 노임은 당해 농업인과 도우미 간에 합의하여 자율적으로 결정한다.
㉣ **신청방법** : 읍 · 면 · 동사무소 및 시 농업정책과

Answer ↱ 1.① 2.④ 3.⑤ 4.②

5 돼지고기의 수입 증가로 인하여 국내산 축산물 가격이 하락함에 따라 발생하는 손해의 일정 부분을 보전해 주는 제도는 무엇인가?

① 논농업직불제   ② 쌀 소득보전 직불제

③ FTA 피해보전직불제   ④ 경영이양 직접지불제

⑤ 경관보전직불제

 FTA 피해보전직불제 … 돼지고기의 수입 증가로 인하여 국내산 축산물 가격이 하락함에 따라 발생하는 손해의 일정 부분을 보전해주는 제도를 말한다. 신청대상은 농업인, 농업경영체로 등록한 자, 지원대상 품목을 해당 FTA 발효일 이전부터 생산한 자, 자기의 비용과 책임으로 지원대상 품목을 직접 생산, 판매하여 가격하락의 피해가 실제로 귀속된 자 등이 해당된다.

6 지역의 먹거리에 대한 생산, 유통, 소비 등 관련 활동들을 하나의 선순환 체계로 묶어서 관리하여 지역 구성원 모두에게 안전하고 좋은 식품을 공급하고, 지역의 경제를 활성화시키며 환경을 보호하는 데 기여하도록 하는 종합적 관리 시스템을 의미하는 용어는?

① 로컬푸드   ② 푸드플랜

③ 사회적 농업   ④ 거버넌스

⑤ 블록체인

 푸드플랜(Food Plan) … 지역의 먹거리에 대한 생산, 유통, 소비 등 관련 활동들을 하나의 선순환 체계로 묶어서 관리하여 지역 구성원 모두에게 안전하고 좋은 식품을 공급하고, 지역의 경제를 활성화시키며 환경을 보호하는 데 기여하도록 하는 종합적 관리 시스템을 말한다.

7 전통 경작 방식의 농 · 축 · 수산업에 인공지능과 빅데이터, 사물인터넷, 지리정보시스템 등 IT첨단기술을 접목해 생산성을 향상시키는 시스템을 일컫는 신조어는 무엇인가?

① 스마트 그리드   ② 스마트 팜

③ 사물인터넷   ④ 스마트 뷰

⑤ 스마트 워크

 스마트 팜 … 스마트(smart)와 농장(farm)의 합성어로, 농사 기술에 정보통신기술(ICT)을 접목하여 만들어진 지능화된 농장을 말한다. 스마트 팜은 사물인터넷(IoT : Internet of Things) 기술을 이용하여 농작물 재배 시설의 온도 · 습도 · 햇볕량 · 이산화탄소 · 토양 등을 측정 분석하고, 분석 결과에 따라서 제어 장치를 구동하여 적절한 상태로 변화시킨다. 그리고 스마트폰과 같은 모바일 기기를 통해 원격 관리도 가능하다. 스마트 팜으로 농업의 생산 · 유통 · 소비 과정에 걸쳐 생산성과 효율성 및 품질 향상 등과 같은 고부가가치를 창출시킬 수 있다.

8 NH농협이 편의점 시장에 진출한 것으로 노후화된 기존 농·축협 하나로마트를 리뉴얼하고 국내산 소포장 농산물로 특화된 상품을 공급하여 새로운 유통 채널의 확보와 농업인 지원을 목표로 2018년 만들어진 것은?

① 하나로플러스
② 하나로클럽
③ 농협몰
④ 하나로유통센터
⑤ 하나로미니

 하나로미니 … 2018년 농협하나로마트에서 론칭한 편의점으로 농협이 편의점 시장에 진출하는 것으로 노후화된 기존 농·축협 하나로마트를 리뉴얼하고 국내산 소포장 농산물로 특화된 상품의 공급과 새로운 유통채널 확보 및 농업인 지원을 목표로 한다.
ⓐ 노후화되어 매출이 부진한 기존 하나로마트 매장을 최신 트렌드에 맞게 쇼핑, 휴식공간과 다양한 상품이 결합된 매장으로 개선하려고 한 것이다.
ⓑ 농업협동조합 본연의 역할인 농업인 삶의 질 향상을 위하여 소포장 농산물과 농협 계열사·농기업 상품 등을 적극 발굴하고 국내 농산물 판로를 확대하고 기존 편의점과 차별화하겠다는 취지로 시작하였다.
ⓒ 기존 편의점과의 차이 : 편의점은 가맹점의 형태로 운영되나 하나로미니는 100% 직영점으로 운영된다. 운영시간 또한 상황에 맞게 자율적으로 조정이 가능하며 농협의 PB상품을 우선적으로 판매한다.

9 '모를 드물게 심는다.'는 의미로 단위면적당 필요한 육묘상자수를 크게 줄여 육묘상자를 만들고 운반하던 생산비와 노동력이 감소되는 최근 농가에 도입된 벼 재배방식은 무엇인가?

① 직파재배
② 소식재배
③ 이앙재배
④ 이식재배
⑤ 육묘재배

 소식재배 … 노동력·생산비 절감을 전제로 하는 기술로서 '모를 드물게 심는다.'는 의미이다. 최근 벼농가들 사이에서 화제가 되고 있는 방식으로 이앙할 때 단위면적당 재식포기를 관행 80주에서 37·50·60주로 줄이고, 한 포기당 본수를 3~5개로 맞추는 농법이다. 이렇게 하면 단위면적당 필요한 육묘상자수를 크게 줄이는 효과가 있다. 평소 육묘상자를 만들고 운반하는 데 드는 생산비와 동동력이 부담되었던 농가들은 이에 반색하며 소식재배를 관심 있게 지켜보고 있다.

Answer → 5.③ 6.② 7.② 8.⑤ 9.②

10 다음 중 농협경제지주의 식품부문 계열사가 아닌 것은?

① 농협목우촌   ② 농협홍삼

③ 농협사료   ④ 농협양곡

⑤ 농협식품

 농협경제지주의 계열사
    ㉠ 유통부문 : 농협하나로유통, 농협유통, 농협충북유통, 농협부산경남유통, 농협대전유통
    ㉡ 제조부문 : 농우바이오, 남해화학, 농협사료, 농협케미컬, 농협아그로, 농협흙사랑
    ㉢ 식품부문 : 농협목우촌, 농협홍삼, 농협양곡, 농협식품
    ㉣ 기타부문 : 농협물류, NH무역

11 친환경농업을 발전시키기 위하여 스스로 기금을 마련하여 운영하는 제도를 의미하며, 특정사업 수행으로 혜택을 받는 자가 사업에 소요되는 비용을 스스로 부담하는 것을 무엇이라 하는가?

① 자본금제도   ② 기여금제도

③ 지원금제도   ④ 자조금제도

⑤ 출자금제도

 자조금제도 … 특정사업 수행으로 혜택을 받는 자가 사업에 소요되는 비용을 스스로 부담하는 제도로, 친환경농업인들이 친환경농업을 발전시키기 위해 스스로 기금을 마련하여 운용하는 제도를 말한다.
    ㉠ 필요성 : 소비자 신뢰 저하, 판로부족 문제 등으로 재배면적이 감소하고 있는 친환경농럽의 어려움을 타개하고 산업의 새로운 발전을 기하기 위해서는 자조금을 활용한 소비 촉진 홍보 및 판로확대 사업을 수행함으로써 일반소비자의 수요창출을 통해 시장 확대가 필요하다.
    ㉡ 목적
      • 친환경농산물의 자율적 수급안정과 유통구조 개성 등의 노력을 통한 생산농가의 소득 향상 실현
      • 강력한 홍보기반 구축을 통하여 친환경농산물 소비·유통과 생산을 확대함으로써 궁극적으로 농업환경 개선에 기여
      • 친환경농산물의 품질 및 생산성 향상, 안전성 제고 등을 통하여 국민에게 신뢰받는 친환경농업 구현
      • 친환경농산물 생산농가에 대한 정보제공, 교육·훈련 등을 통하여 개방화 시대에 대비한 대응능력 향상
    ㉢ 친환경의무자조금
      • 친환경농업인과 지역농협이 자조금단체를 설립
      • 납부한 거출금과 정부지원금을 활용
      • 소비촉진 및 판로확대, 수급안정, 교육 및 연구개발 등 수행
      • 친환경농산물 생산·유통·가공 등 산업 전반을 전략적으로 육성하는 제도
      • 친환경농업인 83%가 동의 및 참여, 2016년 7월 1일 출범

12 농·어번기의 고질적 일손부족 현상을 해결하기 위해 단기간 동안 외국인을 합법적으로 고용할 수 있는 제도는?

① 외국인 산업연수제　　　　　② 외국인 계절근로자 프로그램

③ 외국인 근로자 고용허가제　　④ 외국인 근로자 한마당잔치

⑤ 외국인 근로자 휴가지원사업

 외국인 계절근로자 프로그램 … 농·어번기의 고질적 일손부족 현상을 해결하기 위해 단기간 동안 외국인을 합법적으로 고용할 수 있는 제도이다. 이는 농·어촌 인력 부족 현실에 부합한 맞춤형 외국인력 도입으로, 농어촌 지역의 인력난 해소에 기여하는 효과가 있다. 계절근로자를 도입하고자 하는 기초자치단체(시·군·구)가 도입 주체가 된다.

가구당 배정 인원은 1가구당 연간 최대 6명으로, 단 불법체류 없는 최우수 지자체(농가당 1명 추가)이며 8세 미만 자녀를 양육 중인 고용주(1명 추가)여야 한다. 지자체 배정 인원은 지자체의 관리능력 및 이탈·인권침해 방지대책 등을 종합적으로 반영해 총 도입규모 및 지자체별 도입인원을 산정하게 된다. 이는 법무부가 농림축산식품부·해양수산부·고용노동부·행정안전부 등 관련기관과 협의체를 구성해 그 인원을 확정하게 된다. 배정은 상·하반기 연 2회 이뤄진다.

13 조류인플루엔자(Avian Influenza, AI)에 대한 설명으로 옳지 않은 것은?

① 조류인플루엔자 바이러스 감염에 의하여 발생하는 조류의 급성 전염병으로 닭·칠면조·오리 등 가금류에서 피해가 심하게 나타난다.

② 바이러스의 병원성 정도에 따라 저병원성과 고병원성 조류인플루엔자로 크게 구분된다.

③ 이중에서 고병원성 조류인플루엔자(Highly Pathogenic Avian Influenza, HPAI)는 세계동물보건기구(OIE)에서도 위험도가 높아 관리대상 질병으로 지정하고 있으며, 발생 시 OIE에 의무적으로 보고 하도록 되어있다.

④ HPAI에 감염된 닭이나 오리는 급성의 호흡기 증상을 보이면서 100%에 가까운 폐사를 나타내는 것이 특징이지만 칠면조에서는 임상증상이 나타나지 않을 수 있다.

⑤ 조류인플루엔자 바이러스는 혈청아형(subtype)이 매우 많고 변이가 쉽게 일어나며, 자연생태계의 야생조류에 다양한 종류의 바이러스가 분포되어 있으면서도 이들에게는 감염되어도 뚜렷한 증상이 없이 경과될 수 있기 때문에 국가방역 측면에서 볼 때 가장 주의하여야 할 가축전염병중 하나이다.

 ④ HPAI에 감염된 닭이나 칠면조는 급성의 호흡기 증상을 보이면서 100%에 가까운 폐사를 나타내는 것이 특징이지만 오리에서는 임상증상이 나타나지 않을 수 있다.

Answer ☞　10.③　11.④　12.②　13.④

14 다음 중 가축사육제한구역으로 지정할 수 없는 곳은?

① 주거밀집지역

② 수질환경보전지역

③ 수변구역

④ 환경기준을 미달한 지역

⑤ 시·도지사가 지정하도록 요청한 구역

 가축사육제한구역

㉠ 지역주민의 생활환경보전 또는 상수원의 수질보전을 위하여 가축사육의 제한이 필요하다고 인정되는 경우에 시장·군수·구청장이 「가축분뇨의 관리 및 이용에 관한 법률」 및 해당 지방자치단체의 조례가 정하는 바에 따라 지정한 구역을 말한다.

㉡ 가축사육제한구역으로 지정할 수 있는 대상지역
- 주거밀집지역으로 생활환경의 보호가 필요한 지역
- 「수도법」에 따른 상수원보호구역, 「환경정책기본법」에 따른 특별대책지역 및 그밖에 이에 준하는 수질환경보전이 필요한 지역
- 「한강수계 상수원수질개선 및 주민지원 등에 관한 법률」, 「낙동강수계 물관리 및 주민지원 등에 관한 법률」, 「금강수계 물관리 및 주민지원 등에 관한 법률」, 「영산강·섬진강 수계 물관리 및 주민지원 등에 관한 법률」에 따라 지정·고시된 수변구역
- 「환경정책기본법」에 따른 환경기준을 초과한 지역
- 환경부장관 또는 시·도지사가 가축사육제한구역으로 지정·고시하도록 요청한 지역

㉢ 시장·군수·구청장은 가축사육제한구역에서 가축을 사육하는 자에 대하여 축사의 이전 그 밖에 위해의 제거 등 필요한 조치를 명할 수 있으며, 축사의 이전을 명할 때에는 1년 이상의 유예기간을 주어야 하고, 이전에 따른 재정적 지원, 부지알선 등 정당한 보상을 하여야 한다.

15 작물보호제에 대한 잠정기준을 없애고 기준이 없을 경우 일률기준인 0.01ppm을 적용하는 것으로 잔류허용기준이 설정된 작물보호제 외에는 사용을 금지하는 제도는?

① 농약허용물질목록관리제도   ② PLS제도

③ 농약잔류허용기준제도   ④ OTC제도

⑤ 업계간 자율거래제도

 농약허용기준강화제도(PLS) … 작물보호제를 지금보다 더욱 신중하게 사용해, 더 안전한 농산물을 생산할 수 있도록 관리하는 제도이다. 기존에는 잔류허용기준(MRL, Maximum Residue Limits)이 설정되지 않은 작물보호제에 대해 잠정기준을 적용해 왔다. PLS는 잠정기준을 없애고, 기준이 없을 경우 일률기준인 0.01ppm을 적용하는 것으로, 잔류허용기준이 설정된 작물보호제 외에는 사용을 금지하는 제도이다.

※ **PLS시행에 따른 변화** … 기존에는 안전성 조사 시 잔류허용기준이 없는 작물보호제 또는 미등록 작물보호제 성분에 대해 외국 기준을 적용하거나, 유사한 농산물에 설정된 기준을 적용하여 적합과 부적합을 판정했다. 그러나 농약허용기준강화제도(PLS) 시행으로 미등록 작물보호제의 경우 0.01ppm이라는 일률기준을 적용받게 되었다.

16 다음 중 채소가격안정제 대상 5개 품목이 아닌 것은?

① 배추

② 양파

③ 대파

④ 마늘

⑤ 고추

 채소가격안정제 대상 5개 품목 … 배추, 무, 대파, 마늘, 양파

※ **채소가격안정제** … 정부와 지방자치단체·농협·농민이 함께 조성한 수급안정사업비로 평년가격의 80% 수준으로 가격을 보전해주는 사업으로, 농가 부담을 완화하는 대신 정부와 지자체·농협이 일정 비율로 사업비를 분담하는 제도를 말한다.

17 친환경농산물의 기준에 대한 내용으로 옳지 않은 것은?

① 유기합성농약을 일체 사용하지 않고 재배한 농산물

② 화학비료를 일체 사용하지 않고 재배한 농산물

③ 화학비료는 권장 시비량의 1/3 이내 사용하여 재배한 농산물

④ 농약 살포횟수를 농약안전사용기준의 1/2 이하로 하여 재배한 농산물

⑤ 제초제를 권장시비량의 1/2 이내 사용하여 재배한 농산물

친환경농산물의 기준

㉠ 유기합성농약과 화학비료를 일체 사용하지 않고 재배(전환기간 : 다년생 작물은 3년, 그 외 작물은 2년)

㉡ 유기합성농약은 일체 사용하지 않고, 화학비료는 권장 시비량의 1/3 이내 사용

㉢ 화학비료는 권장시비량의 1/2 이내 사용하고 농약 살포횟수는 "농약안전사용기준"의 1/2 이하

※ 사용시기는 안전사용기준 시기의 2배수 적용

• 제초제는 사용하지 않아야 함

• 잔류농약 : 식품의약품안전청장이 고시한 "농산물의 농약잔류허용기준"의 1/2 이하

18 계란 껍데기에 닭이 알을 낳은 날짜(산란일자)를 표시하는 것으로, 2019년 8월 23일부터 전면 시행된 제도는?

① 판매가격 표시제

② 산란일자 표시제

③ 원산지 표시제

④ 영양 표시제

⑤ 지리적 표시제

 계란 산란일자 표시제 … 계란 껍데기에 닭이 알을 낳은 날짜(산란일자)를 표시하는 제도를 말한다. 이는 2017년 8월 살충제 계란 사건을 계기로 소비자에게 달걀의 신선도·생산환경 등에 대한 정확한 정보 제공과 함께 국내에 유통되는 계란에 대한 신뢰를 회복하기 위해 추진된 제도이다. 이에 따라 순차적으로 ▷2018년 4월 생산자고유번호가 ▷2018년 8월 사육환경번호가 ▷2019년 2월에는 산란일자 표시가 도입되었다. 이 중 산란일자 표시의 경우 6개월간 계도기간을 두고, 2019년 8월 23일부터 의무화되었다. 이에 산란일자 4자리를 포함해 생산자고유번호(5자리)·사육환경번호(1자리) 등 총 10자리의 숫자가 계란 껍데기에 표시되면서, 소비자들은 구입한 계란 정보를 좀 더 상세히 알 수 있게 되었다.

0 8 2 3	M 3 F D S	2
산란일자	생산자고유번호	사육환경번호

19 유전자변형농산물, 유전자변형농산물을 원료로 사용하는 모든 가공식품, 건강기능 식품 등에 유전자변형농산물 사용을 하였다는 표시를 하는 제도는?

① GMO 표시제

② GMO 완전표시제

③ 유전자재조합식품 표시제

④ 유전자변형작물 표시제

⑤ GM식품 표시제

 GMO 완전표시제 … GMO 농산물, GMO 농산물을 원료로 사용하는 모든 가공식품, 건강기능 식품 등에 GMO 사용을 하였다는 표시를 하는 제도를 말한다.

※ GMO 표시제 … 유전자변형농수산물(GMO)을 원료로 사용할 경우 함량과 관계없이 그 사용 여부를 표기해야 한다는 GM 식품 표시 방식을 말한다. 우리나라에서는 2001년 3월부터 소비자에게 올바른 구매정보를 제공하기 위하여 농수산물 품질관리법에 근거하여 콩, 옥수수, 콩나물에 대한 '유전자변형농산물 표시제'를 시행했으며, 6개월간의 계도기간을 거쳐 2001년 9월부터 본격적으로 실시하였다.

20 농작물 재배 시 발생할 수 있는 병충해 등을 방제하기 위하여 살포계획을 수립하고 살포장비를 점검하여 드론을 조종하며 논, 밭 등에 농약을 살포할 수 있는 사람은 누구인가?

① 드론조종사

② 가상현실전문가

③ 농업드론방제사

④ 로봇감성인지전문가

⑤ 드론버타이징

 농업드론방제사 … 방제 장비 운용절차 파악, 방제지역 특성파악, 방제지역 병충해 특성파악, 방제작업 피해 예상지역 파악, 살포면제에 따른 약제충전량 계산 등 살포계획을 수립한다. 살포장비의 가동여부, 살포약제 특성파악, 살포지역 특성, 이착륙 지역 파악 등 살포장비를 점검한다. 드론을 적정한 장소에 설치하고 조종기를 조정하여 약제를 살포한다. 살포과정을 모니터링하고 필요시 드론을 재조정한다. 방제 결과를 확인 평가한다. 드론 조종이 끝나면 드론을 회수하고 장비를 세척한다. 드론 및 조종기구에 이상이 없는지 점검한다. 필요시 드론을 수리 및 정비하기도 한다.

21 농민의 기본권과 농업·농촌의 지속가능성을 보장하기 위하여 농민 등에게 월정액 형태로 주는 지원금을 의미하는 것은?

① 농민수당

② 농민기본소득

③ 농가소득

④ 농업소득

⑤ 농외소득

농민기본소득 … 농민의 기본권과 농업·농촌의 지속가능성을 보장하기 위하여 농민들에게 월정액 형태로 주는 지원금을 말한다. 농민기본소득은 현재 지자체 차원에서 시행하는 농민수당을 전국화한 개념으로 볼 수 있다. 다만 농가 단위로 월 5~10만 원을 주는 농민수당과는 달리 정부가 농민 개인에게 더 많은 금액을 지원한다는 차이가 있다.

Answer 18.② 19.② 20.③ 21.②

22 24절기 중 14번째에 해당하는 절기로, 여름이 지나면서 더위가 그친다는 의미로 붙여진 이름이다. 농사에 있어서는 여름 밭을 정리하고 무와 배추, 갓 등 김장농사 준비를 시작해야 하는 시기로, '모기도 ○○이/가 지나면 입이 삐뚤어진다', '○○이/가 지나면 풀도 울며 돌아간다'는 관련 속담이 있는 이 절기는?

① 입춘

② 곡우

③ 입추

④ 처서

⑤ 백로

 처서(處暑)는 24절기 중 14번째에 해당하는 절기로 입추(立秋)와 백로(白露) 사이에 들며, 태양이 황경 150도에 달한 시각으로 양력 8월 23일경이다.

23 다음에 설명하는 농업수리시설물은?

> 하천이나 하천 제방 인근으로 흐른 물이나 지하에 대량으로 고여 있는 층의 물을 이용하고자 지표면과 평행한 방향으로 다공관(표면에 구멍이 있는 관)을 설치하여 지하수를 모으는 관로로서, 지하수를 용수로 이용하기 위한 관로 시설

① 집수암거

② 양수장

③ 취입보

④ 관정

⑤ 배수장

 ② 양수장 : 하천수나 호수 등 수면이 관개지역보다 낮아 자연 관개를 할 수 없는 경우에 양수기를 설치하여 물을 퍼올려 농업용수로 사용하기 위해 설치하는 용수공급 시설
③ 취입보 : 하천에서 필요한 농촌용수를 용수로로 도입할 목적으로 설치하는 시설
④ 관정 : 우물통이나 파이프를 지하에 연직방향으로 설치하여 지하수를 이용하기 위한 시설
⑤ 배수장 : 일정지역에 우천이나 홍수 시 고인 물을 지역 밖으로 배제하기 위한 시설

24 다음 설명에 해당하는 것은?

> 최근 우리나라 젊은 귀농자들을 중심으로 행해지고 있는 라이프스타일로, 농사에만 올인하지 않고 다른 직업을 병행하며 사는 것을 말한다.

① 노멀크러시　　　　　　　　　　　② 소확행
③ 킨포크 라이프　　　　　　　　　　④ 반농반X
⑤ 엘리트 귀농

 반농반X … 일본에서 주창된 것으로 농사를 짓지만 농사에 올인하지 않고 반은 다른 일을 하며 사는 라이프스타일을 말한다.
　① **노멀크러시** : Normal(보통의) + Crush(반하다)의 합성어로, 화려하고 자극적인 것에 질린 20대가 보통의 존재에 눈을 돌리게 된 현상을 설명하는 신조어이다.
　② **소확행** : 작지만 확실한 행복의 줄임말로, 무라카미 하루키는 그의 수필에서 소확행을 '갓 구운 빵을 손으로 찢어 먹는 것, 서랍 안에 반듯하게 접어 넣은 속옷이 잔뜩 쌓여 있는 것, 새로 산 정결한 면 냄새가 풍기는 하얀 셔츠를 머리에서부터 뒤집어쓸 때의 기분…' 이라고 정의했다.
　③ **킨포크 라이프** : 미국 포틀랜드의 라이프스타일 잡지 「킨포크(KINFOLK)」의 영향을 받아 자연친화적이고 건강한 삶을 추구하는 현상을 말한다.
　⑤ **엘리트 귀농** : 고학력자나 전문직 종사자, 대기업 출신 귀농자들이 귀농 준비 단계부터 정보를 공유하고, 지자체의 지원을 받아 시골살이에 성공적으로 적응하는 것을 말한다. 전북 장수의 '하늘소마을'과 경북 봉화의 '비나리마을', 전북 진안의 '새울터마을'은 고학력 귀농자들이 많이 모여 사는 대표적인 귀농 공동체다.

25 2019년 경기도 파주를 시작으로 경기도 북부와 인천, 강화를 중심으로 확산되고 있는 바이러스성 출혈성 돼지 전염병으로, 이병률이 높고 급성형에 감염되면 치사율이 거의 100%에 이르기 때문에 양돈 산업에 엄청난 피해를 주는 이 질병은?

① ASF　　　　　　　　　　　　　② AI
③ FMD　　　　　　　　　　　　　④ AHS
⑤ BSE

 아프리카돼지열병(African Swine Fever, ASF)에 대한 설명이다. 이 질병이 발생하면 세계 동물보건기구(OIE)에 발생 사실을 즉시 보고해야 하며 돼지와 관련된 국제교역도 즉시 중단되게 되어 있다. 우리나라에서는 이 질병을 「가축전염병예방법」상 제1종 법정전염병으로 지정하여 관리하고 있다.
　② 조류인플루엔자
　③ 구제역
　④ 아프리카마역
　⑤ 소해면상뇌증

Answer → 22.④　23.①　24.④　25.①

26 다음은 농사와 관련된 속담들이다. 속담과 관련된 계절이 다른 하나는?

① 들깨 모는 석 달 열흘 왕 가뭄에도 침 세 번만 뱉고 심어도 산다.

② 뻐꾸기 우는 소리 들으면 참깨 심지 마라.

③ 한식에 비가 오면 개불알에 이밥이 붙는다.

④ 삼복날 보리씨 말리면 깜부기 없어진다.

⑤ 은어가 나락꽃 물고 가면 풍년 든다.

 ③은 봄이고 나머지는 여름이다.

① 들깨 모는 석 달 열흘 왕 가뭄에도 침 세 번만 뱉고 심어도 산다 : 들깨는 내한성이 강하기 때문에 가뭄이 심해도 생육에 크게 지장이 없이 자란다.

② 뻐꾸기 우는 소리 들으면 참깨 심지 마라 : 북부지역의 뻐꾸기 우는 소리는 6월 중순부터이므로 이때에 참깨를 파종하면 파종시기가 늦어서 생육기간이 단축되어 수량이 크게 감소된다.

③ 한식에 비가 오면 개불알에 이밥이 붙는다 : 한식에 비가 오면 (봄비가 충분하면) 개불알에 이밥(쌀밥)이 붙을 정도로 쌀이 충분하다는 말로 풍년이 든다는 뜻이다.

④ 삼복날 보리씨 말리면 깜부기 없어진다 : 보리농사에서 깜부기병이 발생하면 피해가 크게 나타나는데 보리깜부기 병균은 고온(55˚)에서 사멸되므로 한여름 뙤약볕에 함석위에 말리면 고온으로 종자소독 효과가 있다.

⑤ 은어가 나락꽃 물고 가면 풍년 든다 : 8월 상·중순 때는 은어가 산란을 위해 강을 거슬러 올라오는 시기로 벼의 출수 개화기에 해당하므로 물을 충분히 관수하여 벼꽃이 떠내려 갈 정도로 충분한 물이 있어야 등숙이 양호하여 풍년이 든다는 의미이다.

27 이앙법이 처음 시작된 시기는 언제인가?

① 삼국시대
② 통일신라시대
③ 고려 말
④ 조선 초
⑤ 조선 말

 이앙법이 처음 전래된 것은 고려 말로 남부지방에 일부 보급되었으며, 전국적으로 확대된 것은 조선 후기이다.

28 다음은 4차 산업혁명 시대의 농업 관련 직업에 대한 설명이다. 다음 설명에 해당하는 직업은?

> 정보통신(ICT), 생명공학(BT), 환경공학(ET) 기술을 접목한 농업을 통해 농업의 생산, 유통, 소비 등 모든 영역에서 생산성과 효율성을 높이고 농업과 농촌의 가치를 증대시키는 일을 하는 직업이다.

① 토양환경전문가
② 농업드론전문가
③ 팜파티플래너
④ 스마트농업전문가
⑤ 친환경농자재개발자

① 토양환경전문가 : 현장에서 채취한 토양을 실험실로 가져와 토양 측정 장비로 분석하고, 토양의 물리적인 특성과 화학적인 특성을 정확하게 진단하는 일을 하는 직업으로 토양 진단 능력뿐 아니라 토양 분석과 빅데이터 시스템 및 모델링 구축 능력 등이 필요하다.
② 농업드론전문가 : 드론을 이용해 농장을 효율적으로 경영하도록 도와주는 직업으로 벼농사 뿐만 아니라 콩, 채소 등 수많은 작물의 방제나 토양 및 농경지 조사, 파종, 작물 모니터링 등이 가능하다.
③ 팜파티플래너 : 팜파티는 팜(Farm)과 파티(Party)의 결합을 의미하는 말로, 도시의 소비자에게는 품질 좋은 농산물을 저렴한 가격에 만나볼 수 있도록 주선하고, 농촌의 농업인에게는 안정적인 판매 경로를 만들어 주는 직업이다.
⑤ 친환경농자재개발자 : 화학농약 등 합성 화학물질을 사용하지 않고 유기물과 식물 추출물, 자연광물, 미생물 등을 이용한 자재만을 사용해 농자재를 만드는 사람이다.

29 다음 중 지역 축제가 잘못 연결된 것은?

① 청양 – 고추구기자축제
② 금산 – 인삼축제
③ 양평 – 메기수염축제
④ 청주 – 천등산고구마축제
⑤ 영동 – 포도축제

④ 천등산고구마축제는 충청북도 충주시의 지역 축제이다.

30 고랭지 농업에 대한 설명으로 옳은 것은?

① 남부지방이나 제주도에서 주로 이루어지는 농업이다.

② 여름철 강우량이 적고 일조시간이 긴 기후를 이용한다.

③ 표고(標高) 200~300m 정도의 지대가 적당하다.

④ 벼, 보리 등 곡식류 재배가 주로 이루어진다.

⑤ 진딧물, 바이러스병의 발생이 적다.

> **Tip** 고랭지 농업은 고원이나 산지 등 여름철에도 서늘한 지역에서 이루어지는 농업을 말한다.
> ① 강원도의 정선·평창·홍천·횡성군 등지에서 주로 이루어진다.
> ② 여름철 비교적 선선하고 강우량이 많으며 일조시간도 짧은 산간 기후를 이용한다.
> ③④ 표고 400m로부터 1,000m 정도의 높은 지대에서 채소·감자·화훼류 등을 재배하거나 가축을 사육한다.

31 다음은 농사 24절기를 나타낸 그림이다. (ㄱ)과 (ㄴ)에 들어갈 절기가 바르게 연결된 것은?

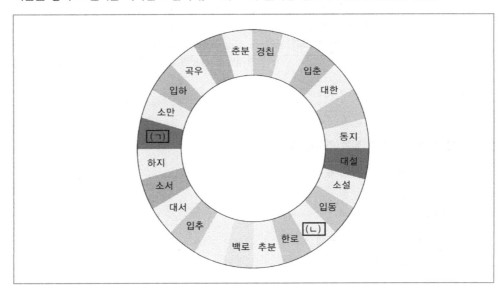

① (ㄱ): 우수, (ㄴ): 청명   ② (ㄱ): 청명, (ㄴ): 망종

③ (ㄱ): 망종, (ㄴ): 상강   ④ (ㄱ): 상강, (ㄴ): 소한

⑤ (ㄱ): 소한, (ㄴ): 처서

> **Tip** 소만과 하지 사이는 망종, 한로와 입동 사이는 상강이다. 입추와 백로 사이는 처서, 동지와 대한 사이는 소한, 입춘과 경칩 사이는 우수, 춘분과 곡우 사이는 청명이다.

32 지역 간 균형발전과 영세규모 농가의 영농의욕을 높이기 위해 중산간 지역 등 소규모 경지정리사업 대상지구 중에서 규모가 아주 작은 지역에 대해서 간략한 설계로 사업비를 줄이고 소규모 기계화 영농이 가능한 수준으로 시행하는 사업을 일컫는 말은?

① 농지집단화　　　　　　　　　　② 간이경지정리

③ 수리시설개보수　　　　　　　　④ 경지계획

⑤ 환지처분

 간이경지정리에 대한 설명이다. 간이경지정리는 경지정리사업 대상지구 중에서 일반경지정리 대상지구 내의 급경사지나 대상에서 제외된 1단지 규모 2~10ha 정도인 지역으로, 주민의 참여도가 좋아 사업시행이 가능하고 기계화 영농 효과가 뚜렷이 나타날 수 있는 지역을 대상지구로 선정한다.
① 농지집단화 : 각 농가의 분산되어 있는 소유농지를 서로의 권리를 조정함으로써 집단화하는 것이며, 교환, 분합, 환지처분 등은 이를 위한 수단이다.
③ 수리시설개보수 : 농업용수리시설로서 노후되거나 기능이 약화된 시설을 개량 또는 보수하여 재해위험을 방지하고 기능을 회복시키거나 개선하는 사업으로 시설의 유지관리를 위한 사업이다.
④ 경지계획 : 토지분류 결과에 따라 영농에 알맞게 구획을 나누는 것을 말한다.
⑤ 환지처분 : 경지정리사업이나 토지구획정리사업 시행 종료 후 토지의 형질, 면적, 위치 등이 변경되었을 때에 종래의 토지에 대신하여 이에 상당하는 토지를 주든지 금전으로 청산하는 등의 행정처분이다.

33 농촌공간상에서 최하위 중심지로서 기초마을 바로 위에 위계를 갖는 마을을 일컫는 용어는?

① 거점취락　　　　　　　　　　　② 배후마을

③ 대표취락　　　　　　　　　　　④ 중점마을

⑤ 성장마을

 농촌지역은 마을의 규모가 작아 규모 및 집적의 경제효과를 거둘 수 없으므로 중심성을 갖는 거점마을에 투자와 개발을 집중시켜 투자효과를 높이고 배후마을과의 접근도를 개선하여 중심마을에 대한 서비스 이용편의를 제공하고자 한다. 중심마을이라고도 한다.

34 '산지촌'에 대한 설명으로 가장 옳지 않은 것은?

① 주로 임업과 목축업에 종사하는 사람들이 많다.

② 교통이 편리하다.

③ 각종 편의시설이 부족하다.

④ 스키장이나 산림 휴양지 같은 관광 산업이 발달한다.

⑤ 고랭지 농업, 약초 재배, 버섯 재배 등을 볼 수 있다.

(Tip) ② 산지촌은 산간지역에 이루어진 마을로 교통이 불편한 편이다.

35 가을철에 하는 농사일이 아닌 것은?

① 겨울 날 밀, 보리를 심는다.

② 생강, 고구마 등을 거둔다.

③ 마늘종을 따준다.

④ 말려놓은 들깨를 턴다.

⑤ 땅콩, 콩, 수수 등을 걷는다.

(Tip) ③ 마늘종 따기는 5~6월경에 시행한다.

36 문재인 정부는 '사람중심의 농정개혁'을 모토로 삼고 본격화에 들어갔다. 2019년 6개의 중점추진과제로 꼽은 내용이 아닌 것은?

① 농업·농촌 일자리 창출 ② 스마트 농업 확산

③ 공익형 직불제 개편 ④ 로컬푸드 체계 확산

⑤ 신재생에너지 축소

(Tip) 문재인 정부는 2019년 다음의 6개 중점추진과제를 중심으로 국민체감 성과 창출을 추구하고 있다.

일자리 창출이 최우선 과제	• 농업·농촌 일자리 창출 • 스마트 농업 확산
농촌공동체 활력유지	• 공익형 직불제 개편 • 신재생에너지 확대
국민이 안심하고 소비하는 생산체계 구축	• 로컬푸드 체계 확산 • 농축산업 안전·환경 관리

37 만 65세 이상 고령농업인이 소유한 농지를 담보로 노후생활 안정자금을 매월 연금형식으로 지급받는 제도는?

① 고농연금제도

② 농지연금제도

③ 토지연금제도

④ 농업연금제도

⑤ 농업안정제도

 농지연금제도 … 만 65세 이상 고령농업인이 소유한 농지를 담보로 노후생활 안정자금을 매월 연금형식으로 지급받는 제도로, 농지자산을 유동화하여 노후생활자금이 부족한 고령농업인의 노후 생활안정 지원하여 농촌사회의 사회 안전망 확충 및 유지를 목적으로 한다.

38 지역브랜드와 주요품목의 연결이 잘못된 것은?

① 부안해풍 – 양파

② 아산맑은 – 쌀

③ 광명 고운결 – 떡류

④ 파인토피아 봉화 – 과수

⑤ 충추 애플마 – 사과

 ⑤ 충주 애플마 브랜드의 주요품목은 '마'다.

Answer ↱ 34.② 35.③ 36.⑤ 37.② 38.⑤

39 농림축산식품부의 주요 임무가 아닌 것은?

① 식량의 안정적 공급과 농산물에 대한 품질관리

② 농업인의 소득 및 경영안정과 복지증진

③ 농업의 경쟁력 향상과 관련 산업의 육성

④ 농촌지역 개발 및 국제 농업 통상협력 등에 관한 사항

⑤ 산림재해 예방과 대응을 통한 국민안전 실현

 ⑤ 산림청의 주요 임무이다.

※ 농림축산식품부의 주요 임무
- ㉠ 식량의 안정적 공급과 농산물에 대한 품질관리
- ㉡ 농업인의 소득 및 경영안정과 복지증진
- ㉢ 농업의 경쟁력 향상과 관련 산업의 육성
- ㉣ 농촌지역 개발 및 국제 농업 통상협력 등에 관한 사항
- ㉤ 식품산업의 진흥 및 농산물의 유통과 가격 안정에 관한 사항

40 다음에 설명하는 농기계는?

> 농토 위를 주행하면서 벼 · 보리 · 밀 · 목초종자 등을 동시에 탈곡 및 선별작업을 하는 수확기계

① 콤바인   ② 경운기

③ 트랙터   ④ 이앙기

⑤ 관리기

 ② 경운기 : 보행용 트랙터의 하나로, 석유기관 등을 동력원으로 하여 농경작업을 하는 기계이다.

③ 트랙터 : 견인력을 이용해서 각종 작업을 하는 작업용 자동차로 경작용 트랙터는 가래 · 쟁기 · 써레 · 수확기 등을 견인하는 농작업에 없어서는 안 되는 장비이다.

④ 이앙기 : 못자리나 육묘상자에서 자란 모를 논에 옮겨 심는 기계이다.

⑤ 관리기 : 소형 다목적 농기계로 과수원의 중경 제초 작업, 퇴구비 설치를 위한 골타기 및 골파기, 하우스 내 파종, 이식상 조성을 비롯하여 배수구 설치 등 다용도로 이용된다.

CHAPTER 02

금융 · 경제

1 가구의 소득 흐름은 물론 금융 및 실물 자산까지 종합적으로 고려하여 가계부채의 부실위험을 평가하는 지표로, 가계의 채무상환능력을 소득 측면에서 평가하는 원리금상환비율(DSR ; Debt Service Ratio)과 자산 측면에서 평가하는 부채/자산비율(DTA ; Debt To Asset Ratio)을 결합하여 산출한 지수를 무엇이라고 하는가?

① 가계신용통계지수　　　　　　　　② 가계수지
③ 가계순저축률　　　　　　　　　　④ 가계부실위험지수
⑤ 가계처분가능소득지수

 가계부실위험지수(HDRI)는 가구의 DSR과 DTA가 각각 40%, 100%일 때 100의 값을 갖도록 설정되어 있으며, 동 지수가 100을 초과하는 가구를 '위험가구'로 분류한다. 위험가구는 소득 및 자산 측면에서 모두 취약한 '고위험가구', 자산 측면에서 취약한 '고DTA가구', 소득 측면에서 취약한 '고DSR가구'로 구분할 수 있다.

2 다음 내용을 읽고 문맥 상 괄호 안에 들어갈 말로 가장 적절한 것을 고르면?

> (　　)은/는 중앙은행이나 금융기관이 아닌 민간에서 블록체인을 기반 기술로 하여 발행 · 유통되는 '가치의 전자적 표시'(digital representation of value)로서 비트코인이 가장 대표적이다.

① 가산금리　　　　　　　　　　　　② 가상통화
③ 간접금융　　　　　　　　　　　　④ 직접금융
⑤ 감독자협의회

 가상통화(virtual currency)는 중앙은행이나 금융기관이 아닌 민간에서 블록체인을 기반 기술로 하여 발행 · 유통되는 '가치의 전자적 표시'(digital representation of value)로서 비트코인이 가장 대표적인 가상통화이다. 비트코인 등장 이전에는 특별한 법적 근거 없이 민간기업이 발행하고 인터넷공간에서 사용되는 사이버머니(게임머니 등)나 온 · 오프라인에서 사용되고 있는 각종 포인트를 가상통화로 통칭하였다.

Answer ➟ 39.⑤ 40.① / 1.④ 2.②

3 경기변동의 진폭이나 속도는 측정하지 않고 변화방향만을 파악하는 것으로서 경기의 국면 및 전환점을 식별하기 위한 지표를 무엇이라고 하는가?

① 경기조절정책
② 경기종합지수
③ 경기동향지수
④ 경상수지
⑤ 경영실태평가지수

 경기동향지수는 경기변동이 경제의 특정부문으로부터 전체 경제로 확산, 파급되는 과정을 경제부문을 대표하는 각 지표들을 통하여 파악하기 위한 지표이다. 이때 경제지표 간의 연관관계는 고려하지 않고 변동 방향만을 종합하여 지수로 만든다.

4 복지지표로서 한계성을 갖는 국민총소득(GNI)을 보완하기 위해 미국의 노드하우스(W. Nordhaus)와 토빈(J. Tobin)이 제안한 새로운 지표를 무엇이라고 하는가?

① 소비자동향지표
② 경제활동지표
③ 경제인구지표
④ 고용보조지표
⑤ 경제후생지표

경제후생지표(measure of economic welfare)는 국민총소득에 후생요소를 추가하면서 비후생요소를 제외함으로써 복지수준을 정확히 반영하려는 취지로 제안되었지만, 통계작성에 있어 후생 및 비후생 요소의 수량화가 쉽지 않아 널리 사용되지는 못하고 있는 실정이다.

5 국제결제은행이 일반 은행에 권고하는 자기자본 비율을 '이것' 비율이라고 한다. 은행 경영의 건전성을 보여주는 지표인 이것은?

① IMD
② BIS
③ ROE
④ CSV
⑤ EPS

금융 규제 완화에 대응해 은행들의 경쟁은 더욱 치열해졌고, 결국 은행들은 고위험·고수익 사업에 집중하게 되었다. 이러한 현상을 위험하다고 여긴 국제결제은행 산하 바젤위원회가 1988년 은행의 파산을 막기 위해 은행 규제를 위한 최소한의 가이드라인을 제시한 것이 BIS 비율이다. 이것은 은행 감독을 위한 국제 기준으로 은행이 위험자산 대비 자기자본을 얼마나 확보하고 있느냐를 나타내는 지표이다. 이 기준에 따라 적용대상 은행은 위험자산에 대해 최소 8% 이상 자기자본을 유지하도록 했다. 즉 은행이 거래기업의 도산으로 부실채권이 갑자기 늘어나 경영위험에 빠져들게 될 경우 최소 8% 정도의 자기자본이 있어야 위기 상황에 대처할 수 있다는 것이다.

6 다음 내용을 읽고 괄호 안에 들어갈 말로 가장 적절한 것을 고르면?

> (   )을/를 시행하게 되면 환율 변동에 따른 충격을 완화하고 거시경제정책의 자율성을 어느 정도 확보할 수 있다는 장점이 있다. 하지만 특정 수준의 환율을 지속적으로 유지하기 위해서는 정부나 중앙은행이 재정정책과 통화정책을 실시하는 데 있어 국제수지 균형을 먼저 고려해야하는 제약이 따르고 불가피하게 자본이동을 제한해야 한다.

① 고통지수
② 자유변동환율제도
③ 고정환율제도
④ 고정자본소모
⑤ 고정이하여신비율

 고정환율제도는 외환의 시세 변동을 반영하지 않고 환율을 일정 수준으로 유지하는 환율 제도를 의미한다. 이 제도는 경제의 기초여건이 악화되거나 대외 불균형이 지속되면 환투기공격에 쉽게 노출되는 단점이 있다.

7 다음 내용을 읽고 괄호 안에 들어갈 말로 가장 적절한 것을 고르면?

> 영국의 전래동화에서 유래한 것으로 동화에 따르면 엄마 곰이 끓인 뜨거운 수프를 큰 접시와 중간 접시 그리고 작은 접시에 담은 후 가족이 이를 식히기 위해 산책을 나갔는데, 이 때 집에 들어온 (   )가 아기 곰 접시에 담긴 너무 뜨겁지도 않고 너무 차지도 않은 적당한 온도의 수프를 먹고 기뻐하는 상태를 경제에 비유한 것을 무엇이라고 하는가?

① 애덤 스미스
② 임파서블
③ 세이프티
④ 골디락스
⑤ 바너드

 골디락스 경제(Goldilocks economy)는 경기과열에 따른 인플레이션과 경기침체에 따른 실업을 염려할 필요가 없는 최적 상태에 있는 건실한 경제를 의미한다. 이는 다시 말해 경기과열이나 불황으로 인한 높은 수준의 인플레이션이나 실업률을 경험하지 않는 양호한 상태가 지속되는 경제를 지칭한다.

Answer 3.③ 4.⑤ 5.② 6.③ 7.④

8 국방·경찰·소방·공원·도로 등과 같이 정부에 의해서만 공급할 수 있는 것이라든가 또는 정부에 의해서 공급되는 것이 바람직하다고 사회적으로 판단되는 재화 또는 서비스를 무엇이라고 하는가?

① 시장실패　　　　　　　　　② 공공재

③ 사유재　　　　　　　　　　④ 보이지 않는 손

⑤ 역할성

 공공재에는 보통 시장가격은 존재하지 않으며 수익자부담 원칙도 적용되지 않는다. 따라서 공공재 규모의 결정은 정치기구에 맡길 수밖에 없다. 공공재의 성질로는 어떤 사람의 소비가 다른 사람의 소비를 방해하지 않고 여러 사람이 동시에 편익을 받을 수 있는 비경쟁성·비선택성, 대가를 지급하지 않은 특정 개인을 소비에서 제외하지 않는 비배제성 등을 들 수 있다.

9 발행하는 채권에 주식이 연계되어 있다는 점에서 발행회사의 신주를 일정한 조건으로 매수할 수 있는 신주인수권부사채(BW ; Bonds with Warrant)나, 발행회사의 주식으로 전환할 수 있는 권리가 부여된 전환사채(CB ; Convertible Bond) 등과 함께 주식연계증권으로 불리는 것은?

① 무담보사채　　　　　　　　② 교환성 통화

③ 교환사채　　　　　　　　　④ 부실채권

⑤ 채권투자

 교환사채(EB ; Exchangeable Bond)란 사채권자의 의사에 따라 사채를 교환사채 발행기업이 보유하고 있는 타사 주식 등 여타의 유가증권과 교환할 수 있는 선택권이 부여된 사채를 의미한다.

10 한국은행의 한정된 조직과 인력만으로는 전국의 국고금 납부자에게 충분한 편의를 제공하기 어렵기 때문에 인력과 시설이 확보된 점포를 대상으로 한국은행과 대리점 계약을 체결한 후 국고업무를 취급할 수 있도록 하게 하는데 이 같은 대리점계약을 체결한 금융기관 점포를 무엇이라고 하는가?

① 국고수표   ② 국고전산망

③ 국고백화점   ④ 국고할인점

⑤ 국고대리점

 국고대리점은 국가의 경제활동도 민간의 경제활동과 마찬가지로 금전 수수를 수반하게 되는데 이와 같은 경제활동에 수반되는 일체의 현금을 통상 국고금이라 한다. 우리나라에서는 국고금의 출납사무를 중앙은행인 한국은행이 담당하고 있다. 국고대리점은 2003년 국고금 실시간 전자이체 제도의 시행으로 국고금 지급 업무를 한국은행이 전담 수행하게 됨에 따라 국고금 수납 업무만 수행하게 되었다. 국고대리점은 국고수납대리점과 국고금수납점으로 구분하는데 기능상 차이는 없으며 기관의 성격 즉 은행은 단일 법인체인 반면 비은행은 법인의 집합체인 점에 의한 계약방식의 차이에 의해서 구분된다.

11 다음 내용을 읽고 괄호 안에 들어갈 말로 가장 적절한 것을 고르면?

> (   ) 참가대상 기관은 기획재정부, 한국은행과 국고수납대리점계약을 체결한 금융기관 및 한국은행 이외의 국고금 수납기관(체신관서, 금융결제원)으로 한정하고 있으며, 운영시간은 오전 9시부터 오후 4시까지이다.

① 국고자원망   ② 국고철도망

③ 국고전산망   ④ 국고할인점

⑤ 국고백화점

 2003년 1월 한국은행이 국고업무를 전자적으로 처리하기 위하여 구축한 전산망을 국고전산망이라고 말하며 정부(디지털예산·회계시스템(dBrain)), 한국은행, 금융기관(우정사업본부 포함) 및 금융결제원의 전산시스템을 서버접속 방식으로 연결한다. 국고전산망을 이용하여 취급하는 업무는 OLTP(On-line Real Time Transaction Processing) 방식으로 처리하는 실시간 전자이체업무와 FTP(File Transfer Protocol) 방식으로 처리하는 파일 송수신업무가 있다.

Answer → 8.② 9.③ 10.⑤ 11.③

12 다음 내용을 읽고 괄호 안에 들어갈 말로 가장 적절한 것을 고르면?

> 국민경제 내에서 자산의 증가에 쓰인 모든 재화는 고정자산과 재고자산으로 구분되는데 전자를 국내 총고정자본 형성 또는 고정투자, 후자를 재고증감 또는 재고투자라 하며 이들의 합계를 ( )이라 한다.

① 국내총투자율   ② 국내총생산

③ 국내신용   ④ 국내공급물가지수

⑤ 국민계정체계

 국내총투자율(gross domestic investment ratio)은 국민경제가 구매한 재화 중에서 자산의 증가로 나타난 부분이 국민총처분가능소득에서 차지하는 비율을 의미한다.

13 다음 내용에서 설명하는 "이것"은 무엇인가?

> 이것이 널리 사용되기 시작한 것은 2005년경이나, 1953년 쿠웨이트 투자청 설립으로부터 시작되었다. 2000년대 이후 이것은 아시아와 중동을 비롯한 신흥시장국가들이 주로 조성하여 왔다. 이들은 석유수출과 경상수지 흑자를 통해 벌어들인 외환보유액을 이용하여 이것을 설립하여 운용하고 있다. 우리나라는 2005년 7월 한국투자공사(KIC ; Korea Investment Corporation)를 설립하였다. 이후 2007년 중국에서 중국투자공사(CIC ; China Investment Corporation)를, 2008년에는 러시아에서 러시아 National Welfare Fund 등이 설립되었다.

① 국외저축   ② 국부펀드

③ 국제결제은행   ④ 국내총생산

⑤ 경상수지

 국부펀드(sovereign fund)는 주로 투자수익을 목적으로 다양한 종류의 국내외 자산에 투자·운용하는 국가보유투자기금을 말한다. 국부펀드는 운용목적이나 투자자산 선택 등에서 사모펀드, 연기금 등과 유사한 면이 있으나 소유권이 민간이 아니라 국가에 있다는 점에서 근본적인 차이가 있다. 국부펀드의 종류는 재원을 조달하는 방법에 따라 상품펀드와 비 상품펀드로 나누어진다. 상품펀드의 재원은 국가기관의 원자재 수출대금 또는 민간기업의 원자재 수출소득에 대한 세금 등 정부의 외화수입으로 조달되며 비상품펀드의 경우는 국제수지 흑자로 축적된 외환보유액, 공적연기금, 재정잉여금 등으로 조달된다.

14 경상수지 적자와 일치하며 경상수지 적자는 순국외채무(국외채무−국외 채권)의 증가로 보전되는 것은?

① 국제결제은행   ② 국외수취요소

③ 국민총소득   ④ 국제금융기금

⑤ 국외저축

 국외저축은 개별 경제주체가 모자라는 돈을 다른 사람으로부터 조달하는 것과 마찬가지로 국민경제에서도 투자가 저축을 초과하게 되면 부족한 돈을 국외로부터 조달하게 되는 것을 말하며 이러한 국외저축은 경상수지 적자와 일치하며 경상수지 적자는 순국외채무(국외채무 −국외 채권)의 증가로 보전된다.

15 은행의 전통적인 자금중개기능을 보완하는 한편 금융업의 경쟁을 촉진함으로써 효율적인 신용 배분에 기여하는 순기능을 발휘하지만 글로벌 금융위기 과정에서 느슨한 규제 하에 과도한 리 스크 및 레버리지 축적, 은행시스템과의 직·간접적 연계성 등을 통해 시스템 리스크를 촉발· 확산시킨 원인 중 하나로 지목되기도 한 이것은 무엇인가?

① 근원인플레이션   ② 그린 본드

③ 그림자 금융   ④ 글래스−스티걸법

⑤ 글로벌 가치사슬

 그림자 금융은 집합투자기구(MMF·채권형·혼합형 펀드 등), RP 거래, 유동화기구 등과 같이 은행시스템 밖에서 신용중개기능을 수행하지만 은행 수준의 건전성 규제와 예금자보호 가 적용되지 않는 기관 또는 활동을 의미한다.

16 다음 내용이 설명하고 있는 것은?

> 은행업 등 금융 산업은 예금이나 채권 등을 통하여 조달된 자금을 재원으로 하여 영업활동을 해서 자기자본비율이 낮은 특징이 있는데 이로 인해 금융 산업의 소유구조는 다른 산업에 비해 취약한 편이며 산업자본의 지배하에 놓일 수 있는 위험이 존재한다. 이러한 이유로 은행법을 통해 산업자본이 보유할 수 있는 은행지분을 4% 한도로 제한하고 있다.

① 금융 EDI   ② 금본위제

③ 스왑레이트   ④ 금산분리

⑤ 금리선물

 산업자본이 은행지분을 일정한도 이상 소유하지 못하도록 하는 것을 금산분리라고 한다.

Answer 12.① 13.② 14.⑤ 15.③ 16.④

17 자원의 희소성이 존재하는 한 반드시 발생하게 되어 있으며 경제문제를 발생시키는 근본요인이 되는 것은?

① 기회비용   ② 매몰비용

③ 한계효용   ④ 기초가격

⑤ 기저효과

 인간의 욕구에 비해 자원이 부족한 현상을 희소성이라 하는데, 희소한 자원을 가지고 인간의 모든 욕구를 충족시킬 수 없기 때문에 인간은 누구든지 부족한 자원을 어느 곳에 우선으로 활용할 것인가를 결정하는 선택을 해야 한다. 이렇게 다양한 욕구의 대상들 가운데서 하나를 고를 수밖에 없다는 것으로 이때 포기해 버린 선택의 욕구들로부터 예상되는 유·무형의 이익 중 최선의 이익을 기회비용(opportunity cost)이라고 한다.

18 경제에 미치는 충격의 확률분포곡선이 종(鐘) 모양이라고 가정한다면 양극단 꼬리부분의 발생가능성은 매우 낮지만 일단 발생하면 경제 전체에 지대한 영향을 줄 수 있는 위험을 무엇이라고 하는가?

① 긴축위험   ② 꼬리위험

③ 긴급수입제한조치   ④ 기준환율위험

⑤ 기준금리위험

 경제에 미치는 충격의 확률분포곡선이 종(鐘) 모양이라고 가정한다면 양극단 꼬리부분의 발생 가능성은 매우 낮지만 일단 발생하면 경제 전체에 지대한 영향을 줄 수 있는 위험을 의미한다. 주가, 환율 등 시장데이터에서 분포의 꼬리 부분이 두터워지는 경우(fat tail)가 발생할 수 있는데 이를 제대로 인식하지 못하면 꼬리위험을 과소평가(tail risk)하게 된다.

19 다음 내용을 가장 잘 설명하고 있는 것은?

> 과거에 한 번 부도를 일으킨 기업이나 국가의 경우 이후 건전성을 회복했다 하더라도 시장의 충분한 신뢰를 얻기 어려워지며, 나아가 신용위기가 발생할 경우 투자자들이 다른 기업이나 국가보다 해당 기업이나 국가를 덜 신뢰하여 투자자금을 더 빨리 회수하고 이로 인해 실제로 해당 기업이나 국가가 위기에 빠질 수 있다.

① 긍정 효과   ② 자동 효과
③ 거래 효과   ④ 분수 효과
⑤ 낙인 효과

 어떤 사람이 실수나 불가피한 상황에 의해 사회적으로 바람직하지 못한 행위를 한 번 저지르고 이로 인해 나쁜 사람으로 낙인찍히면 그 사람에 대한 부정적 인식이 형성되고 이 인식은 쉽게 사라지지 않는다. 이로 인해 추후 어떤 상황이 발생했을 때 해당 사람에 대한 부정적 사회인식 때문에 유독 그 사람에게 상황이 부정적으로 전개되어 실제로 일탈 또는 범죄 행위가 저질러지는 현상을 낳는바, 이를 낙인효과라고 한다. 경제 분야에서도 이러한 현상이 발생한다.

20 2001년 미국 모건스탠리사의 이코노미스트였던 로치(S. Roach)가 미국경제를 진단하면서 처음 사용한 용어로, 경기순환의 모습이 영문자 "W"를 닮았다 해서 "W자형 경기변동"(또는 "W자형 불황")이라고도 하는 이것은?

① 동일인   ② 더블 딥
③ 동행종합지수   ④ 등록발행
⑤ 디레버리징

 더블 딥은 경기가 두 번(double) 떨어진다(dip)는 뜻으로, 경기침체가 발생한 후 잠시 경기가 회복되다가 다시 경기침체로 접어드는 연속적인 침체 현상을 의미한다. 일반적으로 경기침체는 2분기 연속 마이너스 성장을 보이는 경우를 말하므로 더블 딥은 경기침체가 발생하고 잠시 회복 기미가 관측되다 다시 2분기 연속 마이너스 성장에 빠지는 것으로, 1980년대 초 있었던 미국의 경기침체는 더블 딥의 예로 자주 활용되어지고 있다.

21 다음의 금융 관련 사건을 시간순으로 바르게 나열한 것은?

> ㉠ 한국 IMF 자금 지원
> ㉡ 스페인 긴축 재정정책(유로 위기)
> ㉢ 브렉시트
> ㉣ 리먼 브라더스 파산

① ㉠ - ㉡ - ㉣ - ㉢
② ㉠ - ㉣ - ㉡ - ㉢
③ ㉣ - ㉠ - ㉢ - ㉡
④ ㉣ - ㉡ - ㉠ - ㉢
⑤ ㉣ - ㉢ - ㉠ - ㉡

 ㉠ 1997년
㉣ 2008년
㉡ 2010~2011년
㉢ 2016년

22 다음 설명에 해당하는 것은?

> 네트워크에 참여하는 모든 사용자가 관리 대상이 되는 모든 데이터를 분산하여 저장하는 데이터 분산처리기술로, 누구나 열람할 수 있는 장부에 투명하게 기록할 수 있어 '공공거래장부'라고도 한다.

① 비트코인   ② 프로시저
③ 블록체인   ④ 가상화폐
⑤ 에어드랍

 제시된 내용은 블록체인에 대한 설명이다.
① 비트코인 : 디지털 단위인 '비트(bit)'와 '동전(coin)'의 합성어로, 온라인 가상화폐의 하나
② 프로시저 : 일반적인 어떤 행동을 수행하기 위한 일련의 작업순서
④ 가상화폐 : 지폐 또는 동전 등의 실물이 없이 컴퓨터 등에 정보 형태로 남아 온라인에서만 디지털 통화
⑤ 에어드랍 : 특정 가상화폐를 보유한 사람에게 투자 비율에 따라 신규 코인 등을 무상으로 지급하는 것

23 다음 설명에 해당하는 것은?

> 누구나가 잘못되었다는 것을 알고 있으면서도 먼저 그 말을 꺼내서 불러오게 될 위험이 두려워 아무도 먼저 말하지 않는 커다란 문제

① 방 안의 코끼리   ② 샤워실의 바보

③ 회색코뿔소   ④ 검은 백조

⑤ 경제적 폭풍

 제시된 내용은 방 안의 코끼리에 대한 설명이다.
 ② **샤워실의 바보** : 경기과열 또는 경기침체에 대응하는 정부의 시장개입이 섣부를 경우 발생하는 역효과를 경고하는 말
 ③ **회색코뿔소** : 지속적인 경고로 충분히 예상할 수 있지만 쉽게 간과하는 위험 요인
 ④ **검은 백조(블랙스완)** : 도저히 일어날 것 같지 않지만 만약 발생할 경우 시장에 엄청난 충격을 몰고 오는 사건
 ⑤ **경제적 폭풍** : IMF의 라가르드 총재가 국제적인 경제 성장이 예상보다 더 느리다면서, 2019년의 글로벌 경제상태가 위험한 상황에 빠질 수 있음을 알리기 위해 사용한 표현

24 2018년 우리나라의 잠정 합계출산율이 0.97명으로, 경제협력개발기구(OECD) 국가 중 최초로 0명대 출산율에 접어들었다. 통상적으로 '초(超)저출산 상태'란 합계출산율이 몇 명 이하인 경우를 의미하는가?

① 2.0명   ② 1.7명

③ 1.5명   ④ 1.3명

⑤ 1.0명

 합계출산율(여성 한 명이 평생 낳을 수 있는 평균 자녀 수)이 한 국가 인구를 장기간 일정 수준으로 유지하는데 필요한 인구대체수준 합계출산율인 2.1명보다 낮은 것을 저출산, 1.3명 이하인 것은 초(超)저출산으로 본다.

25 다음 중 BRICs 국가의 화폐 단위가 아닌 것은?

① 레알   ② 루피

③ 엔   ④ 랜드

⑤ 루블

> (Tip) BRICs는 2000년대를 전후해 빠른 경제성장을 거듭하고 있는 브라질, 러시아, 인도, 중국, 남아프리카공화국의 신흥경제 5국을 일컫는 경제용어이다. BRICs 국가의 화폐 단위는 브라질 레알(R$), 러시아 루블(ру б), 인도 루피(Rs.), 중국 위안(¥), 남아프리카공화국 랜드(R)이다.

26 다음 현상을 표현한 경제학 용어로 가장 적절한 것은?

> 시중금리가 지나치게 낮은 수준으로 하락하면 가계는 가까운 장래에 이자율이 상승할 것으로 예상해 여유자금을 채권 대신 현금이나 단기 금융상품에 투자한다. 또 기업은 같은 상황에서 경기 하락을 염려해 설비 투자와 채용 계획을 미루게 된다. 이런 국면이 지속되면 중앙은행이 아무리 통화 공급을 늘려도 시중금리는 더 하락하지 않고, 소비와 투자 역시 기대만큼 늘지 않아 경기 부양이 이루어지지 않는다.

① 구축효과   ② 유동성 함정

③ 트릴레마(trilemma)   ④ 트리핀 딜레마

⑤ 양적완화

> (Tip) 유동성 함정이란 정부가 통화량, 즉 유동성을 늘려도 금리가 매우 낮은 상태에서는 개인이나 기업들이 현금을 보유하려 하고 소비나 투자를 하지 않는 현상을 말한다.

27 미국의 금리 인상이 끼칠 영향으로 가장 옳지 않은 것은?

① 원달러 환율이 오른다.

② 국내 금리가 인상된다.

③ 국내 대출이 증가한다.

④ 국내 투자가 감소한다.

⑤ 외환보유가 줄어든다.

 미국의 금리가 인상될 경우, 미국 달러의 가치가 증가하여 원달러 환율이 오르게 된다. 또한 미국 금리가 인상되면서 우리나라에 투자했던 달러들이 다시 미국으로 몰려가 외환보유가 줄게 되는데 이를 유지하기 위해서는 국내 금리가 인상될 가능성이 커진다. 국내 금리가 인상될 경우 예금이 증가하고 대출이 감소하며, 투자도 감소하게 된다.

28 수요에 영향을 주는 요인이 아닌 것은?

① 재화 가격

② 소득 수준 변화

③ 선호도 변화

④ 생산 기술 변화

⑤ 미래 예상 가격

 특정 상품의 수요에 영향을 주는 요인을 수요 결정 요인이라고 하며 수요를 결정하는 요인은 복합적이나 일반적으로 수요에 영향을 미치는 것을 살펴보면 재화의 가격, 소득 수준, 소비자 선호도 변화, 관련 재화의 가격, 미래 예상 가격 등이 있다.
④ 기술 개발로 생산 기술이 변화되면 생산성이 향상되어 상품의 공급에 영향을 주게 된다.

Answer→ 25.③ 26.② 27.③ 28.④

29 부실기업을 저가로 인수해 인원정리, 부동산매각, 유상증자 등의 구조조정을 통해 자산구조를 개선한 후에 고가로 되팔아 수익을 내는 기업구조조정펀드는?

① 뮤추얼펀드   ② 인덱스펀드

③ 헤지펀드   ④ 벌처펀드

⑤ 멀티클래스펀드

 벌처펀드는 부실기업을 저가로 인수해 인원정리, 부동산매각, 유상증자 등의 구조조정을 통해 자산구조를 개선한 후에 고가로 되팔아 수익을 내는 것으로 1980년대 미국 금융 위기 과정에서 출현해 선진국에서는 보편화되었다.

30 주가지수선물, 주가지수옵션, 개별주식옵션, 개별주식선물의 만기일이 겹치는 날로, 주식시장에 매물이 쏟아져 나와 투자 심리가 위축되고 어떤 변화가 일어날지 예측할 수 없어 혼란스럽다는 의미에서 파생된 이 용어는?

① 쿼드러플 위칭데이   ② 트리플 위칭데이

③ 사이드 카   ④ 서킷 브레이커

⑤ 블랙 먼데이

Tip 쿼드러플 위칭데이 … 주가지수선물, 주가지수옵션, 개별주식옵션의 3가지 파생상품 시장의 만기일이 동시에 겹치는 날인 트리플 위칭데이에 2002년 말부터 거래되기 시작한 개별주식선물이 합세하면서 쿼드러플 위칭데이로 일컫는다.

31 호경기에는 소비재의 수요 증가로 인하여 상품의 가격이 상승하게 되는데, 이때 가격 상승의 폭이 노동자의 임금 상승의 폭보다 커서 노동자의 임금이 상대적으로 저렴해지는 효과가 나타난다. 이와 관련된 효과는?

① 전시효과   ② 리카도 효과

③ 톱니효과   ④ 베블렌 효과

⑤ 피구효과

Tip 호경기에는 소비재의 수요 증가로 인하여 상품의 가격이 상승하게 되는데, 이때 가격 상승의 폭이 노동자의 임금 상승의 폭보다 커서 노동자의 임금이 상대적으로 저렴해진다. 이러한 경우 기업은 기계를 대신하여 노동력을 사용하려는 경향이 발생하게 되는데 이를 리카도 효과라고 한다.

32 상당기간 자금이 묶이지 않기 때문에 최근 각광받고 있는 것으로 불안한 투자환경과 시장 변동성 속에서 잠시 자금의 휴식처가 필요하거나 당장 목돈을 사용할 계획이 없는 투자자들에게 유용한 이것은 무엇인가?

① 적금 통장　　　　　　　　　② 정기예금 통장

③ 파킹 통장　　　　　　　　　④ 마이너스 통장

⑤ 플러스 통장

 파킹(parking) 통장은 잠시 주차를 하듯 짧은 시간 여유자금을 보관하는 통장을 의미한다. 일반 자유입출금 통장처럼 수시입출금이 가능하면서 비교적 높은 수준의 금리를 제공하는데, 특히 하루만 맡겨도 금리 수익을 거둘 수 있다는 게 장점으로 꼽힌다.

33 중소기업이 은행에 유동성 지원을 신청할 경우, 은행은 해당 기업의 재무상태 등을 고려해 정상(A) · 일시적 유동성 부족(B) · 워크아웃(C) · 법정관리(D) 등의 등급으로 구분해 등급별로 차별 지원하는 프로그램은?

① 패스트 트랙　　　　　　　　② 슬로우 트랙

③ 미들 트랙　　　　　　　　　④ 스타트 트랙

⑤ 피니시 트랙

 패스트 트랙(Fast Track)은 일시적으로 자금난을 겪고 있는 중소기업을 살리기 위한 유동성 지원 프로그램을 의미한다.

34 다음에서 설명하는 용어는 무엇인가?

> 각국은 자국에 상대적으로 풍부한 부존요소를 집약적으로 사용하는 재화생산에 비교우위가 있다. 즉, 노동풍부국은 노동집약재에 비교우위가 있고 자본풍부국은 자본집약재 생산에 비교우위가 있다.

① 헥셔-올린 정리　　　　　　　② 요소가격균등화 정리

③ 스톨퍼-사무엘슨 정리　　　　④ 립진스키 정리

⑤ 리카도 정리

 헥셔-올린 정리(Heckscher-Ohlin theorem)란 각국은 자국에 상대적으로 풍부한 부존요소를 집약적으로 사용하는 재화생산에 비교우위가 있다는 것이다. 즉, 노동풍부국은 노동집약재에 비교우위가 있고 자본풍부국은 자본집약재 생산에 비교우위가 있다.

35 특정 상품 A의 생산과 판매를 독점하고 있는 기업의 시장에 대한 설명이 적절하지 않은 것은?

① 제품의 시장가격이 단위당 한계 생산비용보다 높게 책정되어 있어 비효율적인 자원배분이 발생한다.

② 자원배분의 비효율성을 감소시키기 위해 독점기업에게 판매 단위당 일정한 세금을 부과할 필요가 있다.

③ 경쟁시장과 비교하여 비용절감유인이 적어 주어진 산출량을 생산하는데 많은 비용이 드는 비효율성이 발생한다.

④ 기업은 독점이윤을 계속 유지하기 위해 진입장벽을 구축하거나 로비를 하는 등 추가적인 비용을 발생시킬 수 있다.

⑤ 독점기업은 경쟁기업이 존재하지 않으므로 투자유인이 적어 기술의 혁신이 더디게 이루어지는 편이다.

> (Tip) 세금을 부과하게 되면 독점기업에서는 부과한 세금만큼을 제품가격에 반영하여 소비자 가격을 인상시킨다. 따라서 자원배분의 비효율성은 해소하지 못하며 소비자 가격의 인상만을 가져올 수 있으므로 적절한 방안이라 할 수 없다.

36 A국의 세계적인 기업이 최근 우리나라에 들어와 공장을 건설하고 생산활동을 통해 많은 이윤을 남기고 있다. 다음 중 이와 관련된 주장으로 가장 적절한 것은?

① 분쟁의 방지를 위해 외국인 투자기업에 대하여 더 높은 법인세율을 적용해야 한다.

② 공장이 우리나라에 있으므로 일자리가 증가하고 이에 따라 GDP도 증가한다.

③ 우리나라의 국부는 감소하지만 A국의 국부는 증가한다.

④ A국 기업이 모기업에 과실 송금한다면 국부유출이 되지만 이를 재투자한다면 우리나라의 국부가 증가한다.

⑤ A국 기업이 국내시장에 생산물을 판매한다면 국부가 유출되는 것이지만 국외로 수출하는 것이라면 우리나라의 국부는 증가하는 것이다.

> (Tip) ① 외국인 투자자들에게 높은 세율을 적용하는 것은 외국 기업들의 국내투자를 제한하는 요소로 작용한다. 따라서 대부분의 국가에서는 외국 기업의 유치를 위해 낮은 법인세율을 적용하거나 세금감면 등의 혜택을 주고 있다.
> ③ GDP는 한 국가 안에서 창출되는 부가가치의 합을 나타내므로 A국 기업이 우리나라에서 생산활동을 벌임으로써 우리나라의 GDP는 증가한다.
> ④ 외국에 투자하여 얻은 이익금을 본국에 송금하는 것을 과실 송금이라 하는데 이를 우리나라에 재투자하는 것이나 그대로 과실 송금하는 것이나 우리나라 경제에 이롭게 작용한다.
> ⑤ A국 기업이 생산물을 수출하지 않고 국내에 판매하더라도 국내 생산품이 판매되는 것과 같으므로 국부가 유출된다고 볼 수 없다.

37 저출산 및 고령화에 기인한 것으로 한 가구의 자녀가 1명 또는 2명으로 줄어들고 경제력 있는 조부모가 늘어나면서 귀한 손자, 손녀를 위해 지출을 아끼지 않게 된 것에서 비롯된 용어는?

① 패런트 포켓
② 차일드 포켓
③ 에이트 포켓
④ 하우스 포켓
⑤ 인사이드 포켓

 에이트 포켓은 출산율이 낮아지면서 한 명의 아이를 위해 부모, 양가 조부모, 삼촌, 이모 등 8명이 지갑을 연다(아이를 위한 지출을 한다.)는 것을 의미한다.

38 태어날 때부터 인공지능(AI)과 같은 디지털 기술을 놀이로 체험하고 자라나는 세대로, 로봇과 친숙하게 소통하며 명령에 반응하고 감정을 표현할 줄 아는 로봇 장난감, 직접 코딩으로 움직일 수 있는 조립형 블록, 다양한 증강현실을 경험하고, 개인화 서비스에 익숙한 세대는?

① 감마 세대
② 와이 세대
③ 엑스 세대
④ 베타 세대
⑤ 알파 세대

 알파 세대는 2011 ~ 2015년에 태어난 세대로, 이들은 태어날 때부터 인공지능(AI)과 같은 디지털 기술을 놀이로 체험하고 받아들인다. 로봇과 친숙하게 소통하는 것 역시 알파세대의 특징 중 하나다. 그러나 사람과 소통하는 대신 기계와의 일방적 소통에 익숙해 정서나 사회성 발달에 부정적 영향을 미칠 우려가 있다.

39 다음과 같은 조치의 시행에서 발생할 수 있는 통화량에 미치는 효과가 다른 하나는?

① 한국은행의 기준금리 인하
② 기술보증기금과 신용보증기금의 보증한도 감액결정
③ 금융위원회의 은행들의 국제결제은행 자기자본비율 권고치 인상
④ 저축은행 등에서 자금을 빌려 대출을 영위하는 대부업체들의 조달금리 상승
⑤ 신용정보회사(Credit Bureau)들이 3년에서 5년으로 과거 연체기록의 반영 기간을 늘리기로 합의

 ① 시중의 통화량이 증가한다.
②③④⑤ 시중의 통화량이 감소한다.

Answer ➟ 35.② 36.② 37.③ 38.⑤ 39.①

40 사람들은 커피를 마시기 위해 커피농장을 소유하지는 않고 소고기를 먹기 위해 아파트에서 소를 키우지 않는다. 자신의 특성이나 능력을 고려해 잘 할 수 있는 일을 선택하고 이를 통해 얻은 소득으로 커피를 마시고 소고기를 사먹는다. 이러한 현실을 설명하는 것 중 가장 옳은 것은?

① 이는 비교우위에 따른 특화로 이해할 수 있으며 분업 및 교환을 통한 사회적 협동이다.

② 이는 절대우위에 따른 특화로 이해할 수 있으며 분업 및 교환을 통한 사회적 협동이다.

③ 소를 키우는 사람들은 모두 소고기를 좋아하며 커피농장을 소유한 사람은 모두 커피를 좋아하는 것이다.

④ 자본의 불충분으로 인한 것으로 누구든 자본이 충분하다면 소를 키우며 커피농장을 소유할 것이다.

⑤ 국제무역과 국내시장은 이와 같은 사회적 분업의 논리가 서로 다르다.

(Tip) ② 절대우위는 한 제품을 절대적으로 낮은 비용으로 생산하는 것을 말하므로 위의 사례를 설명할 수 없다.
③ 반드시 그렇다고 볼 수 없으며 사람들은 단지 자신이 가장 잘 할 수 있는 일을 하는 것이다.
④ 반드시 자본이 충분하다고 해서 커피농장을 소유하거나 소를 키우려고 하지는 않는다. 왜냐하면 효율성의 개념으로 자신이 가장 잘 할 수 있는 일에 종사함으로써 그 소득으로 다른 재화를 취득하는 것이 가능하기 때문이다.
⑤ 국제무역과 국내시장의 사회적 분업의 논리는 같다.

CHAPTER 03

IT · 디지털

1 어떤 컴퓨터의 메모리 용량이 4096워드이고, 워드당 16bit의 데이터를 갖는다면 MAR은 몇 비트인가?

① 12

② 14

③ 16

④ 18

⑤ 20

 메모리를 구할 경우 bit 전체의 넓이를 구하는 것과 같으므로
세로의 길이가 4096워드로 2의 12제곱의 값을 가진다.
그러므로 MAR의 비트수는 12bit이다.
MAR이 12bit라는 것은 각 비트당 0 또는 1의 2가지 선택이 있고 모든 경우의 수가 2의 12제곱만큼 된다는 것이다. 2의 12제곱이 4096이다.

2 4차 산업시대의 원유로 불리며 5V(Volume, Variety, Velocity, Value, Veracity)의 특징을 가지고 있는 것은 무엇인가?

① 인공지능

② 사물 인터넷

③ 빅 데이터

④ 빅 브라더

⑤ 클라우드

 빅 데이터가 다양한 가치를 만들어내기 시작하면서 사람들은 빅 데이터를 '원유'에 비유하기 시작했다. 기름이 없으면 기기가 돌아가지 않듯, 빅 데이터 없이 정보시대를 보낼 수 없다는 의미에서다. 미국의 시장조사기관 가트너는 "데이터는 미래 경쟁력을 좌우하는 21세기 원유"라며 "기업들은 다가오는 데이터 경제시대를 이해하고 이에 대비해야 한다."라고 강조했다. 21세기 기업에게 가장 중요한 자산은 '데이터'이며 이를 관리하고 여기서 가치를 이끌어내지 못하면 경쟁에서 살아남을 수 없다는 뜻이다. 빅 데이터는 '빅(Big)+데이터(Data)'식의 단순 합성어가 아니다. 빅 데이터를 '어마어마하게 많은 데이터'라는 식으로 받아들이면 본질적인 의미와 가치를 놓치게 된다. 기존의 기업 환경에서 사용되는 '정형화된 데이터'는 물론 메타정보와 센서 데이터, 공정 제어 데이터 등 미처 활용하지 못하고 있는 '반정형화된 데이터', 여기에 사진, 이미지처럼 지금까지 기업에서 활용하기 어려웠던 멀티미디어 데이터인 '비정형 데이터'를 모두 포함하는 것이 빅 데이터이다.

Answer⤷ 40.① / 1.① 2.③

3 프로그래밍에 집중한 유연한 개발 방식으로 상호작용, 소프트웨어, 협력, 변화 대응에 가치를 두는 것은?

① 스크럼   ② 애자일

③ 백로그   ④ 린스타트업

⑤ 위키

 애자일은 문서작업 및 설계에 집중하던 개발 방식에서 벗어나 좀 더 프로그래밍에 집중하는 개발 방법론이다. 애자일(Agile)이란 단어는 '날렵한', '민첩한'이란 뜻을 가진 형용사이다. 애 자일 개발 방식도 그 본래 의미를 따른다. 정해진 계획만 따르기보다, 개발 주기 혹은 소프 트웨어 개발 환경에 따라 유연하게 대처하는 방식을 의미한다.

4 데이터에 의미를 부여하여 문제를 분석하고 해결해 나가는 신종 직업은?

① 빅 데이터 큐레이터   ② 인포그래픽 전문가

③ 데이터 마이닝 전문가   ④ 디지털광고게시판기획자

⑤ 데이터 사이언티스트

 Data Scientist … 데이터의 다각적 분석을 통해 조직의 전략 방향을 제시하는 기획자이자 전 략가. 한 마디로 '데이터를 잘 다루는 사람'을 말한다. 데이터 사이언티스트는 데이터 엔지니 어링과 수학, 통계학, 고급 컴퓨팅 등 다방면에 걸쳐 복합적이고 고도화된 지식과 능력을 갖춰야 한다. 빅 데이터 활용이 늘어나며 이제 '빅'보다 '데이터'에 집중해야 한다는 주장이 설득력을 얻고 있다. 더는 데이터 규모에 매달리지 말고 데이터 자체의 가치와 활용을 생각 하자는 것이다. 양보다 질에 초점이 맞춰지면서 데이터 정제·분석 기술과 이를 다루는 사 람의 역할이 더욱 강조되고 있다. 특히 데이터에서 새로운 가치를 만들어내는 것은 결국 '사 람'이라는 인식이 확대되면서 데이터 사이언티스트에 대한 관심이 높아지고 있다.

5 사용자들의 장치와 가까운 데이터의 말단부에서 컴퓨팅을 하는 기술로 클라우드의 단점을 보완 하는 것은?

① 엣지 컴퓨팅   ② 안시 루멘

③ 클라우드 컴퓨팅   ④ 디지털 트윈

⑤ 포그 컴퓨팅

 엣지 컴퓨팅은 중앙 집중 서버가 모든 데이터를 처리하는 클라우드 컴퓨팅과 다르게 분산된 소형 서버를 통해 실시간으로 처리하는 기술을 일컫는다. 사물인터넷 기기의 확산으로 데이 터량이 폭증하면서 이를 처리하기 위해 개발되었다. 엣지 컴퓨팅은 기존 클라우드 컴퓨팅 (cloud computing)과는 다른 컴퓨팅 접근 방법으로, 서로를 대체하는 것이 아닌 각각의 문 제점을 보완하는 공생 관계에 가깝다.

6 사용자 생활환경 안에서 자연스럽게 요구 사항을 인지하여 필요한 서비스를 제공하며 인터페이스를 최소화하는 것은?

① NUI
② NUX
③ GUI
④ SMI
⑤ 제로 UI

 제로 UI … 기존의 그래픽 유저 인터페이스(GUI)로 인식되던 개념에서 벗어난 것으로, 햅틱 피드백, 상황 인식, 제스처, 음성 인식 등 자연스러운 상호작용을 사용하는 새로운 디바이스 사용방식을 말한다.

7 다음에서 설명하는 것은 무엇인가?

> • 인터넷상의 서버를 통하여 데이터 저장, 네트워크, 콘텐츠 사용 등 IT 관련 서비스를 한번에 사용할 수 있는 컴퓨팅 환경이다.
> • 정보가 인터넷 상의 서버에 영구적으로 저장되고, 데스크톱·테블릿컴퓨터·노트북·넷북·스마트폰 등의 IT 기기 등과 같은 클라이언트에는 일시적으로 보관되는 컴퓨터 환경을 의미한다. 즉 이용자의 모든 정보를 인터넷 상의 서버에 저장하고, 이 정보를 각종 IT 기기를 통하여 언제 어디서든 이용할 수 있다는 개념이다.
> • 구름(cloud)과 같이 무형의 형태로 존재하는 하드웨어·소프트웨어 등의 컴퓨팅 자원을 자신이 필요한 만큼 빌려 쓰고 이에 대한 사용요금을 지급하는 방식의 컴퓨팅 서비스로, 서로 다른 물리적인 위치에 존재하는 컴퓨팅 자원을 가상화 기술로 통합해 제공하는 기술을 말한다.

① 모빌 컴퓨팅
② 클라우드 컴퓨팅
③ 인지 컴퓨팅
④ 그린 컴퓨팅
⑤ 펜 컴퓨팅

 클라우드 컴퓨팅 … 인터넷 상의 서버를 통하여 데이터 저장, 네트워크, 콘텐츠 사용 등 IT 관련 서비스를 한 번에 사용할 수 있는 컴퓨팅 환경이다. 클라우드 컴퓨팅을 도입하면 기업 또는 개인은 컴퓨터 시스템을 유지·보수·관리하기 위하여 들어가는 비용과 서버의 구매 및 설치 비용, 업데이트 비용, 소프트웨어 구매 비용 등 엄청난 비용과 시간·인력을 줄일 수 있고, 에너지 절감에도 기여할 수 있다.

Answer ↪ 3.② 4.⑤ 5.① 6.⑤ 7.②

8 다가올 통신환경의 주역으로 LTE의 속도가 일반 지하철이라고 하면, 이것의 속도는 KTX라고 할 수 있다. 평창 올림픽에서 시범서비스를 보이기도 한 이것은 무엇인가?

① 2G

② 3G

③ 4G

④ 5G

⑤ 6G

 5G … 최대 속도가 20Gbps에 달하는 이동통신 기술로, LTE에 비해 최대속도가 빠르고 처리 용량도 많다. 강점인 초저지연성과 초연결성을 통해 가상현실, 자율주행, 사물인터넷 기술 등을 구현할 수 있다.

9 분산처리시스템에 대한 설명으로 옳지 않은 것은?

① 여러 개의 분산된 데이터의 저장장소와 처리기들을 네트워크로 연결하여 서로 통신을 하면서 동시에 일을 처리하는 방식이다.

② 여러 개의 데이터 저장장소와 처리기들을 가지면 여러 처리기들이 동시에 여러 작업을 수행함으로써 성능이 향상될 수 있다.

③ 데이터 또한 복사본을 여러 곳에 여분으로 유지함으로써 신뢰도를 올릴 수 있다.

④ 네트워크에 새로운 처리기 등을 첨가함으로서 쉽게 시스템의 확장을 꾀할 수 있다.

⑤ 데이터 저장장소와 처리기들을 물리적으로 연결하여야 한다.

Tip 분산처리시스템의 장점을 실제로 달성하려면 데이터 저장장소와 처리기들을 물리적으로 연결해서는 안 되고, 그 위에 논리적인 설계가 추가적으로 필요하다.

10 다중 작업이란 의미로, 여러 개의 프로그램을 열어두고 다양한 작업을 동시에 진행하는 것으로 예를 들면 MP3 음악을 들으면서 워드프로세서 작업을 하다가 인터넷에서 파일을 다운로드하는 것 등의 작업을 무엇이라고 하는가?

① 네트워크 컴퓨팅

② 멀티테스킹

③ 그리드 컴퓨팅

④ 펌웨어

⑤ 레코드

① 네트워크 그 자체를 컴퓨터로 인식하는 것. 인터넷이 대표적인 네트워크 컴퓨팅의 사례
③ 컴퓨터의 연산능력, 데이터, 첨단 실험 장비 등 여러 장비를 인터넷을 통해 공유하려는
   새로운 분산컴퓨팅 모델
④ 펌웨어는 소프트웨어와 하드웨어의 중간에 해당하는 것으로, 소프트웨어를 하드웨어화한
   것이라고 할 수 있다. 즉, 고정도가 높고, 시스템의 효율을 높이기 위해 ROM(read-only
   memory)에 넣은 기본적인 프로그램이나 데이터. 마이크로컴퓨터에서는 거의 모든 프로
   그램이 ROM 상에 기재되어 있기 때문에 프로그램이 들어 있는 ROM을 가리키는 경우가
   많음
⑤ 파일을 액세스할 때 실제로 읽고 쓰는 단위로서 사용되는 데이터 단위

11 다음은 ADD 명령어의 마이크로 오퍼레이션이다. t2 시간에 가장 알맞은 동작은? [단, MAR :
Memory Address Register, MBR : Memory Buffer Register, M(addr) : Memory, AC : 누산기]

---

t0 : MAR ← MBR(addr)
t1 : MBR ← M(MAR)
t2 : (   )

---

① AC ← MBR
② MBR ← AC
③ M(MBR) ← MBR
④ AC ← AC + MBR
⑤ AC + MBR ← MBR

 AC(누산기)와 메모리의 내용을 더하여 결과를 AC에 저장하는 연산명령을 ADD라고 한다.
※ ADD의 동작순서
• MAR ← MBR(AD)
• MBR ← M(MAR)
• AC ← AC + MBR

12 양수 A와 B가 있다. 2의 보수 표현 방식을 사용하여 A−B를 수행하였을 때 최상위비트에서 캐리(carry)가 발생하였다. 이 결과로부터 A와 B에 대한 설명으로 가장 옳은 것은?

① 캐리가 발생한 것으로 보아 A는 B보다 작은 수이다.

② B−A를 수행하면 최상위비트에서 캐리가 발생하지 않는다.

③ A+B를 수행하면 최상위비트에서 캐리가 발생하지 않는다.

④ A−B의 결과에 캐리를 제거하고 1을 더해주면 올바른 결과를 얻을 수 있다.

⑤ B−A의 결과에 캐리를 제거하고 1을 더해주면 올바른 결과를 얻을 수 있다.

 양수 A와 B에 대해 2의 보수 표현방식을 사용하여 A−B를 수행하였을 때 최상위비트에서 캐리가 발생하였다면 B−A는 최상위비트에서 캐리가 발생하지 않는다.
A=6, B=5로 놓고 예를 들어보면
A=6=110, B=5=101, B의 1의 보수는 010
A+B=1011(캐리 발생)
A−B=1000, 여기에 캐리를 제거하고 1의 보수를 더하면 올바른 결과가 나온다.

13 인터럽트 발생시 동작 순서로 옳은 것은?

> ㉠ 현재 수행중인 프로그램의 상태를 저장한다.
> ㉡ 인터럽트 요청 신호 발생
> ㉢ 보존한 프로그램 상태로 복귀
> ㉣ 인터럽트 취급 루틴을 수행
> ㉤ 어느 장치가 인터럽트를 요청했는지 찾는다.

① ㉠ → ㉡ → ㉤ → ㉣ → ㉢

② ㉡ → ㉤ → ㉠ → ㉣ → ㉢

③ ㉡ → ㉠ → ㉣ → ㉤ → ㉢

④ ㉡ → ㉣ → ㉠ → ㉤ → ㉢

⑤ ㉡ → ㉠ → ㉤ → ㉣ → ㉢

 인터럽트 수행 순서
㉠ 인터럽트 요청 신호가 발생
㉡ 현재 수행 중인 명령 완료 및 상태를 기억
㉢ 어느 장치가 인터럽트를 요청했는지 찾는다.
㉣ 인터럽트 취급 루틴 수행
㉤ 보존한 프로그램 상태로 복귀

14 반가산기에서 입력을 X, Y라 할 때 출력 부분의 캐리(carry) 값으로 옳은 것은?

① XY
② X
③ Y
④ X+Y
⑤ X−Y

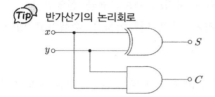

Tip 반가산기의 논리회로

carry는 AND(논리곱)의 연산 결과이다.

15 프로그램 카운터가 명령어의 주소 부분과 더해져서 유효번지를 결정하는 주소지정 방식은?

① 레지스터 주소지정 방식
② 상대 주소지정 방식
③ 즉시 주소지정 방식
④ 인덱스 주소지정 방식
⑤ 묵시적 주소지정 방식

 ① 명령어의 오퍼랜드가 가리키는 레지스터에 저장되어 있는 데이터를 연산에 사용하는 방식
③ 명령어 내에 포함되어 있는 데이터를 연산에 직접 사용하는 방식
④ 명령어의 주소필드의 값과 인덱스 레지스터의 값을 더해 유효 주소를 구하는 방식
⑤ 명령어를 실행하는데 필요한 데이터의 위치가 지정되어 있지 않고 명령어의 정의에 의해 정해져 있는 방식

16 다음 중 인터프리터(interpreter)를 사용하는 언어에 해당하는 것은?

① BASIC
② FORTRAN
③ PASCAL
④ COBOL
⑤ Machine Code

 원시 프로그램을 한 줄 단위로 번역을 즉시 실행시키는 프로그램을 인터프리터라 한다. 인터프리터는 목적 프로그램을 생산하지 않으며 인터프리터를 사용하는 언어로는 BASIC, LISP, APL 등이 있다.

17 인터럽트의 요청이 있을 경우 처리하는 내용 중 가장 관계가 없는 것은?

① 중앙처리장치는 인터럽트를 요구한 장치를 확인하기 위하여 입출력장치를 폴링한다.

② PSW(Program Status Word)에 현재의 상태를 보관한다.

③ 인터럽트 서비스 프로그램은 실행하는 중간에는 다른 인터럽트를 처리할 수 없다.

④ 인터럽트를 요구한 장치를 위한 인터럽트 서비스 프로그램을 실행한다.

⑤ 인터럽트가 수행되면 인터럽트가 걸리기 전의 명령어들을 수행하고 있던 루틴이 종료하게 된다.

> (Tip) 인터럽트 서비스 프로그램은 실행 중이더라도 우선순위가 더 높은 다른 인터럽트를 처리할 수 있다.

18 프로그램 상태 워드(program status word)에 대한 설명으로 가장 옳은 것은?

① 시스템의 동작은 CPU 안에 있는 program counter에 의해 제어된다.

② interrupt 레지스터는 PSW의 일종이다.

③ CPU의 상태를 나타내는 정보를 가지고 독립된 레지스터로 구성된다.

④ PSW는 8bit의 크기이다.

⑤ PSW는 Program Counter, Flag 및 주요한 레지스터의 내용과 그 밖의 프로그램 실행상태를 나타내는 출력정보를 의미한다.

> (Tip) 프로그램 상태 워드(Program Status Word)
> ㉠ 프로그램 카운터, 플래그 및 주요한 레지스터의 내용과 그 밖의 프로그램 실행 상태를 나타내는 제어 정보를 묶은 것이다.
> ㉡ PSW는 Program Counter에 의해 제어되지 않는다.
> ㉢ 인터럽트가 발생했을 때 CPU는 인터럽트 발생 유무를 확인하고 발생했으면 인터럽트 사이클로 들어가게 되는데 이 사이클 동안 Program Counter와 Program Status Word가 스택에 저장되고, 분기해야 할 주소를 새롭게 결정하게 된다.
> ㉣ CPU의 현재 상태, 인터럽트 발생 상태, 수행 중인 프로그램의 현재 상태 등을 나타내며, 레지스터로 독립적으로 구성되어 있다.
> ㉤ PSW의 크기는 32 ~ 64bit이다.

19 DMA에 대한 설명으로 가장 옳은 것은?

① 인코더와 같은 기능을 수행한다.

② inDirect Memory Acknowledge의 약자이다.

③ CPU와 메모리 사이의 속도 차이를 해결하기 위한 장치이다.

④ 메모리와 입출력 디바이스 사이에 데이터의 주고받음이 직접 행해지는 기법이다.

⑤ 주변기기와 CPU 사이에서 데이터를 주고받는 방식으로 데이터가 많아지면 효율성이 저하된다.

> (Tip) DMA(Direct Memory Access)는 입출력장치가 다이렉트로 직접 주기억장치에 접근하여 데이터블록을 입출력하는 방식으로 입출력을 전송한다. 장치들의 데이터가 CPU를 경유하지 않고 수행된다.

20 가상메모리 시스템에서 20bit의 논리 주소가 4bit의 세그먼트 번호, 8bit의 페이지 번호, 8bit의 워드 필드로 구성될 경우 한 세그먼트의 최대 크기로 적당한 것은?

① 256word
② 4kilo word
③ 16kilo word
④ 32kilo word
⑤ 64kilo word

> (Tip) 세그먼트 최대 크기 $= 2^{페이지\ 번호\ 비트 + 워드\ 필드\ 비트}$
> $2^{16} = 2^6 \times 2^{10} = 2^6 \times \text{kilo} = 64 \text{kilo word}$

21 3단계 스키마 중 다음 설명에 해당하는 것은?

> 물리적 저장 장치의 입장에서 본 데이터베이스 구조로서 실제로 데이터베이스에 저장될 레코드의 형식을 정의하고 저장 데이터 항목의 표현 방법, 내부 레코드의 물리적 순서 등을 나타낸다.

① internal schema
② conceptual schema
③ external schema
④ tree schema
⑤ query schema

> (Tip) internal schema … ANSI X 3/SPARC의 3층 스키마의 최하위에 위치된 스키마로, 데이터베이스의 물리적 표현을 기술하는 것

Answer 17.③ 18.③ 19.④ 20.⑤ 21.①

22 릴레이션의 특성에 대한 설명으로 옳지 않은 것은?

① 한 릴레이션에 포함된 튜플들은 모두 상이하다.

② 한 릴레이션에 포함된 튜플 사이에는 순서가 없다.

③ 한 릴레이션을 구성하는 애트리뷰트 사이에는 일정한 순서가 있다.

④ 모든 튜플은 서로 다른 값을 갖는다.

⑤ 모든 애트리뷰트 값은 원자값이다.

> 릴레이션의 특성
> ㉠ 하나의 릴레이션에는 동일한 튜플이 존재할 수 없다.
> ㉡ 하나의 릴레이션에서 튜플 사이의 순서는 무의미하다.
> ㉢ 하나의 릴레이션에서 속성 사이의 순서는 무의미하다.
> ㉣ 속성값으로 원자값만 사용할 수 있다.

23 인덱스 순차 파일의 인덱스 영역 중 다음 설명에 해당하는 것은?

> 인덱스 영역의 첫 번째 테이블로서 실린더 인덱스 정보가 많을 때 그것을 효율적으로 탐색하기 위하여 만든 인덱스 순차 파일에서의 최상위 인덱스로서 일정한 크기의 블록으로 블록화하여 처리하고 자 하는 데이터 레코드가 어느 실린더 인덱스 영역에 기록되어 있는지를 나타낸다.

① 기본 인덱스 영역

② 트랙 인덱스 영역

③ 실린더 인덱스 영역

④ 마스터 인덱스 영역

⑤ 프라임 인덱스 영역

> 마스터 인덱스 영역은 색인된 순차 파일(indexed sequential file)에 있어 가장 레벨이 높은 색인이다.

24 다음 중 데이터베이스의 특성으로 옳지 않은 것은?

① 실시간 접근성   ② 동시 공용
③ 계속적인 변화   ④ 내용에 의한 참조
⑤ 주소에 의한 참조

 데이터베이스의 특성
ⓐ 데이터베이스는 실시간 접근이 가능하다.
ⓑ 데이터베이스는 계속 변화한다.
ⓒ 데이터베이스는 동시 공유가 가능하다.
ⓓ 데이터베이스는 내용으로 참조가 가능하다.

25 다음 논리 회로에 대한 설명으로 옳은 것만을 모두 고른 것은?

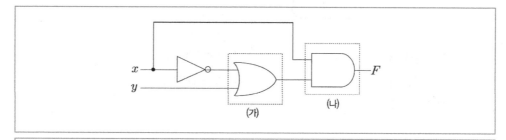

ⓐ 논리 회로를 간소화하면 $F = xy$이다.
ⓑ (개)와 (나)를 서로 바꾸면 $F = x + y$이다.
ⓒ 피드백 회로가 있어 메모리 기능을 수행한다.

① ⓐ   ② ⓐ, ⓑ
③ ⓐ, ⓒ   ④ ⓑ, ⓒ
⑤ ⓐ, ⓑ, ⓒ

 피드백 회로가 없는 조합 논리 회로로 메모리 기능이 없으며,
$F = x(x' + y) = xx' + xy = xy$가 된다.
(개), (나)의 논리게이트를 바꾸면
$F = x + x'y = (x + x')(x + y) = x + y$가 된다.

26 다음 순서도의 최종 출력 값으로 옳은 것은?

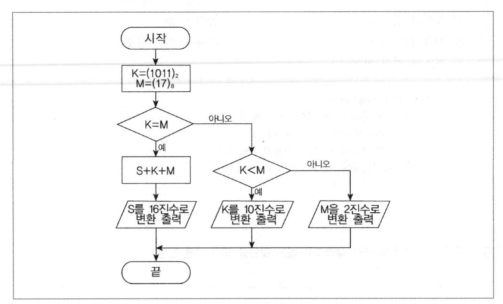

① $S = (1A)_{16}$　　　　② $S = (26)_{16}$

③ $K = (11)_{10}$　　　　④ $K = (13)_{10}$

⑤ $M = (1111)_2$

(Tip) $M = (17)_8 = (1111)_2$로 $K = (1011)_2$ 보다 크다.
따라서, K를 십진수로 변환하면 $(11)_{10}$이 된다.

27 멀티프로그래밍과 멀티프로세싱에 대한 설명으로 옳지 않은 것은?

① 멀티프로그래밍 시스템은 하나의 프로세서에 하나 이상의 프로그램을 동시에 수행 시킨다.

② 멀티프로그래밍 시스템은 여러 개의 프로그램을 메인 메모리에 저장해 놓고 프로 세서를 여러 개의 프로그램들 사이로 빠르게 스위치하여 프로그램을 동작시킨다.

③ 멀티프로세싱 시스템은 둘 이상의 프로세서를 가진 컴퓨터 시스템이다.

④ 멀티프로그래밍은 프로세서와 I/O 자원 이용률을 증진하기 위해 개발되었다.

⑤ 멀티프로세싱은 CPU 연산과 입출력 연산을 동시에 할 수 있다.

> (Tip) 멀티프로그래밍은 CPU 연산과 입출력 연산을 동시에 할 수 있다. 연산을 병행하여 수행하 므로 사용자가 느끼기에 연속적으로 처리하는 것처럼 보인다.
> 멀티프로세싱은 여러 개의 프로세스가 협력하여 하나 혹은 여러 프로그램을 동시에 수행한다.

28 사용자 모드, 커널 모드와 특권 명령어를 최소 권한 원칙을 가지고 설명한 것으로 옳지 않은 것은?

① 운영체제를 사용하는 모든 사용자가 운영체제의 모든 권한을 갖게 된다면 고의적 이거나 악의적인 명령어에 의해 시스템에 문제가 발생할 수 있는데 이를 방지하기 위해 사용자 모드와 커널 모드를 만들었다.

② 사용자 모드에서는 메모리 접근과 기타 주요한 데이터로의 접근을 금지하는데 이 를 최소 권한의 원칙이라 한다.

③ 커널 모드에서는 제한된 명령어를 사용하여야 하며 메모리 접근이 불가능하다.

④ 특권 명령어는 커널 모드에서만 접근할 수 있는 명령어를 의미한다.

⑤ 최소 권한의 원칙은 시스템 공격이나 사고에 의한 시스템의 위험을 감소시킨다.

> (Tip) 커널 모드에서는 모든 명령어 사용과 메모리 접근이 가능하다.

Answer↱ 26.③ 27.⑤ 28.③

29 퀀텀의 크기를 정하는 일은 효율적인 운영체제를 만드는데 매우 중요하다. 퀀텀이 매우 긴 시간을 사용할 경우에도 문제이고 또한 매우 짧은 시간을 사용하는 경우에도 문제이다. 이러한 두 경우에 왜 문제가 생기는 지 그 이유를 바르게 설명한 것은?

① 퀀텀이 매우 길 경우 여러 프로세스들에게 빠른 응답을 할 수 있게 된다.

② 퀀텀이 매우 짧다면 운영체제가 매우 많은 수의 문맥 교환을 하기 때문에 실제로 프로그램 실행은 매우 빠르게 된다.

③ 한 퀀텀의 사용 시간을 비교하면 문맥 교환의 시간이 실제 프로그램 수행 시간보다 짧기 때문에 효율적인 프로그램 수행이 가능하다.

④ 한 퀀텀의 사용 시간을 비교하면 문맥 교환의 시간이 실제 프로그램 수행 시간보다 길 수 있기 때문에 효율적이지 못하나 프로그램 수행 완료까지는 빠르다.

⑤ 퀀텀이 매우 길 경우 한 프로그램이 퀀텀 동안 시스템을 독점하여 다른 프로세스들에게 빠른 응답을 하지 못하게 된다.

> (Tip) 퀀텀이 매우 길다면 한 프로그램이 퀀텀 동안 시스템을 독점하여 다른 프로세스들에게 빠른 응답을 하지 못하게 된다. 또한 퀀텀이 매우 짧다면 운영체제가 매우 많은 수의 문맥 교환을 하기 때문에 실제로 프로그램 실행은 매우 더디게 된다. 즉, 한 퀀텀의 사용 시간을 비교하면 문맥 교환의 시간이 실제 프로그램 수행 시간보다 길 수 있기 때문에 효율적이지 못하고 프로그램 수행 완료까지 오래 걸린다.

30 사용자 수준 스레드와 커널 수준 스레드와 그들의 조합 방법에 대한 설명으로 옳지 않은 것은?

① 사용자 수준 스레드는 사용자 영역에서 스레드 연산을 수행한다.

② 사용자 수준 스레드는 특권 명령을 실행할 수 없거나 커널 프리미티브에 직접 접근할 수 없는 런 타임 라이브러리가 스레드를 생성한다.

③ 커널 수준 스레드는 각 스레드마다 고유한 실행 문맥을 맵핑하는 방법으로 사용자 수준 스레드의 한계를 해결한 것이다.

④ 사용자 수준 스레드와 커널 수준 스레드의 조합을 수행하면 다대다 스레드 맵핑이 되며 많은 사용자 수준 스레드를 한 그룹의 커널 스레드에 맵핑하므로 오버헤드 문제를 해결한다.

⑤ 커널 수준 스레드는 다대일 스레드 맵핑이라고도 하며, 멀티 스레드 프로세스 하나에 있는 모든 스레드에 실행 문맥 하나를 맵핑한다.

> (Tip) 커널 수준 스레드는 일대일 스레드 맵핑이라고도 하며 상호작용성이 증가하는 장점이 있다. 사용자 수준 스레드는 다대일 스레드 맵핑이라고도 하며 멀티 스레드 프로세스 하나에 있는 모든 스레드에 실행 문맥 하나를 맵핑한다.

31 micro-kernel OS에 대한 설명으로 알맞은 것을 모두 고른 것은?

> ㉠ speedy kernel execution
> ㉡ adding a new service does not require modifying the kernel
> ㉢ easy to port to new hardware
> ㉣ less message communication
> ㉤ Unix was a micro-kernel structured system

① ㉠, ㉡   ② ㉠, ㉢

③ ㉡, ㉢   ④ ㉡, ㉣

⑤ ㉣, ㉤

 ㉠ 빠른 커널 실행→커널과 사용자 공간의 대화로 빠르지는 않다.
㉡ 새로운 서비스를 추가하는 것은 커널의 수정을 필요로 하지 않는다.
㉢ 쉽게 새 하드웨어 포트 추가
㉣ 적은 메시지 통신→프로그램이 파일에 접근하기 위해서는 커널와 통신을 해야 하므로 자주 메시지를 교환한다.
㉤ 유닉스는 마이크로 커널 구조 시스템을 사용→제한적 구조 시스템을 사용한다.

32 운영체제의 성능 판단 요소로 거리가 먼 것은?

① 처리능력   ② 신뢰도

③ 사용가능도   ④ 비용

⑤ 반환시간

 운영체제 성능 평가 요소
㉠ 처리능력
㉡ 사용가능도
㉢ 신뢰도
㉣ 반환시간

33 소프트웨어 수명 주기 모형 중 폭포수 모형(Waterfall Model)의 개발 단계로 옳은 것은?

① 계획 → 분석 → 설계 → 시험 → 구현 → 유지보수

② 계획 → 분석 → 설계 → 구현 → 시험 → 유지보수

③ 계획 → 설계 → 분석 → 구현 → 시험 → 유지보수

④ 계획 → 분석 → 설계 → 구현 → 시험 → 설치

⑤ 계획 → 설계 → 분석 → 구현 → 시험 → 설치

 폭포수 모형(Waterfall Model)

㉠ 요구사항 분석 → 설계 → 구현 → 시험 → 유지보수 과정을 순차적으로 접근하는 방법으로 가장 오래되고 널리 사용되었던 고전적 라이프사이클이다.

㉡ 폭포에서 내려오는 물이 아래로만 떨어지듯이 각 단계가 순차적으로 진행되는 즉 병행되어 진행되거나 거슬러 반복 진행되는 경우가 없다.

㉢ 설계와 코딩 및 테스팅을 지연시킬 우려가 크다.

㉣ 사용자의 요구에 대하여 정확한 의견을 듣기 어렵고, 시스템을 한 번의 계획과 실행으로 완성시키기 때문에 재사용을 위해 결과들을 정비하고 개선시키는 기회가 없다.

34 한 모듈 내의 각 구성요소들이 공통의 목적을 달성하기 위하여 서로 얼마나 관련이 있는지의 기능적 연관의 정도를 나타내는 것은?

① cohesion　　　　　　　② coupling

③ structure　　　　　　　④ unity

⑤ utility

 cohesion은 응집도를 나타내는 말로 모듈의 내부 요소들이 서로 연관되어 있는 정도를 의미한다.

coupling은 결합도로 모듈 간의 상호 의존하는 정도를 의미한다.

35 시스템의 구성요소 중 입력된 데이터를 처리방법과 조건에 따라 처리하는 것을 의미하는 것은?

① process
② control
③ output
④ feedback
⑤ input

> (Tip) **시스템의 구성요소**
> ㉠ 입력(input)
> ㉡ 처리(process)
> ㉢ 제어(control)
> ㉣ 출력(output)
> ㉤ 환원(feedback)

36 인터넷 프로토콜로 사용되는 TCP/IP의 계층화 모델 중 Transport 계층에서 사용되는 프로토콜은?

① FTP
② IP
③ ICMP
④ UDP
⑤ SMTP

> (Tip) **프로토콜의 종류**
> ㉠ 응용 계층 : telnet, FTP, SMTP, SNMP
> ㉡ 전송 계층 : TCP, UDP
> ㉢ 인터넷 계층 : IP, ICMP, IGMP, ARP, PARP
> ㉣ 네트워크 엑세스 계층 : 이더넷, IEEE, HDLC, X.25 등

37 네트워크의 구성 유형에서 중앙에 컴퓨터가 있고 이를 중심으로 단말기를 연결시킨 중앙 집중식 네트워크 구성 유형은?

① 스타(star) 형
② 트리(tree) 형
③ 버스(bus) 형
④ 링(ring) 형
⑤ 그물(mesh) 형

> (Tip) 스타(star) 형 네트워크는 모든 노드가 중앙으로 연결되어 있는 형태로 한 워크스테이션이 동작을 멈추더라도 전체 시스템에는 영향을 주지 않으며, 확장성도 뛰어나다는 장점이 있다.

Answer ➡ 33.② 34.① 35.① 36.④ 37.①

38 DRM 프레임워크 구성요소에 대한 설명으로 옳지 않은 것은?

① 데이터 모델 – 데이터 분류 체계기반 데이터 식별 및 도식화

② 데이터 분류체계 – 데이터 의미기반 영역 분류, 클래스 식별

③ 데이터 구조 – 데이터 소유자의 식별

④ 데이터 교환 – 데이터 교환 식별명세, 참조 권한, 교환정보 속성 제시

⑤ 데이터 관리 – 데이터 관리를 위한 주요 원칙과 가이드 제시

> (Tip) 데이터 구조 – 데이터 요소와 속성, 단어사전, 데이터 구조의 정의 및 표준화 항목 가이드 제시

39 전이중 통신에 대한 설명으로 옳은 것은?

① 한 방향으로만 전송이 가능한 방식이다.

② 데이터의 동시 전송이 불가능하다.

③ 시간을 분할하여 송신만 또는 수신만 할 수 있다.

④ 라디오나 텔레비전 방송에 많이 사용된다.

⑤ 전송량이 많고 통신 회선 용량이 클 때 사용한다.

> (Tip) 전이중 통신(full-duplex communication) … 전화 회선처럼 송신자와 수신자가 동시에 양방향 통신을 할 수 있다. 서로 다른 회선이나 주파수를 이용하여 데이터 신호가 충돌되는 것을 방지한다. 이더넷의 오리지널 규격인 CSMA/CD에서는 송신과 수신이 동시에 불가능하다. 스위칭 허브를 사용하면 CSMA/CD의 절차를 따르지 않아도 되므로 NIC/허브 간, 허브/허브 간의 동시 송수신이 가능해진다. 전송량이 많고 통신 회선의 용량이 클 때 사용한다.

40 데이터 전송에서의 검사 방식의 하나이며, 블록(block) 혹은 프레임(frame)마다 나눗셈을 기반으로 한 결과를 부여하여 추가적으로 전송하고, 그것에 따라서 전송 내용이 정확했는지의 여부를 조사하는 방법은?

① 블록 검사   ② 해밍코드
③ 순환 중복 검사   ④ 패리티 검사 비트
⑤ 오류 검출 코드

 ① 데이터 전송에서 오차 제어 절차의 일부. 전송해야 할 데이터를 적당한 크기의 블록으로 구분짓고, 그 블록마다 오차를 조사하는 것으로, 실제로는 한 블록 모두를 전송하며, 그 후에 오차를 조사하여 오차가 있으면 그 블록을 재전송하고, 오차가 없으면 다음 블록을 전송한다. 각 블록 뒤에 검사용 문자가 부가되는데, 이 문자를 블록 검사 문자(BCC)라고 한다.
② 오류 검출이나 수정 코드 중의 하나로 구별되는 정보 비트의 조합마다 짝수 패리티 검사 비트를 더하여 만든다.
③ 데이터 전송에서의 검사 방식의 하나이며, 블록(block) 혹은 프레임(frame)마다에 여유 부호를 붙여 전송하고, 그것에 따라서 전송 내용이 정확했는지의 여부를 조사하는 방법으로, 순환 중복 검사(CRC) 방식은 시간적으로 나뉘어져 발생하는 연속적인 오류(버스트 오류)에 대해서 효과가 있다.
④ 사용되는 패리티가 짝수인지 홀수인지에 따라 비트 그룹에 추가되어 홀수나 짝수를 만드는 추가 비트(0 또는 1). 패리티 비트는 대개 모뎀이나 널 모뎀을 통해 컴퓨터 간에 데이터를 전송할 때 오류를 검사하는 데 사용된다.
⑤ 데이터의 처리나 전송중에 데이터의 오류가 발생했는지의 여부를 조사하기 위해 첨가된 코드. 수직 패리티 비트, 수평 패리티 비트, 사이클릭 코드, 해밍 코드 등이 있다. 이 코드는 오류가 일어났을 때 금지된 조합을 만들어내는 코드이다.

면접

CHAPTER

01 면접의 기본

1 면접의 기본

(1) 면접의 기본 원칙

① **면접의 의미** … 면접이란 다양한 면접기법을 활용하여 지원한 직무에 필요한 능력을 지원자가 보유하고 있는지를 확인하는 절차라고 할 수 있다. 즉, 지원자의 입장에서는 채용 직무수행에 필요한 요건들과 관련하여 자신의 환경, 경험, 관심사, 성취 등에 대해 기업에 직접 어필할 수 있는 기회를 제공받는 것이며, 기업의 입장에서는 서류전형만으로 알 수 없는 지원자에 대한 정보를 직접적으로 수집하고 평가하는 것이다.

② **면접의 특징** … 면접은 기업의 입장에서 서류전형이나 필기전형에서 드러나지 않는 지원자의 능력이나 성향을 볼 수 있는 기회로, 면대면으로 이루어지며 즉흥적인 질문들이 포함될 수 있기 때문에 지원자가 완벽하게 준비하기 어려운 부분이 있다. 하지만 지원자 입장에서도 서류전형이나 필기전형에서 모두 보여주지 못한 자신의 능력 등을 기업의 인사담당자에게 어필할 수 있는 추가적인 기회가 될 수도 있다.

[서류 · 필기전형과 차별화되는 면접의 특징]

- 직무수행과 관련된 다양한 지원자 행동에 대한 관찰이 가능하다.
- 면접관이 알고자 하는 정보를 심층적으로 파악할 수 있다.
- 서류상의 미비한 사항과 의심스러운 부분을 확인할 수 있다.
- 커뮤니케이션 능력, 대인관계 능력 등 행동 · 언어적 정보도 얻을 수 있다.

③ **면접의 유형**

㉠ **구조화 면접** : 구조화 면접은 사전에 계획을 세워 질문의 내용과 방법, 지원자의 답변 유형에 따른 추가 질문과 그에 대한 평가 역량이 정해져 있는 면접 방식으로 표준화 면접이라고도 한다.

- 표준화된 질문이나 평가요소가 면접 전 확정되며, 지원자는 편성된 조나 면접관에 영향을 받지 않고 동일한 질문과 시간을 부여받을 수 있다.
- 조직 또는 직무별로 주요하게 도출된 역량을 기반으로 평가요소가 구성되어, 조직 또는 직무에서 필요한 역량을 가진 지원자를 선발할 수 있다.
- 표준화된 형식을 사용하는 특성 때문에 비구조화 면접에 비해 신뢰성과 타당성, 객관성이 높다.

ⓛ 비구조화 면접 : 비구조화 면접은 면접 계획을 세울 때 면접 목적만을 명시하고 내용이나 방법은 면접관에게 전적으로 일임하는 방식으로 비표준화 면접이라고도 한다.

- 표준화된 질문이나 평가요소 없이 면접이 진행되며, 편성된 조나 면접관에 따라 지원자에게 주어지는 질문이나 시간이 다르다.
- 면접관의 주관적인 판단에 따라 평가가 이루어져 평가 오류가 빈번히 일어난다.
- 상황 대처나 언변이 뛰어난 지원자에게 유리한 면접이 될 수 있다.

④ 경쟁력 있는 면접 요령

㉠ 면접 전에 준비하고 유념할 사항

- 예상 질문과 답변을 미리 작성한다.
- 작성한 내용을 문장으로 외우지 않고 키워드로 기억한다.
- 지원한 회사의 최근 기사를 검색하여 기억한다.
- 지원한 회사가 속한 산업군의 최근 기사를 검색하여 기억한다.
- 면접 전 1주일간 이슈가 되는 뉴스를 기억하고 자신의 생각을 반영하여 정리한다.
- 찬반토론에 대비한 주제를 목록으로 정리하여 자신의 논리를 내세운 예상답변을 작성한다.

㉡ 면접장에서 유념할 사항

- 질문의 의도 파악 : 답변을 할 때에는 질문 의도를 파악하고 그에 충실한 답변이 될 수 있도록 질문사항을 유념해야 한다. 많은 지원자가 하는 실수 중 하나로 답변을 하는 도중 자기 말에 심취되어 질문의 의도와 다른 답변을 하거나 자신이 알고 있는 지식만을 나열하는 경우가 있는데, 이럴 경우 의사소통능력이 부족한 사람으로 인식될 수 있으므로 주의하도록 한다.
- 답변은 두괄식 : 답변을 할 때에는 두괄식으로 결론을 먼저 말하고 그 이유를 설명하는 것이 좋다. 미괄식으로 답변을 할 경우 용두사미의 답변이 될 가능성이 높으며, 결론을 이끌어 내는 과정에서 논리성이 결여될 우려가 있다. 또한 면접관이 결론을 듣기 전에 말을 끊고 다른 질문을 추가하는 예상치 못한 상황이 발생될 수 있으므로 답변은 자신이 전달하고자 하는 바를 먼저 밝히고 그에 대한 설명을 하는 것이 좋다.
- 지원한 회사의 기업정신과 인재상을 기억 : 답변을 할 때에는 회사가 원하는 인재라는 인상을 심어주기 위해 지원한 회사의 기업정신과 인재상 등을 염두에 두고 답변을 하는 것이 좋다. 모든 회사에 해당되는 두루뭉술한 답변보다는 지원한 회사에 맞는 맞춤형 답변을 하는 것이 좋다.
- 나보다는 회사와 사회적 관점에서 답변 : 답변을 할 때에는 자기중심적인 관점을 피하고 좀 더 넓은 시각으로 회사와 국가, 사회적 입장까지 고려하는 인재임을 어필하는 것이 좋다. 자기중심적 시각을 바탕으로 자신의 출세만을 위해 회사에 입사하려는 인상을 심어줄 경우 면접에서 불이익을 받을 가능성이 높다.
- 난처한 질문은 정직한 답변 : 난처한 질문에 답변을 해야 할 때에는 피하기보다는 정면 돌파로 정직하고 솔직하게 답변하는 것이 좋다. 난처한 부분을 감추고 드러내지 않으려 회피하려는 지원자의 모습은 인사담당자에게 입사 후에도 비슷한 상황에 처했을 때 회피할 수도 있다는 우려를 심어줄 수 있다. 따라서 직장생활에 있어 중요한 덕목 중 하나인 정직을 바탕으로 솔직하게 답변을 하도록 한다.

(2) 면접의 종류 및 준비 전략

① 인성면접

ㄱ 면접 방식 및 판단기준

- 면접 방식 : 인성면접은 면접관이 가지고 있는 개인적 면접 노하우나 관심사에 의해 질문을 실시한다. 주로 입사지원서나 자기소개서의 내용을 토대로 지원동기, 과거의 경험, 미래 포부 등을 이야기하도록 하는 방식이다.
- 판단기준 : 면접관의 개인적 가치관과 경험, 해당 역량의 수준, 경험의 구체성·진실성 등

ㄴ 특징 : 인성면접은 그 방식으로 인해 역량과 무관한 질문들이 많고 지원자에게 주어지는 면접질문, 시간 등이 다를 수 있다. 또한 입사지원서나 자기소개서의 내용을 토대로 하기 때문에 지원자별 질문이 달라질 수 있다.

ㄷ 예시 문항 및 준비전략

- 예시 문항

> - 3분 동안 자기소개를 해 보십시오.
> - 자신의 장점과 단점을 말해 보십시오.
> - 학점이 좋지 않은데 그 이유가 무엇입니까?
> - 최근에 인상 깊게 읽은 책은 무엇입니까?
> - 회사를 선택할 때 중요시하는 것은 무엇입니까?
> - 일과 개인생활 중 어느 쪽을 중시합니까?
> - 10년 후 자신은 어떤 모습일 것이라고 생각합니까?
> - 휴학 기간 동안에는 무엇을 했습니까?

- 준비전략 : 인성면접은 입사지원서나 자기소개서의 내용을 바탕으로 하는 경우가 많으므로 자신이 작성한 입사지원서와 자기소개서의 내용을 충분히 숙지하도록 한다. 또한 최근 사회적으로 이슈가 되고 있는 뉴스에 대한 견해를 묻거나 시사상식 등에 대한 질문을 받을 수 있으므로 이에 대한 대비도 필요하다. 자칫 부담스러워 보이지 않는 질문으로 가볍게 대답하지 않도록 주의하고 모든 질문에 입사 의지를 담아 성실하게 답변하는 것이 중요하다.

② 발표면접

ㄱ 면접 방식 및 판단기준

- 면접 방식 : 지원자가 특정 주제와 관련된 자료를 검토하고 그에 대한 자신의 생각을 면접관 앞에서 주어진 시간 동안 발표하고 추가 질의를 받는 방식으로 진행된다.
- 판단기준 : 지원자의 사고력, 논리력, 문제해결력 등

ㄴ 특징 : 발표면접은 지원자에게 과제를 부여한 후, 과제를 수행하는 과정과 결과를 관찰·평가한다. 따라서 과제수행 결과뿐 아니라 수행과정에서의 행동을 모두 평가할 수 있다.

ⓒ 예시 문항 및 준비전략

• 예시 문항

[신입사원 조기 이직 문제]

※ 지원자는 아래에 제시된 자료를 검토한 뒤, 신입사원 조기 이직의 원인을 크게 3가지로 정리하고 이에 대한 구체적인 개선안을 도출하여 발표해 주시기 바랍니다.

※ 본 과제에 정해진 정답은 없으나 논리적 근거를 들어 개선안을 작성해 주십시오.

• A기업은 동종업계 유사기업들과 비교해 볼 때, 비교적 높은 재무안정성을 유지하고 있으며 업무강도가 그리 높지 않은 것으로 외부에 알려져 있음.

• 최근 조사결과, 동종업계 유사기업들과 연봉을 비교해 보았을 때 연봉 수준도 그리 나쁘지 않은 편이라는 것이 확인되었음.

• 그러나 지난 3년간 1~2년차 직원들의 이직률이 계속해서 증가하고 있는 추세이며, 경영진 회의에서 최우선 해결과제 중 하나로 거론되었음.

• 이에 따라 인사팀에서 현재 1~2년차 사원들을 대상으로 개선되어야 하는 A기업의 조직문화에 대한 설문조사를 실시한 결과, '상명하복식의 의사소통'이 36.7%로 1위를 차지했음.

• 이러한 설문조사와 함께, 신입사원 조기 이직에 대한 원인을 분석한 결과 파랑새 증후군, 셀프홀릭 증후군, 피터팬 증후군 등 3가지로 분류할 수 있었음.

〈동종업계 유사기업들과의 연봉 비교〉

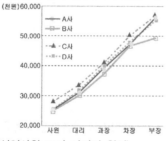

〈우리 회사 조직문화 중 개선되었으면 하는 것〉

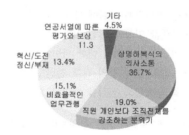

〈신입사원 조기 이직의 원인〉

• 파랑새 증후군

- 현재의 직장보다 더 좋은 직장이 있을 것이라는 막연한 기대감으로 끊임없이 새로운 직장을 탐색함.

- 학력 수준과 맞지 않는 '하향지원', 전공과 적성을 고려하지 않고 일단 취업하고 보자는 '묻지마 지원'이 파랑새 증후군을 초래함.

• 셀프홀릭 증후군

- 본인의 역량에 비해 가치가 낮은 일을 주로 하면서 갈등을 느낌.

• 피터팬 증후군

- 기성세대의 문화를 무조건 수용하기보다는 자유로움과 변화를 추구함.

- 상명하복, 엄격한 규율 등 기성세대가 당연시하는 관행에 거부감을 가지며 직장에 답답함을 느낌.

- 준비전략 : 발표면접의 시작은 과제 안내문과 과제 상황, 과제 자료 등을 정확하게 이해하는 것에서 출발한다. 과제 안내문을 침착하게 읽고 제시된 주제 및 문제와 관련된 상황의 맥락을 파악한 후 과제를 검토한다. 제시된 기사나 그래프 등을 충분히 활용하여 주어진 문제를 해결할 수 있는 해결책이나 대안을 제시하며, 발표를 할 때에는 명확하고 자신 있는 태도로 전달할 수 있도록 한다.

③ 토론면접

  ㉠ 면접 방식 및 판단기준

- 면접 방식 : 상호갈등적 요소를 가진 과제 또는 공통의 과제를 해결하는 내용의 토론 과제를 제시하고, 그 과정에서 개인 간의 상호작용 행동을 관찰하는 방식으로 면접이 진행된다.
- 판단기준 : 팀워크, 적극성, 갈등 조정, 의사소통능력, 문제해결능력 등

  ㉡ 특징 : 토론을 통해 도출해 낸 최종안의 타당성도 중요하지만, 결론을 도출해 내는 과정에서의 의사소통능력이나 갈등상황에서 의견을 조정하는 능력 등이 중요하게 평가되는 특징이 있다.

  ㉢ 예시 문항 및 준비전략

- 예시 문항

> - 군 가산점제 부활에 대한 찬반토론
> - 담뱃값 인상에 대한 찬반토론
> - 비정규직 철폐에 대한 찬반토론
> - 대학의 영어 강의 확대 찬반토론
> - 워크숍 장소 선정을 위한 토론

- 준비전략 : 토론면접은 무엇보다 팀워크와 적극성이 강조된다. 따라서 토론과정에 적극적으로 참여하며 자신의 의사를 분명하게 전달하며, 갈등상황에서 자신의 의견만 내세울 것이 아니라 다른 지원자의 의견을 경청하고 배려하는 모습도 중요하다. 갈등상황을 일목요연하게 정리하여 조정하는 등의 의사소통능력을 발휘하는 것도 좋은 전략이 될 수 있다.

④ 상황면접

  ㉠ 면접 방식 및 판단기준

- 면접 방식 : 상황면접은 직무 수행 시 접할 수 있는 상황들을 제시하고, 그러한 상황에서 어떻게 행동할 것인지를 이야기하는 방식으로 진행된다.
- 판단기준 : 해당 상황에 적절한 역량의 구현과 구체적 행동지표

  ㉡ 특징 : 실제 직무 수행 시 접할 수 있는 상황들을 제시하므로 입사 이후 지원자의 업무 수행능력을 평가하는 데 적절한 면접 방식이다. 또한 지원자의 가치관, 태도, 사고방식 등의 요소를 통합적으로 평가하는 데 용이하다.

ⓒ 예시 문항 및 준비전략
• 예시 문항

> 당신은 생산관리팀의 팀원으로, 생산팀이 기한에 맞춰 효율적으로 제품을 생산할 수 있도록 관리하는 역할을 맡고 있습니다. 3개월 뒤에 제품A를 정상적으로 출시하기 위해 생산팀의 생산 계획을 수립한 상황입니다. 그러나 원가가 곧 실적으로 이어지는 구매팀에서는 최대한 원가를 줄여 전반적 단가를 낮추려고 원가절감을 위한 제안을 하였으나, 연구개발팀에서는 구매팀이 제안한 방식으로 제품을 생산할 경우 대부분이 구매팀의 실적으로 산정될 것이므로 제대로 확인도 해보지 않은 채 적합하지 않은 방식이라고 판단하고 있습니다. 당신은 어떻게 하겠습니까?

• 준비전략 : 상황면접은 먼저 주어진 상황에서 핵심이 되는 문제가 무엇인지를 파악하는 것에서 시작한다. 주질문과 세부질문을 통하여 질문의 의도를 파악하였다면, 그에 대한 구체적인 행동 이나 생각 등에 대해 응답할수록 높은 점수를 얻을 수 있다.

⑤ 역할면접
㉠ 면접 방식 및 판단기준
• 면접 방식 : 역할면접 또는 역할연기 면접은 기업 내 발생 가능한 상황에서 부딪히게 되는 문제와 역할을 가상적으로 설정하여 특정 역할을 맡은 사람과 상호작용하고 문제를 해결해 나가도록 하는 방식으로 진행된다. 역할연기 면접에서는 면접관이 직접 역할연기를 하면서 지원자를 관찰 하기도 하지만, 역할연기 수행만 전문적으로 하는 사람을 투입할 수도 있다.
• 판단기준 : 대처능력, 대인관계능력, 의사소통능력 등
㉡ 특징 : 역할면접은 실제 상황과 유사한 가상 상황에서의 행동을 관찰함으로서 지원자의 성격이나 대처 행동 등을 관찰할 수 있다.
㉢ 예시 문항 및 준비전략
• 예시 문항

> [금융권 역할면접의 예]
> 당신은 ○○은행의 신입 텔러이다. 사람이 많은 월말 오전 한 할아버지(면접관 또는 역할담당 자)께서 ○○은행을 사칭한 보이스피싱으로 500만 원을 피해 보았다며 소란을 일으키고 있다. 실제 업무상황이라고 생각하고 상황에 대처해 보시오.

• 준비전략 : 역할연기 면접에서 측정하는 역량은 주로 갈등의 원인이 되는 문제를 해결 하고 제시된 해결방안을 상대방에게 설득하는 것이다. 따라서 갈등해결, 문제해결, 조정·통합, 설득력과 같은 역량이 중요시된다. 또한 갈등을 해결하기 위해서 상대방에 대한 이해도 필수적인 요소이므로 고객 지향을 염두에 두고 상황에 맞게 대처해야 한다.
역할면접에서는 변별력을 높이기 위해 면접관이 압박적인 분위기를 조성하는 경우가 많기 때문에 스트레스 상황에서 불안해하지 않고 유연하게 대처할 수 있도록 시간과 노력을 들여 충분히 연습하는 것이 좋다.

2 면접 이미지 메이킹

(1) 성공적인 이미지 메이킹 포인트

① 복장 및 스타일

ⓐ 남성

- 양복 : 양복은 단색으로 하며 넥타이나 셔츠로 포인트를 주는 것이 효과적이다. 짙은 회색이나 감청색이 가장 단정하고 품위 있는 인상을 준다.
- 셔츠 : 흰색이 가장 선호되나 자신의 피부색에 맞추는 것이 좋다. 푸른색이나 베이지색은 산뜻한 느낌을 줄 수 있다. 양복과의 배색도 고려하도록 한다.
- 넥타이 : 의상에 포인트를 줄 수 있는 아이템이지만 너무 화려한 것은 피한다. 지원자의 피부색은 물론, 정장과 셔츠의 색을 고려하며, 체격에 따라 넥타이 폭을 조절하는 것이 좋다.
- 구두 & 양말 : 구두는 검정색이나 짙은 갈색이 어느 양복에나 무난하게 어울리며 깔끔하게 닦아 준비한다. 양말은 정장과 동일한 색상이나 검정색을 착용한다.
- 헤어스타일 : 머리스타일은 단정한 느낌을 주는 짧은 헤어스타일이 좋으며 앞머리가 있다면 이마나 눈썹을 가리지 않는 선에서 정리하는 것이 좋다.

ⓑ 여성

- 의상 : 단정한 스커트 투피스 정장이나 슬랙스 슈트가 무난하다. 블랙이나 그레이, 네이비, 브라운 등 차분해 보이는 색상을 선택하는 것이 좋다.
- 소품 : 구두, 핸드백 등은 같은 계열로 코디하는 것이 좋으며 구두는 너무 화려한 디자인이나 굽이 높은 것을 피한다. 스타킹은 의상과 구두에 맞춰 단정한 것으로 선택한다.
- 액세서리 : 액세서리는 너무 크거나 화려한 것은 좋지 않으며 과하게 많이 하는 것도 좋은 인상을 주지 못한다. 착용하지 않거나 작고 깔끔한 디자인으로 포인트를 주는 정도가 적당하다.
- 메이크업 : 화장은 자연스럽고 밝은 이미지를 표현하는 것이 좋으며 진한 색조는 인상이 강해 보일 수 있으므로 피한다.
- 헤어스타일 : 커트나 단발처럼 짧은 머리는 활동적이면서도 단정한 이미지를 줄 수 있도록 정리한다. 긴 머리의 경우 하나로 묶거나 단정한 머리망으로 정리하는 것이 좋으며, 짙은 염색이나 화려한 웨이브는 피한다.

② 인사

    ㉠ 인사의 의미 : 인사는 예의범절의 기본이며 상대방의 마음을 여는 기본적인 행동이라고 할 수 있다. 인사는 처음 만나는 면접관에게 호감을 살 수 있는 가장 쉬운 방법이 될 수 있기도 하지만 제대로 예의를 지키지 않으면 지원자의 인성 전반에 대한 평가로 이어질 수 있으므로 각별히 주의해야 한다.

    ㉡ 인사의 핵심 포인트

- 인사말 : 인사말을 할 때에는 밝고 친근감 있는 목소리로 하며, 자신의 이름과 수험번호 등을 간략하게 소개한다.
- 시선 : 인사는 상대방의 눈을 보며 하는 것이 중요하며 너무 빤히 쳐다본다는 느낌이 들지 않도록 주의한다.
- 표정 : 인사는 마음에서 우러나오는 존경이나 반가움을 표현하고 예의를 차리는 것이므로 살짝 미소를 지으며 하는 것이 좋다.
- 자세 : 인사를 할 때에는 가볍게 목만 숙인다거나 흐트러진 상태에서 인사를 하지 않도록 주의하며 절도 있고 확실하게 하는 것이 좋다.

③ 시선처리와 표정, 목소리

    ㉠ 시선처리와 표정 : 표정은 면접에서 지원자의 첫인상을 결정하는 중요한 요소이다. 얼굴 표정은 사람의 감정을 가장 잘 표현할 수 있는 의사소통 도구로 표정 하나로 상대방에게 호감을 주거나, 비호감을 사기도 한다. 호감이 가는 인상의 특징은 부드러운 눈썹, 자연스러운 미간, 적당히 볼록한 광대, 올라간 입 꼬리 등으로 가볍게 미소를 지을 때의 표정과 일치한다. 따라서 면접 중에는 밝은 표정으로 미소를 지어 호감을 형성할 수 있도록 한다. 시선은 면접관과 고르게 맞추되 생기 있는 눈빛을 띄도록 하며, 너무 빤히 쳐다본다는 인상을 주지 않도록 한다.

    ㉡ 목소리 : 면접은 주로 면접관과 지원자의 대화로 이루어지므로 목소리가 미치는 영향이 상당하다. 답변을 할 때에는 부드러우면서도 활기차고 생동감 있는 목소리로 하는 것이 면접관에게 호감을 줄 수 있으며 적당한 제스처가 더해진다면 상승효과를 얻을 수 있다. 그러나 적절한 답변을 하였음에도 불구하고 콧소리나 날카로운 목소리, 자신감 없는 작은 목소리는 답변의 신뢰성을 떨어뜨릴 수 있으므로 주의하도록 한다.

④ 자세

    ㉠ 걷는 자세

- 면접장에 입실할 때에는 상체를 곧게 유지하고 발끝은 평행이 되게 하며 무릎을 스치듯 11자로 걷는다.
- 시선은 정면을 향하고 턱은 가볍게 당기며 어깨나 엉덩이가 흔들리지 않도록 주의한다.
- 발바닥 전체가 닿는 느낌으로 안정감 있게 걸으며 발소리가 나지 않도록 주의한다.
- 보폭은 어깨넓이만큼이 적당하지만, 스커트를 착용했을 경우 보폭을 줄인다.
- 걸을 때도 미소를 유지한다.

ⓒ 서있는 자세

- 몸 전체를 곧게 펴고 가슴을 자연스럽게 내민 후 등과 어깨에 힘을 주지 않는다.
- 정면을 바라본 상태에서 턱을 약간 당기고 아랫배에 힘을 주어 당기며 바르게 선다.
- 양 무릎과 발뒤꿈치는 붙이고 발끝은 11자 또는 V형을 취한다.
- 남성의 경우 팔을 자연스럽게 내리고 양손을 가볍게 쥐어 바지 옆선에 붙이고, 여성의 경우 공수자세를 유지한다.

ⓒ 앉은 자세

- 남성

- 의자 깊숙이 앉고 등받이와 등 사이에 주먹 1개 정도의 간격을 두며 기대듯 앉지 않도록 주의한다. (남녀 공통 사항)
- 무릎 사이에 주먹 2개 정도의 간격을 유지하고 발끝은 11자를 취한다.
- 시선은 정면을 바라보며 턱은 가볍게 당기고 미소를 짓는다. (남녀 공통 사항)
- 양손은 가볍게 주먹을 쥐고 무릎 위에 올려놓는다.
- 앉고 일어날 때에는 자세가 흐트러지지 않도록 주의한다. (남녀 공통 사항)

- 여성

- 스커트를 입었을 경우 왼손으로 뒤쪽 스커트 자락을 누르고 오른손으로 앞쪽 자락을 누르며 의자에 앉는다.
- 무릎은 붙이고 발끝을 가지런히 하며, 다리를 왼쪽으로 비스듬히 기울이면 단정해 보이는 효과가 있다.
- 양손을 모아 무릎 위에 모아 놓으며 스커트를 입었을 경우 스커트 위를 가볍게 누르듯이 올려놓는다.

(2) 면접 예절

① 행동 관련 예절

ⓐ 지각은 절대금물 : 시간을 지키는 것은 예절의 기본이다. 지각을 할 경우 면접에 응시할 수 없거나, 면접 기회가 주어지더라도 불이익을 받을 가능성이 높아진다. 따라서 면접장소가 결정되면 교통편과 소요시간을 확인하고 가능하다면 사전에 미리 방문해 보는 것도 좋다. 면접 당일에는 서둘러 출발하여 면접 시간 20~30분 전에 도착하여 회사를 둘러보고 환경에 익숙해지는 것도 성공적인 면접을 위한 요령이 될 수 있다.

ⓑ 면접 대기 시간 : 지원자들은 대부분 면접장에서의 행동과 답변 등으로만 평가를 받는다고 생각하지만 그렇지 않다. 면접관이 아닌 면접진행자 역시 대부분 인사실무자이며 면접관이 면접 후 지원자에 대한 평가에 있어 확신을 위해 면접진행자의 의견을 구한다면 면접진행자의 의견이 당락에 영향을 줄 수 있다. 따라서 면접 대기 시간에도 행동과 말을 조심해야 하며, 면접을 마치고 돌아가는 순간까지도 긴장을 늦춰서는

안 된다. 면접 중 압박적인 질문에 답변을 잘 했지만, 면접장을 나와 흐트러진 모습을 보이거나 욕설을 한다면 면접 탈락의 요인이 될 수 있으므로 주의해야 한다.

ⓒ 입실 후 태도 : 본인의 차례가 되어 호명되면 또렷하게 대답하고 들어간다. 만약 면접장 문이 닫혀 있다면 상대에게 소리가 들릴 수 있을 정도로 노크를 두세 번 한 후 대답을 듣고 나서 들어가야 한다. 문을 여닫을 때에는 소리가 나지 않게 조용히 하며 공손한 자세로 인사한 후 성명과 수험번호를 말하고 면접관의 지시에 따라 자리에 앉는다. 이 경우 착석하라는 말이 없는데 먼저 의자에 앉으면 무례한 사람으로 보일 수 있으므로 주의한다. 의자에 앉을 때에는 끝에 앉지 말고 무릎 위에 양손을 가지런히 얹는 것이 예절이라고 할 수 있다.

ⓔ 옷매무새를 자주 고치지 마라. : 일부 지원자의 경우 옷매무새 또는 헤어스타일을 자주 고치거나 확인하기도 하는데 이러한 모습은 과도하게 긴장한 것 같아 보이거나 면접에 집중하지 못하는 것으로 보일 수 있다. 남성 지원자의 경우 넥타이를 자꾸 고쳐 매다거나 정장 상의 끝을 너무 자주 만지작거리지 않는다. 여성 지원자는 머리를 계속 쓸어 올리지 않고, 특히 짧은 치마를 입고서 신경이 쓰여 치마를 끌어 내리는 행동은 좋지 않다.

ⓜ 다리를 떨거나 산만한 시선은 면접 탈락의 지름길 : 자신도 모르게 다리를 떨거나 손가락을 만지는 등의 행동을 하는 지원자가 있는데, 이는 면접관의 주의를 끌 뿐만 아니라 불안하고 산만한 사람이라는 느낌을 주게 된다. 따라서 가능한 한 바른 자세로 앉아 있는 것이 좋다. 또한 면접관과 시선을 맞추지 못하고 여기저기 둘러보는 듯한 산만한 시선은 지원자가 거짓말을 하고 있다고 여겨지거나 신뢰할 수 없는 사람이라고 생각될 수 있다.

② 답변 관련 예절

ⓠ 면접관이나 다른 지원자와 가치 논쟁을 하지 않는다. : 질문을 받고 답변하는 과정에서 면접관 또는 다른 지원자의 의견과 다른 의견이 있을 수 있다. 특히 평소 지원자가 관심이 많은 문제이거나 잘 알고 있는 문제인 경우 자신과 다른 의견에 대해 이의가 있을 수 있다. 하지만 주의할 것은 면접에서 면접관이나 다른 지원자와 가치 논쟁을 할 필요는 없다는 것이며 오히려 불이익을 당할 수도 있다. 정답이 정해져 있지 않은 경우에는 가치관이나 성장배경에 따라 문제를 받아들이는 태도에서 답변까지 충분히 차이가 있을 수 있으므로 굳이 면접관이나 다른 지원자의 가치관을 지적하고 고치려 드는 것은 좋지 않다.

ⓛ 답변은 항상 정직해야 한다. : 면접이라는 것이 아무리 지원자의 장점을 부각시키고 단점을 축소시키는 것이라고 해도 절대로 거짓말을 해서는 안 된다. 거짓말을 하게 되면 지원자는 불안하거나 꺼림칙한 마음이 들게 되어 면접에 집중을 하지 못하게 되고 수많은 지원자를 상대하는 면접관은 그것을 놓치지 않는다. 거짓말은 그 지원자에 대한 신뢰성을 떨어뜨리며 이로 인해 다른 스펙이 아무리 훌륭하다고 해도 채용에서 탈락하게 될 수 있음을 명심하도록 한다.

ⓒ 경력직을 경우 전 직장에 대해 험담하지 않는다. : 지원자가 전 직장에서 무슨 업무를 담당했고 어떤 성과를 올렸는지는 면접관이 관심을 둘 사항일 수 있지만, 이전 직장의 기업문화나 상사들이 어땠는지는 그다지 궁금해 하는 사항이 아니다. 전 직장에 대해 험담을 늘어놓는다든가, 동료의 상사에 대한 익담을 하게 된다면 오히려 지원자에 대한 부정적인 이미지만 심어줄 수 있다. 만약 전 직장에 대한 말을 해야 할 경우가 생긴다면 가능한 한 객관적으로 이야기하는 것이 좋다.

ⓔ 자기 자신이나 배경에 대해 자랑하지 않는다. : 자신의 성취나 부모 형제 등 집안사람들이 사회·경제적으로 어떠한 위치에 있는지에 대한 자랑은 면접관으로 하여금 지원자에 대해 오만한 사람이거나 배경에 의존하려는 나약한 사람이라는 이미지를 갖게 할 수 있다. 따라서 자기 자신이나 배경에 대해 자랑하지 않도록 하고, 자신이 한 일에 대해서 너무 자세하게 얘기하지 않도록 주의해야 한다.

3 면접 질문 및 답변 포인트

(1) 가족 및 대인관계에 관한 질문

① 당신의 가정은 어떤 가정입니까?

면접관들은 지원자의 가정환경과 성장과정을 통해 지원자의 성향을 알고 싶어 이와 같은 질문을 한다. 비록 가정 일과 사회의 일이 완전히 일치하는 것은 아니지만 '가화만사성'이라는 말이 있듯이 가정이 화목해야 사회에서도 화목하게 지낼 수 있기 때문이다. 그러므로 답변 시에는 가족사항을 정확하게 설명하고 집안의 분위기와 특징에 대해 이야기하는 것이 좋다.

② 친구 관계에 대해 말해 보십시오.

지원자의 인간성을 판단하는 질문으로 교우관계를 통해 답변자의 성격과 대인관계능력을 파악할 수 있다. 새로운 환경에 적응을 잘하여 새로운 친구들이 많은 것도 좋지만, 깊고 오래 지속되어온 인간관계를 말하는 것이 더욱 바람직하다.

(2) 성격 및 가치관에 관한 질문

① 당신의 PR포인트를 말해 주십시오.

PR포인트를 말할 때에는 지나치게 겸손한 태도는 좋지 않으며 적극적으로 자기를 주장하는 것이 좋다. 앞으로 입사 후 하게 될 업무와 관련된 자기의 특성을 구체적인 일화를 더하여 이야기하도록 한다.

② 당신의 장·단점을 말해 보십시오.

지원자의 구체적인 장·단점을 알고자 하기 보다는 지원자가 자기 자신에 대해 얼마나 알고 있으며 어느 정도의 객관적인 분석을 하고 있나, 그리고 개선의 노력 등을 시도하는지를 파악하고자 하는 것이다. 따라서 장점을 말할 때는 업무와 관련된 장점을 뒷받침할 수 있는 근거와 함께 제시하며, 단점을 이야기할 때에는 극복을 위한 노력을 반드시 포함해야 한다.

③ 가장 존경하는 사람은 누구입니까?

존경하는 사람을 말하기 위해서는 우선 그 인물에 대해 알아야 한다. 잘 모르는 인물에 대해 존경한다고 말하는 것은 면접관에게 바로 지적당할 수 있으므로, 추상적이라도 좋으니 평소에 존경스럽다고 생각했던 사람에 대해 그 사람의 어떤 점이 좋고 존경스러운지 대답하도록 한다. 또한 자신에게 어떤 영향을 미쳤는지도 언급하면 좋다.

(3) 학교생활에 관한 질문

① 지금까지의 학교생활 중 가장 기억에 남는 일은 무엇입니까?

가급적 직장생활에 도움이 되는 경험을 이야기하는 것이 좋다. 또한 경험만을 간단하게 말하지 말고 그 경험을 통해서 얻을 수 있었던 교훈 등을 예시와 함께 이야기하는 것이 좋으나 너무 상투적인 답변이 되지 않도록 주의해야 한다.

② 성적은 좋은 편이었습니까?

면접관은 이미 서류심사를 통해 지원자의 성적을 알고 있다. 그럼에도 불구하고 이 질문을 하는 것은 지원자가 성적에 대해서 어떻게 인식하느냐를 알고자 하는 것이다. 성적이 나빴던 이유에 대해서 변명하려 하지 말고 담백하게 받아드리고 그것에 대한 개선노력을 했음을 밝히는 것이 적절하다.

③ 학창시절에 시위나 집회 등에 참여한 경험이 있습니까?

기업에서는 노사분규를 기업의 사활이 걸린 중대한 문제로 인식하고 거시적인 차원에서 접근한다. 이러한 기업문화를 제대로 인식하지 못하여 학창시절의 시위나 집회 참여 경험을 자랑스럽게 답변할 경우 감점요인이 되거나 심지어는 탈락할 수 있다는 사실에 주의한다. 시위나 집회에 참가한 경험을 말할 때에는 타당성과 정도에 유의하여 답변해야 한다.

(4) 지원동기 및 직업의식에 관한 질문

① 왜 우리 회사를 지원했습니까?

이 질문은 어느 회사나 가장 먼저 물어보고 싶은 것으로 지원자들은 기업의 이념, 대표의 경영능력, 재무구조, 복리후생 등 외적인 부분을 설명하는 경우가 많다. 이러한 답변도 적절하지만 지원 회사의 주력 상품에 관한 소비자의 인지도, 경쟁사 제품과의 시장점유율을 비교하면서 입사동기를 설명한다면 상당히 주목 받을 수 있을 것이다.

② 만약 이번 채용에 불합격하면 어떻게 하겠습니까?

불합격할 것을 가정하고 회사에 응시하는 지원자는 거의 없을 것이다. 이는 지원자를 궁지로 몰아넣고 어떻게 대응하는지를 살펴보며 입사 의지를 알아보려고 하는 것이다. 이 질문은 너무 깊이 들어가지 말고 침착하게 답변하는 것이 좋다.

③ 당신이 생각하는 바람직한 사원상은 무엇입니까?

직장인으로서 또는 조직의 일원으로서의 자세를 묻는 질문으로 지원하는 회사에서 어떤 인재상을 요구하는 가를 알아두는 것이 좋으며, 평소에 자신의 생각을 미리 정리해 두어 당황하지 않도록 한다.

④ 직무상의 적성과 보수의 많음 중 어느 것을 택하겠습니까?

이런 질문에서 회사 측에서 원하는 답변은 당연히 직무상의 적성에 비중을 둔다는 것이다. 그러나 적성만을 너무 강조하다 보면 오히려 솔직하지 못하다는 인상을 줄 수 있으므로 어느 한 쪽을 너무 강조하거나 경시하는 태도는 바람직하지 못하다.

⑤ 상사와 의견이 다를 때 어떻게 하겠습니까?

과거와 다르게 최근에는 상사의 명령에 무조건 따르겠다는 수동적인 자세는 바람직하지 않다. 회사에서는 때에 따라 자신이 판단하고 행동할 수 있는 직원을 원하기 때문이다. 그러나 지나치게 자신의 의견만을 고집한다면 이는 팀원 간의 불화를 야기할 수 있으며 팀 체제에 악영향을 미칠 수 있으므로 선호하지 않는다는 것에 유념하여 답해야 한다.

⑥ 근무지가 지방인데 근무가 가능합니까?

근무지가 지방 중에서도 특정 지역은 되고 다른 지역은 안 된다는 답변은 바람직하지 않다. 직장에서는 순환 근무라는 것이 있으므로 처음에 지방에서 근무를 시작했다고 해서 계속 지방에만 있는 것은 아님을 유의하고 답변하도록 한다.

(5) 여가 활용에 관한 질문 – 취미가 무엇입니까?

기초적인 질문이지만 특별한 취미가 없는 지원자의 경우 대답이 애매할 수밖에 없다. 그래서 가장 많이 대답하게 되는 것이 독서, 영화감상, 혹은 음악감상 등과 같은 흔한 취미를 말하게 되는데 이런 취미는 면접관의 주의를 끌기 어려우며 설사 정말 위와 같은 취미를 가지고 있다하더라도 제대로 답변하기는 힘든 것이 사실이다. 가능하면 독특한 취미를 말하는 것이 좋으며 이제 막 시작한 것이라도 열의를 가지고 있음을 설명할 수 있으면 그것을 취미로 답변하는 것도 좋다.

⑹ 지원자를 당황하게 하는 질문

① 성적이 좋지 않은데 이 정도의 성적으로 우리 회사에 입사할 수 있다고 생각합니까?

비록 자신의 성적이 좋지 않더라도 이미 서류심사에 통과하여 면접에 참여하였다면 기업에서는 지원자의 성적보다 성적 이외의 요소, 즉 성격·열정 등을 높이 평가했다는 것이라고 할 수 있다. 그러나 이런 질문을 받게 되면 지원자는 당황할 수 있으나 주눅 들지 말고 침착하게 대처하는 면모를 보인다면 더 좋은 인상을 남길 수 있다.

② 우리 회사 회장님 함자를 알고 있습니까?

회장이나 사장의 이름을 조사하는 것은 면접일을 통고받았을 때 이미 사전 조사되었어야 하는 사항이다. 단답형으로 이름만 말하기보다는 그 기업에 입사를 희망하는 지원자의 입장에서 답변하는 것이 좋다.

③ 당신은 이 회사에 적합하지 않은 것 같군요.

이 질문은 지원자의 입장에서 상당히 곤혹스러울 수밖에 없다. 질문을 듣는 순간 그렇다면 면접은 왜 참가시킨 것인가 하는 생각이 들 수도 있다. 하지만 당황하거나 흥분하지 말고 침착하게 자신의 어떤 면이 회사에 적당하지 않는지 겸손하게 물어보고 지적당한 부분에 대해서 고치겠다는 의지를 보인다면 오히려 자신의 능력을 어필할 수 있는 기회로 사용할 수도 있다.

④ 다시 공부할 계획이 있습니까?

이 질문은 지원자가 합격하여 직장을 다니다가 공부를 더 하기 위해 회사를 그만 두거나 학습에 더 관심을 두어 일에 대한 능률이 저하될 것을 우려하여 묻는 것이다. 이때에는 당연히 학습보다는 일을 강조해야 하며, 업무 수행에 필요한 학습이라면 업무에 지장이 없는 범위에서 야간학교를 다니거나 회사에서 제공하는 연수 프로그램 등을 활용하겠다고 답변하는 것이 적당하다.

⑤ 지원한 분야가 전공한 분야와 다른데 여기 일을 할 수 있겠습니까?

수험생의 입장에서 본다면 지원한 분야와 전공이 다르지만 서류전형과 필기전형에 합격하여 면접을 보게 된 경우라고 할 수 있다. 이는 결국 해당 회사의 채용 방침상 전공에 크게 영향을 받지 않는다는 것이므로 무엇보다 자신이 전공하지는 않았지만 어떤 업무도 적극적으로 임할 수 있다는 자신감과 능동적인 자세를 보여주도록 노력하는 것이 좋다.

02 NH농협 면접기출

1 2020년 농협중앙회 상반기 6급

1. 본인에게 부족하다고 생각되는 부분은 무엇이라고 생각하는지 말해보시오.
2. 본인을 채용해야 하는 이유에 대해서 설명해 보시오.
3. 앞으로 무슨 자격증을 취득하고 싶은지 그 이유와 함께 말해보시오.
4. 협업 시 갈등상황은 늘 발생하게 되어 있습니다. 갈등상황 발생시 대처방안에 대해서 설명해 보시오.
5. 팀 활동에서 목표를 달성한 경험과 팀에서의 본인의 역할에 대해서 말해보시오.
6. 각 세대별로 소통방식이 다를 수 있습니다. 각 세대별로 가장 적합한 소통방식을 1가지씩 제안해 보시오.
7. 농가소득 5,000만 원 달성에 대한 본인의 생각을 말해보시오.
8. 농협중앙회의 역할에 대해 아는대로 말해보시오.
9. 농협과 지역사회 간의 관계에 대해 설명해 보시오.
10. 농업환경의 변화와 농협이 나아가야 할 방향에 대하여 말해보시오.
11. 산지유통센터의 문제점에 대해서 설명해 보시오.
12. 산지유통센터의 유통혁신을 위한 대응방안을 1가지 제시해 보시오.

2 2018년 농협중앙회 상반기 6급

1. 본인의 생애에서 가장 기억에 남는 추억이 있다면 말해보시오.
2. 하루 12시간을 서 있을 수 있습니까?
3. 본인의 스펙이 좋다고 생각합니까? 안 좋다고 생각합니까? 그렇다면 그렇게 대답한 이유를 말해보시오.
4. 입사 후 포부에 대해 말해보시오.
5. 최근의 금리동향에 대해 말해보시오.
6. 본인이 지금까지 살면서 정말 어려웠던 일과 그 일을 극복한 경험에 대해 말해보시오.
7. 본인의 봉사활동 경험에 대해 말해보시오.

8. 2 : 8법칙에 대해 설명해 보시오.

9. 자신의 단점 중심으로 자기소개를 1분 동안 해 보시오.

10. 최근 감명 깊게 본 책이나 영화가 있다면 말해보시오.

11. 본인이 좋아하는 TV 프로그램은 무엇이며, 그 프로그램에 대해 말해보시오.

12. 야근을 해야 할 지도 모르는데 야근에 대해서 어떻게 생각하는지 말해보시오.

13. 본인에게 많은 일이 밀려있는 상황인데 옆의 동료가 정말 급하다고 도와달라고 한다면 어떻게 대처할 것인지 말해보시오.

14. 재무제표의 종류에 대해 설명해 보시오.

15. 본인이 생각하는 농협이 개선해야 할 서비스에 대해서 말해보시오.

16. 본인이 생각하는 농협의 이미지에 대해 말해보시오.

17. 지원한 동기와 본인의 자랑거리를 영어로 말해보시오.

18. 농협직원으로 근무하다가 우연히 로또 1등에 당첨된다면 그 돈을 어떻게 사용할 것인지 말해보시오.

3 2017년 농협은행 하반기 5급

1. 자기소개를 1분 동안 해 보시오.

2. 본인이 근무하고 있는 팀의 성과가 우수하여 사측에서 성과급을 지급한다면 받을 것인가? 받지 않을 것인가? 단, 본인의 팀이 성과급을 받으면 다른 팀의 사기는 저하된다. 대답해 보시오.

3. 본인이 인턴 또는 은행 관련 업무를 했던 경험에 대해 말해보시오.

4. 본인은 타인에게 관심이 많은 편인가 아니면 관심이 없는 편인가?

5. 금융소외계층에 대해 설명해 보시오.

6. 왜 많은 은행들이 금융소외계층에 대해 관심을 집중하고 있는 이유에 대해 설명해 보시오.

7. 은행의 수익성 악화를 초래하는 금융소외계층에 대한 지원에 대해 어떻게 생각하는 지 말해보시오.

8. 농협은행을 이용해 본 적이 있는가? 그렇다면 농협은행의 장·단점에 대해 말해보시오.

9. 인터넷전문은행과 농협은행의 차이점에 대해 말해보시오.

10. 입행 후 맡고 싶은 업무는 무엇인가?

11. 농협은행에 입사하기 위해 본인이 준비한 것들에는 무엇이 있었는지 말해보시오.

12. 금융 분야에서 본인이 가장 관심 있는 것이 무엇인지 말해보시오.

2017년 농협은행

1. 자신의 장점은 무엇이라고 생각하는가?
2. 5~10년 뒤에 자신의 모습을 그려 보시오.
3. 회사에서 자신의 실력을 알아주지 않는다면 어떻게 할 것인가?
4. 농협 본사의 지리적 이점에 대해 설명해 보시오.
5. 핀테크 용어 중 알고 있는 것을 말해 보시오.
6. 농가 소득 5,000만원을 달성하기 위해서 농협이 취해야 할 행동방안에 대해 말해 보시오.
7. 농업 가치의 헌법 반영에 대한 서명에 대해 알고 있는지, 어떻게 생각하는가?
8. 거리에서 나눠주는 전단지를 그냥 버리는 행동이 잘못되었다고 생각하는가?

5 **2017년 축산농협**

1. 아르바이트 등 직무 경험을 통해 깨달은 자신의 강점이 있다면 말해 보시오.
2. 입사 후 동료와 문제 상황이 발생했을 때 현명하게 대처하는 방안이 있다면?
3. 클라우드 펀딩에 대해 설명해 보시오.
4. 소고기이력추적제에 대해 설명해 보시오.
5. 코리아 패싱에 대해 설명해 보시오.
6. 절대농지가 무엇인지 말해 보시오.
7. 블록체인과 비트코인에 대해 설명해 보시오.
8. 농협과 주식회사의 차이점에 대해 말해 보시오.

6 **2017년 지역농협**

1. 다른 의견을 가진 사람을 설득하는 자신만의 방법이 있다면 말해 보시오.
2. 맡은 일을 책임지고 마무리하기 위해 했던 노력에 대해 말해 보시오.
3. 다른 사람을 위해 희생한 경험에 대해 말해 보시오.
4. 학창시절 경험한 대외활동이 실무에 어떤 영향을 미칠 수 있을지 말해 보시오.
5. 자신이 생각하는 농협의 정의를 설명해 보시오.
7. 당좌계좌에 대해 설명해 보시오.
8. 공공비축제에 대해 설명해 보시오.
9. 인터넷은행 출범에 따라 농협이 나아가야 할 방향에 대해 말해 보시오.
10. 농촌의 국제결혼이민자에 대해 농협이 지원할 수 있는 방법을 말해 보시오.
11. 농업의 공익적 가치를 헌법에 반영하고자 1천 만 명 국민 서명 운동에 대해 말해 보시오.
12. 살충제 달걀 파동으로 피해를 입은 양계장을 지원할 수 있는 방안에 대해 말해 보시오.
13. 농협을 5글자로 표현해 보시오.

7 2016년 농협경제지주

1. 6차 산업과 농협에 대해 이야기해 보시오. (PT)
2. ODA와 농협의 역할에 대해 이야기해 보시오. (PT)
3. 농협의 옴니채널 구축사례 및 구축방안에 대해 이야기해 보시오. (토론)
4. 1분 동안 자기소개를 해 보시오.
5. 1인당 쌀 소비량에 대해 말해 보시오.
6. 스타벅스를 하나로마트에 샵인샵 형태로 도입하는 것에 대한 자신의 생각을 말해 보시오.

8 2016년 지역농협 하반기 6급

1. 조직 내에서 첨예한 갈등이 생겼던 경험과 그 상황에서 어떻게 해결했는지 말해 보시오.
2. 업무 중 술 취한 고객이 난동을 부린다면 어떻게 할 것인가?
3. 핀테크로 인해 변화된 환경과 그에 대한 농협의 대응에 대해 말해 보시오.
4. 6차 산업에 대해 아는 대로 말해 보시오.
5. 평창올림픽이 열리는 기간을 알고 있는지 말해 보시오.

9 2015년 농협은행 6급

1. 농협은행에 지원한 이유에 대해 이야기해보시오.
2. 자신의 장단점에 대해 이야기해보시오.
3. 자신을 하나의 단어로 나타낸다면 무엇이라고 생각하는지 말해보시오.
4. 자신의 10년 후 모습에 대해 이야기해보시오.
5. 최근에 접한 가장 인상 깊은 뉴스 기사에 대해 이야기해보시오.
6. 자신이 권유한 투자 상품에 가입하여 손실을 보고 은행에 찾아와 항의하는 고객에게 어떻게 대응할 것인지 이야기해보시오.
7. 미취학 아동에게 펀드에 대해 알려주려고 한다. 어떻게 설명할 것인지 이야기해보시오.
8. 20대 후반 기혼인 직장인 여성에게 적합한 금융상품을 제안하고 그 이유를 설명해보시오.
9. 자신이 살아오면서 가장 힘들었던 경험에 대해 이야기해보시오.
10. 은행에 입사하여 평일 근무 외에 주말에 봉사활동을 하는 경우 참여 여부에 대해 이야기해보시오.

10 2014년 농협유통 하반기 6급

1. 쌀 시장 개방에 대해 어떻게 생각하는가?
2. 우리쌀의 소비량을 늘리기 위해 어떻게 해야 되는가?

2014년 농협은행 하반기 5급

① 인성면접

1. 자신이 농협에서 무엇을 잘 할 수 있는지 말해보시오.
2. 동아리 경험이 있다고 하였는데 무슨 동아리 활동을 하였는가?
3. 자신의 단점을 직접적 사례를 들어 말해보시오.
4. 기억나는 전공과목은 무엇인가? 또 이유는 무엇인가?
5. 후강통제도에 대해 설명해보시오.
6. 자기주장이 강한 성격인가?
7. 일을 혼자 하는게 편한가?
8. FTA개방으로 인한 농업 타격을 어떻게 극복할 것인가?

② 토론면접
대리모 제도에 관련해 찬반토론을 하시오(자율형식).

12 **2014년 농협은행 하반기 6급**

① 인성면접

1. 향후 기준금리 전망을 말해보시오.
2. 농협의 금융상품에 대해 설명해보시오.
3. 자신의 장·단점은 무엇인가?
4. 왜 학교 다니면서 교내활동을 한번도 하지 않았는가?
5. 영어로 자기소개를 해보시오.

② 토론면접
정부의 온정적 간섭주의에 대한 찬반토론을 하시오(자율형식).

13 **2014년 농협중앙회 상반기 5급**

1. 본인의 장점과 단점에 대하여 이야기해 보시오.
2. 친구가 많은 편인가, 아니면 한 친구를 깊게 사귀는 편인가? 본인의 친구에 대하여 이야기해 보시오.
3. 최근 감명 깊게 읽은 책에 대해 소개해보시오.
4. 최근 감명 깊게 본 영화에 대해 이야기해 보시오.
5. 존경하는 인물이 있다면 누구이고 이유는 무엇인가?
6. 농업은 어떤 산업이라고 생각하는지 본인의 생각을 이야기해 보시오.
7. 농협 직원들의 높은 월급에 대해서 어떻게 생각하는가?
8. 지방으로 발령을 받게 되면 어떻게 할 것인가?

9. 새 농촌 새 농협 운동에 대해서 말해보시오.

10. 본인의 취미활동이 무엇인지 말해보시오.

11. 해외에 나가 본 경험이 있는가? 한국과 비교했을 때 안 좋은 점을 말해보시오.

12. 농협이 나아가야 할 방향에 대해서 이야기해 보시오.

14 2014년 농협은행 상반기 5급

1. 대기업과 중소기업의 상생방법을 이야기해 보시오.

2. 한국경제의 세계적 위치에 대하여 이야기해 보시오.

3. 재산세에 대해 아는 대로 이야기해 보시오.

4. 변액보험이란 무엇인가?

5. 임대형 주택가격에 대해 아는 대로 말해보시오.

6. 현 정부의 경제 정책에 대한 본인의 의견을 솔직하게 말해보시오.

7. 농협은행의 발전방향에 대해서 이야기해 보시오.

8. 단체생활을 한 경험이 있는지 거기서 본인은 리더였는가?

15 2014년 농협은행 상반기 6급

① 토론면접

공소시효 폐지에 대한 찬반토론을 하시오.

② 개인면접

1. 농협의 구조에 대한 개인의 의견을 말해보시오.

2. 까다로운 클라이언트를 만났을 때 어떻게 계약을 성사시킬 것인지 말해보시오.

3. 적립식 펀드에 대하여 아는 대로 말해보시오.

16 2013년 시행

1. '나는 ○○ 이다.' 라는 주제로 40초간 자기소개 하기

2. 입사 후 일하기를 원하는 부서와 왜 그 부서에서 일하고 싶은지 말해보시오.

3. 경제신문에 나오는 '금리, 환율, 종합주가지수'의 용어에 대한 설명을 해보시오.

4. 학력과 학벌주의에 대해서 어떻게 생각하는가?

5. 은행의 주 수입원은 무엇인가?

6. 레버리지 효과란 무엇인가?

7. 타 은행 인턴경험이 있는지 말해보고 있다면 왜 농협을 지원했는지 이유를 말해보시오.

8. 직장생활 중 적성에 맞지 않는다고 느끼면 다른 일을 찾을 것인가?

9. 농협과 다른 은행의 차이점에 대해서 말해보시오.
10. 최근 저신용자에 대해 은행들이 대출을 늘리고 있는 상황인데 늘리는 것이 좋은가 줄이는 것이 좋은가?
11. 종교가 있는가? 종교는 사람에게 어떤 의미가 있다고 생각 하는지 말해보시오.
12. 주량이 어느 정도 되고, 술자리에서 제일 꼴불견인 사람의 유형에 대해 말해보시오.
13. 상사가 집에 안가고 게임과 개인적인 용무를 보고 있다. 어떻게 할 것인가?
14. 상사가 부정한 일로 자신의 이득을 취하고 있다. 이 사실을 알게 되면 어떻게 할 것인가?
15. 자신만의 특별한 취미가 무엇인가? 그걸 농협중앙회에서 어떻게 발휘할 수 있는가?

17 2012년 시행

1. 지원동기와 자기자랑을 영어로 해보시오.
2. 농협 직원으로서 로또 1등에 당첨된다면 어떤 곳에 사용할 것입니까?
3. 스펙이 안 좋은 이유에 대해 말해보시오.
4. 전환사채가 무슨 뜻인지 말해보시오.
5. 지원자가 가진 역량으로 이룬 지원자의 생애에서 가장 기억에 남는 추억이 있다면 말해보시오.
6. 금리동향에 대해 말해보시오.
7. 어려운 일을 극복한 경험에 대해 말해보시오.
8. 자신의 단점으로 자기소개를 1분 동안 해보시오.
9. DTI란 무엇인지 설명해보시오.
10. 우리나라 주택의 미분양 상태가 심각한데 해결책을 말해보시오.
11. 농협이 하는 일과 시중은행이 하는 일의 차이점에 대해 말해보시오.

18 2011년 시행

1. 1분 동안 자기소개를 해보시오.
2. 농협에 지원한 이유를 이야기해 보시오.
3. 최근 화제가 되고 있는 김훈의 소설 「남한산성」을 읽어보았습니까? 읽었다면 소설에 등장하는 김상헌, 최명길의 주장에 대해 어떻게 생각합니까?
4. 펀드란 무엇입니까? 펀드를 한 번 판매해보겠습니까?
5. 농협에 입사하여 10년 후 나의 모습에 대해 말해보시오.
6. 농협에 입사하기 위해 본인이 한 노력은 어떠한 것이 있습니까?
7. 역모기지론에 대해 이야기해 보시오.
8. 사업 분리 후 농협의 발전방향에 대해 말해보시오.

9. 한국 경제가 세계에서 어떤 위치에 있다고 생각합니까?

10. 농협에서 어떠한 업무를 맡고 싶습니까?

11. 재산세, 변액보험, 임대형 주택가격 등에 대해 말해보시오.

19 2010년 시행

1. 수입농산물 증가에 대한 당신의 생각은 어떻습니까?

2. 노동조합과 협동조합의 차이점은 무엇입니까?

3. 이마트와 하나로 마트의 차이점은 무엇입니까?

4. 재무제표를 분석할 때 성장성을 보기 위해서는 어떤 지표를 사용해야 합니까?

5. 기술적 분석과 기본적 분석에 대해 설명하시오

6. 예대율과 예대마진에 대해 설명하시오.

7. 농협 CI의 의미는 무엇입니까?

8. Have you been a leader? (리더를 맡아 본 적이 있나요?)

9. 공제를 어떻게 소비자들에게 팔 것입니까?

10. 쿠퍼현상이 무엇입니까?

11. 농협이 농민을 상대로 장사를 한다는 말에 대해 어떻게 생각합니까?

12. FTA가 농업에 미치는 영향을 말해보세요.

13. 면접을 보러 가는데 신호등이 빨간불입니다. 시간이 매우 촉박한 상황인데, 무단횡단을 할 것입니까?

14. 농협에 근무하기 위해 어떤 마음가짐이 필요하다고 생각합니까?

15. 농협의 신용 업무에 대한 이미지는 어떻습니까?

16. 농협과 다른 은행의 차이점은 무엇이라고 생각합니까?

17. What kind of personality do you have? (당신의 성격은 어떠합니까?)

● TO-DO LIST

/ 01

- ○
- ○
- ○
- ○
- ○
- ○
- ○

/ 02

- ○
- ○
- ○
- ○
- ○
- ○
- ○

/ 03

- ○
- ○
- ○
- ○
- ○
- ○
- ○

/ 04

- ○
- ○
- ○
- ○
- ○
- ○
- ○

/ 05

- ○
- ○
- ○
- ○
- ○
- ○
- ○

/ 06

- ○
- ○
- ○
- ○
- ○
- ○
- ○

/ 07

- ○
- ○
- ○
- ○
- ○
- ○
- ○

/ 08

- ○
- ○
- ○
- ○
- ○
- ○
- ○

/ 09

- ○
- ○
- ○
- ○
- ○
- ○
- ○

/ 10

○
○
○
○
○
○
○

/ 11

○
○
○
○
○
○
○

/ 12

○
○
○
○
○
○
○

/ 13

○
○
○
○
○
○
○

/ 14

○
○
○
○
○
○
○

/ 15

○
○
○
○
○
○
○

● MEMO